［改訂版］
# 建築構造のための力学演習

望月 重・濱本卓司
共著

鹿島出版会

# まえがき

　40年に近い「構造力学」の講義を振り返ってみて，今日ほど建築教育の中での構造力学の位置づけが問われているときはないと思う。そしてそう考えるのは，著者一人ではないと思うのである。建築学科の学生にとって，「構造力学」の講義は興味の対象ではなく，卒業のための条件の1つにすぎなくなってしまっている。これを学生の熱意の欠如と片づけてしまうのは簡単であるが，果たしてそれですまされるであろうか？　本書は，こうした悩みに対する，1つの挑戦を意図したものである。

　元来，「建築構造」における「力学演習」は，建築構造という目的の達成のための武器となる力学の運用を訓練することである。しかしながら，現実には，目的となる建築構造とかけ離れて，力学だけが独り歩きしている嫌いがある。そこに，学生の力学に対する興味が薄れてしまった原因があると思う。武器は目的に合わせて，もてばよいのであって，あまり多くの武器をもっても運用の才がなければ全く意味がないのである。

　本書は，全8章から構成されているが，内容から第1章，第2〜7章，そして第8章の3つに分類できる。

　第1章は，著者の建築構造に対する基本姿勢を述べたものである。第2〜7章では最小限の武器としての力学の練習問題を記述した。学生諸君がこれから建築のどの分野に進むにしても，これくらいの武器はもつべきと考える。第8章は，それまでの武器を，建築構造に応用する場合の例を挙げている。第8章の前半は構造物全般のための，第8章の後半は部材設計のための応用問題である。第8章で〈解答〉とせずに〈解説〉としたのは，ここに述べたものは，多くの解のうちの1つの考えにすぎないことと，モデルをどのように設定するかで解が異なるという考えによるものである。

　本書を書き終わって，著者の気構えだけが先走ってしまって，結果として多くの欠けているところがみられる。しかしながら，建築を学ぶ学生および建築に関係している社会人が，本書によって建築構造に何らかの興味を見いだしていただければ，著者の望外の喜びである。

　なお，本書は第1章と第8章を望月が，第2〜7章を濱本が担当し，連絡をとりあってまとめたものである。

終わりに当たり，計算の息抜きとなっている興味あふれるイラストを着想していただいた中島康宏君，図 8.1.1〜8.1.4 を描いていただいた星聡美さん，そして校正を手伝っていただいた東庄裕志君に深く感謝いたします。

1993 年 3 月 15 日

望月　重

# 改訂版の序

　本書の初版が出版されてからいつのまにか10年という歳月が経過した。初版当時でさえ、大学以前の教育ではすでにSI単位が採用されており、入学したての学生からは、「SI単位とは異なる工学単位の世界に放り出され、しばらくは混乱状態から抜け出せなかった」という声を聞いた記憶がある。しかし、建築実務の世界では、つい最近まで工学単位を使用してきたし、著者らもあえてSI単位は使わず工学単位で教えてきた。ところが、1998年6月に改正建築基準法が公布され、その後2000年6月までにすべての関連規定が施行されると、建築実務の世界もようやくSI単位の採用へと大きく動くことになった。今回の改訂は、こうした動きに対応して工学単位からSI単位への変換を中心に行われたものである。しかし、10年という年月の間には、読者からご指摘いただいた点や、教育に携わりながら自らわかりにくいと感じた点なども徐々に累積されてきていたので、それらも併せてこれを機会に修正することにした。

　地震や台風といったわが国の厳しい風土に耐えられる安全な建築を提供するために、建築という仕事に携わる人すべてが建築構造力学を学ぶことに異議を唱える人はいないと思う。第一、建築構造力学は決して難しくはない。しかし、著者らは建築構造力学を教えることの難しさを毎年のように繰り返し経験してきた。多くの学生が建築構造力学を不得意科目の1つに挙げるのを聞いて、教育方法の至らなさを自らに問いかけたことは枚挙に暇がない。建築構造力学を得意科目の1つであるといえるようにするには、基本事項を学んだらとにかく自分で問題を解いてみることしかない。本書の初版を出したときは、建築構造力学を演習の繰り返しを通して真摯に学ぼうとしている学生と技術者の一助になればと考えて書いた。著者らは今でもこの方法が、結局は建築構造力学を理解する一番の早道であると思っている。これから先も、建築構造力学を学ぶ方々に本書がわずかでもお役に立てれば、著者らとしてはこれに勝るものはない。

2003年9月1日

濱本　卓司

# 目　　次

まえがき　　iii

改訂版の序　　v

**第1章　構造的プロローグ** ················································· *1*
　1.1　力学と構造　　*1*
　1.2　直観と経験　　*2*
　1.3　コンピュータと構造設計者　　*3*

**第2章　構造物と荷重** ····················································· *5*
　2.1　構造物のモデル化　　*5*
　2.2　荷重の扱い方　　*6*
　2.3　力の数学的表現　　*8*
　2.4　安定と不安定・静定と不静定　　*10*

**第3章　静定構造の応力** ·················································· *15*
　3.1　支点反力　　*15*
　3.2　静定梁　　*20*
　3.3　静定トラス　　*35*
　3.4　静定ラーメン　　*63*

**第4章　部材断面の力学** ·················································· *73*
　4.1　応力度とひずみ度　　*73*
　4.2　断面特性　　*80*
　4.3　曲げ材の応力度　　*91*
　4.4　圧縮材の座屈　　*102*

**第5章　静定構造の変形** ·················································· *107*
　5.1　弾性曲線法　　*107*

5.2　モールの定理　　*112*
　5.3　カステリアーノの定理　　*117*
　5.4　仮想仕事法　　*133*

## 第6章　不静定構造と応力法　　*147*
　6.1　不静定梁　　*147*
　6.2　不静定トラス　　*159*
　6.3　不静定ラーメン　　*162*

## 第7章　不静定構造と変位法　　*193*
　7.1　たわみ角法　　*193*
　7.2　固定モーメント法　　*216*

## 第8章　応用問題　　*237*
　8.1　構造計画のための応用問題　　*237*
　8.2　部材設計のための応用問題　　*269*

# 第1章　構造的プロローグ

## 1.1　力学と構造

　力学は理学，すなわち Science であり，一方，構造は工学，すなわち Engineering である。われわれの目的は，構造空間の設計であるから，力学が目的ではない。力学はあくまでも，構造設計のための1つの武器にすぎない。戦うのに適切な武器というものがある。例えば，中世の槍や刀では，一般的には，現在の科学兵器に立ち向かうことはできない。しかし，ベトナム戦争で，アメリカの近代兵器が役立たなかったことは事実である。したがって，最新の武器をもつことが，戦争に勝つ十分条件ではない。武器は絶えず進歩している半面，多くが廃棄されている事実も忘れてはならない。力学と構造についても同じことがいえる。確かに，大空間の立体トラスを設計するのに，トラスの節点法では不可能である。しかし，梁間が何メートルかの平面トラスを設計するのに，マトリックス解析で解くことはない。

　また，力学は確定的であるのに対して，構造は不確定的である。力学の解は唯一であって，真実である。一方，構造では，解は必ずしも1つではなく，複数の解が考えられる。前者は条件が与えられて解析するのに対して，後者は条件を設定することに問題があり，総合することである。大空間を覆うのに，トラス構造でもよいし，シェル構造でもよい。またシェル構造でも鉄骨造も考えられるし，鉄筋コンクリート造も考えられる。

　こう考えると，力学と構造とは水と油の関係であって，融合する余地はないように思われる。構造力学という学問体系の中で，力学の位置づけはどうあるべきであろうか？　現在の構造力学を学ぶ学生の悩みの大半がここにあると思う。構造力学の多くは，力学と構造は別扱いとなり，力学がわかっても構造はわからないか，構造はわかっても力学がわからない学生が育っている。われわれが力学を学ぶ原点に立ち返ってみよう。われわれは，すでに述べたごとく，力学を構造設計のための武器と考えている。武器は多いに越したことはないが，あまり多くある必要はない。それよりも，いつでも適切な武器をつくる能力を身につけることが必要である。それには力学の基礎を完全に習得することである。

## 1.2 直観と経験

　直観は，先天的であり，頭脳的である。一方，経験は後天的であり，肉体的である。もちろん，これは大胆に発言したもので，この区別は明らかでない。直観は先天的といっても，誕生前にどんな形で直観が育成されるか説明できない。経験が肉体的といっても，頭脳的経験も無視できない。しかしながら，両者に共通していえることは，どちらかといえば，非論理的で，個性的であって，論理や数学で科学的説明がつかないものといえる。逆説的にいえば，納得できる説明ができないので，非科学的という意味で，直観と経験という表現を使うのかもしれない。しかしながら，論理や数学で納得できる説明ができると考えるのは，ごく狭い事象にしかあてはまらないのではなかろうか？　宇宙の事象は論理や数学だけで説明できないことは数多くある。そうした事象を感知するのが，直観であり経験である。その意味では，直観や経験はより普遍的で，より本質的であるといえる。

　構造空間の創造には，解は1つではないことをすでに述べた。その場合，それらの中で，どれをより良いものとして選択するかは，直観であるといえる。したがって優れた直観を養っておくことが重要である。そこで直観を検証するのが経験である。直観は経験による裏づけがなくては，あまりにも恣意的となり，優れた直観とはならない。また，直観は経験によって生まれるものである。それでは直観を育てる経験にはどんなものがあるか？　まず考えられるのは，われわれの日常生活の体験である。人類は何万年の間，重力下で生きてきている。これは壮大な実験で，何よりも人間の頭とか，眼とかいった一部でなく全人間的体験である。直観の原点はここにあると思っている。次に，植物や動物といった生物からのメッセージによる経験である。生物は，ある点では人間の環境より厳しい環境下での実験の結果であるといえる。それらからのメッセージを受けることは，われわれの構造的直観の基盤を広げている。例えば，自重，風荷重，積雪荷重等を受けて生長した丘の大木を見て，安定した構造の直観的理解が養われる。これと類似な経験として，歴史的建築物からのメッセージによる経験も忘れてはならない。以上の経験がどちらかといえば，受動的経験に対して，能動的経験として構造実験がある。われわれは現在どちらかというと，紙の上の解析に慣れすぎている嫌いがある。紙の上の訓練に比較すれば，実験は，たとえそれが模型実験であったにせよ，われわれに予測できない経験を与えてくれる。

　要するに，構造設計には直観が必要であり，直観は経験に基づくものであると同時に，経験によって検証されるべきである。したがって，われわれは積極的に経験

となるべきものを体験することにより，優れた直観を養うことが必要である．

## 1.3　コンピュータと構造設計者

構造設計において，コンピュータの利用は，われわれの予想をはるかに上回る速度で拡大している．ある技術者は，構造設計もいっさいコンピュータによって行うことが可能であり，技術者の存在がなくてもよくなると予想している．一貫プログラムによる設計は，設計条件を与えることにより，コスト計算までも行ってしまう．巨大なプログラムは，プログラム作成者を除いて何人も立ち入ることのできない，ブラックボックスと化してしまっている．今や，一貫プログラムは巨人化してしまっている嫌いがある．これが構造設計を技術者に面白味のないものにした原因の1つであることは疑いない．コンピュータは，画一的であり，没個性である．一方，構造設計は，技術を基盤としながらも，構造設計者の個性的，創造的表現でなければならない．そうしたとき，構造設計者はコンピュータにどう立ち向かうべきであろうか？

確かに，コンピュータの導入は，構造技術の未知の分野を開拓し，単調な構造計算から構造技術者を解放してくれた．それによって，構造設計者はより高度な本来の創造に立ち向かうべきである．しかしながら，一貫プログラムのブラックボックスがあまりに巨大化したのに圧倒され，構造設計者は，自分のアイデンティティを見失ってしまっているのが現状である．その大きな原因は，構造設計者が構造設計という行為を誤って認識しているところにある．構造設計という行為には，確かに安全性の検証など，コンピュータにとって代わられる分野もあるが，構造設計はそれだけでなく，それは全く一部にすぎない．例えば，構造空間の芸術性の評価をコンピュータに依頼することはできない．安全性の検証にしても，それは構造設計者の安全への哲学なくしては成立しない．こう考えてくると，構造設計者にとって，コンピュータは武器であって，目的ではない．それもコンピュータは単なる1つの武器にすぎない．構造設計には，コンピュータ以上に，直観と経験と，さらに哲学が必要である．それなくしては，構造設計はありえないし，構造設計者としてもありえないと思う．

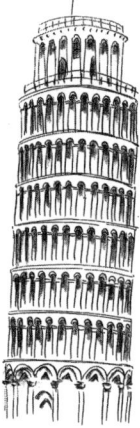

# 第 2 章　構造物と荷重

## 2.1　構造物のモデル化

　荷重が作用すると，建築物の内部には力が生じ，梁，柱，壁，床といった構造要素を伝わり，最終的に基礎を経て地盤に伝達される。このとき，建築物の内部に生じる力を応力といい，これによって建築物は変形する。基礎では，地盤からの反作用により地盤に伝達したのと同じ大きさの力が逆向きに作用する。建築物の外部から作用する荷重や基礎反力をまとめて外力といい，これに抵抗して建築物内部に生じる応力を内力という。構造力学は，建築物に生じる応力と変形を求めることにより，建築物が荷重に対して十分安全であるか，またその建築の機能を十分果たすことができるかどうかを定量的に検討する道具である。しかし，実際の建築物は複雑であり，構造力学を直接適用することは容易でない。そこで，解が実用上の範囲内の精度で得られるということを条件に，できるだけ実際の建築物を単純化し，構造力学を直接適用して建築物の安全性および機能性を定量的に評価できるようにしておくことが必要となる。これを構造物のモデル化という。

　建築物の構造要素は断面積を有している。構造要素のうち，梁や柱はこの断面積に比して長さの長いものであって，実際には3次元立体である部材の形を，断面積の形や大きさを無視して1本の線により表す。このようなモデル化のできる部材を線材という。これに対して，床や壁はある広がりをもった面として表すことができ面材と呼ばれる。したがって，一般の建築物はさまざまな線材と面材との複合体としてモデル化される。しかし本書では，線材のみで構成された構造物を扱うことにする。

　建築物は空間を占める立体であり，構造物は3次元的に扱われるべきである。実際，複雑な立体トラスや立体ラーメンはコンピュータによる3次元解析を行うことが多い。しかし，本書ではこれも単純化して，線材で構成された平面構造を扱う。線材には直線材と曲線材があるが，もっぱら直線材を取り上げる。部材として梁と柱，線材で構成された構造物として平面トラスと平面ラーメンを対象とする。

## 2.2 荷重の扱い方

【基礎知識 2.2.1：荷重の種類】
建築物には以下のようなさまざまな荷重が作用する。
① 固定荷重
建築物自体の重量のことであり，梁・柱・床・壁といった構造部材の重さに仕上材料等の重さを加えたものをいう。
② 積載荷重
建築物の機能上積載される荷重であり，人間とか，家具とか，オフィス機器とか，工場の機械とか，建築物の用途によりかなり異なる。
③ 雪荷重
屋根に積もる雪の重さによる荷重である。多雪地方では根雪の影響で，単位面積当りの荷重の値は一般の地方に比べて大きくなる。積雪量は建築物の建つ地域の積雪記録に基づいて決定される。
④ 風荷重
風により建築物の外壁面および屋根に垂直方向に作用する荷重である。風の向きや速度，建築物の形等に応じて，建築物の各面には異なる風圧力が生じる。
⑤ 地震荷重
地震時に地盤が振動することにより建築物に加わる荷重であり，建築物の質量と応答加速度との積である。建築物の建つ地域の地震活動度，建築物が載る地盤の性質，建築物固有の振動性状等，地震荷重に影響する要因は多い。
⑥ 土圧・水圧
建築物の地下室の外壁や擁壁に垂直方向に作用する。水圧は深さに比例して大きくなるが，土圧は必ずしも深さに比例しない。
⑦ 温度荷重
温度変化に伴う建築物の膨張・収縮による形状や寸法の変化が構造形式や支持条件によって拘束される場合に生じる。
⑧ 地盤沈下
地盤の抵抗が不均一な場合，建築物の重量により基礎の一部が他の所よりも大きく沈下する。この地盤変位により建築物が変形を受けて応力が生じる。
このほかにも，工場や実験棟の走行クレーンによる移動荷重，機械の振動に伴う荷重，ガス爆発による衝撃圧，固体の飛来による衝突，海洋建築物に作用する波浪荷重等がある。各荷重は，建築物の使用期間を通じて空間的にも時間的にも複雑な

分布を示す。荷重の加わり方が複雑であれば，それに応じて建築物に生じる応力や変形の計算も複雑になる。すでに前節で，複雑な形状となる実際の建築物を構造力学を直接適用できるように単純化することを学んだが，荷重に関しても同じ理由で単純化が行われる。なお，本書では荷重の時間依存性は無視し，静的荷重のみを考える。

【基礎知識 2.2.2：基礎反力の表現】

建築物の基礎には，建築物を面で支えるもの，線で支えるもの，そして点で支えるものがある。本書で扱う基礎の形式は，線材の材軸上のある1点，あるいは線材と線材が交わる節点を支える点支持のみである。この点を支点と呼ぶ。支点の支持方法には以下の3種類がある。

① ローラー支持（図2.2.1）

支持面に対して直交方向の移動は完全に拘束されているが，支持面に沿った方向には自由に動くことができ，かつ自由に回転することもできる。この支点に生じる反力は支持面に対して垂直方向のみとなり，未知反力の数，すなわち支持力数は1である。

② ピン支持（図2.2.2）

あらゆる方向の移動が拘束され，回転のみが自由である。反力としては，支持面に対して垂直および水平の2方向が起こりうるので，支持力数は2となる。

③ 固定支持（図2.2.3）

あらゆる方向の移動および回転が拘束されている。反力としては，垂直および水平方向に加えて回転に抵抗する力が起こりうるので，支持力数は3となる。

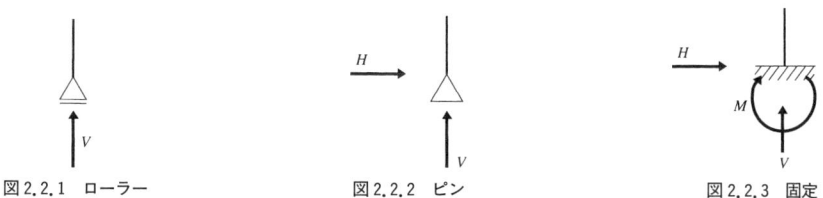

図2.2.1　ローラー　　　　　図2.2.2　ピン　　　　　図2.2.3　固定

【基礎知識 2.2.3：荷重の表現】

構造物に作用する荷重には以下のようなものがある。

① 集中荷重（図2.2.4）

構造物の1点あるいは数点に荷重が集中して加わる場合をいう。荷重の加わる部

分がある面積を有していても，全体的に見て小さな面積であると見なせるとき，荷重の作用している場所を点と見なし，集中荷重に置き換えることができる。

② 等分布荷重（図2.2.5）

構造部材の軸に沿って荷重が一様に分布している場合をいう。部材全長にわたって荷重が加わる場合と，部分的に加わる場合とがある。等分布荷重の大きさは，単位長さ当りに作用する値で表す。

③ 等変分布荷重（図2.2.6）

構造部材の軸に沿って，荷重が一定の割合で変化しつつ分布している場合である。部材全体に荷重が加わる場合と部分的に加わる場合とがあり，荷重の大きさは荷重の両端あるいは荷重分布の変化する点での単位長さ当りの値で表す。

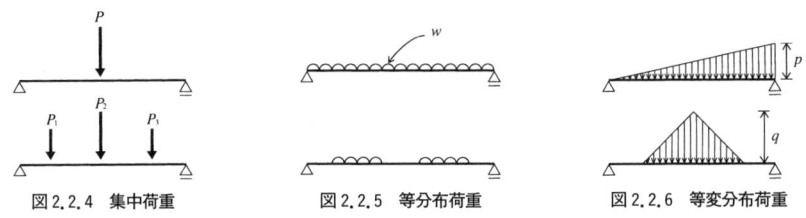

図2.2.4 集中荷重　　図2.2.5 等分布荷重　　図2.2.6 等変分布荷重

④ 曲げ荷重（図2.2.7）

構造部材の軸上のある1点あるいは数点に軸を曲げようとする力が集中的に加わる場合をいう。

⑤ ねじり荷重（図2.2.8）

構造部材の軸をねじるように加わる場合をいう。

⑥ 移動荷重（図2.2.9）

構造部材の軸に沿って集中荷重が移動する場合をいう。

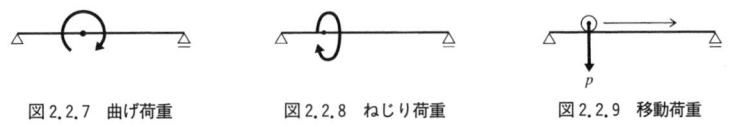

図2.2.7 曲げ荷重　　図2.2.8 ねじり荷重　　図2.2.9 移動荷重

## 2.3　力の数学的表現

構造物に作用するさまざまな荷重，それによって構造物の部材に生じる応力および支点反力はすべて力である。ここでは，力をどのように数学的に表現するのかを学ぶ。

【基礎知識 2.3.1：力のベクトル表現】

　力を表現するには，力の大きさ，方向と向き，および作用点の3つが必要である。この3要素をもつ量をベクトルといい，図2.3.1に示すように矢で表す。このとき，力の大きさは矢の長さ，方向は矢の傾き，向きは矢の向き，作用点は矢先または矢尻で示す。また，このベクトルを含んで無限に延長した直線を作用線という。

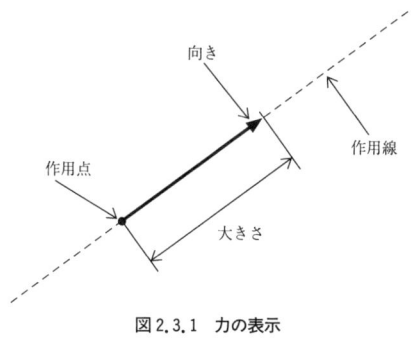

図 2.3.1　力の表示

【基礎知識 2.3.2：力のモーメント】

　モーメントとは物体に回転を起こさせる能力のことであり，図2.3.2において力$F$による点Oでのモーメント$M_O$は力$F$と点Oまでの距離$l$との積として定義される。

$$M_O = F \times l \tag{2.3.1}$$

力$F$が同一作用線上にあり同じ大きさであれば，モーメントの値は作用点に関係なく同じである。なお，モーメントの符号は，力が点Oに関して時計回りに働く場合を正，反時計回りの場合を負と定義する。

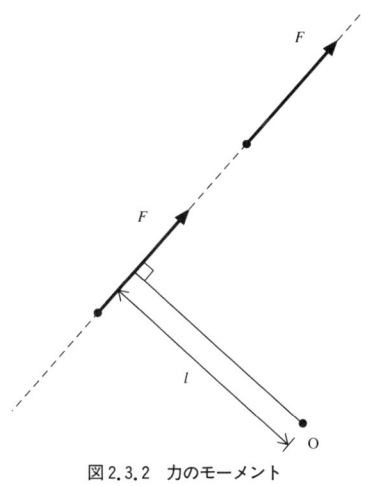

図 2.3.2　力のモーメント

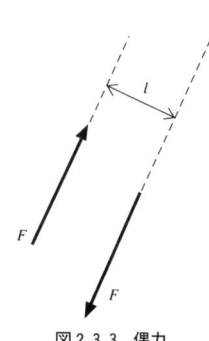

図 2.3.3　偶力

【基礎知識 2.3.3：偶力】
　大きさと方向が同じで向きが反対であるような一対の力を偶力という。図 2.3.3 のように，偶力 F の距離が l であるときに生じるモーメント Fl を偶力モーメントという。

【基礎知識 2.3.4：力の釣合い条件】
　構造物に荷重が作用した際，構造物が移動や回転をせずに静止の状態を保つ場合，力は釣り合っているという。力が釣合いの状態にあるためには，構造物の任意の点で，力の合力の大きさが 0 であり，さらに力のモーメントが 0 でなければならない。すなわち，力を水平および垂直の 2 方向に分解して考えた場合，それぞれの方向の分力の和を $\sum X$ および $\sum Y$ で表し，各力の任意点に対する力のモーメントの和を $\sum M$ で表すと，

$\sum X = 0$ 　　　　　　　　　　　　　　　　　(2.3.2 a)
$\sum Y = 0$ 　　　　　　　　　　　　　　　　　(2.3.2 b)
$\sum M = 0$ 　　　　　　　　　　　　　　　　　(2.3.2 c)

が成立しなければならない。

## 2.4　安定と不安定・静定と不静定

【基礎知識 2.4.1：安定と不安定】
　どんな荷重条件に対しても，構造物が全体として水平および垂直方向の移動もいかなる点に関する回転もせず静止状態を保っている場合，構造物は安定であるといい，移動や回転を起こしてしまう場合を不安定であるという。構造物全体の形状は保持されるが，全体として移動したり回転したりして位置が定まらない場合，構造物は外的に不安定であるという。また，全体としての移動や回転はないが，構造物

自体がその形状を維持できずに不安定になる場合，構造物は内的に不安定であるという。

【基礎知識 2.4.2：静定と不静定】
　力の釣合い式のみで構造物に作用する反力および構造物に生じる応力がすべて決まる場合，構造物は静定であるといい，力の釣合い式のほかに変形を考慮しないとすべての反力および応力が決まらない場合，構造物は不静定であるという。力の釣合い式以外に必要となる変形に関する条件式の数を不静定次数という。反力が力の釣合い式だけで決まる場合を外的に静定であるといい，そうでない場合を外的に不静定であるという。また，部材応力が力の釣合い式だけで求まる場合を内的に静定であるといい，そうでない場合を内的に不静定であるという。

【基礎知識 2.4.3：不静定次数】
　構造物の不静定次数を求める式はいくつか提案されているが，そのうちの1つを以下に示す。

$$r = n + m - 3s \quad (2.4.1)$$

ここに $r$ は不静定次数，$n$ は支点における支持力数（基礎知識 2.2.2），$m$ は節点における結合力数，$s$ は部材数である。$n$ は支持条件で，ローラー，ピン，および固定に対応して，それぞれ1，2，3の値をとる。また，$m$ は節点での部材間の拘束条件に応じて，図 2.4.1 に示すような値をとる。

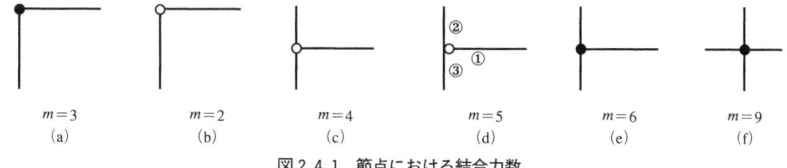

図 2.4.1　節点における結合力数

　結合力数は，部材と部材との節点において，部材が互いに支持し合っていると考えれば，支持力数と同様な考え方で求めることができる。(d)において，①部材がそれぞれ②，③部材と結合するものと見なせば結合力数は4となるが，②部材が①，③部材と結合するか，③部材が①，②部材と結合するとみれば結合力数は5となる。このような場合は結合力数の多い方をとり，結合力数は5となる。

【基礎知識 2.4.4：余剰力と静定基本構造】
　不静定構造物から不静定次数の数だけ反力あるいは応力を除去してできる静定構

造物のことを静定基本構造といい，このために取り除いた力を余剰力という。

【基本問題 2.4.1】図に示す $n$ 層 $m$ スパンの平面ラーメンの不静定次数を公式により求めよ。

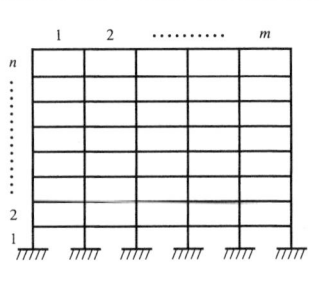

〈解答〉

① 1列目および $m+1$ 列目の柱に関する支点と節点の不静定次数は，
$3+6(n-1)+3=6n$

② 2列目から $m$ 列目の柱に関する支点と節点の不静定次数は，
$3+9(n-1)+6=9n$

③ 梁の部材数は，$nm$

④ 柱の部材数は，$n(m+1)$

⑤ ①〜④の結果を式(2.4.1)に代入すると，不静定次数は
$r=6n\times2+9n\times(m-1)-3nm-3n(m+1)=3nm$

【基本問題 2.4.2】前問と同じ $n$ 層 $m$ スパンの平面ラーメンの不静定次数を静定基本構造に分解することにより求めよ。

〈解答〉

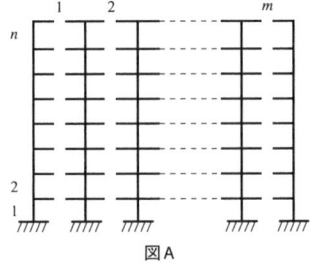

図A

図Aのように切断する。切断箇所は $nm$ 個。したがって，不静定次数は $3nm$。

【練習問題2.4.1】図に示す平面ラーメンの不静定次数を公式により求めよ。

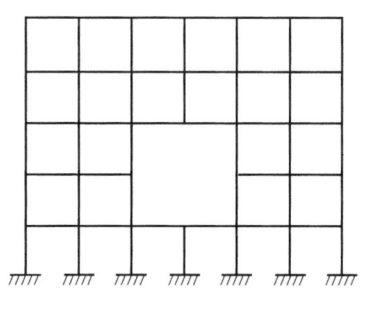

〈解答〉

① 図Aの破線の部分の部材があったとすると，基本問題2.4.1あるいは2.4.2の結果より不静定次数は，$3nm = 3 \times 5 \times 6 = 90$

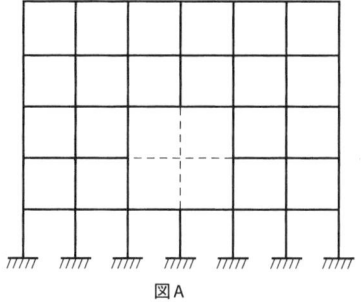
図A

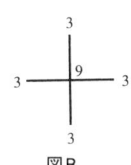
図B

② 破線の部分で余分に数えた不静定次数は，図Bのように節点における結合力数が $3 \times 4 + 9 = 21$，部材数が4であるので，$21 - 3 \times 4 = 9$

③ ①から②を差し引くと，不静定次数は，$90 - 9 = 81$

【練習問題2.4.2】前問と同じ平面ラーメンの不静定次数を静定基本構造に分解することにより解け。

〈解答〉

図Aのように切断する。切断箇所は27個。したがって，不静定次数は $3 \times 27 = 81$

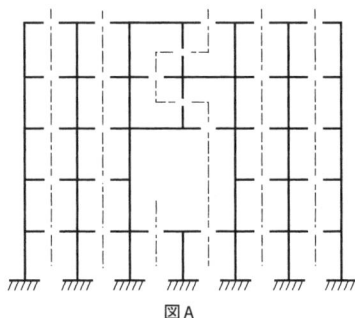

図A

# 第 3 章　静定構造の応力

## 3.1　支点反力

　静定構造の部材応力を求めるための第一歩は，支点反力を求めることである。支点反力が求まれば，これを荷重とともに外力として構造物に作用させることにより，各部材の応力を導くことができる。支点反力を求めるには，一般に構造物を剛体と見なし，構造物に作用する荷重と支点における反力との力の釣合いに注目する。例えば，図3.1.1において，構造物は梁，トラスと種類は異なっているが，これをともに剛体と見なすと，荷重と反力の関係は全く同じであり，各荷重の向きと大きさが同じならば，支点AおよびBに生じる反力の値は同じとなる。支点反力の大きさと向きを求める方法は以下に示すように，数式解法と図解法に大別することができる。

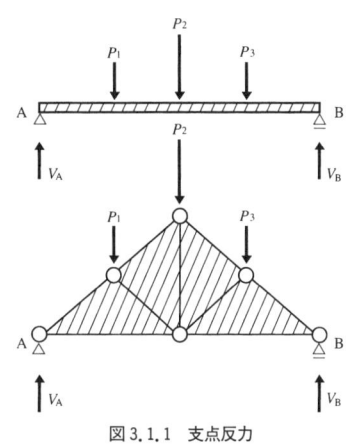

図3.1.1　支点反力

### 3.1.(a)　数式解法
【基礎知識 3.1.1：数式解法の手順】
　数式解法により支点反力を求める手順を以下に示す。
① 支点にこれから求めるべき反力を記入する。このとき反力の向きは未知であるがとりあえず正方向を仮定する。力の正の向きとしては，垂直反力は上向き，水平反力は右向き，固定端モーメントは時計回りをとるものとする。
② 釣合い条件（基礎知識2.3.4）として，$\sum X=0$，$\sum Y=0$，$\sum M=0$ を用いて未知反力を計算する。ここで，$\sum X=0$ は水平方向の力の釣合いを，$\sum Y=0$ は垂直方向の力の釣合いを，そして $\sum M=0$ はある点における曲げモーメントの釣合いを表している。
③ 計算の結果，符号が正の場合は反力の向きの仮定が正しかったことを示し，負

の場合には仮定した反力の向きが実際は逆であったことを示している。

【基本問題 3.1.1】図に示す A 点と D 点の水平および垂直反力を数式解法により求め，反力の方向を図で示せ。

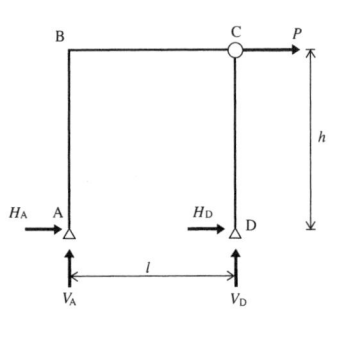

〈解答〉

① A点での水平反力 $H_A$ と垂直反力 $V_A$，D点での水平反力 $H_D$ と垂直反力 $V_D$ をそれぞれ図のように仮定する。

② 力の釣合いを考える。

$\sum X=0：H_A+H_D+P=0$ （ⅰ）

$\sum Y=0：V_A+V_D=0$ （ⅱ）

A点におけるモーメントの釣合いは，

$\sum M_A=0：Ph-V_D l=0 \quad \therefore \quad V_D=\dfrac{Ph}{l}$ （ⅲ）

C点におけるモーメントの釣合いは，

$\sum M_C=0：-H_D h=0 \quad \therefore \quad H_D=0$ （ⅳ）

（ⅰ）～（ⅳ）より，$H_A=-P,\quad V_A=-\dfrac{Ph}{l}$

③ 符号の正負を考えて実際の反力は図Aのようになる。

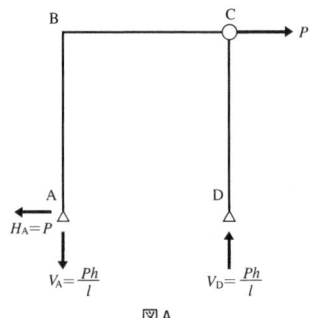

図A

## 3.1.(b) 図解法

図解法では力をベクトルで表現し，示力図と連力図を用いて荷重と反力の釣合いを検討する。まず示力図と連力図の概念を明確に把握したうえで，これらを利用してどのように反力を求めるかを学ぼう。

【基礎知識 3.1.2：示力図の描き方】

1 点に会する力が 3 つ以上ある場合の力の合成は，まずその中の 2 力を選んで合力を求め，次にこの合力と他の力の合力を作り，以下順にこの操作を繰り返せばよい。図 3.1.2 に 3 力が 1 点に会した場合の合力を平行四辺形と三角形を描くことにより求める方法をそれぞれ示す。後者の方法で描かれた各力のベクトルのつながりを示力図（force polygon）といい，その始点 A と終点 B を結べば合力が得られる。特に示力図の始点と終点とが一致する場合，この示力図は閉じたといい，合力の大きさは 0 となる。すなわち，ある 1 点で力が釣り合っているときは示力図は閉じる。

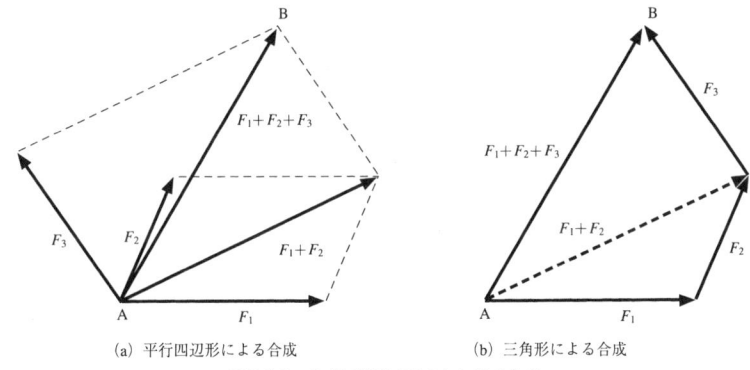

(a) 平行四辺形による合成　　(b) 三角形による合成

図 3.1.2　1 点に作用する 3 力とその合成

【基礎知識 3.1.3：連力図の描き方】

1 点に会しない力の合力は，その大きさと向きを示力図により求めた後，さらにその作用線の位置を決める必要がある。この合力の作用線を求めるために連力図（link polygon）が用いられる。1 点に会しない $n$ 個の力を $P_i$（$i=1, 2, \cdots, n$）とし，各力の始点と終点をそれぞれ $S_i$，$E_i$ と表すとき，連力図は以下の手順により描かれる。

① 示力図を描いてベクトル $P_i$ の合力 $R$ の大きさ，方向と向きを決める。
② 示力図上に任意の 1 点 O をとる。この点 O を極という。

③ 点Oと示力図上の各ベクトル $P_i$ の両端を結ぶ。この線を極線という。
④ 力 $P_1$ の作用線上の任意点 $X_1$ を通り $S_1$ とOを結ぶ線分に平行な直線を引く。
⑤ 点 $X_1$ を通り $E_1$ とOを結ぶ線分に平行な直線を引き，力 $P_2$ の作用線との交点 $X_2$ を求める。
⑥ 点 $X_2$ を通り $E_2$ とOを結ぶ線分に平行な直線を引き，力 $P_3$ の作用線との交点 $X_3$ を求める。
⑦ 以上の手順を繰り返し，最後に点 $X_n$ を通り $E_n$ とOを結ぶ線分に平行な直線を引き，④の $S_1$ とOを結ぶ線分に平行な直線との交点Yを求める。
⑧ 点Yが合力$R$の作用線上の点となる。

なお，合力$R$の大きさと方向が等しく向きが反対の力がもう1つ存在し，その力の作用線が点Yを通るとき，この連力図は閉じたという。このとき示力図も閉じるから合力の大きさは0となり，任意点に関するモーメントの和も0となる。

【基本問題3.1.2】以上の手順を，図に示す3力の合力を求めることにより復習してみよ。

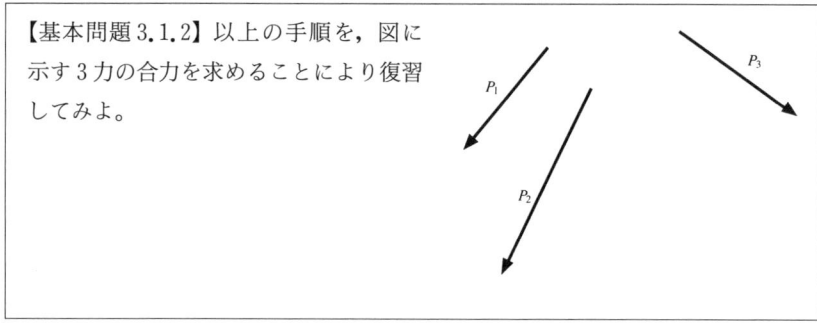

〈解答〉

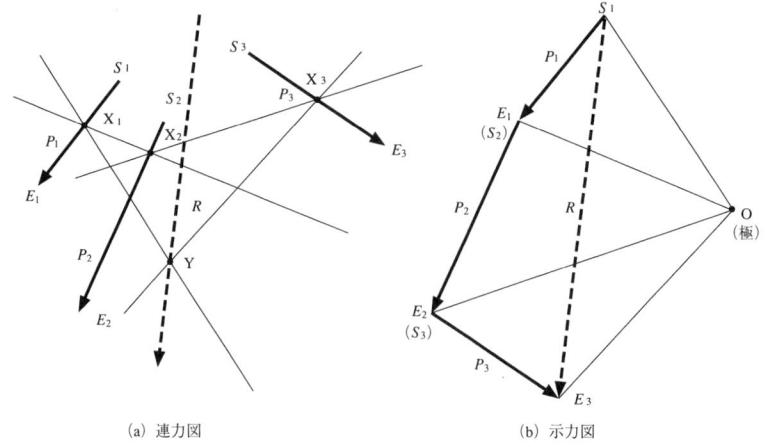

(a) 連力図  (b) 示力図

図A

## 【基礎知識 3.1.4：図解法の手順】

図解法により単純支持構造物の反力を求める手順を以下に示す。
① 構造物に作用する荷重の合力を示力図と連力図を用いて求める。
② ローラー支点での反力方向を定める。
③ ①の作用線と②の作用線の交点を求める。
④ ③で求めた交点とピン支点とを結ぶことにより，ピン支点に作用する反力の作用線を求める。
⑤ 示力図に戻り②と④の交点を求めることにより反力の大きさを決定する。

【基本問題 3.1.3】トラスに図に示すような外力が作用しているとき，反力の向きと大きさを図解法により求めよ。

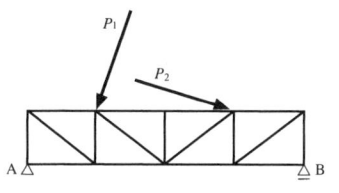

〈解答〉
① 示力図と連力図を用いて荷重 $P_1$ と $P_2$ の合力を求める。
② 点Bでの反力の方向は既知であるので連力図上で合力との交点Cを求め，交点と点Aを結び反力の方向を求める。
③ 示力図上の合力の始点と終点からそれぞれ連力図上の $R_A$ と $R_B$ の方向に線を引き交点を求め反力の向きと大きさを決定する。
④ 連力図上に反力の向きと大きさを記入する。

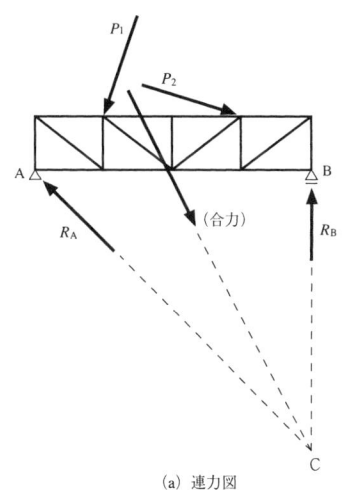

(a) 連力図

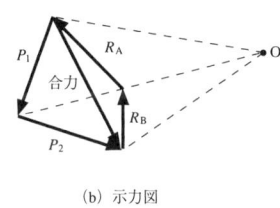

(b) 示力図

図A

## 3.2 静定梁

静定梁の種類としては，図3.2.1に示すように片持ち梁，単純梁，持出し梁，およびゲルバー梁がある。梁に加わる荷重としては，集中荷重，等分布荷重，等変分布荷重，移動荷重，モーメント荷重，およびねじり荷重が考えられる。荷重を受けて梁に生じる応

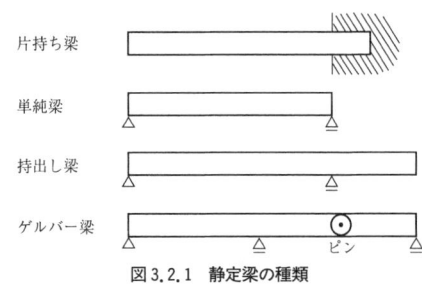

**図3.2.1　静定梁の種類**

力としては，曲げモーメント，せん断力，軸方向力，およびねじりモーメントがある。特に曲げモーメントとせん断力は重要である。

【基礎知識3.2.1：梁の応力算定法】
　梁の応力を算定するには，まず支点反力を求めた後，応力を求めようとする点で梁を仮想的に切断し，いずれか片側のみに作用する力を考えて，釣合い条件 $\Sigma X=0$, $\Sigma Y=0$, $\Sigma M=0$ を用いて計算を進める（基礎知識2.3.4）。

【基礎知識3.2.2：応力図による表現】
　梁の応力算定の結果は，曲げモーメント図やせん断力図などの応力図を用いて表現する。このとき，以下の約束に従うものとする。
① 曲げモーメント図（$M$図）は部材が凸に曲げられる側に記入し，梁の下側が伸びるように作用するモーメントを正，梁の上側が伸びるように作用するモーメントを負とする。
② せん断力図（$Q$図）は，微小要素の両側断面に生じるせん断力のペアが ↑↓ 方向

のときを正として上側に記入し，↕方向を負として下側に記入する。

③　軸方向力図（$N$図）は引張応力を正，圧縮応力を負で表し，その記入側はせん断力図の場合に準じる。

④　ねじりモーメント図は，左側支点より見て時計回りのねじれを正，反時計回りを負で表し，その記入側は曲げモーメントに準じる。

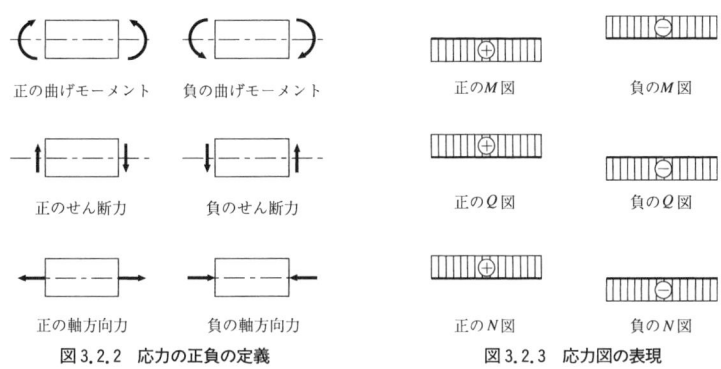

図 3.2.2　応力の正負の定義　　　　図 3.2.3　応力図の表現

## 【基礎知識 3.2.3：せん断力と曲げモーメントの関係】

梁に等分布荷重 $w$ が作用する場合，端部からの距離 $x$ におけるせん断力を $Q_x$，曲げモーメントを $M_x$ とすると，$w, Q_x, M_x$ の三者の間には以下の関係が成立する。

$$\frac{dM_x}{dx} = Q_x \qquad (3.2.1\text{ a})$$

$$\frac{dQ_x}{dx} = -w \qquad (3.2.1\text{ b})$$

（解説）

梁の微小要素 $dx$ の部分での鉛直方向の釣合い条件式は次式で与えられる。

$$Q_x - (Q_x + dQ_x) - w \cdot dx = 0$$

$$\therefore \ \frac{dQ_x}{dx} = -w \qquad (3.2.1\text{ c})$$

次に $x$ の位置でのモーメントの釣合い条件式をたてると，

$$M_x - (M_x + dM_x) + (Q_x + dQ_x)\,dx$$
$$+ \frac{w(dx)^2}{2} = 0 \qquad (3.2.1\text{ d})$$

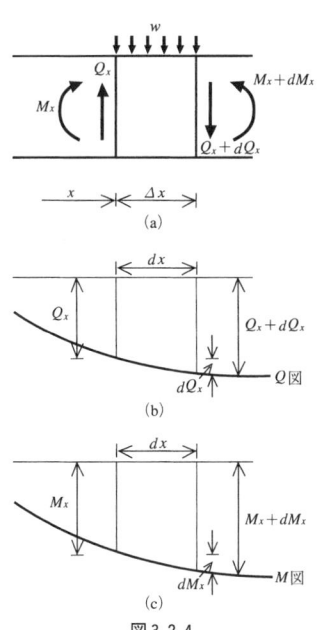

図 3.2.4

となる。式(3.2.1d)において $dQ_x \cdot dx$ および $(dx)^2$ は2次の微小量として無視すると次式を得る。

$$\frac{dM_x}{dx} = Q_x$$

---

【基本問題3.2.1】図のように集中荷重$P$を受ける単純梁において，材軸方向の座標$x$の点Xに生じる応力を求めよ。

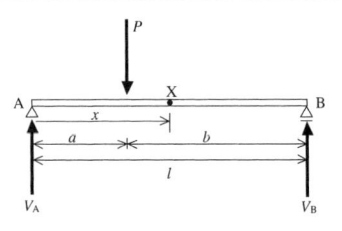

---

〈解答〉

① 反力を求める。

$\sum Y = 0 : V_A + V_B = P$

$\sum M_A = 0 : Pa - V_B l = 0 \quad \therefore \quad V_B = \dfrac{Pa}{l}$

$V_A = P - V_B = P - \dfrac{Pa}{l} = \dfrac{P}{l}(l-a) = \dfrac{Pb}{l}$

② 点Xで梁を切断したときに，釣合いを保つために必要な断面力を $M_x$, $Q_x$ とすると，点Xより左側の力の釣合いを考えた場合は，図Aを参照にして，

$\sum Y = 0 : Q_x = V_A - P = -\dfrac{Pa}{l}$

$\sum M_X = 0 : M_x = V_A x - P(x-a) = \dfrac{Pa}{l}(l-x)$

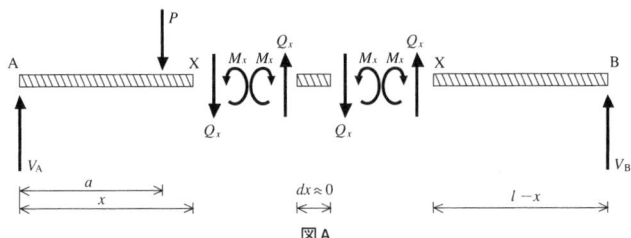

図A

③ 点Xより右側の力の釣合いを考えた場合は，

$\sum Y = 0 : Q_x = -V_B = -\dfrac{Pa}{l}$

$\sum M_X = 0 : M_x = V_B(l-x) = \dfrac{Pa}{l}(l-x)$

④ ②と③より点Xの左側の釣合いをとっても右側の釣合いをとっても同じ結果を

【基本問題 3.2.2】単純梁の中央に集中荷重 $P$ が作用するときの $M$ 図と $Q$ 図を描け。

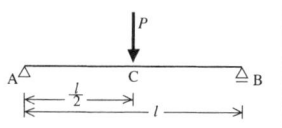

〈解答〉

① 反力計算

$$\Sigma Y = 0 : V_A = V_B = \frac{P}{2} \quad (対称性)$$

② 曲げモーメント

$$M_x = \frac{P}{2}x \qquad\qquad\qquad : 0 \leq x \leq \frac{l}{2}$$

$$M_x = \frac{P}{2}x - P\left(x - \frac{l}{2}\right) = -\frac{P}{2}x + \frac{Pl}{2} \quad : \frac{l}{2} \leq x \leq l$$

③ せん断力

$$Q_x = \frac{P}{2} \qquad\qquad\qquad : 0 \leq x \leq \frac{l}{2}$$

$$Q_x = \frac{P}{2} - P = -\frac{P}{2} \qquad : \frac{l}{2} \leq x \leq l$$

④ 曲げモーメント図とせん断力図を描く。

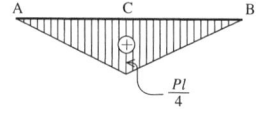
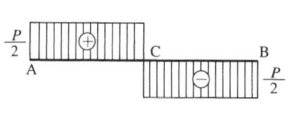

図A

【基本問題 3.2.3】単純梁に図のような集中荷重が作用するときの $M$ 図と $Q$ 図を描け。

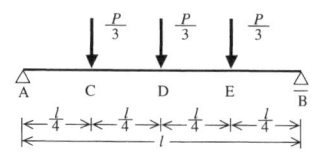

〈解答〉

① 反力計算

$$\Sigma Y = 0 : V_A = V_B = \frac{P}{2} \quad (対称性)$$

② 曲げモーメント

$$M_x = \frac{P}{2}x \qquad : 0 \leq x \leq \frac{l}{4}$$

$$M_x = \frac{P}{2}x - \frac{P}{3}\left(x - \frac{l}{4}\right) = \frac{P}{6}x + \frac{Pl}{12} \qquad : \frac{l}{4} \leq x \leq \frac{l}{2}$$

$$M_x = \frac{P}{2}x - \frac{P}{3}\left(x - \frac{l}{4}\right) - \frac{P}{3}\left(x - \frac{l}{2}\right) = -\frac{P}{6}x + \frac{Pl}{4} \qquad : \frac{l}{2} \leq x \leq \frac{3}{4}l$$

$$M_x = \frac{P}{2}x - \frac{P}{3}\left(x - \frac{l}{4}\right) - \frac{P}{3}\left(x - \frac{l}{2}\right) - \frac{P}{3}\left(x - \frac{3}{4}l\right)$$
$$= -\frac{P}{2}x + \frac{Pl}{2} \qquad : \frac{3}{4}l \leq x \leq l$$

③ せん断力

$$Q_x = \frac{P}{2} \qquad : 0 \leq x \leq \frac{l}{4}$$

$$Q_x = \frac{P}{2} - \frac{P}{3} = \frac{P}{6} \qquad : \frac{l}{4} \leq x \leq \frac{l}{2}$$

$$Q_x = \frac{P}{2} - \frac{P}{3} - \frac{P}{3} = -\frac{P}{6} \qquad : \frac{l}{2} \leq x \leq \frac{3}{4}l$$

$$Q_x = \frac{P}{2} - \frac{P}{3} - \frac{P}{3} - \frac{P}{3} = -\frac{P}{2} \qquad : \frac{3}{4}l \leq x \leq l$$

④ 曲げモーメント図とせん断力図を描く。

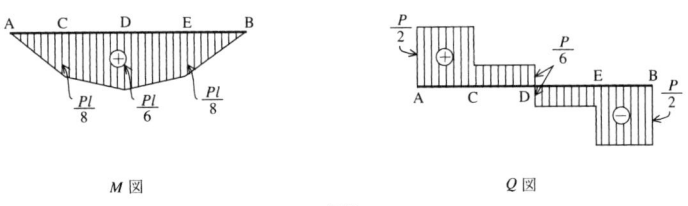

図A

【基本問題3.2.4】単純梁に図のような等分布荷重 $w$ が作用するときの $M$ 図と $Q$ 図を描け。

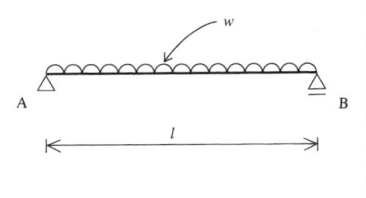

〈解答〉

① 反力計算

$$\Sigma Y = 0 : V_A = V_B = \frac{wl}{2} \quad (対称性)$$

② 曲げモーメント

$$M_x = \frac{wl}{2}x - wx \cdot \frac{x}{2} = -\frac{w}{2}x^2 + \frac{wl}{2}x \quad : 0 \leq x \leq l$$

③ せん断力

$$Q_x = \frac{wl}{2} - wx \quad : 0 \leq x \leq l$$

④ 曲げモーメント図とせん断力図を描く。

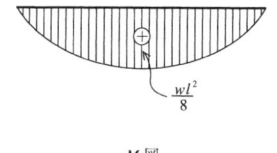

図A

【練習問題3.2.1】図に示す片持ち梁を解き，$M$図，$Q$図および$N$図を求めよ。

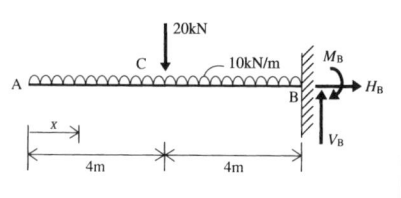

〈解答〉

① 反力を求める（片持ち梁の応力計算にはとくに必要はない）。

$\Sigma X = 0 : H_B = 0$

$\Sigma Y = 0 : V_B = 20 + 10 \times 8 = 100$ kN

$\Sigma M_B = 0 : M_B = 20 \times 4 + 80 \times 4 = 400$ kNm

② 各応力を求める。

|  | 曲げモーメント($M_x$) | せん断力（$Q_x$） | 軸力（$N_x$） |
|---|---|---|---|
| A〜C | $-5x^2$ | $-10x$ | 0 |
| C〜B | $-5x^2 - 20(x-4)$ | $-10x - 20$ | |

③ 応力図を描く。

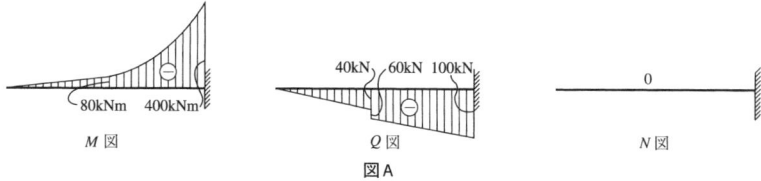

図A

【練習問題3.2.2】図に示す単純梁を解き，$M$図，$Q$図および$N$図を求めよ。

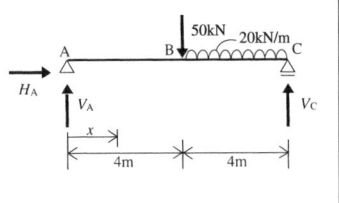

〈解答〉

① 反力を求める。

$\sum X = 0 : H_A = 0$

$\sum Y = 0 : V_A + V_C = 50 + 20 \times 4 = 130$

$\sum M_A = 0 : 50 \times 4 + 20 \times 4 \times 6 - 8 V_C = 0$ ∴ $V_C = 85$ kN, $V_A = 45$ kN

② 各応力を求める。

| | 曲げモーメント($M_x$) | せん断力($Q_x$) | 軸力($N_x$) |
|---|---|---|---|
| A〜B | $45x$ | $45$ | $0$ |
| B〜C | $-10x^2 + 75x + 40$ | $-20x + 75$ | |

③ 応力図を描く。

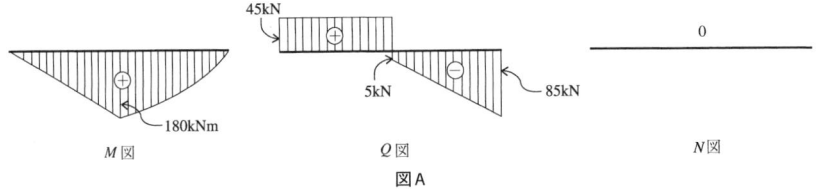

図A

【練習問題3.2.3】図に示す単純梁を解き，$M$図，$Q$図および$N$図を求めよ。

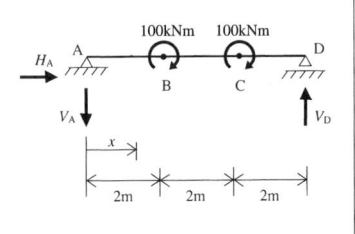

〈解答〉

① 反力を求める。

$\sum X = 0 : H_A = 0$

$\sum Y = 0 : V_A = V_D$

$\Sigma M_A = 0 : 100 + 100 - 6V_D = 0$　　∴　$V_A = V_D = \dfrac{100}{3}$ kN

② 各応力を求める。

| | 曲げモーメント($M_x$) | せん断力($Q_x$) | 軸力($N_x$) |
|---|---|---|---|
| A～B | $-\dfrac{100}{3}x$ | | |
| B～C | $100 - \dfrac{100}{3}x$ | $-\dfrac{100}{3}$ | 0 |
| C～D | $200 - \dfrac{100}{3}x$ | | |

③ 応力図を描く。

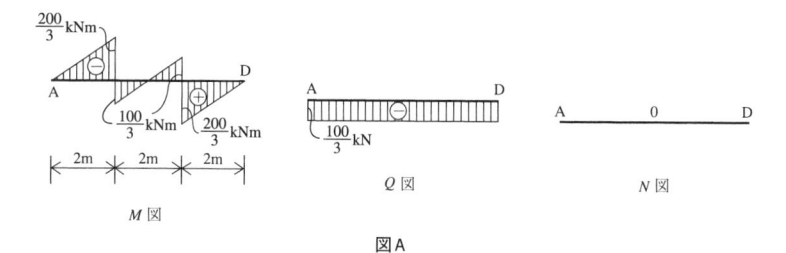

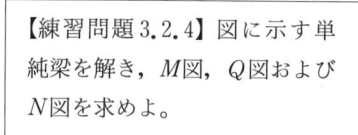

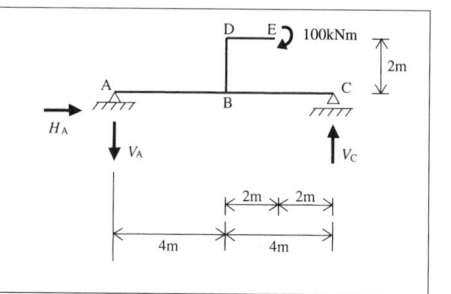

図A

【練習問題3.2.4】図に示す単純梁を解き，$M$図，$Q$図および$N$図を求めよ。

〈解答〉

① 反力を求める。

$\Sigma X = 0 : H_A = 0$

$\Sigma Y = 0 : V_A = V_C$

$\Sigma M_A = 0 : 100 - 8V_C = 0,$　　∴　$V_A = V_C = 12.5$ kN

② 各応力を求める。

| | 曲げモーメント($M_x$) | せん断力($Q_x$) | 軸力($N_x$) |
|---|---|---|---|
| A～B | $-12.5x$ | $-12.5$ | |
| B～C | $100 - 12.5x$ | $-12.5$ | 0 |
| E～D | 100 | 0 | |
| D～B | 100 | 0 | |

③ 応力図を描く。

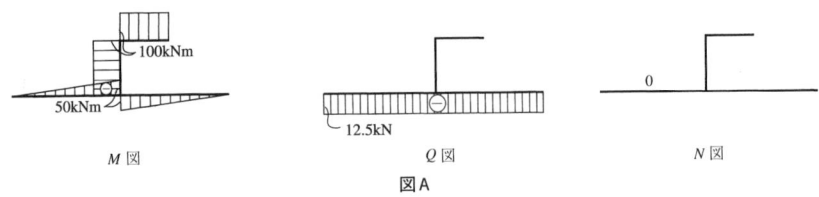

　　M図　　　　　　　Q図　　　　　　N図
（図中：100kNm, 50kNm）　（12.5kN）　（0）

図A

【練習問題3.2.5】図に示す単純梁を解き，M図，Q図およびN図を求めよ。

〈解答〉

① 反力を求める。

$\sum X = 0 : H_A = 0$

$\sum Y = 0 : V_A = V_D$

$\sum M_A = 0 : 100 - 50 - 6V_D = 0, \quad V_A = V_D = \dfrac{25}{3} \text{ kN}$

② 反力 $V_A$，$V_D$ の材軸 AD に関する水平および垂直成分はそれぞれ，

$V_{AH} = V_{DH} = \dfrac{25}{3}\sin 45° = \dfrac{25}{3\sqrt{2}} \text{ kN}$

$V_{AV} = V_{DV} = \dfrac{25}{3}\cos 45° = \dfrac{25}{3\sqrt{2}} \text{ kN}$

③ 各応力を求める（材軸方向の座標 $s$ を用いて示す）。

| | 曲げモーメント（$M_x$） | せん断力（$Q_x$） | 軸力（$N_x$） |
|---|---|---|---|
| A〜B | $-\dfrac{25}{3\sqrt{2}}s$ | | |
| B〜C | $100 - \dfrac{25}{3\sqrt{2}}s$ | $-\dfrac{25}{3\sqrt{2}}$ | $-\dfrac{25}{3\sqrt{2}}$ |
| C〜D | $50 - \dfrac{25}{3\sqrt{2}}s$ | | |

④ 応力図を描く。

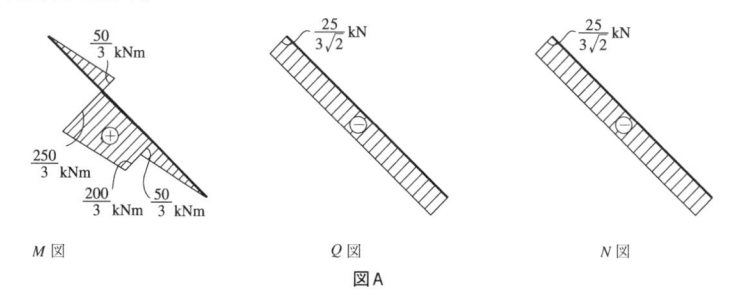

図A

M図 / Q図 / N図

値: $\frac{50}{3}$ kNm, $\frac{250}{3}$ kNm, $\frac{200}{3}$ kNm, $\frac{50}{3}$ kNm / $\frac{25}{3\sqrt{2}}$ kN / $\frac{25}{3\sqrt{2}}$ kN

---

**【練習問題 3.2.6】** 図に示す持出し梁を解き，$M$図，$Q$図および$N$図を求めよ。

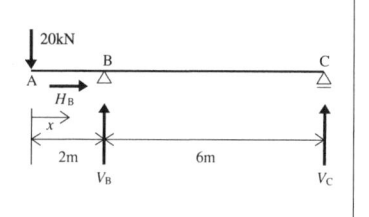

図: 20kN の荷重が A から 2m の位置（B）に下向き，B・C は支点（$V_B$, $V_C$），B に水平反力 $H_B$，BC 間 6m。

〈解答〉

① 反力を求める。

$\sum X = 0 : H_B = 0$

$\sum Y = 0 : V_B + V_C = 20$

$\sum M_B = 0 : -20 \times 2 - 6V_C = 0$

∴ $V_C = -\dfrac{20}{3}$ kN, $V_B = \dfrac{80}{3}$ kN

② 各応力を求める。

|  | 曲げモーメント（$M_x$） | せん断力（$Q_x$） | 軸力（$N_x$） |
|---|---|---|---|
| A〜B | $-20x$ | $-20$ | 0 |
| B〜C | $\dfrac{20}{3}x - \dfrac{160}{3}$ | $\dfrac{20}{3}$ |  |

③ 応力図を描く。

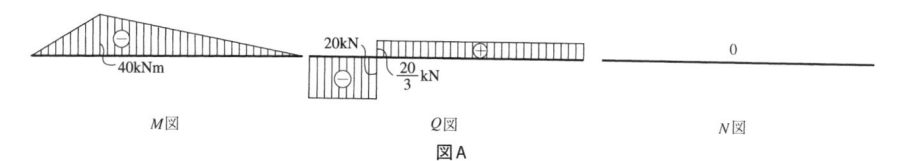

M図: −40kNm / Q図: −20kN, $\dfrac{20}{3}$ kN / N図: 0

図A

【練習問題3.2.7】図(a)〜(c)に示す荷重状態の異なる同じゲルバー梁の応力を求めよ。

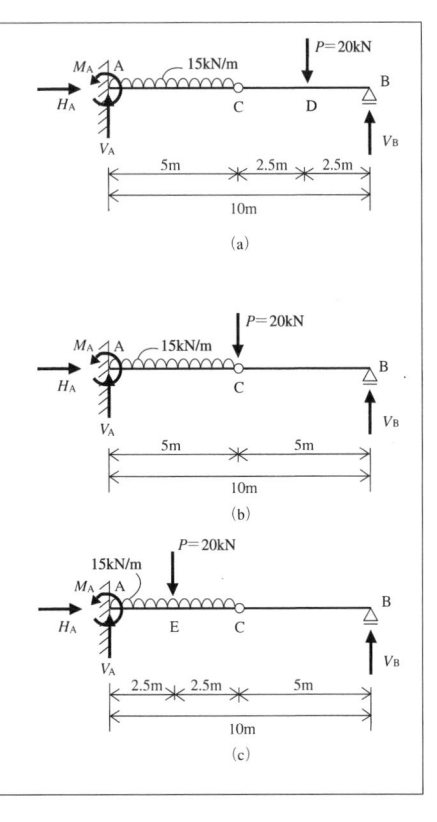

〈解答〉

(a)

① 反力を求める。

$\sum X=0 : H_A=0$

$\sum Y=0 : V_A + V_B = 20 + 15 \times 5 = 95$

$\sum M_C = 0$：C点の右側について

$20 \times 2.5 - 5 V_B = 0, \quad \therefore \quad V_B = 10 \text{ kN}, \quad V_A = 85 \text{ kN}$

$\sum M_A = 0 : M_A = 15 \times 5 \times 2.5 + 20 \times 7.5 - 10 \times 10 = 237.5 \text{ kNm}$

② 各応力を求める。

|  | 曲げモーメント（$M_x$） | せん断力（$Q_x$） |
|---|---|---|
| A〜C | $-7.5x^2 + 85x - 237.5$ | $-15x + 85$ |
| C〜D | $10x - 50$ | $10$ |
| D〜B | $-10x + 100$ | $-10$ |

③ 応力図を描く（図A）。

```
     ┌237.5kNm                              
─────┤                            ───────┐         
     │ ⊖                                  │ ⊕      
     └────────○────────△         ────────85kN─────10kN──△
                      └25kNm                              └10kN
         M図                              Q図
```

図A

(b)

① 反力を求める。

$\sum X = 0 : H_A = 0$

$\sum Y = 0 : V_A + V_B = 95 \text{ kN}$

$\sum M_C = 0 : $ C点の右側について

$5 \times V_B = 0 \quad \therefore \quad V_B = 0, \quad V_A = 95 \text{ kN}$

$\sum M_A = 0 : M_A = 15 \times 5 \times 2.5 + 20 \times 5 = 287.5 \text{ kNm}$

② 各応力を求める。

|     | 曲げモーメント $(M_x)$ | せん断力 $(Q_x)$ |
|-----|---------------------|-----------------|
| A〜C | $-7.5x^2 + 95x - 287.5$ | $-15x + 95$ |
| B〜C | 0 | 0 |

③ 応力図を描く（図B）。

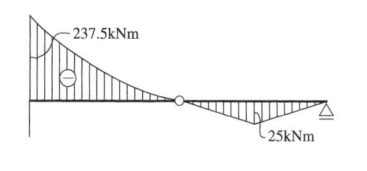

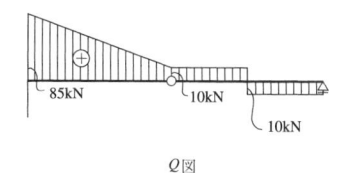

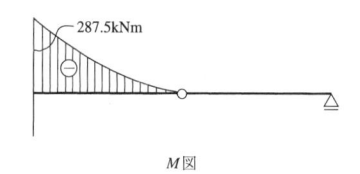

```
   ┌287.5kNm
───┤
   │ ⊖
   └────────○──────────△        ──────⊕──────○──────────△
                                     └95kN  20kN
        M図                              Q図
```

図B

(c)

① 反力を求める。

$\sum X = 0 : H_A = 0$

$\sum Y = 0 : V_A + V_B = 95 \text{ kN}$

$\sum M_C = 0 : $ C点の右側について

$V_B \times 5 = 0, \quad \therefore \quad V_B = 0, \quad V_A = 95 \text{ kN}$

$\sum M_A = 0 : M_A = 20 \times 2.5 + 15 \times 5 \times 2.5 = 237.5 \text{ kNm}$

② 各応力を求める。

|  | 曲げモーメント ($M_x$) | せん断力 ($Q_x$) |
|---|---|---|
| A～E | $-7.5x^2+95x-237.5$ | $-15x+95$ |
| E～C | $-7.5x^2+75x-187.5$ | $-15x+75$ |
| B～C | 0 | 0 |

③ 応力図を描く（図C）。

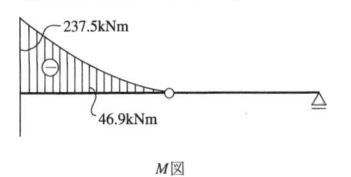

−237.5kNm
−46.9kNm
$M$図

57.5kN
−95kN  −37.5kN
$Q$図

図C

---

**【練習問題3.2.8】** 図に示す合成単純梁を解き，$M$図，$Q$図および$N$図を求めよ。

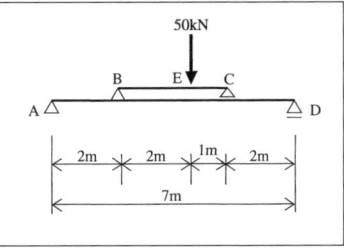

---

〈解答〉

① 問題の合成単純梁を以下のように2つに分けて考える。

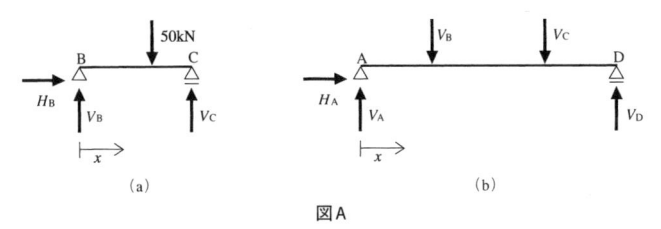

(a)  (b)

図A

② 反力を求める。

(a) $\sum X=0 : H_B=0$

$\sum Y=0 : V_B+V_C=50$

$\sum M_B=0 : 50\times 2-3V_C=0$  ∴ $V_C=\dfrac{100}{3}$ kN, $V_B=\dfrac{50}{3}$ kN

(b) $\sum X=0 : H_A=0$

$\sum Y=0 : V_A+V_D=50$

$\sum M_A=0 : \dfrac{50}{3}\times 2+\dfrac{100}{3}\times 5-7V_D=0$  ∴ $V_D=\dfrac{200}{7}$ kN, $V_A=\dfrac{150}{7}$ kN

③ 各応力を求める。

|     |     | 曲げモーメント（$M_x$） | せん断力（$Q_x$） | 軸力（$N_x$） |
|-----|-----|-----|-----|-----|
| (a) | B〜E | $\dfrac{50}{3}x$ | $\dfrac{50}{3}$ |  |
|     | E〜C | $-\dfrac{100}{3}x+100$ | $-\dfrac{100}{3}$ |  |
| (b) | A〜B | $\dfrac{150}{7}x$ | $\dfrac{150}{7}$ | 0 |
|     | B〜C | $\dfrac{100}{21}x+\dfrac{100}{3}$ | $\dfrac{100}{21}$ |  |
|     | C〜D | $-\dfrac{200}{7}x+200$ | $-\dfrac{200}{7}$ |  |

④ 応力図を描く（図B）。

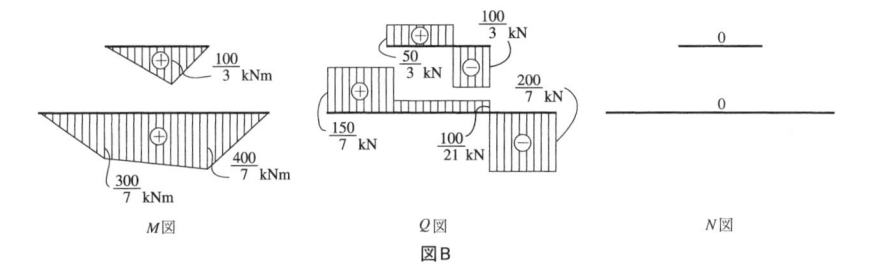

$M$図　　　　　$Q$図　　　　　$N$図

（$M$図: $\dfrac{100}{3}$ kNm, $\dfrac{300}{7}$ kNm, $\dfrac{400}{7}$ kNm）

（$Q$図: $\dfrac{100}{3}$ kN, $\dfrac{50}{3}$ kN, $\dfrac{150}{7}$ kN, $\dfrac{100}{21}$ kN, $\dfrac{200}{7}$ kN）

図B

【練習問題3.2.9】図に示す合成単純梁を解き，$M$図，$Q$図および$N$図を求めよ。

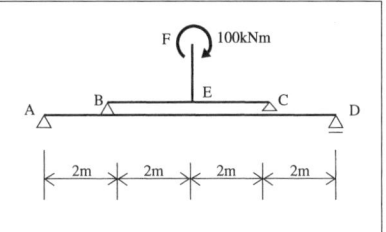

（F点に100kNm、支点A、B、C、D、間隔各2m）

〈解答〉

① 問題の合成単純梁を以下のように2つに分けて考える（図A）。

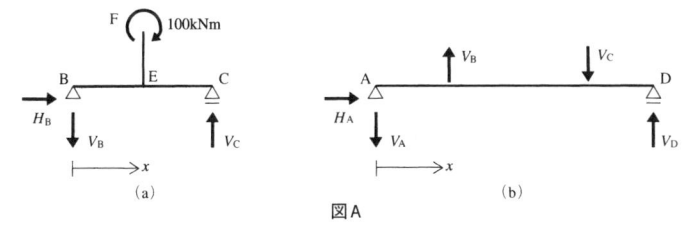

(a) B〜E〜C梁、$H_B$, $V_B$, $V_C$, F=100kNm

(b) A〜D梁、$H_A$, $V_A$, $V_B$, $V_C$, $V_D$

図A

② 反力を求める。

(a) $\sum X=0 : H_B=0$

　　$\sum Y=0 : V_B=V_C$

　　$\sum M_B=0 : 100-4V_C=0$　∴　$V_C=V_B=25$ kN

(b) $\Sigma X = 0 : H_A = 0$

$\Sigma Y = 0 : V_A = V_D$

$\Sigma M_A = 0 : -2 \times 25 + 6 \times 25 - 8 V_D = 0$  ∴  $V_A = V_D = 12.5 \text{ kN}$

③ 各応力を求める。

|     |     | 曲げモーメント（$M_x$） | せん断力（$Q_x$） | 軸力（$N_x$） |
| --- | --- | --- | --- | --- |
| (a) | F〜E | 100 | 0 | 0 |
|     | B〜E | $-25x$ | $-25$ | |
|     | E〜C | $-25x+100$ | $-25$ | |
| (b) | A〜B | $-12.5x$ | $-12.5$ | 0 |
|     | B〜C | $12.5x-50$ | $12.5$ | |
|     | C〜D | $-12.5x+100$ | $-12.5$ | |

④ 応力図を描く（図B）。

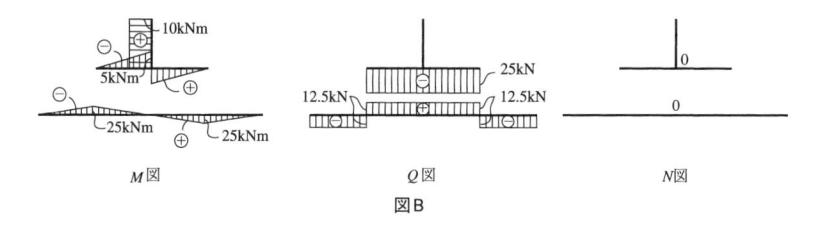

図B

## 3.3 静定トラス

部材で三角形を構成し、これを組み合わせてつくる骨組構造をトラスという。建築の分野では、トラスは主に大空間を必要とするスポーツ施設、展示場、倉庫、格納庫、工場等の屋根や鉄塔に用いられる。また、土木分野では橋梁として多用されている。

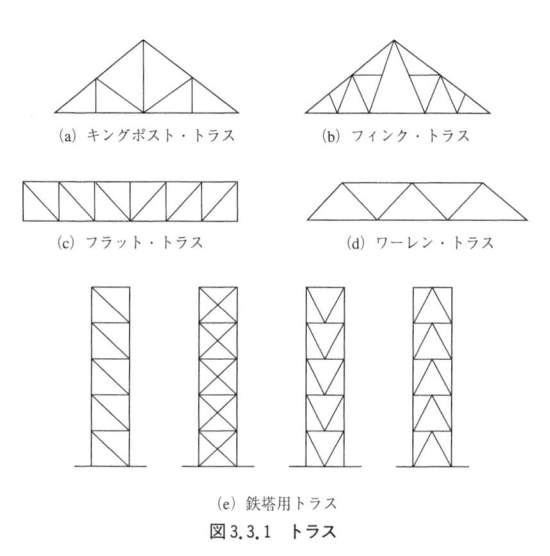

(a) キングポスト・トラス
(b) フィンク・トラス
(c) フラット・トラス
(d) ワーレン・トラス
(e) 鉄塔用トラス

図3.3.1 トラス

【基礎知識 3.3.1】
 トラスの応力の算定は以下の仮定に基づいている。
　① トラスの部材節点は完全なピンとする。
　② 荷重はすべてトラスの節点に集中荷重として働くものとする。
　③ トラス部材は直線材とする。
これらの仮定により、トラス部材に生じる応力は引張応力または圧縮応力の軸方向力のみとなる。

 トラスの応力を算定する方法は、数式解法と図解法に大別される。数式解法としては、トラス全部材の応力を知りたい場合に有効な節点法と、ある特定の部材応力を知りたい場合に有効な切断法を取り上げる。図解法では、各節点において示力図が閉じるという性質を利用するクレモナ図の描き方を学ぶ。

## 3.3.(a) 節点法

**【基礎知識 3.3.2：節点法の手順】**
　数式解法の節点法によりトラス部材の応力を求める手順を示す。
① ある節点に集まる部材を任意の位置で仮想的に切断し，部材応力を未知数として釣合い条件 $\sum X=0, \sum Y=0$ を用いる。
② 計算を始める前の段階では部材に生じる応力が引張か圧縮か不明であるので，まず引張を仮定して計算を進めるとよい。計算の結果，応力の符号が正なら仮定どおり引張，もし負なら仮定とは逆の圧縮が実際には作用していることになる。
③ 計算は未知数が2つの節点より始め，未知数の数が3以上とならないように順次節点を移動して解く。これは，各節点での2つの釣合い条件式を解くためには，未知数の数が方程式の数と等しい必要があることによる。

**【基本問題3.3.1】** 節点法により図に示すトラスの全部材の応力を求めよ。

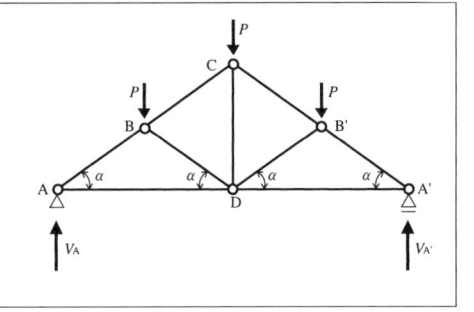

〈解答〉
① 反力を求める。

　対称性を利用して，$V_A = V_{A'} = \dfrac{3}{2}P$

② 未知数が2以下である点として節点Aに着目して力の釣合い式をたてる（図A）。

　　$\sum X = 0 : T_1 \cos\alpha + T_2 = 0$

　　$\sum Y = 0 : T_1 \sin\alpha + \dfrac{3}{2}P = 0$

　　$\therefore\ T_1 = -\dfrac{3P}{2} \cdot \dfrac{1}{\sin\alpha}$,

　　　$T_2 = -T_1 \cos\alpha = \dfrac{3P}{2} \cdot \dfrac{1}{\tan\alpha}$

図A

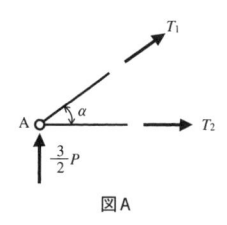

③ 点Bに移って力の釣合い式をたてる（図B）。
 $\sum X = 0: -T_1\cos\alpha + T_3\cos\alpha + T_4\cos\alpha = 0$
 $\sum Y = 0: -P - T_1\sin\alpha + T_3\sin\alpha - T_4\sin\alpha = 0$
 $\therefore\ T_3 = -P\dfrac{1}{\sin\alpha},\quad T_4 = -\dfrac{P}{2}\cdot\dfrac{1}{\sin\alpha}$

図B

④ 点Cに移って力の釣合い式をたてる（図C）。
 $\sum X = 0$：対称性により必要ない。
 $\sum Y = 0: -P - 2T_3\sin\alpha - T_5 = 0$
 $\therefore\ T_5 = P$

図C

⑤ 以上の結果をまとめてトラス部材に沿って記入する（図D）。

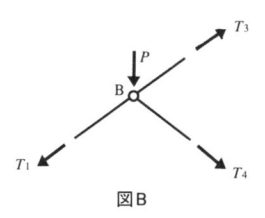

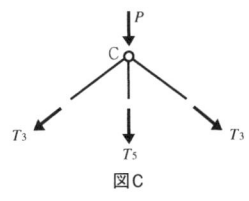

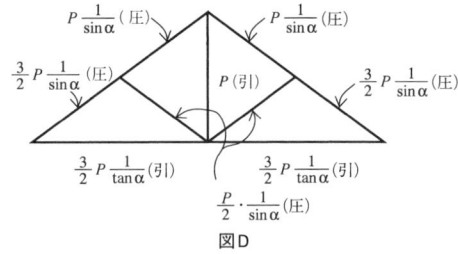

$P\dfrac{1}{\sin\alpha}$(圧)　$P\dfrac{1}{\sin\alpha}$(圧)
$\dfrac{3}{2}P\dfrac{1}{\sin\alpha}$(圧)　$P$(引)　$\dfrac{3}{2}P\dfrac{1}{\sin\alpha}$(圧)
$\dfrac{3}{2}P\dfrac{1}{\tan\alpha}$(引)　$\dfrac{3}{2}P\dfrac{1}{\tan\alpha}$(引)
$\dfrac{P}{2}\cdot\dfrac{1}{\sin\alpha}$(圧)

図D

【基本問題3.3.2】図に示すトラス部材に生じる応力を節点法により求めよ。

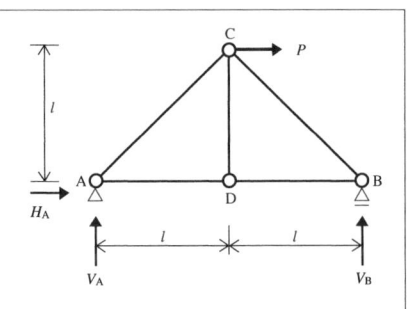

〈解答〉

① 反力を求める。
 $\sum X = 0: H_A + P = 0$
 $\sum Y = 0: V_A + V_B = 0$
 $\sum M_A = 0: Pl - V_B \cdot 2l = 0$
 $\therefore\ H_A = -P,\ V_A = -\dfrac{P}{2},\ V_B = \dfrac{P}{2}$

② 節点Aにおける力の釣合い（図A）より，

$$\Sigma X=0: T_1\cos 45°+T_2-P=0$$

$$\Sigma Y=0: T_1\sin 45°-\frac{P}{2}=0$$

$$\therefore T_1=\frac{P}{\sqrt{2}}, \quad T_2=\frac{P}{2}$$

③ 節点Cにおける力の釣合い（図B）より，

$$\Sigma X=0: T_4\cos 45°+P-\frac{P}{\sqrt{2}}\cos 45°=0$$

$$\Sigma Y=0: -T_4\sin 45°-T_3-\frac{P}{\sqrt{2}}\sin 45°=0 \qquad \therefore T_3=0, \quad T_4=-\frac{P}{\sqrt{2}}$$

④ 節点Dにおける力の釣合い（図C）より，

$$\Sigma X=0: T_5-\frac{P}{2}=0 \qquad \therefore T_5=\frac{P}{2}$$

⑤ 以上の結果をまとめると図Dのとおり。

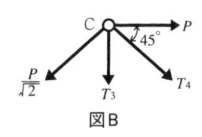

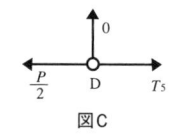

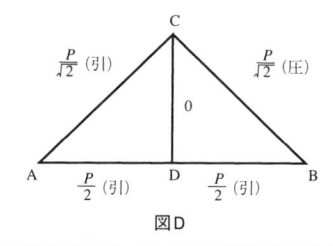

図A

図B　　　図C　　　図D

【基本問題3.3.3】図に示すトラス部材に生じる応力を節点法により求めよ。

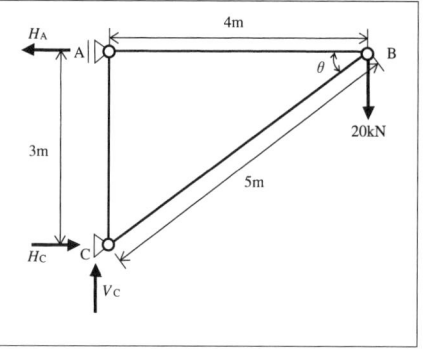

〈解答〉

① 反力を求める。

$$\Sigma Y=0: V_C=20\,\text{kN}$$

$$\Sigma M_C=0: -3H_A+20\times 4=0 \qquad H_A=\frac{80}{3}\,\text{kN}$$

$$\Sigma X=0: -H_A+H_C=0 \qquad \therefore H_C=\frac{80}{3}\,\text{kN}$$

② 節点Cにおける力の釣合い（図A）より，

$\sum X = 0 : T_1\cos\theta + H_C = 0$

$\therefore T_1 = -\dfrac{80}{3} \cdot \dfrac{5}{4} = -\dfrac{100}{3}$ kN

$\sum Y = 0 : V_C + T_1\sin\theta + T_3 = 0$

$\therefore T_3 = -\left(20 - \dfrac{100}{3} \cdot \dfrac{3}{5}\right) = 0$ kN

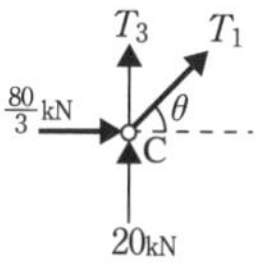

図A

③ 節点Aにおける力の釣合いより,

$\sum X = 0 : -H_A + T_2 = 0$

$\therefore T_2 = \dfrac{80}{3}$ kN

④ 実際には節点Bでの力の釣合いを考えることにより反力を求めずに応力を求めることができる.

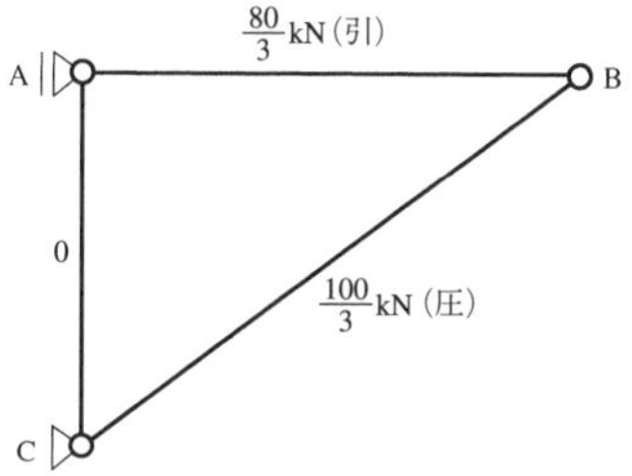

$\sum X = 0 : -T_1\cos\theta - T_2 = 0$

$\sum Y = 0 : -T_1\sin\theta - 20 = 0 \quad \therefore T_1 = -\dfrac{100}{3}$ kN, $T_2 = \dfrac{80}{3}$ kN

図B

⑤ 以上の結果をまとめると図Bになる.

【練習問題 3.3.1】図に示すトラス部材に生じる応力と支点反力を節点法により求めよ.

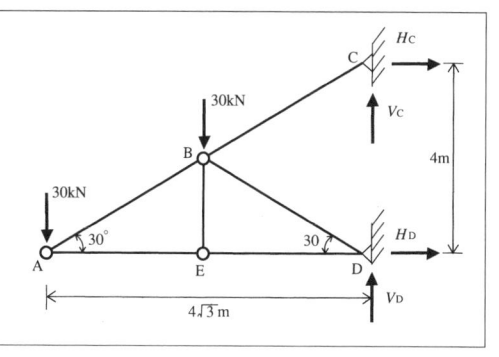

〈解答〉

① 反力を求める.

$\sum X = 0 : H_C + H_D = 0$

$\sum Y = 0 : V_C + V_D = 60$

$\sum M_D = 0 : -30 \times 4\sqrt{3} - 30 \times 2\sqrt{3} + H_C \times 4 = 0$

$\therefore H_C = 45\sqrt{3}$ kN, $H_D = -45\sqrt{3}$ kN

② 節点Aにおける力の釣合い(図A)より,

$\sum X = 0 : T_1\cos 30° + T_2 = 0$

$\sum Y = 0 : T_1\sin 30° - 30 = 0$

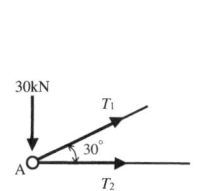

図A

$$\therefore\quad T_1 = 60\text{ kN},\quad T_2 = -30\sqrt{3}\text{ kN}$$

③ 節点Eにおける力の釣合い（図B）より，
  $\sum X = 0 : T_1 = -30\sqrt{3}\text{ kN}$
  $\sum Y = 0 : T_2 = 0$

④ 節点Bにおける力の釣合い（図C）より，
  $\sum X = 0 : T_1\cos30° + T_2\cos30° - 60\cos30° = 0$
  $\sum Y = 0 : T_1\sin30° - T_2\sin30° - 60\sin30° - 30 = 0$
  $\therefore\quad T_1 = 90\text{ kN},\quad T_2 = -30\text{ kN}$

⑤ 節点Cにおける力の釣合い（図D）より，
  $\sum Y = 0 : V_C - 90\sin30° = 0 \quad \therefore\quad V_C = 45\text{ kN}$
  $V_D = 60 - 45 = 15\text{ kN}$

⑥ 以上の結果をまとめると図Eのとおり。

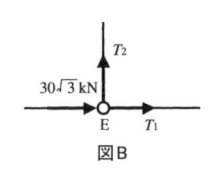

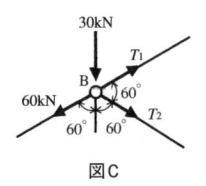

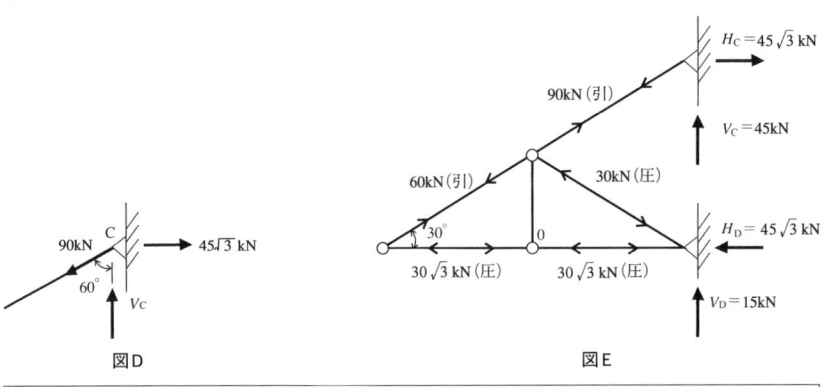

図B

図C

図D

図E

【練習問題3.3.2】図に示すトラス部材に生じる応力を節点法により求めよ。

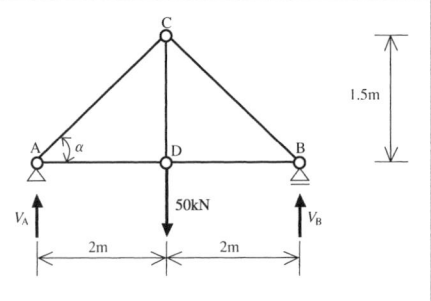

〈解答〉

① 反力を求める。
  $\sum M_A = 0 : 2 \times 50 - 4V_B = 0 \quad \therefore\quad V_B = 25\text{ kN}$
  $\sum Y = 0 : V_A + V_B = 50 \quad \therefore\quad V_A = 25\text{ kN}$

② 節点Aにおける釣合い（図A）より，

$\sum Y = 0 : T_2 \sin\alpha + 25 = 0 \quad \therefore \quad T_2 = -\dfrac{25}{\sin\alpha} = -\dfrac{125}{3}$ kN

$\sum X = 0 : T_1 + T_2 \cos\alpha = 0 \quad \therefore \quad T_1 = \dfrac{25}{\tan\alpha} = \dfrac{100}{3}$ kN

③ 節点Cにおける釣合い（図B）より，

$\sum Y = 0 : T_3 + T_2 \sin\alpha + T_2 \sin\alpha = 0 \quad \therefore \quad T_3 = 50$ kN

④ 対称性を考慮して，以上の結果を図Cにまとめる。

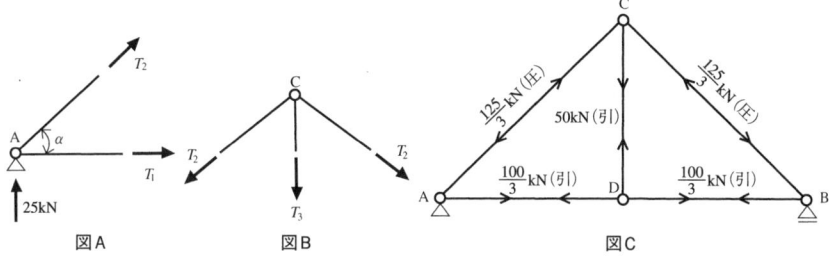

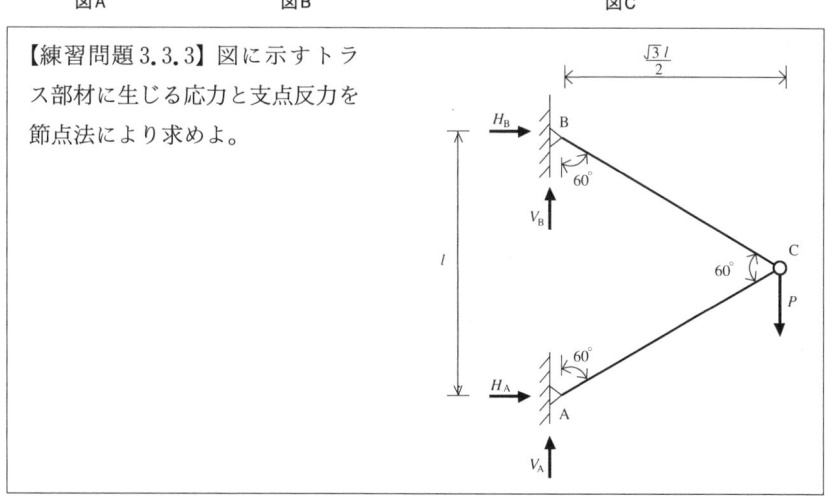

図A　　　図B　　　図C

【練習問題3.3.3】図に示すトラス部材に生じる応力と支点反力を節点法により求めよ。

〈解答〉

① 反力を求める。

$\sum X = 0 : H_A + H_B = 0$

$\sum Y = 0 : V_A + V_B - P = 0$

$\sum M_A = 0 : P \times \dfrac{\sqrt{3}}{2} l + H_B l = 0 \quad \therefore \quad H_B = -\dfrac{\sqrt{3}}{2} P, \quad H_A = \dfrac{\sqrt{3}}{2} P$

② 節点Cにおける力の釣合い（図A）より，

$\sum X = 0 : T_1 \cos 30° + T_2 \cos 30° = 0$

$\sum Y = 0 : T_1\sin 30° - T_2\sin 30° - P = 0$

$\therefore \quad T_2 = -P, \quad T_1 = P$

③ 節点Bにおける力の釣合い（図B）より，

$\sum Y = 0 : -P\cos 60° + V_B = 0 \quad \therefore \quad V_B = \dfrac{P}{2}$

$V_A + V_B - P = 0 \quad \therefore \quad V_A = \dfrac{P}{2}$

④ 以上の結果をまとめると図Cのとおり。

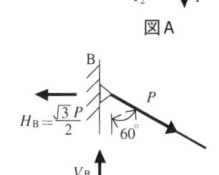

図A

図B

図C

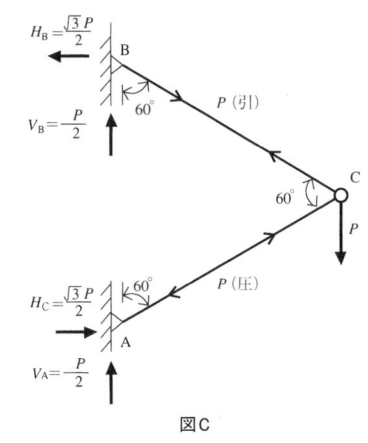

【練習問題3.3.4】図に示すトラスを節点法で解け。

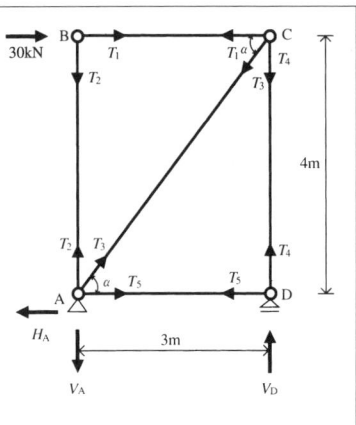

〈解答〉

① 反力を求める。

$\sum X = 0 : 30 - H_A = 0$

$\sum Y = 0 : -V_A + V_D = 0$

$\Sigma M_A=0 : -3V_D+120=0$

$\therefore H_A=30 \text{ kN}, \quad V_A=V_D=40 \text{ kN}$

② 節点Bにおける釣合い。

$\Sigma X=0 : 30+T_1=0 \quad \therefore \quad T_1=-30 \text{ kN}$

$\Sigma Y=0 : T_2=0$

③ 節点Cにおける力の釣合い。

$\Sigma X=0 : -T_1-T_3\cos\alpha=0$

$\therefore T_3=\dfrac{30}{\cos\alpha}=50 \text{ kN}$

$\Sigma Y=0 : -T_4-T_3\sin\alpha=0$

$\therefore T_4=-40 \text{ kN}$

④ 節点Aにおける力の釣合い。

$\Sigma X=0 : T_3\cos\alpha+T_5-30=0$

$\therefore T_5=0$

$\Sigma Y=0 : T_2+T_3\sin\alpha-40=0$

$\therefore T_2=0$

⑤ 以上の結果をまとめると図Aのとおり。

図A

【練習問題3.3.5】図に示すトラス部材に生じる応力を節点法により求めよ。

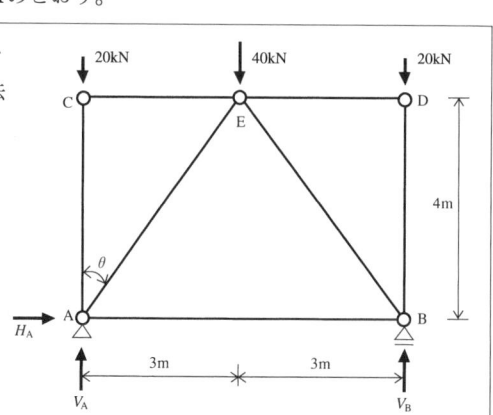

〈解答〉

① 反力を求める。

$\Sigma X=0 : H_A=0$

$\Sigma Y=0 : V_A+V_B=8 \quad \therefore \quad V_A=V_B=40 \text{ kN}$(対称性)

② 節点Cにおける力の釣合い(図A)より、

$\Sigma X=0 : T_2=0$

$\Sigma Y=0 : T_1=-20 \text{ kN}$

③ 節点Aにおける力の釣合い（図B）より，

$\sum X = 0 : T_4 + T_3 \sin\theta = 0$

$\sum Y = 0 : 40 - 20 + T_3 \cos\theta = 0$

∴ $T_3 = -25$ kN, $T_4 = 15$ kN

④ 対称性を考慮して，以上の結果をまとめると図Cのとおり。

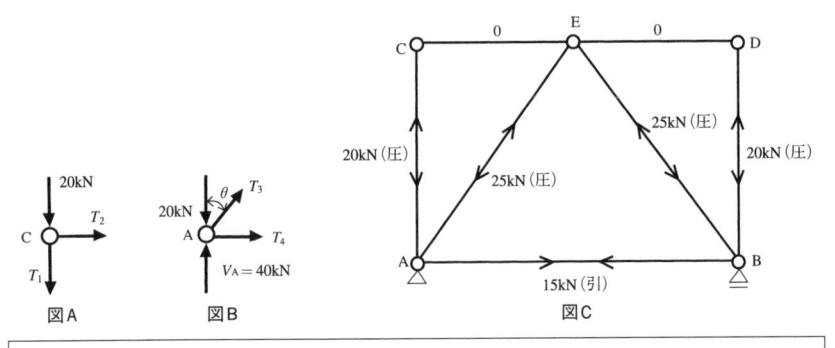

図A　図B　図C

【練習問題3.3.6】図に示すトラス部材に生じる応力を節点法により求めよ。

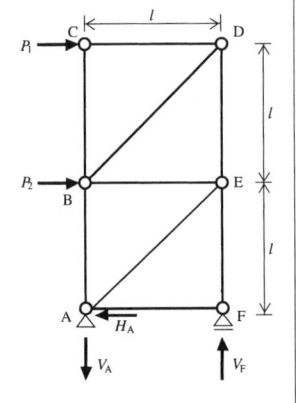

① 反力を求める。

$\sum X = 0 : H_A = P_1 + P_2$

$\sum Y = 0 : V_A = V_F$

$\sum M_A = 0 : P_1 \times 2l + P_2 \times l - V_F \times l = 0$

∴ $V_F = V_A = 2P_1 + P_2$

② 節点Cにおける力の釣合い（図A）より，

$\sum X = 0 : P_1 + T_1 = 0$　∴ $T_1 = -P_1$

$\sum Y = 0 : T_2 = 0$

③ 節点Dにおける力の釣合い（図B）より，

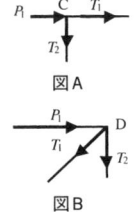

図A

図B

$\Sigma X = 0 : P_1 \quad T_1\cos 45° - 0 \quad \therefore \quad T_1 = \sqrt{2}\,P_1$

$\Sigma Y = 0 : T_2 + T_1\cos 45° = 0 \quad \therefore \quad T_2 = -P_1$

④ 節点Bにおける力の釣合い（図C）より，

$\Sigma X = 0 : \sqrt{2}\,P_1\cos 45° + T_1 + P_2 = 0$

$\therefore \quad T_1 = -(P_1 + P_2)$

$\Sigma Y = 0 : \sqrt{2}\,P_1\cos 45° - T_2 = 0 \quad \therefore \quad T_2 = P_1$

⑤ 節点Eにおける力の釣合い（図D）より，

$\Sigma X = 0 : T_1\cos 45° = P_1 + P_2 \quad \therefore \quad T_1 = \sqrt{2}\,(P_1 + P_2)$

$\Sigma Y = 0 : T_1\cos 45° + T_2 + P_1 = 0$

$\therefore \quad T_2 = -(2P_1 + P_2)$

⑥ 節点Fにおける力の釣合い（図E）より，

$\Sigma X = 0 : T_1 = 0$

⑦ 以上の結果をまとめると図Fのとおり

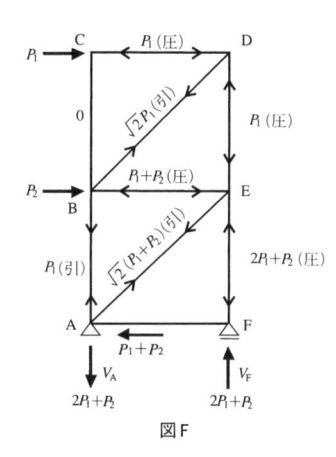

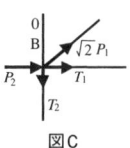

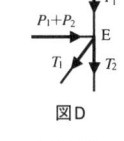

図C

図D

図E

図F

## 3.3.(b) 切断法

【基礎知識3.3.3：切断法の手順】

　数式解法の切断法によりトラス部材の応力を求める手順を示す。

① トラス全体を仮想的にある断面で切断して二分し，どちらかの側の全体的な釣合い条件より解を求める。

② 釣合い条件式のたて方として以下の2とおりがある。

　(a) $\Sigma X = 0$, $\Sigma Y = 0$, $\Sigma M_A = 0$ 　　　　　　　　　(3.3.1 a)

　(b) $\Sigma M_A = 0$, $\Sigma M_B = 0$, $\Sigma M_C = 0$ 　　　　　　(3.3.1 b)

(a)を用いて解く方法をCulman法，(b)を用いて解く方法をRitter法という。

③ 未知数の数は3まで解きうる。

【基本問題3.3.4】図に示すトラスの指定部材の応力を切断法により求めよ。

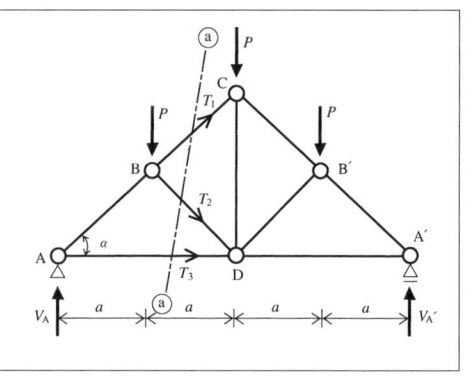

〈解答〉

① 反力を求める。

$\Sigma Y=0 : V_A + V_A' = 3P$ 　∴　$V_A = V_A' = 1.5P$（対称性）

② ⓐ—ⓐで切断し部材応力を図のように $T_1$, $T_2$, $T_3$ とする。

③ 節点Aにおける釣合い。

$\Sigma M_A = 0 : aP + 2a\sin\alpha \cdot T_2 = 0$ 　∴　$T_2 = -\dfrac{P}{2\sin\alpha}$

④ 節点Bにおける釣合い。

$\Sigma M_B = 0 : 1.5Pa - a\tan\alpha \cdot T_3 = 0$ 　∴　$T_3 = \dfrac{1.5P}{\tan\alpha}$

⑤ X方向の釣合い。

$\Sigma X = 0 : T_1\cos\alpha + T_2\cos\alpha + T_3 = 0$ 　∴　$T_1 = -\dfrac{P}{\sin\alpha}$

⑥ 以上をまとめて図Aに示す。

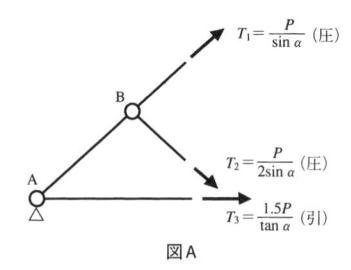

$T_1 = \dfrac{P}{\sin\alpha}$ （圧）

$T_2 = \dfrac{P}{2\sin\alpha}$ （圧）

$T_3 = \dfrac{1.5P}{\tan\alpha}$ （引）

図A

**【基本問題3.3.5】** 図に示す平面トラスの指定部材の応力を切断法により求めよ。

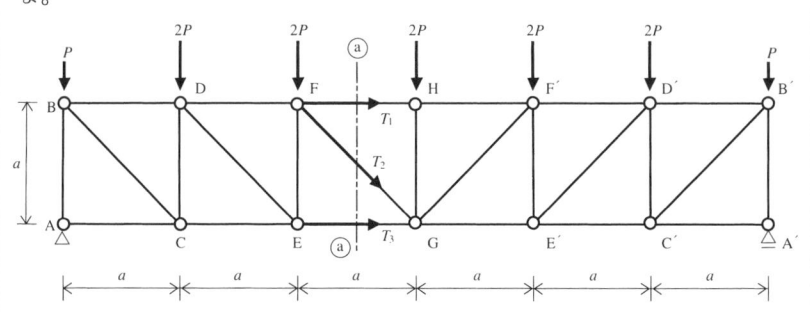

〈解答〉

① 反力を求める。

$\sum Y = 0 : V_A + V_{A'} = 12P$

∴ $V_A = 6P$, $V_{A'} = 6P$ （対称性）

② ⓐ―ⓐで切断し，部材応力を $T_1$, $T_2$, $T_3$ とする。

③ 節点Fにおける力の釣合い。

$\sum M_F = 0 : -T_3 a - 2Pa - 2Pa + 12Pa = 0$ ∴ $T_3 = 8P$

④ 節点Dにおける力の釣合い。

$\sum M_D = 0 : 5Pa + 2Pa - T_3 a + \dfrac{\sqrt{2}\,a}{2} \cdot T_2 = 0$ ∴ $T_2 = \sqrt{2}\,P$

⑤ 節点Eにおける力の釣合い。

$\sum M_E = 0 : 5P \times 2a - 2Pa + \dfrac{\sqrt{2}\,a}{2} \cdot T_2 + T_1 a = 0$ ∴ $T_1 = -9P$

⑥ 以上の結果をまとめて図Aに示す。

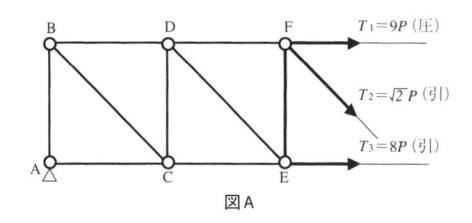

$T_1 = 9P$ （圧）
$T_2 = \sqrt{2}\,P$ （引）
$T_3 = 8P$ （引）

図A

【練習問題3.3.7】切断法により，図に示すトラスの指定部材の応力を求めよ。

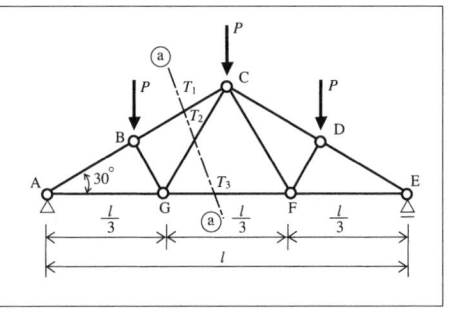

〈解答〉

① 反力を求める。

$$\sum Y = 0 : V_A + V_E = 3P \quad \therefore \quad V_A = V_E = \frac{3}{2}P \text{（対称性）}$$

② ⓐ—ⓐで切断し，部材応力を $T_1$, $T_2$, $T_3$ とする（図A）。

③ 節点Gにおける力の釣合い。

$$\sum M_G = 0 : \frac{3}{2}P \cdot \frac{l}{3} - P \cdot \frac{l}{12} + T_1 \cdot \frac{l}{6} = 0 \quad \therefore \quad T_1 = -\frac{5}{2}P$$

④ 節点Aにおける力の釣合い。

$$\sum M_A = 0 : P \cdot \frac{l}{4} - T_2 \cdot \frac{\sqrt{3}}{6}l = 0 \quad \therefore \quad T_2 = \frac{\sqrt{3}}{2}P$$

⑤ 節点Cにおける力の釣合い。

$$\sum M_C = 0 : \frac{3}{2}P \cdot \frac{l}{2} - P \cdot \frac{l}{4} - T_3 \cdot \frac{\sqrt{3}}{6}l = 0 \quad \therefore \quad T_3 = \sqrt{3}P$$

⑥ 以上の結果をまとめて図Bに示す。

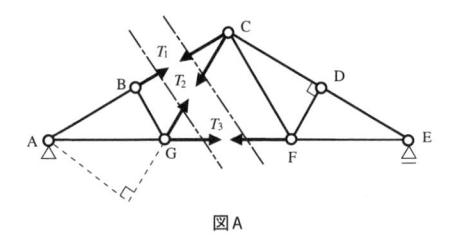

図A

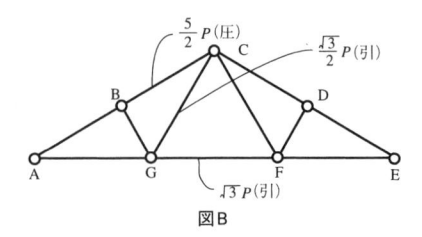

図B

第3章 静定構造の応力　49

**【練習問題3.3.8】** 切断法により，図に示すトラスの指定部材の応力を求めよ。

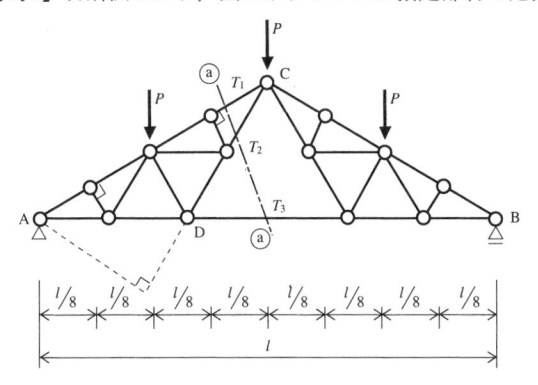

⟨解答⟩

① 反力を求める。

$$\Sigma Y=0: V_A+V_B=3P \quad \therefore \quad V_A=V_B=\frac{3}{2}P \text{ (対称性)}$$

② ⓐ—ⓐで切断し，部材応力を $T_1$, $T_2$, $T_3$ とする（図A）。

③ 節点Aにおける力の釣合い。

$$\Sigma M_A=0: -T_2 \cdot \frac{\sqrt{3}}{6}l + P \cdot \frac{l}{4}=0 \quad \therefore \quad T_2=\frac{\sqrt{3}}{2}P$$

④ 節点Cにおける力の釣合い。

$$\Sigma M_C=0: -P \cdot \frac{l}{4} + \frac{3}{2}P \cdot \frac{l}{2} - T_3 \cdot \frac{\sqrt{3}}{6}l=0 \quad \therefore \quad T_3=\sqrt{3}P$$

⑤ 節点Dにおける力の釣合い。

$$\Sigma M_D=0: \frac{3}{2}P \cdot \frac{l}{3} - P\left(\frac{l}{4}-\frac{l}{6}\right) + T_1 \cdot \frac{l}{6}=0 \quad \therefore \quad T_1=-\frac{5}{2}P$$

⑥ 以上の結果をまとめて図Bに示す。

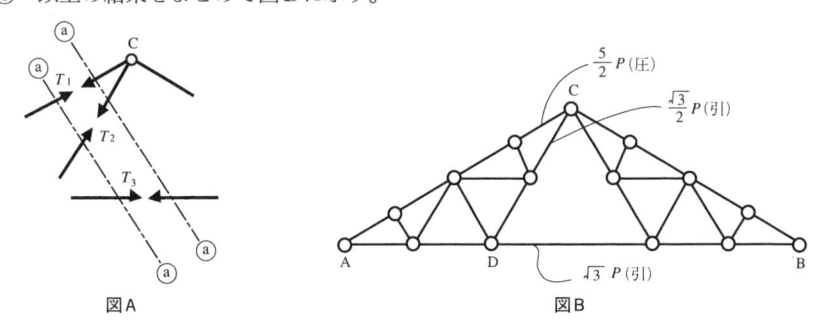

図A　　　　　図B

【練習問題3.3.9】図に示す平面トラスの指定部材の応力を切断法により求めよ。

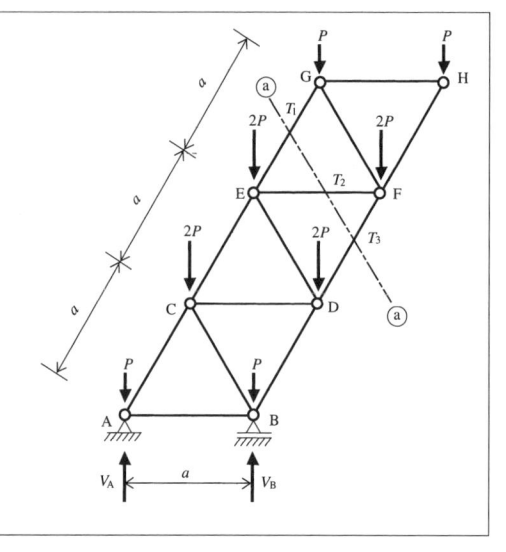

〈解答〉

① 反力を求める。

$\sum Y=0 : V_A + V_B = 12P$

$\sum M_A = 0 : 2P \cdot \dfrac{a}{2} + (2P+P)a + (P+2P)\dfrac{3}{2}a + 2P \cdot 2a + P \cdot \dfrac{5}{2}a - V_B \cdot a = 0$

∴ $V_B = 15P$, $V_A = -3P$

② ⓐ—ⓐで切断し，部材応力を $T_1$, $T_2$, $T_3$ とする。

③ 節点Fにおける力の釣合い。

$\sum M_F = 0 : P \cdot \dfrac{a}{2} - P \cdot \dfrac{a}{2} + T_1 \cdot \dfrac{\sqrt{3}}{2}a = 0$ ∴ $T_1 = 0$

④ 節点Eにおける力の釣合い。

$\sum M_E = 0 : -(P+3P)a - 2P \cdot \dfrac{a}{2} + 2P \cdot \dfrac{a}{2} - T_3 \cdot \dfrac{\sqrt{3}}{2}a = 0$ ∴ $T_3 = -\dfrac{8\sqrt{3}}{3}P$

⑤ 節点Gにおける力の釣合い。

$\sum M_G = 0 : 2P \cdot \dfrac{a}{2} + P \cdot a - \dfrac{8\sqrt{3}}{3}P \cdot \dfrac{\sqrt{3}}{2}a + T_2 \cdot \dfrac{\sqrt{3}}{2}a = 0$

∴ $T_2 = \dfrac{4\sqrt{3}}{3}P$

⑥ 以上の結果をまとめて図Aに示す。

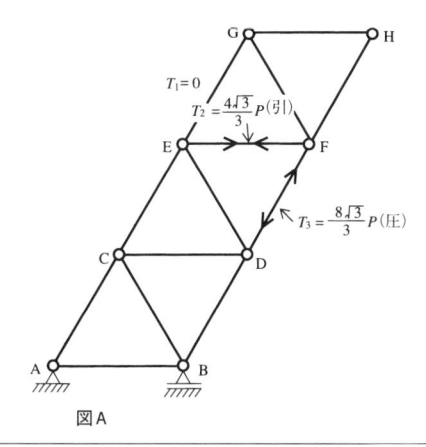

第3章　静定構造の応力　51

図A

【練習問題 3.3.10】図に示すトラスの指定部材の応力を切断法により求めよ。

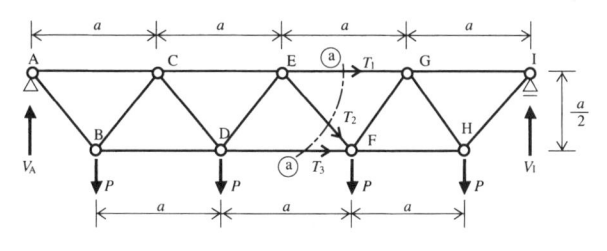

〈解答〉

① 反力を求める。

$\sum Y = 0 : V_A + V_I = 4P$　　∴　$V_A = V_I = 2P$（対称性）

② ⓐ―ⓐで切断し，部材応力をそれぞれ $T_1$, $T_2$, $T_3$ とする。

③ 節点Eでの釣合い。

$\sum M_E = 0 : -\dfrac{1}{2}aT_3 - \dfrac{1}{2}aP - \dfrac{3}{2}aP + 2P \times 2a = 0$　　∴　$T_3 = 4P$

④ 節点Cでの釣合い。

$\sum M_C = 0 : \dfrac{1}{\sqrt{2}}aT_2 - \dfrac{1}{2}aT_3 + \dfrac{1}{2}aP - \dfrac{1}{2}aP + a \times 2P = 0$　　∴　$T_2 = 0$

⑤ 節点Dでの釣合い。

$\sum M_D = 0 : \dfrac{3}{2}a \times 2P - aP + \dfrac{1}{\sqrt{2}}aT_2 + \dfrac{1}{2}aT_1 = 0$　　∴　$T_1 = -4P$

⑥ 以上の結果をまとめて図Aに示す。

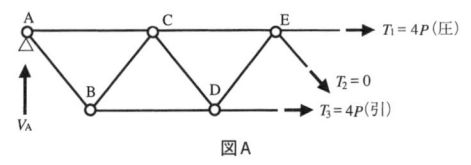

図A

**【練習問題 3.3.11】** 切断法により，図に示すトラスの全部材の応力を求めよ。

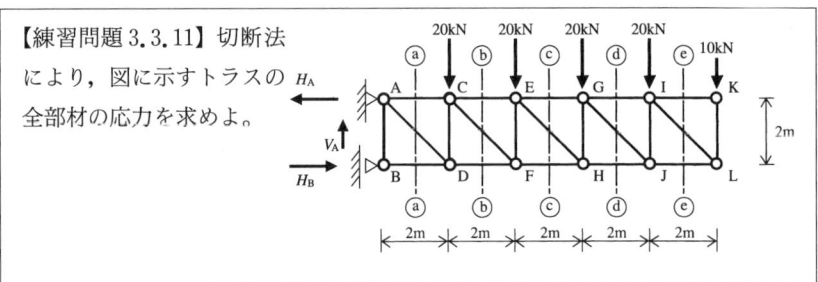

〈解答〉

① 反力を求める。

$\sum X = 0 : H_A = H_B$

$\sum Y = 0 : V_A = 90 \text{ kN}$

$\sum M_A = 0 : 20 \times (2+4+6+8) + 10 \times 10 - H_B \times 2 = 0$ ∴ $H_A = H_B = 250 \text{ kN}$

② ⓐ—ⓐで切断（図A）。

$\sum X = 0 : T_1 + \dfrac{T_2}{\sqrt{2}} + T_3 = 0$

$\sum Y = 0 : 90 - \dfrac{T_2}{\sqrt{2}} = 0$

$\sum M_A = 0 : -2T_3 - 2 \times 250 = 0$

∴ $T_3 = -250 \text{ kN}$, $T_2 = 90\sqrt{2} \text{ kN}$, $T_1 = 160 \text{ kN}$

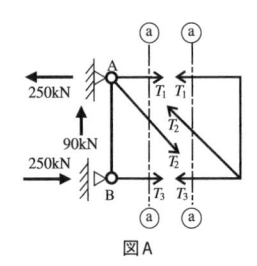

③ ⓑ—ⓑで切断（図B）。

$\sum X = 0 : T_1 + \dfrac{T_2}{\sqrt{2}} + T_3 = 0$

$\sum Y = 0 : 90 - 20 - \dfrac{T_2}{\sqrt{2}} = 0$

$\sum M_C = 0 : -2T_3 - 2 \times 250 + 2 \times 90 = 0$

∴ $T_3 = -160 \text{ kN}$, $T_2 = 70\sqrt{2} \text{ kN}$,

$T_1 = 90 \text{ kN}$

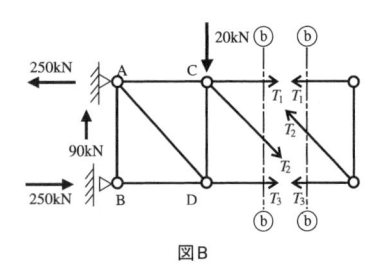

④ ⓒ—ⓒで切断（図C）。

$\sum X = 0 : T_1 + \dfrac{T_2}{\sqrt{2}} + T_3 = 0$

$\sum Y = 0 : 90 - 20 \times 2 - \dfrac{T_2}{\sqrt{2}} = 0$

$\sum M_E = 0 : -2T_3 - 2 \times 250 + 4 \times 90 - 2 \times 20 = 0$

∴ $T_3 = -90$ kN, $T_2 = 50\sqrt{2}$ kN, $T_1 = 40$ kN

⑤ ⓓ—ⓓで切断（図D）。

$\sum X = 0 : T_1 + \dfrac{T_2}{\sqrt{2}} + T_3 = 0$

$\sum Y = 0 : 20 + 10 - \dfrac{T_2}{\sqrt{2}} = 0$

$\sum M_J = 0 : -2T_1 + 2 \times 10 = 0$

∴ $T_1 = 10$ kN, $T_2 = 30\sqrt{2}$ kN, $T_3 = -40$ kN

⑥ ⓔ—ⓔで切断（図E）。

$\sum X = 0 : T_1 + \dfrac{T_2}{\sqrt{2}} + T_3 = 0$

$\sum Y = 0 : 10 - \dfrac{T_2}{\sqrt{2}} = 0$

$\sum M_L = 0 : -2T_1 = 0$

∴ $T_1 = 0$, $T_2 = 10\sqrt{2}$ kN, $T_3 = -10$ kN

⑦ 以上の結果をまとめて図Fに示す。縦材の応力は $\sum Y = 0$ から求められる。

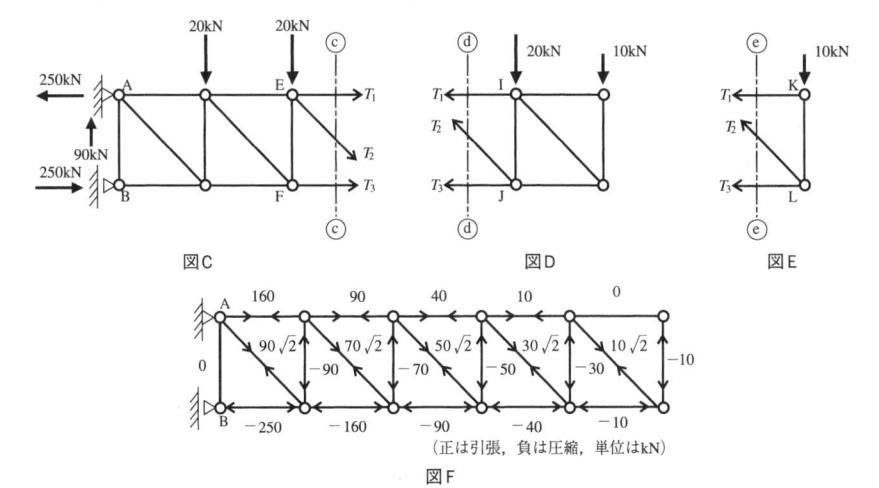

図C  図D  図E

図F

（正は引張，負は圧縮，単位はkN）

【練習問題 3.3.12】図のトラスを解け。

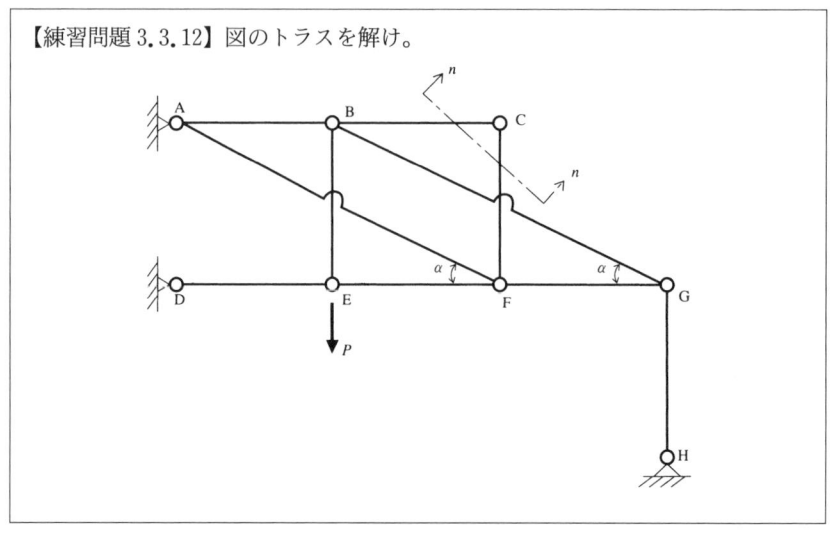

〈解答〉

① $n-n$ で切断する。節点Cには荷重が作用していないので，$\overline{BC}$ 材，$\overline{CF}$ 材の応力は0（図A）。

② 節点Eでの釣合いを考える（図B）。$\overline{EB}$材の応力は$P$（引張）となる。

③ 節点Fでの釣合いを考える（図C）。$\overline{AF}$ 材の応力は0。

④ 支点AとDの反力は水平方向のみとなるので，支点Hでの鉛直方向反力は外的釣合いを考えて$P$となる。よって $\overline{GH}$ 材の応力は$P$（圧縮）となる。

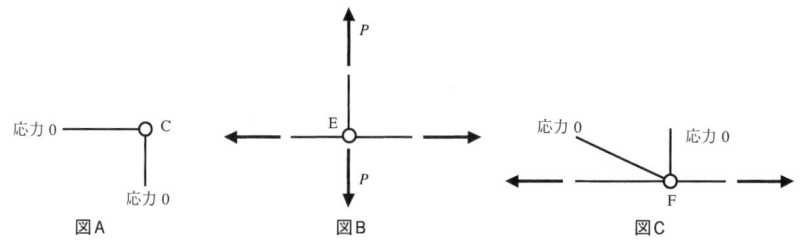

⑤ 節点Gでの釣合いを考える（図D）。

$\sum X=0 : -P_1\cos\alpha - P_2 = 0$

$\sum Y=0 : P_1\sin\alpha + P = 0 \quad \therefore P_1 = -\dfrac{P}{\sin\alpha}, \ P_2 = \dfrac{P}{\tan\alpha}$

⑥ 節点EとFでの釣合いから，$\overline{DE}$ 材，$\overline{EF}$ 材，$\overline{FG}$ 材の応力はすべて等しい。

⑦ 節点Bでの釣合いを考える（図E）。

$\sum X=0 : -P_3 - \dfrac{P}{\sin\alpha}\cdot\cos\alpha = 0 \quad \therefore P_3 = -\dfrac{P}{\tan\alpha}$

図D

図E

⑧ 以上の結果をまとめて図Fに示す。

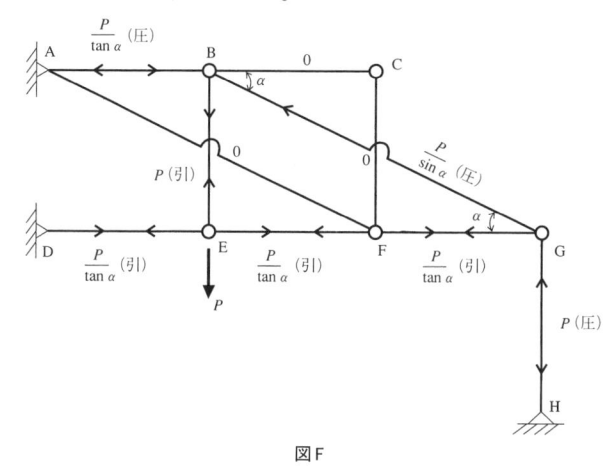

図F

## 3.3.(c) クレモナ図

【基礎知識 3.3.4：クレモナ図の描き方】

クレモナ図によりトラス部材の応力を求める手順を示す。

① 反力を求める。数式解法あるいは図解法を用いる。
② 荷重ベクトル，反力ベクトルの作用線およびトラス部材によって分けられた領域に記号を記入する。対称応力状態の場合は，対称の位置の領域にダッシュを付して表すとよい。
③ 荷重ベクトル，反力ベクトル，およびトラス部材の応力を，それらをはさむ領域の記号で表現する。各力を領域の記号で表すとき，その記号の順序は時計回りとする。
④ 未知応力が2以下の節点に関して順次示力図を描く。各節点ごとに上記の記号の約束に従って，示力図を閉じさせるようにすると，未知応力の大きさと向きを決定することができる。
⑤ 同じ示力図上に次々と節点ごとの示力図を重ね書きしていくと，機械的にクレモナ図が描ける。

【基本問題3.3.6】図のトラスの全部材応力を求めるための，クレモナ図を描け．

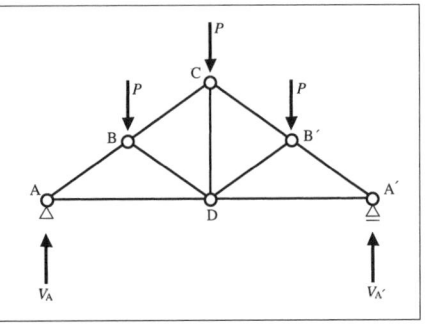

〈解答〉

① 反力を求める．
$$V_A = V_{A'} = \frac{3}{2}P$$

② 荷重ベクトル，反力ベクトル，およびトラス部材によって区切られた領域に記号を記入する（図A）．ここでは，荷重と反力の間の領域を ⓐⓑⓒ，部材間の領域を①，②で表し，かつ対称応力状態になるので，対称の位置の領域にはダッシュを付してⓑ'ⓒ'①'②'と表す．

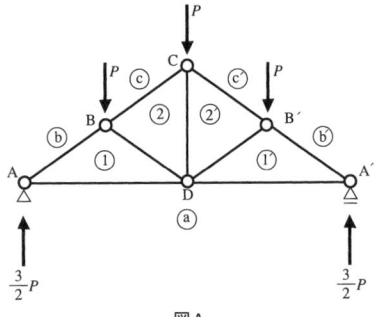

③ A節点での示力図を描く（図B）．反力 $V_A$ は $\overrightarrow{ab}$ で表される．AB材に平行に点bより線を引き，AD材に平行に点aより線を引き，その交点を1とし，示力図が閉じる方向に矢印を入れる．このとき，$\overrightarrow{b1}$ は AB 材の応力の大きさと向きを，$\overrightarrow{1a}$ は AD 材の応力の大きさと向きを表している．

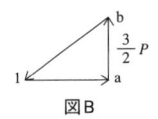

④ B節点での示力図を描く（図C）．AB 材の応力の大きさと向きは③ですでに求められているので，BC 材および BD 材の応力を求めることが問題となる．既知の応力 $\overrightarrow{1b}$ と荷重 $\overrightarrow{bc}$ を記入し，点cから BC 材に平行に，点1から BD 材に平行に線を引き，その交点を2とする．このとき $\overrightarrow{c2}$ は BC 材の応力の大きさと向きを，$\overrightarrow{21}$ は BD 材の応力の大きさと向きを表している．

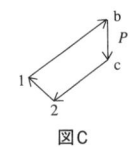

⑤ C節点での示力図を描く（図D）．
⑥ D節点での示力図を描く（図E）．
⑦ B'節点での示力図を描く（図F）．
⑧ A'節点での示力図を描く（図G）．

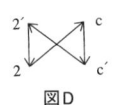

⑨ ③〜⑧をまとめるとクレモナ図として図Hを得る。

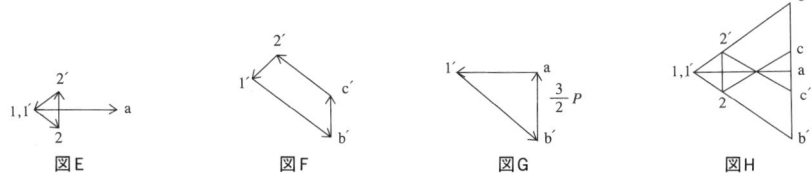

| 図E | 図F | 図G | 図H |

【練習問題 3.3.13】図に示すトラスをクレモナの図解法により解け。

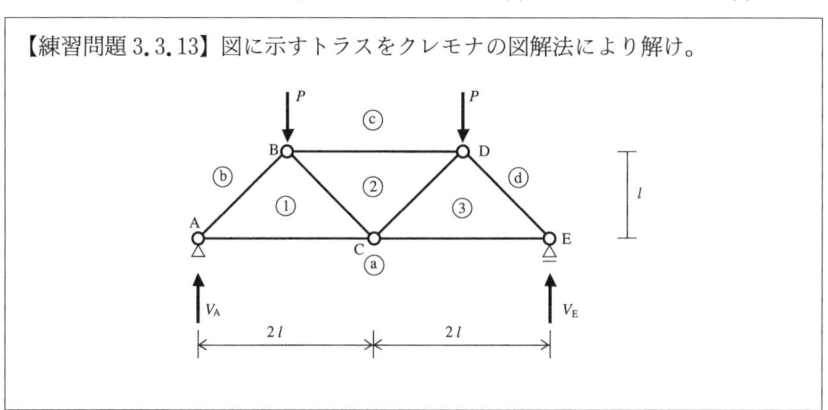

〈解答〉
① 数式解法により反力を求める。
   $\sum Y = 0$　$V_A + V_E = 2P$　∴　$V_A = V_E = P$（対称性）
② 図解法を用いる（図A）。

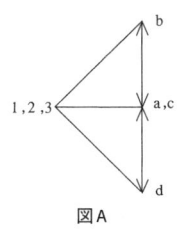

図A

③ ②で描いたクレモナ図より応力を求める（図B）。

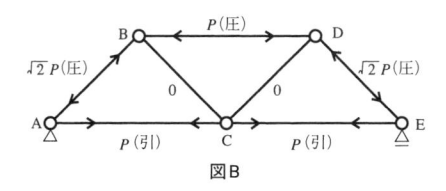

図B

部材力：
- AB, DE: $\sqrt{2}P$（圧）
- BD: $P$（圧）
- AC, CE: $P$（引）
- BC, CD: $0$

【練習問題 3.3.14】図に示すトラスをクレモナの図解法により解け。

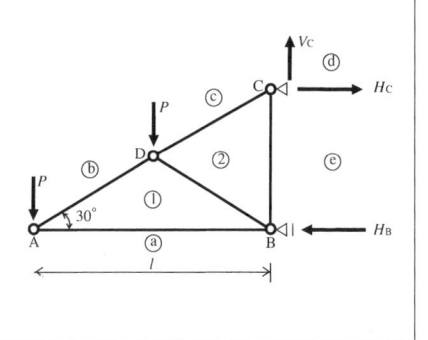

〈解答〉

① 数式解法により反力を求める。

$\sum M_C = 0 : \dfrac{l}{\sqrt{3}} H_B - \dfrac{l}{2} \cdot P - lP = 0$

$\sum X = 0 : -H_B + H_C = 0$

$\sum Y = 0 : P + P - V_C = 0$

$\therefore \ V_C = 2P, \quad \therefore \ H_B = H_C = \dfrac{3\sqrt{3}}{2} P$

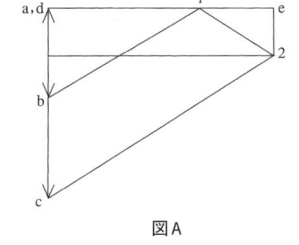

② 図解法を用いる（図A）。

③ ②で描いたクレモナ図より応力を求める（図B）。

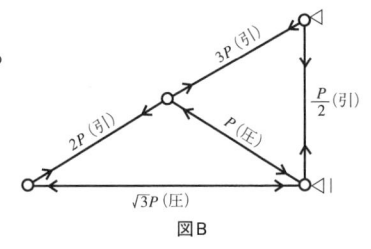

図A

図B

【練習問題 3.3.15】図に示すトラスをクレモナの図解法により解け。

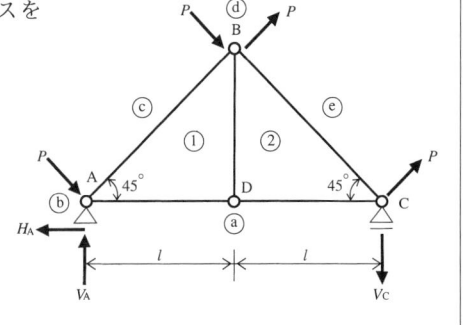

〈解答〉

① 数式解法により反力を求める。

$\sum M_A = 0 : -P \cdot \sqrt{2}\,l + P \cdot \sqrt{2}\,l + V_C \cdot 2l = 0$

$\sum X = 0 : \dfrac{1}{\sqrt{2}} P \cdot 4 - H_A = 0$

$\sum Y = 0 : \dfrac{1}{\sqrt{2}} P \cdot 2 - \dfrac{1}{\sqrt{2}} P \cdot 2 + V_A - V_C = 0$

∴ $V_A = V_C = 0$, $H_A = 2\sqrt{2}\,P$

② 図解法を用いる（図A）。

③ ②で描いたクレモナ図より応力を求める（図B）。

図A

図B

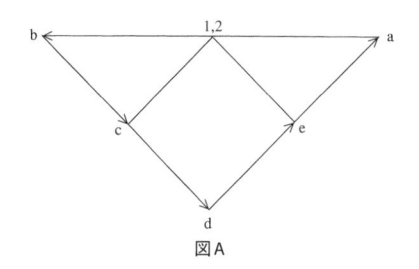

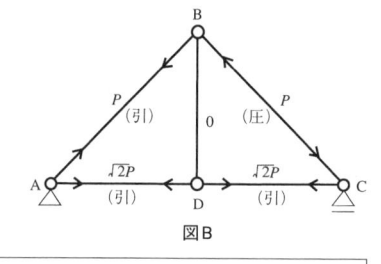

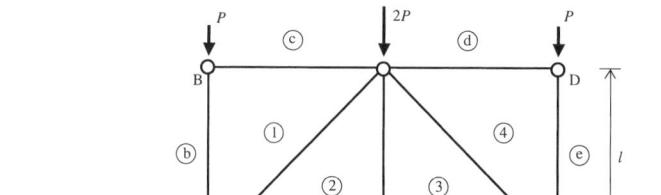

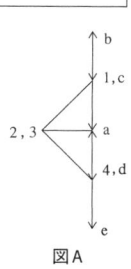

【練習問題 3.3.16】図に示すトラスをクレモナの図解法により解け。

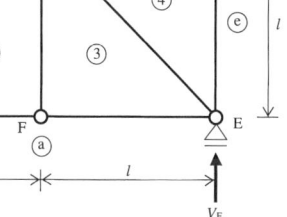

〈解答〉

① 数式解法により反力を求める。

$\sum Y = 0 : V_A + V_E = 4P$ ∴ $V_A = V_E = 2P$（対称性）

② 図解法を用いる（図A）。

③ ②で描いたクレモナ図より応力を求める（図B）。

図A

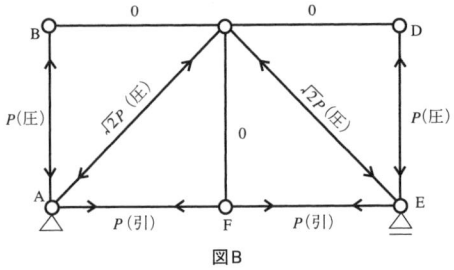

```
      B       0           0    D
       ○─────────○─────────○
       │        ╱│╲        │
  P(圧) │ √2P(圧)╱ │ ╲√2P(圧) │ P(圧)
       │      ╱  │0 ╲      │
       │    ╱    │    ╲    │
       ○────○────○────○────○
       A  P(引)  F  P(引)  E
       △                   △
```
図B

【練習問題 3.3.17】図のトラスをクレモナ図解法で解け。

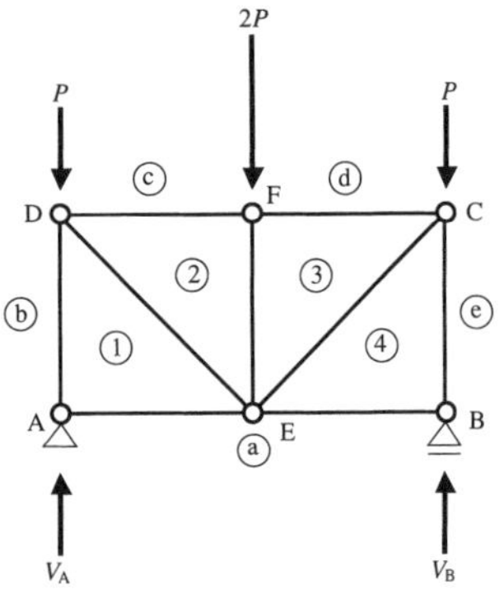

〈解答〉
① 反力を求める。
　　$\sum Y = 0 : V_A = V_B = 2P$ （対称性）
② 図解法を用いる（図A）。
③ ②で描いたクレモナ図より応力を求める（図B）。

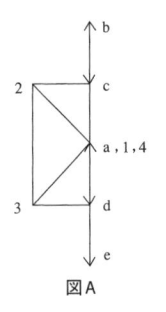

図A

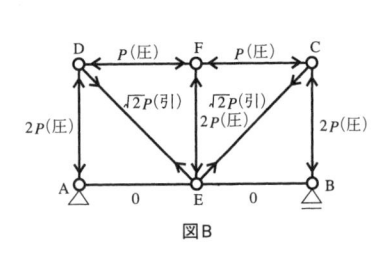

図B：
- DF間、FC間：$P$（圧）
- AD間、CB間：$2P$（圧）
- DE間、CE間：$\sqrt{2}P$（引）
- AE間、EB間：$0$
- E点下向き：$2P$（圧）

【練習問題 3.3.18】図に示すトラスをクレモナの図解法により解け。

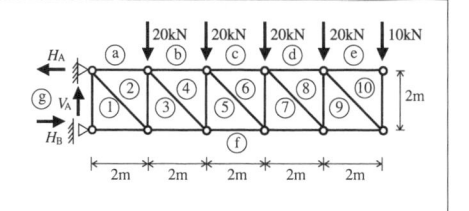

⟨解答⟩

① 反力を求める。

$H_A = H_B = 250$ kN，$V_A = 90$ kN（練習問題 3.3.11）

② 図解法を用いる（図A）。

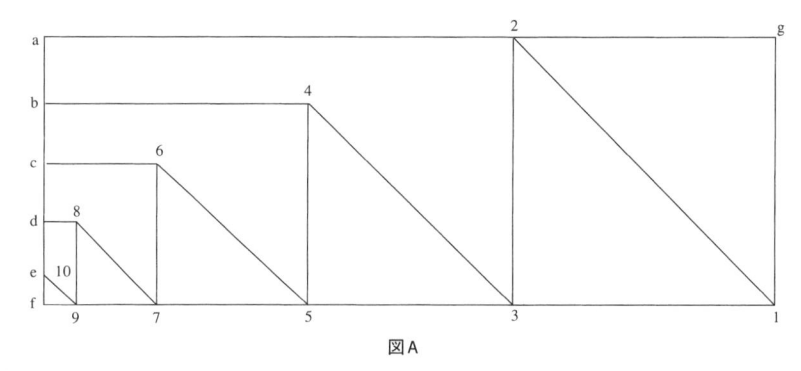

図A

③ ②で描いたクレモナ図より応力を求める（図B）。

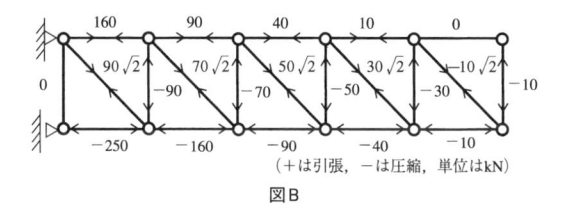

（＋は引張，－は圧縮，単位はkN）

図B

**【練習問題 3.3.19】** 図に示す平面トラスの全部材の応力をクレモナ図を用いて求めよ。反力は数式解法で求めてよい。

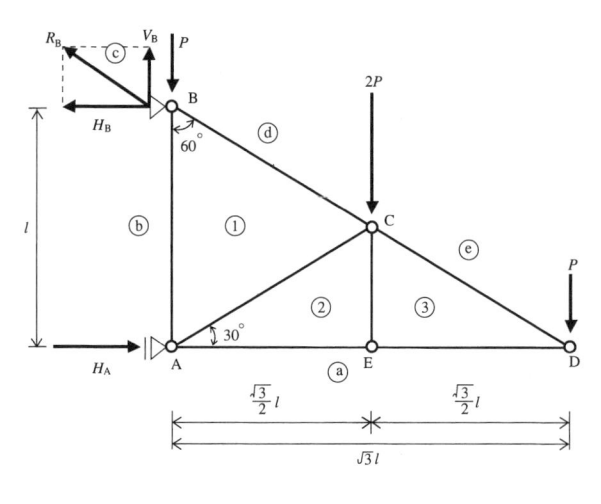

〈解答〉

① 数式解法により，反力を求める。

$\sum X = 0 : H_A = H_B$

$\sum Y = 0 : V_B = P + 2P + P = 4P$

$\sum M_B = 0 : 2P \cdot \dfrac{\sqrt{3}}{2} l + P \cdot \sqrt{3} l - H_B \cdot l = 0 \quad \therefore \quad H_A = H_B = 2\sqrt{3} P$

② 図解法を用いる（図A）。

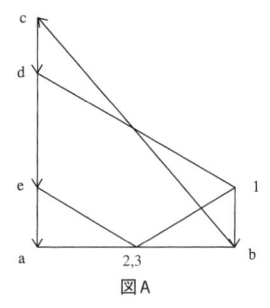

図A

③ ②で描いたクレモナ図より応力を求める（図B）。

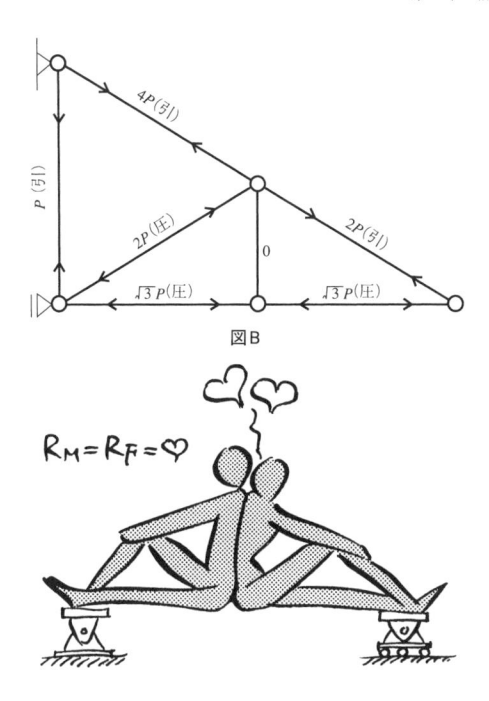

図B の力の表示:
- 上弦材: $4P(引)$
- 左鉛直材: $P(引)$
- 斜材: $2P(圧)$, $2P(引)$
- 下弦材: $\sqrt{3}P(圧)$, $\sqrt{3}P(圧)$
- 中央鉛直材: $0$

$R_M = R_F = \heartsuit$

## 3.4 静定ラーメン

骨組構造ですべての節点が剛節点であるものをラーメンと呼ぶ。剛節点とはそこに集まる部材相互のなす角度が変形前と変形後で不変である節点をいう。静定ラーメンの種類としては，図3.4.1に示すように，単純支持ラーメン，片持ち梁型ラーメン，3ヒンジ・ラーメンがある。ラーメンの各部材に作用する荷重および各部材に生じる応力は梁の場合と同じである。

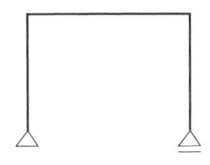

(a) 単純支持ラーメン　　(b) 片持ち梁型ラーメン　　(c) 3ヒンジ・ラーメン

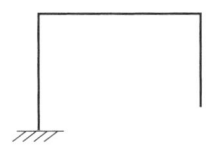

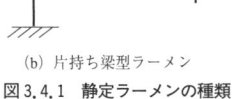

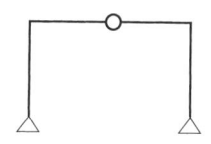

図3.4.1　静定ラーメンの種類

【基礎知識 3.4.1：静定ラーメンの応力算定法】
　静定ラーメンの応力を算定する方法は静定梁の場合と同じである。応力を求めようとする点でラーメンを仮想的に切断し，いずれか片側のみに着目し，外力と応力の釣合い式 $\Sigma X=0$, $\Sigma Y=0$, $\Sigma M_i=0$ を用いて計算を進める。

【基礎知識 3.4.2：静定ラーメンの応力図の描き方】
　ラーメンに生じる応力の表現法は，梁の場合と基本的に同じである。
① 曲げモーメント図は部材が凸に曲げられる側に記入し，水平材に関しては下側を正，上側を負とし，垂直材に関しては右側を正，左側を負とする。ただし，曲げモーメント図においては，部材座標の方向を逆にとると正負の記号は反対になるが，曲げモーメントを部材が凸に曲げられる側に記入することには変化がない。本書では計算過程との対応上，正負の符号を入れてあるが実際には符号は省略してかまわない。

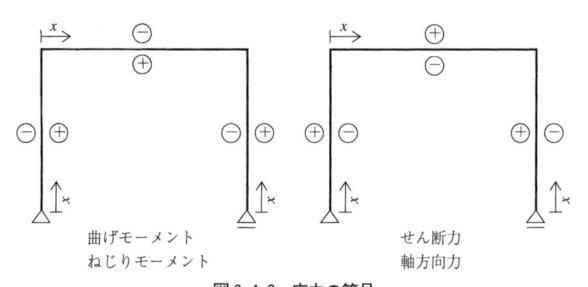

図3.4.2　応力の符号

② せん断力図は，水平材に関しては微小要素の両断面でせん断力が⇅方向に生じるときを正として上側に，⇵方向を負として下側に記入し，垂直材に関しては左側を上側と考えて水平材の約束に従う。ただし，せん断力図においては，せん断力の作用する向きを知る上で正負の記号は重要であるが，正負を部材のどちら側に書き込むかは便宜的なことにすぎない。
③ 軸方向力図は引張応力を正，圧縮応力を負で表し，その記入側はせん断力の場合と同じとする。ただし，軸方向力図においては，引張と圧縮の区別をするために正負の記号は重要であるが，正負を部材のどちら側に書き込むかは便宜的なことにすぎない。
④ ねじりモーメント図は，左側支点より見て時計回りのねじりを正，反時計回りを負で表し，その記入側は曲げモーメントの場合と同じとする。

【練習問題 3.4.1】図に示す静定ラーメンの曲げモーメント図およびせん断力図を描け。

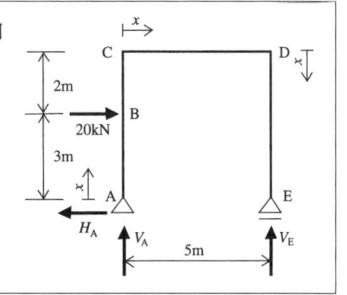

〈解答〉

① 反力を求める。

$\sum X = 0 : H_A = 20$ kN

$\sum Y = 0 : V_A + V_E = 0$

$\sum M_A = 0 : 3 \times 20 - 5 \times V_E = 0$   ∴ $V_E = 12$ kN, $V_A = -12$ kN

② 各応力を求める。

| | 曲げモーメント（$M_x$） | せん断力（$Q_x$） |
|---|---|---|
| A～B | $20x$ | 20 |
| B～C | 60 | 0 |
| C～D | $-12x + 60$ | $-12$ |
| D～E | 0 | 0 |

③ 応力図を描く（図A）。

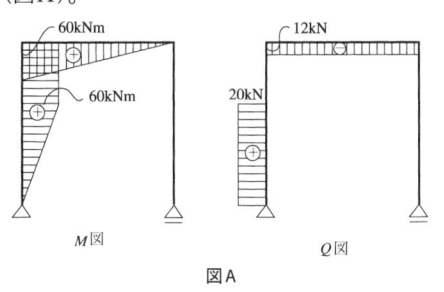

図A

【練習問題 3.4.2】図に示す静定ラーメンの曲げモーメント図，せん断力図および軸方向力図を描け。

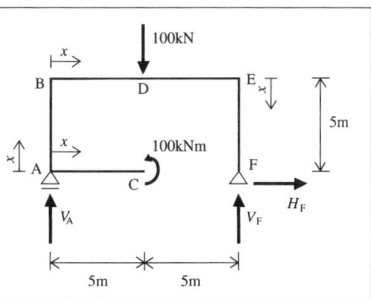

〈解答〉

① 反力を求める。

$\sum X = 0 : H_F = 0$

$\sum Y = 0 : V_A + V_F = 100$

$\sum M_A = 0 : 100 \times 5 - 100 - 10 V_F = 0$　　∴　$V_F = 40$ kN,　$V_A = 60$ kN

② 各応力を求める。

|  | 曲げモーメント（$M_x$） | せん断力（$Q_x$） | 軸力（$N_x$） |
| --- | --- | --- | --- |
| A〜C | 100 | 0 | 0 |
| A〜B | $-100$ | 0 | $-60$ |
| B〜D | $60x - 100$ | 60 | 0 |
| D〜E | $-40x + 400$ | $-40$ | 0 |
| F〜E | 0 | 0 | $-40$ |

③ 応力図を描く（図A）。

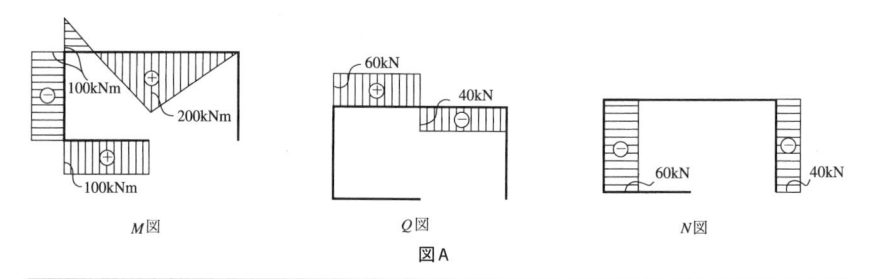

$M$図　　　　　　　　　$Q$図　　　　　　　　　$N$図

図A

【練習問題3.4.3】図に示す静定ラーメンの曲げモーメント図，せん断力図および軸方向力図を描け。

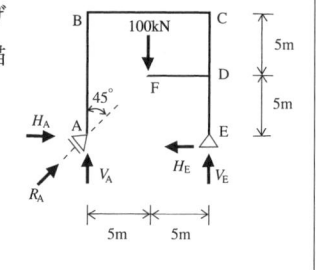

〈解答〉

① 反力を求める。

$\sum X = 0 : H_A = H_E$

$\sum Y = 0 : V_A + V_E = 100$

$\sum M_A = 0 : 100 \times 5 - 10 V_E = 0$　　∴　$V_E = 50$ kN,　$V_A = 50$ kN

$V_A = H_A$ より　　　$H_A = H_E = 50$ kN

② 各応力を求める。

|  | 曲げモーメント（$M_x$） | せん断力（$Q_x$） | 軸力（$N_x$） |
|---|---|---|---|
| A～B | $-50x$ | $-50$ | $-50$ |
| B～C | $50x-500$ | $50$ | $-50$ |
| F～D | $-100x$ | $-100$ | $0$ |
| E～D | $50x$ | $50$ | $-50$ |
| D～C | $50x-500$ | $50$ | $50$ |

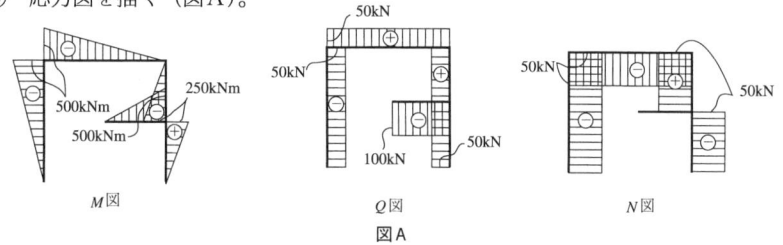

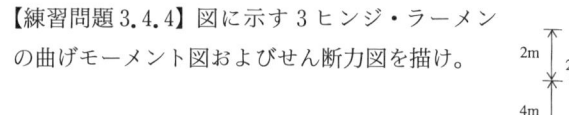

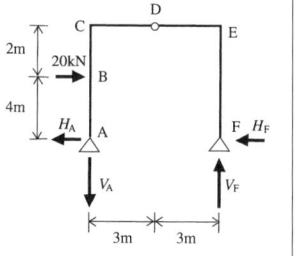

③ 応力図を描く（図A）。

$M$図　　　$Q$図　　　$N$図

500kNm、500kNm、250kNm（$M$図）
50kN、50kN、100kN、50kN（$Q$図）
50kN、50kN（$N$図）

図A

【練習問題3.4.4】図に示す3ヒンジ・ラーメンの曲げモーメント図およびせん断力図を描け。

〈解答〉

① 反力を求める。

$\sum X=0 : H_A+H_F=20$

$\sum Y=0 : V_A=V_F$

$\sum M_A=0 : 20\times 4-6V_F=0$　∴　$V_A=V_F=\dfrac{40}{3}$ kN

$\sum M_D(右)=0 : 6H_F-3V_F=0$　∴　$H_F=\dfrac{V_F}{2}=\dfrac{20}{3}$ kN, $H_A=\dfrac{40}{3}$ kN

② 各応力を求める。

|  | 曲げモーメント（$M_x$） | せん断力（$Q_x$） |
|---|---|---|
| A～B | $\dfrac{40}{3}x$ | $\dfrac{40}{3}$ |
| B～C | $-\dfrac{20}{3}x+80$ | $-\dfrac{20}{3}$ |
| C～E | $-\dfrac{40}{3}x+40$ | $-\dfrac{40}{3}$ |
| F～E | $\dfrac{20}{3}x$ | $\dfrac{20}{3}$ |

③ 応力図を描く（図A）。

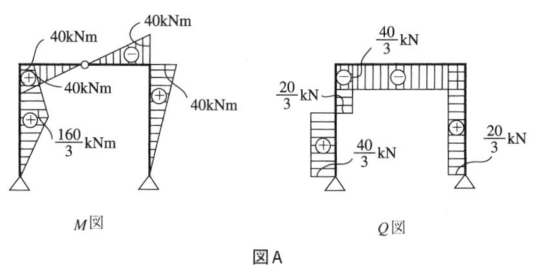

M図　　　　　　　　　Q図

図A

【練習問題3.4.5】図に示す3ヒンジ・ラーメンの曲げモーメント図およびせん断力図を描け。

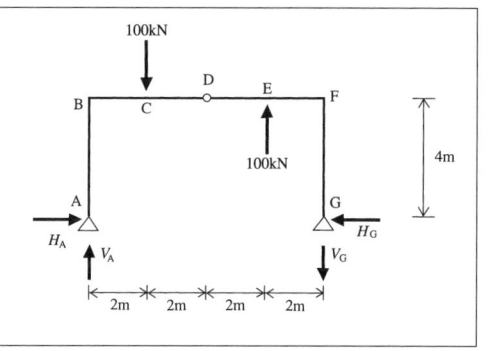

〈解答〉

① 反力を求める。

$\sum X = 0 : H_A = H_G$

$\sum Y = 0 : V_A = V_G$

$\sum M_A = 0 : 100 \times 2 - 100 \times 6 + 8 V_G = 0$　　∴　$V_G = V_A = 50$

$\sum M_D(右) = 0 : -100 \times 2 + 4 H_G + 4 V_G = 0$　　∴　$H_G = H_A = 0$

② 各応力を求める。

|  | 曲げモーメント（$M_x$） | せん断力（$Q_x$） |
|---|---|---|
| A〜B | 0 | 0 |
| B〜C | $50x$ | 50 |
| C〜E | $-50x + 200$ | $-50$ |
| E〜F | $50x - 400$ | 50 |
| G〜F | 0 | 0 |

③ 応力図を描く（図A）。

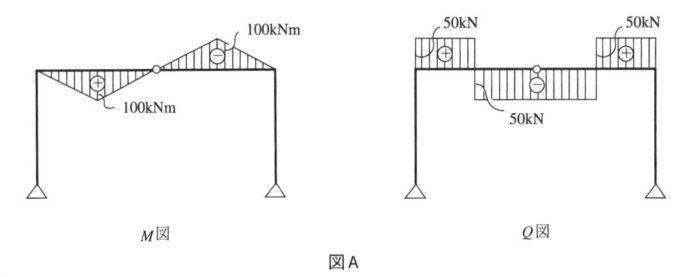

M図　　　　　　　　　Q図

図A

【練習問題3.4.6】図に示す合成ラーメンの曲げモーメント図，せん断力図および軸方向力図を描け。

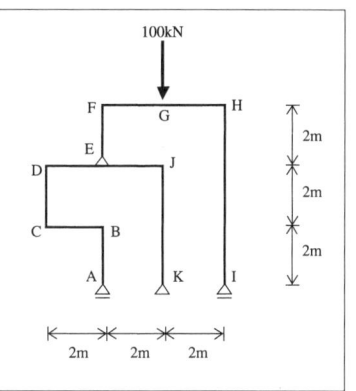

〈解答〉
① 合成ラーメンを図Aのように2つに分ける。

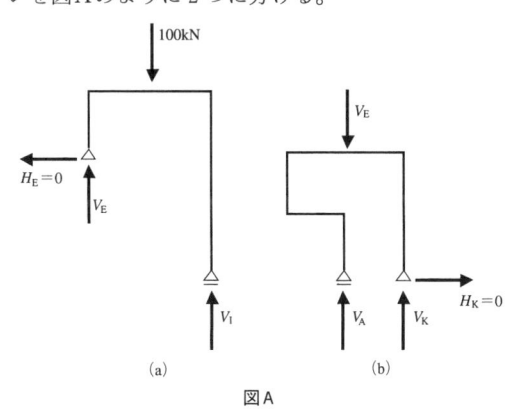

(a)　　　　　　　　(b)
図A

② 反力を求める。
   (a) $\sum Y = 0 : V_E + V_I = 100,\quad \sum M_E = 0 : 200 - 4V_I = 0 \quad \therefore\quad V_E = V_I = 50\,\text{kN}$
   (b) $\sum Y = 0 : V_A + V_K = 50,\quad \sum M_A = 0 : 2V_K = 0 \quad \therefore\quad V_A = 50\,\text{kN},\ V_K = 0$
③ 各応力を求める。

|  | 曲げモーメント ($M_x$) | せん断力 ($Q_x$) | 軸力 ($N_x$) |
| --- | --- | --- | --- |
| A〜B | 0 | 0 | $-50$ |
| B〜C | $-50x$ | $-50$ | 0 |
| C〜D | $-100$ | 0 | $-50$ |
| D〜E | $50x-100$ | 50 | 0 |
| E〜J | 0 | 0 | 0 |
| J〜K | 0 | 0 | 0 |
| E〜F | 0 | 0 | $-50$ |
| F〜G | $50x$ | 50 | 0 |
| G〜H | $-50x+200$ | $-50$ | 0 |
| H〜I | 0 | 0 | $-50$ |

④ 応力図を描く（図B）。

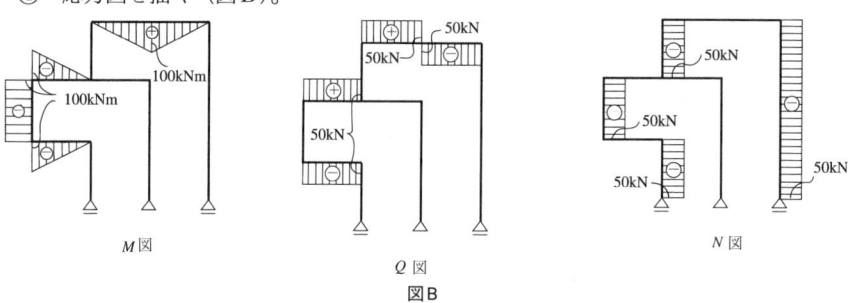

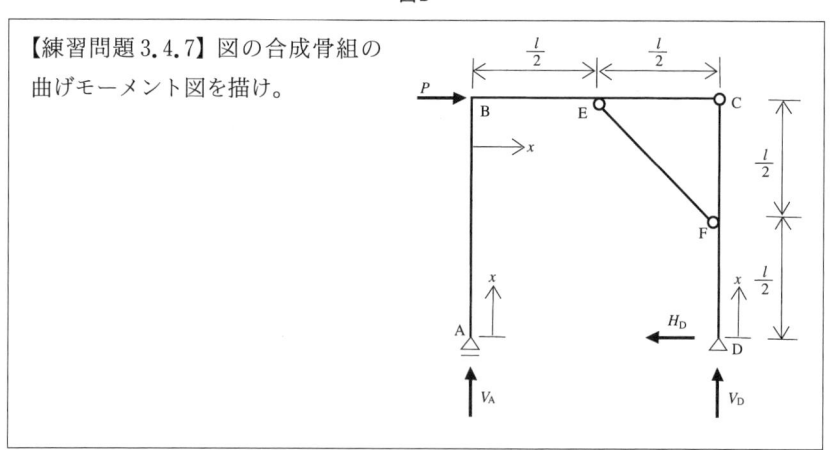

M図　　Q図　　N図

図B

【練習問題3.4.7】図の合成骨組の曲げモーメント図を描け。

〈解答〉

① 反力を求める。

$\sum X = 0：\quad H_D = P$

$\sum Y = 0：\quad V_A + V_D = 0$

$\sum M_A = 0：Pl - V_D l = 0 \quad \therefore \quad V_D = P,\ V_A = -P$

② $\overline{\text{CD}}$ 材の点Cでのモーメントは0になるから $\overline{\text{EF}}$ 材の軸方向力を$N$（圧縮力）とすると（図A），

$$\sum M_\text{C} = -Pl + \frac{\sqrt{2}}{4}Nl = 0 \qquad \therefore \quad N = 2\sqrt{2}\,P$$

③ 曲げモーメントを求める。

$\overline{\text{AB}}$ 材： $M_x = 0$

$\overline{\text{BC}}$ 材： $M_x = -Px \quad \left(0 \leq x \leq \dfrac{l}{2}\right)$

$$M_x = -Px + 2\sqrt{2}\,P \cdot \frac{\sqrt{2}}{2}\left(x - \frac{l}{2}\right) = Px - Pl \quad \left(\frac{l}{2} \leq x \leq l\right)$$

$\overline{\text{DC}}$ 材： $M_x = Px \quad \left(0 \leq x \leq \dfrac{l}{2}\right)$

$$M_x = Px - 2\sqrt{2}\,P \cdot \frac{\sqrt{2}}{2}\left(x - \frac{l}{2}\right) = -Px + Pl \quad \left(\frac{l}{2} \leq x \leq l\right)$$

④ 曲げモーメント図を描く（図B）。

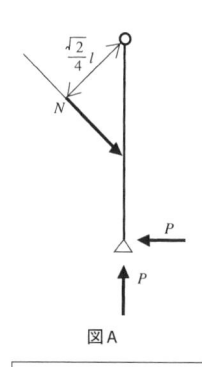

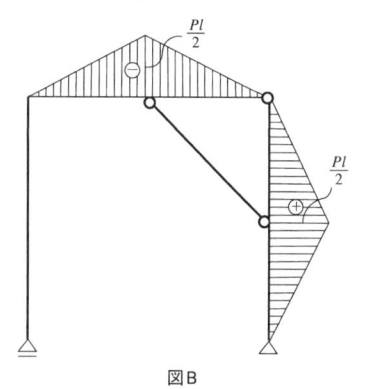

図A　　　　　図B

【練習問題3.4.8】図の合成構造の曲げモーメント図を描け。

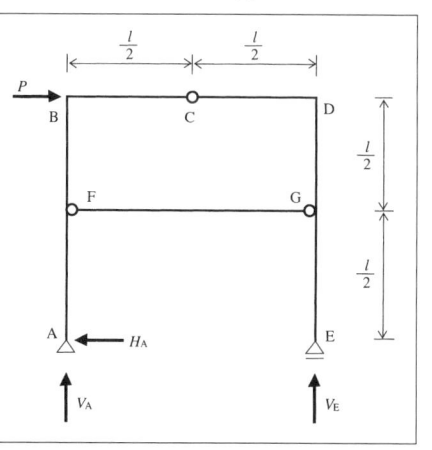

〈解答〉

① 反力を求める。

$\sum X = 0: \quad H_A = P$

$\sum Y = 0: \quad V_A + V_E = 0$

$\sum M_A = 0: \quad Pl - V_E l = 0 \qquad \therefore \quad V_E = P, \quad V_A = -P$

② $\overline{FG}$ 材の軸方向力を $N$（圧縮力）として，点Cにおけるモーメントの釣合いを考える。

$\sum M_C = Pl - P \cdot \dfrac{l}{2} + N \cdot \dfrac{l}{2} = 0 \qquad \therefore \quad N = -P$

③ 曲げモーメントを求める。

$\overline{AB}$ 材 : $M_x = Px \quad \left(0 \leq x \leq \dfrac{l}{2}\right)$

$M_x = Px - P\left(x - \dfrac{l}{2}\right) = \dfrac{Pl}{2} \quad \left(\dfrac{l}{2} \leq x \leq l\right)$

$\overline{BD}$ 材 : $M_x = -Px + Pl - P \cdot \dfrac{l}{2} = -Px + \dfrac{Pl}{2} \quad (0 \leq x \leq l)$

$\overline{ED}$ 材 : $M_x = 0 \quad \left(0 \leq x \leq \dfrac{l}{2}\right)$

$M_x = P\left(x - \dfrac{l}{2}\right) = Px - \dfrac{Pl}{2} \quad \left(\dfrac{l}{2} \leq x \leq l\right)$

④ 曲げモーメント図を描く（図A）。

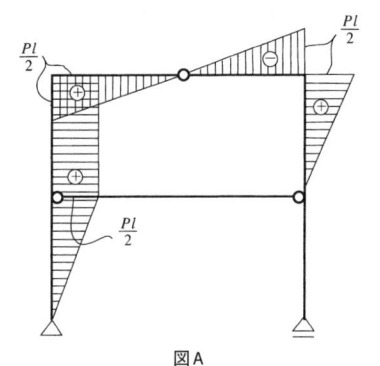

図A

# 第 4 章　部材断面の力学

　さまざまな荷重のもとで建築物の構造部材にどのような応力が生じるかを求めるために，前章では，静定の梁，トラス，およびラーメンを対象として応力算定の方法を学んだ。構造力学は建築物に作用するあらゆる荷重に対して構造物が常に安全であることを確保するための道具である。それでは，求めた部材応力を用いてどのようにこの建築物の安全性を検討すればよいのであろうか。

　線材あるいは線材で構成された構造物に生じる応力を求める際，実際には立体である部材を 1 本の線に置き換えて扱うため，ある断面での応力はその断面に対応する 1 点での値として得られる。しかし，構造物の安全性はこの応力のレベルではなく，より詳細に断面における応力の分布状態，すなわち応力度のレベルで検討される。したがって，前章で求めた軸方向力，せん断力，曲げモーメントといった応力をこの応力度に変換することが必要になる。そのためにはまず，構造部材の材料特性と断面特性を知らなければならない。材料特性とは材料の硬さや強さについての性質であり，断面特性とは断面の形を表す量や断面積のことである。

## 4.1　応力度とひずみ度

### 4.1(a)　応力度

　応力度は単位面積当りの応力の大きさであり，垂直応力度とせん断応力度の 2 種類がある。垂直応力度は軸方向力および曲げモーメントによって生じ，せん断応力度はせん断力およびねじりモーメントによって生じる。ここでは，軸方向力による垂直応力度と直接せん断力によるせん断応力度について考える。

【基礎知識 4.1.1：軸方向力による垂直応力度】
　軸方向の引張力または圧縮力 $P$ を受ける一様な断面積 $A$ の部材に生じる応力度 $\sigma$ は，断面に生じる応力を $N(=P)$ として，

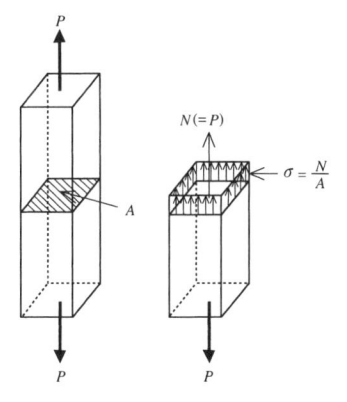

図 4.1.1　垂直応力度

$$\sigma = \frac{N}{A} = \frac{P}{A} \tag{4.1.1}$$

となる。垂直応力度には引張応力度と圧縮応力度がある。

【基礎知識4.1.2：直接せん断力によるせん断応力度】

図4.1.2に示すように，外力を受ける2枚あるいは3枚の板を接合する1本のリベットを考える。このとき，(a)の一面せん断の $n-n$ 断面，(b)の二面せん断の $m-m$ 断面および $n-n$ 断面には，その部分をずれさせようとするせん断力 $Q=P$ が生じる。この加力状態におけるせん断力を直接せん断力という。(a)の場合は $n-n$ 断面の断面積を $A$ とし，(b)の場合は $m-m$ 断面と $n-n$ 断面の断面積の和を $A$ とするとき，リベットの各断面に生じる平均せん断応力度 $\tau$ は以下のようになる。

$$\tau = \frac{Q}{A} = \frac{P}{A} \tag{4.1.2}$$

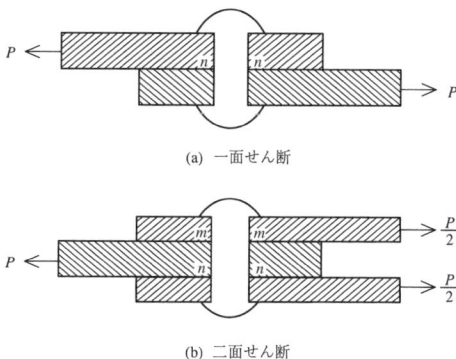

図4.1.2　直接せん断

### 4.1.(b) ひずみ度

荷重が作用すると構造物および部材は変形する。このとき，構造物あるいは部材の一部に生じる伸び・縮み・ずれといった変形を表現するためにひずみ度を定義する。ひずみ度には垂直ひずみ度とせん断ひずみ度の2種類がある。ひずみ度は無次元量である。

【基礎知識4.1.3：垂直ひずみ度】

垂直ひずみ度には引張ひずみ度と圧縮ひずみ度がある。図4.1.3に示すように，引張力 $P$ を受ける長さ $l$ の部材に引張応力 $N=P$ が生じ，その部材が $\Delta l$ 伸びたときの引張ひずみ度 $\varepsilon$ は以下のように定義される。

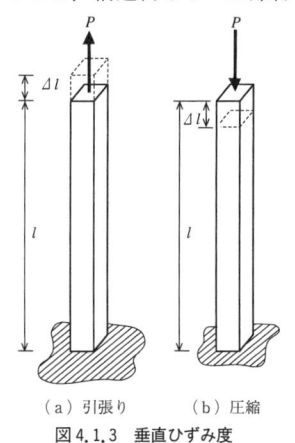

図4.1.3　垂直ひずみ度

$$\varepsilon = \frac{\Delta l}{l} \tag{4.1.3}$$

また，圧縮力 $P$ を受けて縮みが $\Delta l$ であるときの圧縮ひずみ度も同様に定義される。

【基礎知識 4.1.4：せん断ひずみ度】
　部材内の微小要素がせん断力のみを受ける純せん断応力状態において，図 4.1.4 に示すようにせん断変形したとき，微小要素の隅角部の角度の変化をせん断ひずみ度といい以下のように定義される。

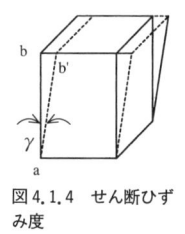

$$\gamma = \frac{\overline{bb'}}{\overline{ab}} \tag{4.1.4}$$

図 4.1.4　せん断ひずみ度

### 4.1.(c)　応力度～ひずみ度関係

　垂直応力度 $\sigma$ と垂直ひずみ度 $\varepsilon$ との関係を，鉄とコンクリートの場合に対して示すと図 4.1.5 のようになる。これを応力度～ひずみ度曲線といい，これより材料の特性を知ることができる。

　鉄の場合，断面一様な棒を軸方向に引っ張ればよい。引張力を 0 から徐々に増加していくと，最初の間は応力度とひずみ度が完全な比例関係を示し，線は直線となる。しかし A 点を過ぎると線は曲がり始め線形関係は破れる。この A 点を比例限界という。この限界内では荷重を取り除くとひずみ度は必ず 0 に戻る。この性質を弾性といい，A 点よりわずか上の B 点までこの性質は維持される。この B 点を弾性限界という。

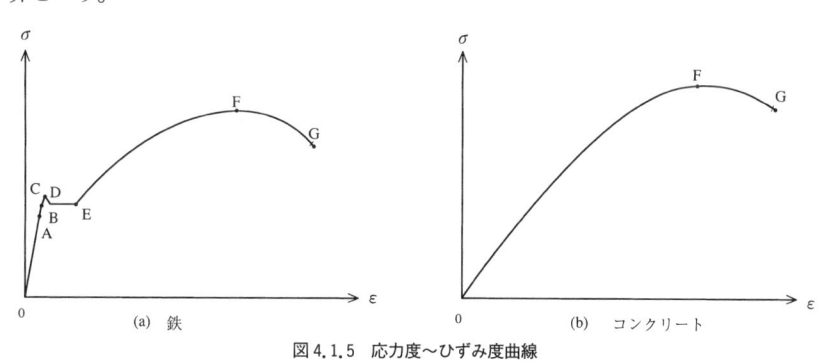

図 4.1.5　応力度～ひずみ度曲線

　さらに荷重を増すと応力度は C 点まで増加するが，その後 D 点まで減少し，しば

らくはこの応力度を保ちE点に至る。C点を上降伏点，D点を下降伏点という。E点以降は再び応力度が増加を始めF点の最大応力度に達する。F点を過ぎるとひずみ度は増加するが応力度は減少するようになり，ついにはG点で破断する。F点の最大応力度をその材料の強度という。弾性限界のB点を越えてからG点に至るまで，荷重を取り除いてもひずみ度は0に戻ることはなく，応力度が0のときひずみ度は荷重を取り除いた点に対応したある値をとる。このひずみ度を残留ひずみ度あるいは塑性ひずみ度といい，このような性質を塑性という。

コンクリートの圧縮応力度～圧縮ひずみ度関係は初めから鉄のような比例関係は示さず曲線となり，その傾きは応力度とともに徐々に減少する。明確な比例限界も弾性限界もないが，応力度が小さいうちは近似的に弾性であると見なしてよい。

### 4.1.(d) 弾性定数

建築物の構造材料が弾性的に挙動する限界としての弾性限界と，応力度とひずみ度が完全な線形関係にある限界としての比例限界とは厳密には一致しない。しかし，弾性限界と比例限界は近接しているので，弾性限界内では応力度とひずみ度は比例すると考えてよい。本書で扱う構造力学は，材料がこの弾性限界内にあることを前提としている。材料の弾性挙動を特徴づける材料定数を弾性定数といい，その主要なものを以下に示す。

【基礎知識4.1.5：ヤング係数】

構造物のある点における垂直応力度 $\sigma$ と垂直ひずみ度 $\varepsilon$ の間にはフックの法則とよばれる以下の関係がある。

$$\sigma = E\varepsilon \tag{4.1.5}$$

このときの比例定数$E$をヤング係数あるいは弾性定数といい，単位は応力度の単位と同じである。

【基礎知識4.1.6：ポアソン比】

部材に荷重が作用したとき，部材はその加力方向に変形するとともにその方向に直交する方向にも変形する。すなわち，部材に引張力が作用すると部材は加力方向に伸び，直交方向には縮む。逆に圧縮力が作用したとき，部材は加力方向に縮み，直交方向に膨らむ。この加力方向の垂直ひずみ度 $\varepsilon_V$ と加力に直交する方向の垂直ひずみ度 $\varepsilon_H$ との比 $m=\varepsilon_V/\varepsilon_H$ をポアソン数といい，$m$の逆数 $\nu=1/m$ をポアソン比という。ポアソン比$\nu$は弾性範囲内では応力にかかわらず一定である。$\nu$の値は鋼で約0.3，コンクリートで約0.15であり，体積変化のないあらゆる材料に対し

て $0 \leq \nu \leq 0.5$ である.

**【基礎知識 4.1.7：せん断弾性係数】**

構造物のある点におけるせん断応力度 $\tau$ とせん断ひずみ度 $\gamma$ の間には以下の関係がある.

$$\tau = G\gamma \tag{4.1.6}$$

このときの比例定数 $G$ をせん断弾性係数といい，単位は応力度の単位と同じである. せん断弾性係数 $G$ は，ヤング係数 $E$ とポアソン比 $\nu$ との間に以下の関係がある.

$$G = \frac{E}{2(1+\nu)} \tag{4.1.7}$$

**【基本問題 4.1.1】** 単位長さ当りの自重が $\gamma=10$ kN/m である角材（断面 1m×1m）の先端に引張力 $P=100$ kN が作用したとき，材固定端での応力度を求めよ.

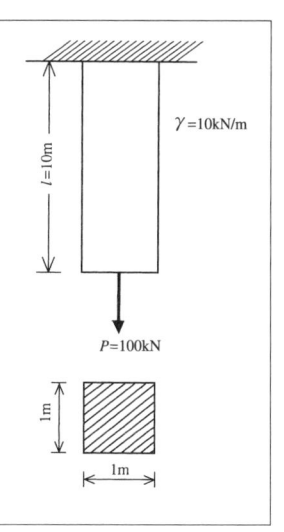

〈解答〉

材の先端より $y$ の距離の点での引張力を $N_y$ とすると，

$$\sum Y = 0 : N_y - P - \gamma y = 0 \quad \therefore \quad N_y = \gamma y + 100$$

したがって，固定端（$y=10$ m）では，

$$N_{y=10} = 100 + 100 = 200 \text{ kN}$$

ここに生じる引張応力度は，

$$\sigma = \frac{200 \text{ kN}}{1000000 \text{ mm}^2} = 0.2 \text{ N/mm}^2$$

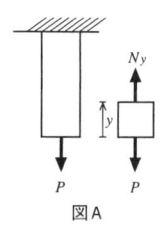

図A

【基本問題 4.1.2】長さ $l=10$ m の鋼棒の先端を $P=100$ kN で引張ったときの伸び $\Delta l$ を求めよ。鋼棒の断面は 10 cm×10 cm の正方形とし鋼棒の自重は無視してよい。

〈解答〉

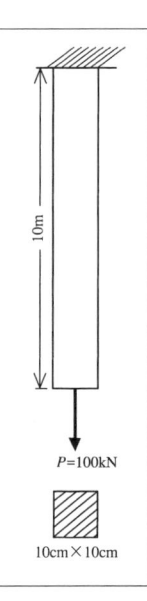

鋼棒に生じる応力は，材端からの距離にかかわらず，

$$N=P=100 \text{ kN}$$

応力度 $\sigma=N/A$，ひずみ度 $\varepsilon=\Delta l/l$，および応力度〜ひずみ度関係 $\sigma=E\varepsilon$ より，

$$\frac{100000 \text{ N}}{10000 \text{ mm}^2}=2.1\times10^5 \text{ N/mm}^2\cdot\frac{\Delta l \text{ mm}}{10000 \text{ mm}} \quad \therefore \quad \Delta l=0.476 \text{ mm}$$

【練習問題 4.1.1】両端固定の部材 AB の途中のC点に軸方向力 $P$ を受ける場合の応力を求めよ。部材のヤング係数を $E$，断面積を $A$ とする。

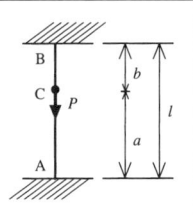

〈解答〉

① 釣合い条件式は，両端の反力を $V_A$，$V_B$ として（図A），

$$V_A+V_B=P$$

② C点で部材を切断して力の釣合いを考えると，AC 間には反力 $V_A$ に等しい圧縮応力が生じ，CB 間には反力 $V_B$ に等しい引張応力が生じることがわかる（図B）。したがって AC 間と CB 間に生じる応力度はそれぞれ，

$$\sigma_{AC} = \frac{V_A}{A}, \quad \sigma_{CB} = \frac{V_B}{A}$$

③ C点に生じた変形を $\varDelta_C$ とすると，AC間とCB間に生じるひずみ度はそれぞれ，

$$\varepsilon_{AC} = \frac{\varDelta_C}{a}, \quad \varepsilon_{CB} = \frac{\varDelta_C}{b}$$

④ フックの法則 $\sigma = E\varepsilon$ より各反力を求める。

$$\frac{V_A}{A} = \frac{E\varDelta_C}{a} \quad \therefore \quad V_A = \frac{EA\varDelta_C}{a}$$

$$\frac{V_B}{A} = \frac{E\varDelta_C}{b} \quad \therefore \quad V_B = \frac{EA\varDelta_C}{b}$$

⑤ これを釣合い条件式に代入して変形 $\varDelta_C$ を求める。

$$\frac{EA\varDelta_C}{a} + \frac{EA\varDelta_C}{b} = P \quad \therefore \quad \varDelta_C = \frac{Pab}{EAl}$$

⑥ したがってAC間とCB間に生じる応力はそれぞれ，

$$N_{AC} = V_A = \frac{EA}{a} \cdot \frac{Pab}{EAl} = \frac{Pb}{l} \quad \text{(圧縮)}$$

$$N_{CB} = V_B = \frac{EA}{b} \cdot \frac{Pab}{EAl} = \frac{Pa}{l} \quad \text{(引張)}$$

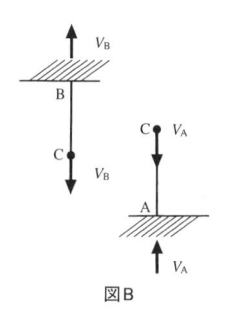

【練習問題4.1.2】両端固定の部材 AB の途中のC点およびD点に軸方向力 $P_1$ および $P_2$ がそれぞれ作用している場合の応力を求めよ。部材のヤング係数を $E$，断面積を $A$ とする。

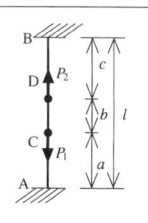

〈解答〉

① この問題は図Aに示すように，C点に軸方向力 $P_1$ が作用しD点には荷重が作用していないときに生じる応力と，D点に軸方向力 $P_2$ が作用しC点には荷重が作用していないときに生じる応力とを重ね合わせることにより解くことができる。

② 2つの問題に分解すると，それぞれの解は前問（練習問題4.1.1）の結果を利用することができる。C点のみに荷重 $P_1$ が作用しているとき，AC間とCB間に生じる応力は，

$$N_{AC}^{(1)} = V_{A1} = \frac{P_1(l-a)}{l} \quad \text{(圧縮)},$$

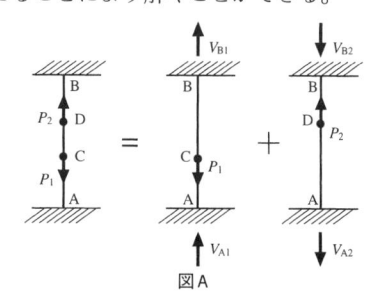

$$N_{\mathrm{CB}}{}^{(1)} = V_{\mathrm{B1}} = \frac{P_1 a}{l} \quad (引張)$$

D点のみに荷重 $P_2$ が作用しているとき，AD 間と DB 間に生じる応力は，

$$N_{\mathrm{AD}}{}^{(2)} = V_{\mathrm{A2}} = \frac{P_2 c}{l} \quad (引張), \quad N_{\mathrm{DB}}{}^{(2)} = V_{\mathrm{B2}} = \frac{P_2(l-c)}{l} \quad (圧縮)$$

③ 引張を正，圧縮を負として求めた応力を重ね合わせることにより，AC 間，DB 間，CD 間に生じる応力はそれぞれ，

$$N_{\mathrm{AC}} = N_{\mathrm{AC}}{}^{(1)} + N_{\mathrm{AD}}{}^{(2)} = -\frac{P_1(l-a)}{l} + \frac{P_2 c}{l}$$

$$N_{\mathrm{DB}} = N_{\mathrm{CB}}{}^{(1)} + N_{\mathrm{DB}}{}^{(2)} = \frac{P_1 a}{l} - \frac{P_2(l-c)}{l}$$

$$N_{\mathrm{CD}} = N_{\mathrm{CB}}{}^{(1)} + N_{\mathrm{AD}}{}^{(2)} = \frac{P_1 a}{l} + \frac{P_2 c}{l}$$

## 4.2 断面特性

　構造部材の断面は，長方形や円形といった特定の形状とある大きさの断面積を有している。したがって，断面における応力度とひずみ度の分布状態は，断面に作用する応力の大きさとともに，断面の幾何学的特性を表す断面特性にも依存する。ここでは，部材の代表的な断面特性として，断面1次モーメント，図心，断面2次モ

ーメント,断面係数等について説明する。

【基礎知識 4.2.1：断面 1 次モーメント】
　部材断面内の微小面積要素 $dA$ に任意の直交 2 軸 $x, y$ からの距離を乗じた値の断面全体についての総和をそれぞれ $x$ 軸, $y$ 軸に関する断面 1 次モーメントという。各断面 1 次モーメントを $S_x, S_y$ とすると,

$$S_x = \int_A dA \cdot y, \quad S_y = \int_A dA \cdot x \tag{4.2.1}$$

であり,単位は長さの 3 乗になる。

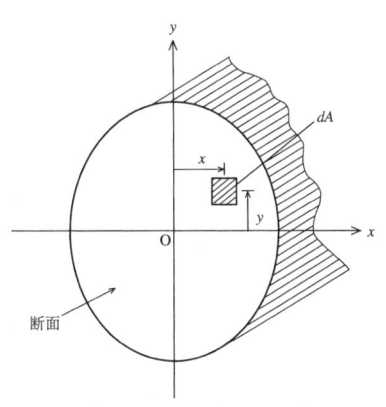

図 4.2.1　断面 1 次モーメント

【基礎知識 4.2.2：図心】
　その点を通る任意の直交 2 軸に関する断面 1 次モーメントが 0 になる点を断面の図心という。図心の位置は,任意の直交 2 軸 $x, y$ に関する断面 1 次モーメント $S_x, S_y$ を求め,部材断面積 $A$ で除すことにより求めることができる。すなわち,図心 C の座標 $(\bar{x}, \bar{y})$ は,

$$\bar{x} = \frac{S_y}{A}, \quad \bar{y} = \frac{S_x}{A} \tag{4.2.2}$$

として得られる。したがって,図心を通るように座標軸を選ぶと,断面 1 次モーメントは 0 となる。

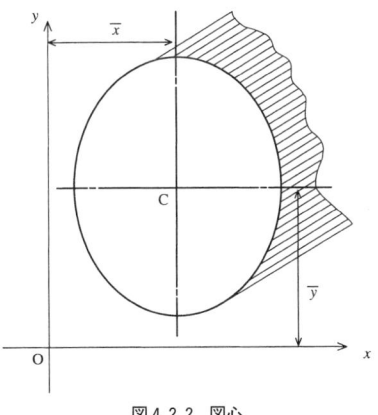

図 4.2.2　図心

【基礎知識 4.2.3：断面 2 次モーメント】

部材断面内の微小面積要素 $dA$ に任意の直交 2 軸 $x, y$ からの距離の 2 乗を乗じた値の断面全体についての総和をそれぞれ $x$ 軸，$y$ 軸に関する断面 2 次モーメントという。各断面 2 次モーメントを $I_x$, $I_y$ とすると，

$$I_x = \int_A dA \cdot y^2, \quad I_y = \int_A dA \cdot x^2 \qquad (4.2.3)$$

であり，単位は長さの 4 乗である。

(補足)

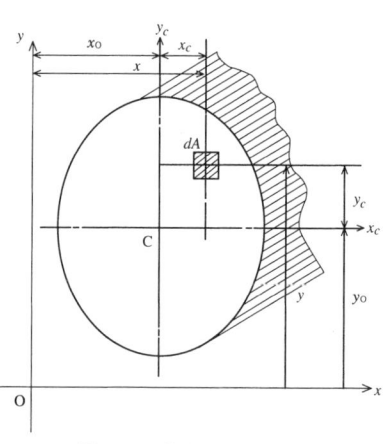

図 4.2.3　断面 2 次モーメント

例えば断面が $b \times h$ の長方形の場合，図心を通る座標軸に関する断面 2 次モーメントを求めると，

$$I_x = \int_A dA \cdot y^2 = \int_{-\frac{h}{2}}^{\frac{h}{2}} b dy \cdot y^2 = 2b \int_0^{\frac{h}{2}} y^2 dy = 2b \left[ \frac{y^3}{3} \right]_0^{\frac{h}{2}} = \frac{bh^3}{12}$$

$$I_y = \int_A dA \cdot x^2 = \int_{-\frac{b}{2}}^{\frac{b}{2}} h dx \cdot x^2 = 2h \int_0^{\frac{b}{2}} x^2 dx = 2h \left[ \frac{x^3}{3} \right]_0^{\frac{b}{2}} = \frac{hb^3}{12}$$

【基礎知識 4.2.4：座標系と断面 2 次モーメント】

図心を通る直交 2 軸 $x_c, y_c$ に関する断面 2 次モーメント $I_{xc}, I_{yc}$ が既知のとき，この軸と平行でそれぞれ $x_0, y_0$ だけ隔たった他の軸 $x, y$ に関する断面 2 次モーメントは以下のように与えられる（図 4.2.3）。

$$I_x = I_{xc} + y_0^2 A, \quad I_y = I_{yc} + x_0^2 A \qquad (4.2.4)$$

ここに，$A$ は断面積である。

(解説)

$x$ 軸に関する断面 2 次モーメントは，図 4.2.3 より，

$$I_x = \int_A dA \cdot y^2 = \int_A dA (y_0 + y_c)^2 = \int_A dA \cdot y_c^2 + 2y_0 \int_A dA \cdot y_c + y_0^2 \int_A dA$$
$$= I_{xc} + y_0^2 A$$

ここに，$\int_A dA \cdot y_c$ は図心に関する断面 1 次モーメントで 0 である。$y$ 軸に関する断面 2 次モーメントも全く同様に証明することができる。

【基礎知識 4.2.5：断面係数】
　図心を通る軸に関する断面 2 次モーメントを，その軸から断面の上端または下端までの距離で除したものを断面係数という。図 4.2.4 において，$x$ 軸に関する断面係数は，

$$Z_{x_1} = \frac{I_x}{y_1}, \quad Z_{x_2} = \frac{I_x}{y_2} \qquad (4.2.5\,\text{a})$$

また，$y$ 軸に関する断面係数は，

$$Z_{y_1} = \frac{I_y}{x_1}, \quad Z_{y_2} = \frac{I_y}{x_2} \qquad (4.2.5\,\text{b})$$

となる。図心を通る軸が対称軸である場合は，2 つの断面係数の値は等しい。なお，単位は長さの 3 乗となる。

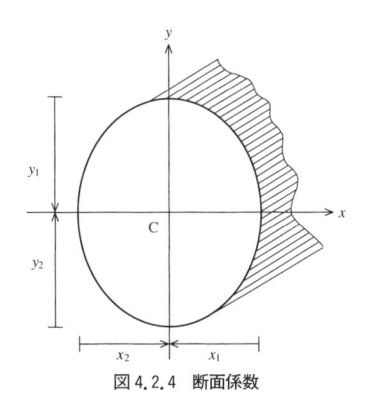

図 4.2.4　断面係数

【基礎知識 4.2.6　断面 2 次半径】
　直交 2 軸に関する断面 2 次モーメントと断面積によって下式で定義される。圧縮材の座屈の検討の際に用いられる（基礎知識 4.4.2）。

$$i_x = \sqrt{\frac{I_x}{A}}, \quad i_y = \sqrt{\frac{I_y}{A}} \qquad (4.2.6)$$

ここに，$I_x$ と $I_y$ はそれぞれ $x$ 軸と $y$ 軸に関する断面 2 次モーメント，$A$ は断面積である。

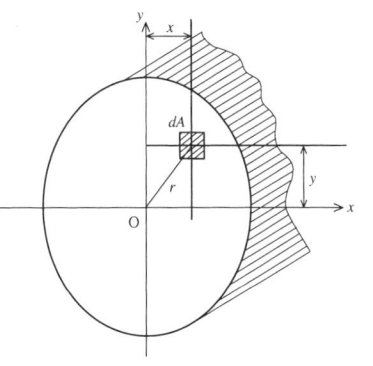

【基礎知識 4.2.7：断面極 2 次モーメント】
　断面極 2 次モーメントは，断面内の任意の点 O より微小面積要素 $dA$ までの距離を $r$ としたとき次式で定義される。ねじり応力度の算定（基礎知識 4.3.11）で用いられる。

$$I_p = \int dA \cdot r^2 \qquad (4.2.7\,\text{a})$$

断面極 2 次モーメント $I_p$ は，$x$ 軸および $y$ 軸に関する断面 2 次モーメント $I_x$，$I_y$ と以下の関係にある。

$$I_p = I_x + I_y \qquad (4.2.7\,\text{b})$$

（解説）

図 4.2.5　断面極 2 次モーメント

$$I_p = \int dA \cdot r^2 = \int dA \cdot (x^2 + y^2) = \int dA \cdot x^2 + \int dA \cdot y^2 = I_y + I_x$$

【基本問題 4.2.1】図に示すL型断面の図心位置を求めよ。

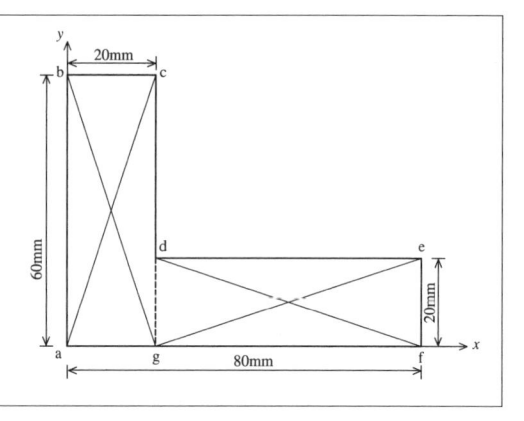

〈解答〉
① $x$ 軸と $y$ 軸を図のようにとる。
② 2つの長方形 abcg と defg とに分ける。
③ $x$ 軸に関する断面1次モーメントは，$S_x = (60 \times 20) \times 30 + (20 \times 60) \times 10 = 48000 \text{ mm}^3$。
④ $y$ 軸に関する断面1次モーメントは，$S_y = (20 \times 60) \times 10 + (60 \times 20) \times 50 = 72000 \text{ mm}^3$。
⑤ 断面積は，$A = 60 \times 20 + 60 \times 20 = 2400 \text{ mm}^2$ であるから $x$ 軸および $y$ 軸から図心までの距離はそれぞれ以下のようになる。

$$\overline{x} = \frac{S_y}{A} = \frac{72000}{2400} = 30 \text{ mm}, \qquad \overline{y} = \frac{S_x}{A} = \frac{48000}{2400} = 20 \text{ mm}$$

【基本問題 4.2.2】図に示す長方形断面を有する $x$ 軸および $y$ 軸に関する断面2次モーメントを求めよ。

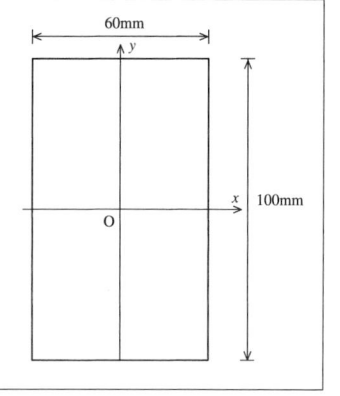

〈解答〉
① $x$ 軸に関する断面2次モーメントは，

$$I_x = \frac{bh^3}{12} = \frac{60 \times 100^3}{12} = 5.0 \times 10^6 \text{ mm}^4$$

② $y$ 軸に関する断面2次モーメントは，

$$I_y = \frac{hb^3}{12} = \frac{100 \times 60^3}{12} = 1.8 \times 10^6 \text{ mm}^4$$

【基本問題 4.2.3】図に示す長方形断面の $x$ 軸に関する断面 2 次モーメントを求めよ。

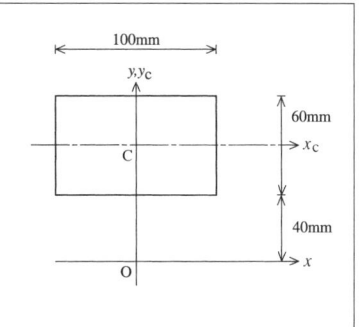

〈解答〉

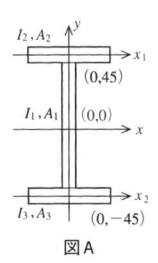

① 図心 C を通る $x_C$ 軸に関する断面 2 次モーメントおよび面積を求める。

$$I_{x_C} = \frac{100 \times 60^3}{12} = 1.8 \times 10^6 \text{ mm}^4$$

$$A = 60 \times 100 = 6.0 \times 10^3 \text{ mm}^2$$

② $x$ 軸と長方形断面の図心との距離は,

$$y_0 = 30 + 40 = 70 \text{ mm}$$

よって $x$ 軸に関する断面 2 次モーメントは,

$$I_x = I_{x_C} + y_0^2 A = 1.8 \times 10^6 + 70^2 \times 6.0 \times 10^3 = 3.12 \times 10^7 \text{ mm}^4$$

【基本問題 4.2.4】図に示す I 型断面の $x$ 軸および $y$ 軸に関する断面 2 次モーメントを求めよ。

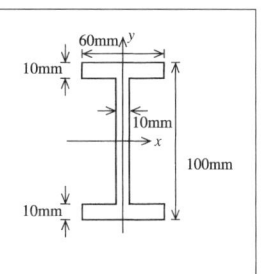

〈解答〉

① I 型断面を図 A のように 3 つの部分に分割する。

② フランジ部の断面の面積を求める。

$$A_2 = A_3 = 10 \times 60 = 600 \text{ mm}^2$$

③ 各部の断面の $x$ 軸および $y$ 軸に関する断面 2 次モーメントを求める。

$$I_{1x} = \frac{10 \times 80^3}{12} = \frac{1.28 \times 10^6}{3} \fallingdotseq 4.27 \times 10^5 \text{ mm}^4,$$

図 A

$$I_{2x}=I_{3x}=\frac{60\times10^3}{12}+45^2\times600=1.22\times10^6\ \mathrm{mm}^4$$

$$I_{1y}=\frac{80\times10^3}{12}\fallingdotseq6.67\times10^3\ \mathrm{mm}^4,\quad I_{2y}=I_{3y}=\frac{10\times60^3}{12}=1.8\times10^5\ \mathrm{mm}^4$$

④ $x$ 軸，$y$ 軸に関する各部の断面 2 次モーメントの和をとる。

$$I_x=I_{1x}+I_{2x}+I_{3x}=4.27\times10^5+2\times1.22\times10^6=2.867\times10^6\ \mathrm{mm}^4$$

$$I_y=I_{1y}+I_{2y}+I_{3y}=6.67\times10^3+2\times1.8\times10^5=3.67\times10^5\ \mathrm{mm}^4$$

【基本問題 4.2.5】図に示すボックス型断面の $x$ 軸および $y$ 軸に関する断面 2 次モーメントを求めよ。

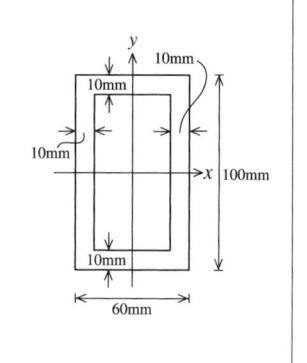

〈解答〉

① 図に示す 2 つの断面に分けて考える（図A）。

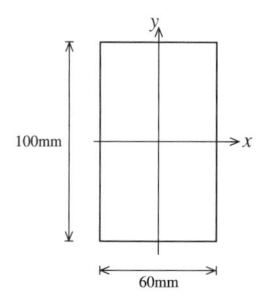

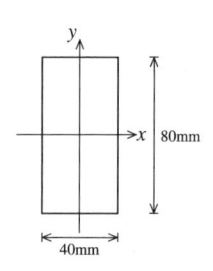

図A

それぞれの長方形断面の $x$ 軸および $y$ 軸に関する断面 2 次モーメントを求める。

$$\begin{cases}I_{1x}=\dfrac{60\times100^3}{12}=5.0\times10^6\ \mathrm{mm}^4\\ I_{1y}=\dfrac{100\times60^3}{12}=1.8\times10^6\ \mathrm{mm}^4\end{cases}\quad\begin{cases}I_{2x}=\dfrac{40\times80^3}{12}\fallingdotseq1.707\times10^6\ \mathrm{mm}^4\\ I_{2y}=\dfrac{80\times40^3}{12}\fallingdotseq4.267\times10^5\ \mathrm{mm}^4\end{cases}$$

② ボックス型断面の断面 2 次モーメントは，空洞のない長方形断面の断面 2 次モーメントから，ボックスの空洞に相当する断面の断面 2 次モーメントを引いたものである。

$I_x = I_{1x} - I_{2x} = (5.0 - 1.707) \times 10^6 = 3.293 \times 10^6 \text{ mm}^4$

$I_y = I_{1y} - I_{2y} = (1.8 - 0.4267) \times 10^6 = 1.3733 \times 10^6 \text{ mm}^4$

【基本問題 4.2.6】図に示す円形断面および円環断面の $x$ 軸に関する断面 2 次モーメントを求めよ。

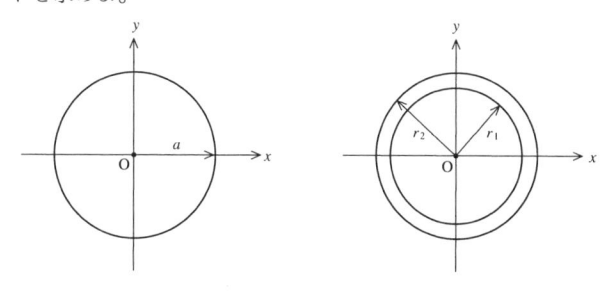

〈解答〉

① 円形断面の $x$ 軸に関する断面 2 次モーメントを求める（図A）。

$dA = 2\sqrt{a^2 - y^2}\, dy$ より

$I_x = \int_A y^2 dA = \int_{-a}^{a} 2\sqrt{a^2 - y^2}\, y^2 dy$

$= 4\int_0^a \sqrt{a^2 - y^2}\, y^2 dy = \dfrac{\pi a^4}{4}$

② 円環断面の断面 2 次モーメントは外周円の断面 2 次モーメントから内周円の断面 2 次モーメントを引いたものである。よって円環断面の断面 2 次モーメント $I_x$ は，

$I_x = I_{外x} - I_{内x} = \dfrac{\pi r_2^4}{4} - \dfrac{\pi r_1^4}{4} = \dfrac{\pi}{4}(r_2^4 - r_1^4)$

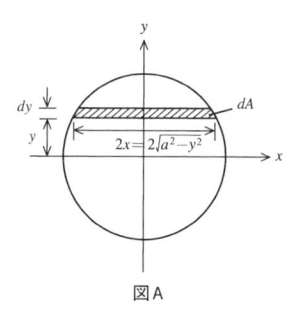

図 A

【練習問題 4.2.1】図に示すような L 型断面の $x$ 軸および $y$ 軸に関する断面 1 次モーメントおよび図心を求めよ。また，図心に関する断面 2 次モーメントおよび断面係数を求めよ。

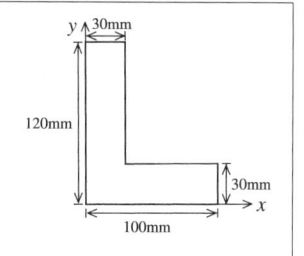

〈解答〉

① L 型断面を図のように断面積が $A_1$，$A_2$ となる 2 つの部分に分けて計算する（図A）。

$A_1 = 120 \times 30 = 3600 \text{ mm}^2$,
$A_2 = 70 \times 30 = 2100 \text{ mm}^2$
∴ $\sum A = A_1 + A_2 = 5700 \text{ mm}^2$

$A_1$, $A_2$ それぞれの図心を $G_1\ (X_1,\ Y_1)$, $G_2\ (X_2,\ Y_2)$ とすれば，各座標の値は図Aからわかるように，

$\begin{cases} X_1 = 15 \text{ mm} \\ Y_1 = 60 \text{ mm} \end{cases}$    $\begin{cases} X_2 = 65 \text{ mm} \\ Y_2 = 15 \text{ mm} \end{cases}$

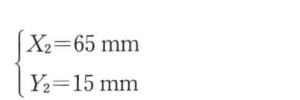

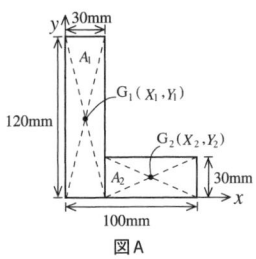

図A

$x$ 軸および $y$ 軸に関する断面1次モーメントは，

$S_x = \sum dA \cdot y = A_1 Y_1 + A_2 Y_2 = 3600 \times 60 + 2100 \times 15 = 247500 \text{ mm}^3$
$S_y = \sum dA \cdot x = A_1 X_1 + A_2 X_2 = 3600 \times 15 + 2100 \times 65 = 190500 \text{ mm}^3$

したがって，全体の図心 $G(X, Y)$ の座標は以下のように求められる。

$$X = \frac{S_y}{A} = \frac{190500}{5700} = 33.42 \text{ mm}, \qquad Y = \frac{S_x}{A} = \frac{247500}{5700} = 43.42 \text{ mm}$$

② 図心を通る $X$ 軸と $Y$ 軸を新たに設定する。

$X$ 軸に関する断面2次モーメント $I_X$ は，$A_1$ の $X$ 軸に関する断面2次モーメント $I_{X1}$ と $A_2$ の $X$ 軸に関する断面2次モーメント $I_{X2}$ との和である（図B）。

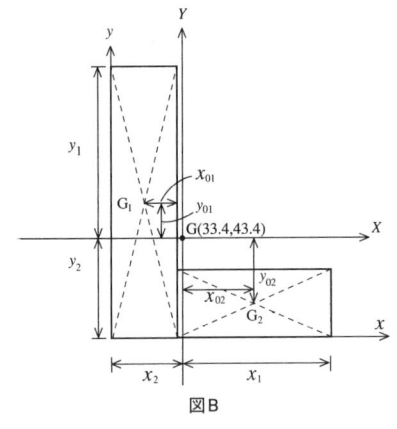

図B

$A_1$ および $A_2$ の図心を通る $x$ 軸に関する断面2次モーメントをそれぞれ $I_{x1}$ および $I_{x2}$，$X$ 軸と図心 $G_1$ および $G_2$ との距離をそれぞれ $y_{01}$ および $y_{02}$ とすると，$X$ 軸に関する断面2次モーメント $I_{X1}$ および $I_{X2}$ は，

$$I_{X1} = I_{x1} + y_{01}^2 \cdot A_1 = \frac{30 \times 120^3}{12} + (60 - 43.4)^2 \times 3600 = 5.31 \times 10^6 \text{ mm}^4$$

$$I_{X2} = I_{x2} + y_{02}^2 \cdot A_2 = \frac{70 \times 30^3}{12} + (43.4 - 15)^2 \times 2100 = 1.85 \times 10^6 \text{ mm}^4$$

∴ $I_X = I_{X1} + I_{X2} = 7.16 \times 10^6 \text{ mm}^4$

同様にして，$A_1$ および $A_2$ の図心を通る $y$ 軸に関する断面 2 次モーメントをそれぞれ $I_{y1}$ および $I_{y2}$，$Y$ 軸と図心 $G_1$ および $G_2$ との距離をそれぞれ $x_{01}$ および $x_{02}$ とすると，$Y$ 軸に関する断面 2 次モーメント $I_{Y1}$ および $I_{Y2}$ は，

$$I_{Y1} = I_{y1} + x_{01}^2 \cdot A_1 = \frac{120 \times 30^3}{12} + (33.4 - 15)^2 \times 3600 = 1.49 \times 10^6 \text{ mm}^4$$

$$I_{Y2} = I_{y2} + x_{02}^2 \cdot A_2 = \frac{30 \times 70^3}{12} + (65 - 33.4)^2 \times 2100 = 2.95 \times 10^6 \text{ mm}^4$$

∴ $I_Y = I_{Y1} + I_{Y2} = 4.44 \times 10^6 \text{ mm}^4$

③ 断面係数を求める。

$$Z_{X1} = \frac{I_X}{y_1} = \frac{7.16 \times 10^6}{120 - 43.4} = 9.35 \times 10^4 \text{ mm}^3, \quad Z_{X2} = \frac{I_X}{y_2} = \frac{7.16 \times 10^4}{43.4} = 1.65 \times 10^5 \text{ mm}^3$$

$$Z_{Y1} = \frac{I_Y}{x_1} = \frac{4.44 \times 10^6}{100 - 33.4} = 6.67 \times 10^4 \text{ mm}^3, \quad Z_{Y2} = \frac{I_Y}{x_2} = \frac{4.44 \times 10^6}{33.4} = 1.33 \times 10^5 \text{ mm}^3$$

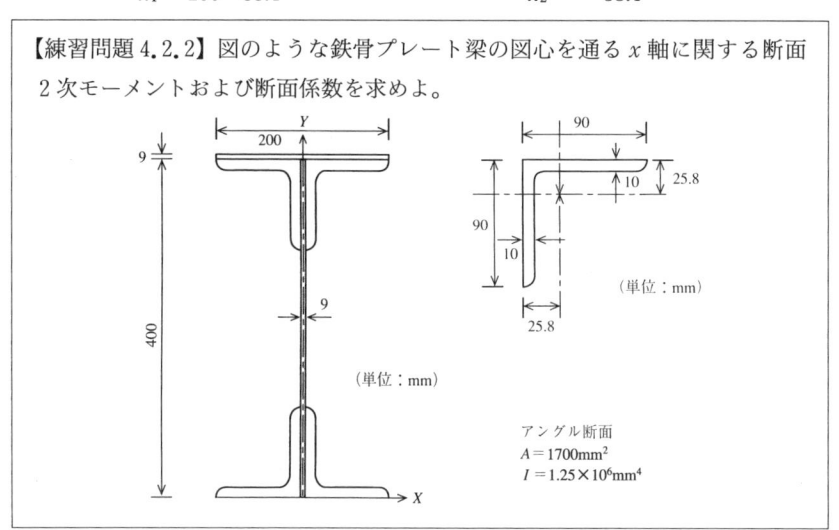

【練習問題 4.2.2】 図のような鉄骨プレート梁の図心を通る $x$ 軸に関する断面 2 次モーメントおよび断面係数を求めよ。

アングル断面
$A = 1700 \text{ mm}^2$
$I = 1.25 \times 10^6 \text{ mm}^4$

〈解答〉

① 全断面積を求める。

$A = 4 \times 1700 + 9 \times 400 + 9 \times 200 = 12200 \text{ mm}^2$

② $X$ 軸に関する断面 1 次モーメントを求め，図心の座標を求める。$X$ 軸に関する断面 1 次モーメントは，引張側アングル，ウェブプレート，圧縮側アングルおよびカバープレートそれぞれの断面 1 次モーメントの和であるので，

$S_X = 2 \times 1700 \times 25.8 + 9 \times 400 \times 200 + 2 \times 1700 \times (400 - 25.8)$
$\quad + 9 \times 200 \times (400 + 9 \div 2) = 2808100 \text{ mm}^3$

よって断面の図心の $y$ 座標を求めると，

$$Y = \frac{S_x}{A} = \frac{2808100}{12200} = 230.2 \text{ mm}$$

$Y$ 軸に関する対称性から，図心の $X$ 座標は 0.0 となるから，図心の座標は G(0.0, 230.2) である。

③ 図心を通る $X$ 軸に関する断面 2 次モーメントを求める。図心を通る $X$ 軸に関する断面 2 次モーメントは，引張側アングル，ウェブプレート，圧縮側アングルおよびカバープレートそれぞれの断面 2 次モーメントの和となるので，$Y$ 軸に関する対称性を考慮して以下のように求められる。

$$I_X = \sum_i (I_{Xi} + y_{0i}^2 \cdot A_i)$$

$$= 2\{1.25 \times 10^6 + (230.2 - 25.8)^2 \times 1700\} + \frac{9 \times 400^3}{12} + (230.2 - 200)^2 \times 9 \times 400$$

$$+ 2\{1.25 \times 10^6 + (400 - 230.2 - 25.8)^2 \times 1700\} + \frac{200 \times 9^3}{12}$$

$$+ (400 - 230.2 + \frac{9}{2})^2 \times 200 \times 9$$

$$= 2 \times 72274912 + 51283344 + 2 \times 36501200 + 54697032 = 323532600 \text{ mm}^4$$

④ 断面 2 次モーメントを図心から梁上端および下端までの距離 $Y_1$，$Y_2$ で除して断面係数を求める。

$$Z_{X1} = \frac{I_X}{Y_1} = \frac{323532600}{178.8} = 1809466.4 \text{ mm}^3$$

$$Z_{X2} = \frac{I_X}{Y_2} = \frac{323532600}{230.2} = 1405441.4 \text{ mm}^3$$

## 4.3 曲げ材の応力度

【基礎知識 4.3.1：曲げ応力度】
 梁断面にモーメント$M$が作用しているとき，断面の中立軸から$y$の距離に生じる曲げ応力度は，

$$\sigma(y) = \frac{M}{I_n} y \tag{4.3.1}$$

である。ここに，$I_n$は断面の中立軸に関する断面2次モーメントである。
（解説）
 梁 AB の両端に図 4.3.1 の(a)に示すようにモーメント$M$が作用しているとき，その曲げモーメント図は(b)のようになりせん断力は生じない。この状態を純曲げ状態という。純曲げ状態の梁の微小要素 $dx$ を取り出して(c)に示す。実線は変形前，破線は変形後の状態を表している。変形後，梁の上部は縮み，下部は伸びる。伸びも縮みも生じない平面 $n$—$n$ を中立面といい，中立面と断面との交線を中立軸という。微小要素の両側断面は変形後も平面を保つ。したがって，断面のひずみは中立軸からの距離に比例し，さらにフックの法則により応力も(d)に示すように中立軸からの距離に比例し，縮んだ部分には圧縮応力，伸びた部分には引張応力が断面に垂直に作用する。中立軸より単位長さの点における応力を $\sigma_0$ とすると，中立軸より$y$の距離に生じる応力は，

$$\sigma(y) = \sigma_0 y \qquad ①$$

となる。ここで断面に働く力の材軸

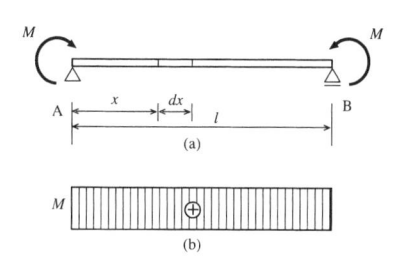

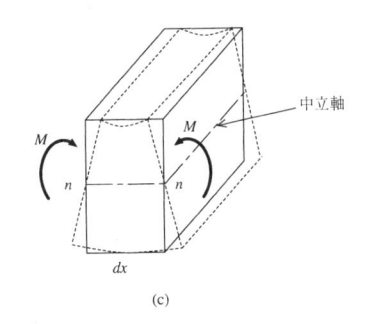

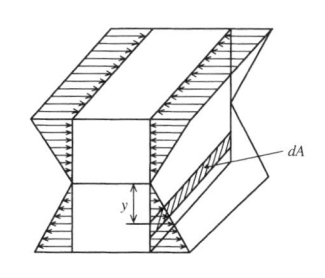

図 4.3.1

方向の釣合いをとると，軸方向力が0であることを考慮して次式を得る．

$$\int_A \sigma(y)\,dA = \sigma_0 \int_A y\,dA = \sigma_0 S_n = 0 \qquad ②$$

上式は，中立軸に関する断面1次モーメント $S_n = \int_A y\,dA$ が0であり，中立軸は断面の図心を通ることを示している．次に断面に働くモーメントの釣合いをとると次式を得る．

$$\int_A \sigma(y)\cdot y\,dA = \sigma_0 \int_A y^2\,dA = \sigma_0 I_n = M \qquad ③$$

上式は，中立軸に関する断面2次モーメント $I_n = \int_A y^2\,dA$ とモーメント $M$ の関係を与える．式③の関係を式①に代入することにより次式を得る．

$$\sigma(y) = \frac{M}{I_n} y \qquad ④$$

【基礎知識4.3.2：最大曲げ応力度】

引張および圧縮の最大応力度 $\sigma_{t\max}$，$\sigma_{c\max}$ はそれぞれ次式で与えられる．

$$\sigma_{t\max} = \frac{M}{Z_t},\ \ \sigma_{c\max} = \frac{M}{Z_c} \qquad (4.3.2\text{a})$$

ここに，$Z_t$，$Z_c$ は引張側および圧縮側の断面係数であり，

$$Z_t = \frac{I_n}{y_t},\ \ Z_c = \frac{I_n}{y_c} \qquad (4.3.2\text{b})$$

ここに，$y_t$，$y_c$ は中立軸から引張縁および圧縮縁までの距離である．すなわち，曲げ応力度の最大値は，曲げモーメントを断面係数で除することにより求めることができる．

（解説）

梁断面に生じる引張および圧縮の最大応力度は，それぞれ梁断面の引張縁と圧縮縁に生じる．したがって，中立軸から引張縁および圧縮縁までの距離を $y_t$，$y_c$ とすると，式④より，

$$\sigma_{t\max} = \frac{M}{I_n} y_t,\ \ \sigma_{c\max} = \frac{M}{I_n} y_c \qquad ⑤$$

ここで，断面係数

$$Z_t = \frac{I_n}{y_t},\ \ Z_c = \frac{I_n}{y_c} \qquad ⑥$$

を用いれば，式⑤は以下のように書き直すことができる．

$$\sigma_{t\max} = \frac{M}{Z_t},\ \ \sigma_{c\max} = \frac{M}{Z_c} \qquad ⑦$$

【基礎知識4.3.3：平面保持の仮定】

基礎知識4.3.1は厳密にはせん断力の生じない純曲げ状態について成立するもの

である。しかし，一般に梁には曲げモーメントとともにせん断力が生じ，このせん断力の存在により曲げモーメントが材軸に沿って変化する。せん断力が存在すると，変形後の断面は厳密には平面にはならないが，梁せいが大きくなりせん断力が極めて大きくならない限り近似的に平面と見なして応力を算定してさしつかえない。これを平面保持の仮定といい，一般に梁の曲げ応力度の算定はこの仮定に基づいている。このとき，梁の材軸方向の距離 $x$ に生じる曲げモーメントを $M_x$ とすると，式(4.3.1)の純曲げの式がそのまま使えて次式となる。

$$\sigma(y) = \frac{M_x}{I_n} y \qquad (4.3.3)$$

【基本問題 4.3.1】図のような分布荷重を受ける梁の中央点Cの縁応力度を求めよ。

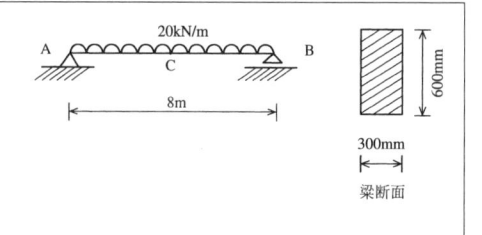

〈解答〉

① 曲げモーメント図を求める（図A）。

　反力計算：$V_A = V_B = 80$ kN

　点Aより $x$ の距離の曲げモーメント：$M_x = 80x - 20x \cdot \dfrac{x}{2} = -10x^2 + 80x$

② 点Cにおける曲げモーメントを求める。

$$M_{x=4} = -160 + 320 = 160 \text{ kNm}$$

③ 梁断面の断面係数を求める。

$$Z = \frac{bh^2}{6} = \frac{300 \times 600^2}{6} = 18000000 \text{ mm}^3$$

④ 縁応力度を求める。

$$\sigma = \frac{M}{Z} = \frac{160000000}{18000000} = 8.89 \text{ N/mm}^2$$

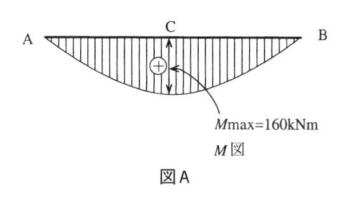

【基礎知識 4.3.4：曲げによるせん断応力度】

梁断面にモーメント $M_x$ とせん断力 $Q_x$ が作用しているとき，断面の中立軸から $y$ の距離に生じるせん断応力度 $\tau(y)$ は次式で与えられる。

$$\tau(y) = \frac{Q_x S(y)}{b I_n} \qquad (4.3.4)$$

ここに，$b$ は梁幅，$I_n$ は中立軸に関する断面2次モーメント，$S(y)$ は中立軸からの距離 $y$ における断面1次モーメントである。

(解説)

図4.3.2に示すように，梁の微小要素から中立軸の下方$y$なる位置でさらに微小要素を切り出す．2つの横断面に働く曲げ応力と縦断面に働くせん断応力との釣合いより，

$$T_x + dT_x = T_x + \tau_{yx} b dx \quad \text{①}$$

式(4.3.1)より，$dA = b \cdot dy$ として

$$T_x = \int_y^{y_t} \frac{M_x}{I_n} y dA, \qquad T_x + dT_x = \int_y^{y_t} \frac{M_x + dM_x}{I_n} y dA \quad \text{②}$$

であるから式①に代入して，

$$\tau_{yx} = \int_y^{y_t} \frac{dM_x}{I_n} y dA \bigg/ b dx \quad \text{③}$$

ここで，$\dfrac{dM_x}{dx} = Q_x$（基礎知識3.2.3）および $\int_y^{y_t} y dA = S(y)$ であるから式③は以下のように表せる．

$$\tau_{yx} = \frac{Q_x S(y)}{b I_n} \quad \text{④}$$

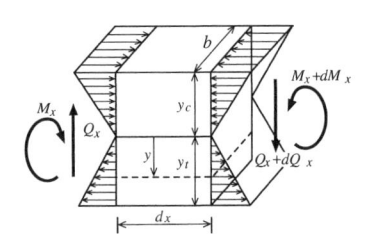

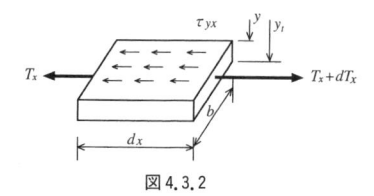

図4.3.2

(補足)

例えば $b \times h$ の長方形断面にせん断力$Q$が作用しているとき，

$$S(y) = b\left(\frac{h}{2} - y\right)\left\{y + \frac{1}{2}\left(\frac{h}{2} - y\right)\right\} \quad \text{⑤}$$

式④に式⑤を代入すると，

$$\tau_{yx} = \frac{6Q}{bh^3}\left(\frac{h^2}{4} - y^2\right) \quad \text{⑥}$$

中立軸 $y=0$ において，

$$\tau_{max}=1.5\frac{Q}{bh}=1.5\frac{Q}{A} \qquad ⑦$$

すなわち，最大せん断応力度は断面の平均応力度の 1.5 倍となる。

## 【基礎知識 4.3.5：梁のせん断応力度】

梁に曲げモーメントとせん断力が作用しているとき，図 4.3.3 において梁の横断面(a)には鉛直方向のせん断応力 $\tau_{xy}$ が生じ，梁の縦断面(b)には水平方向のせん断応力 $\tau_{yx}$ が生じる。このとき，つねに $\tau_{xy}=\tau_{yx}$ が成立する。
（解説）

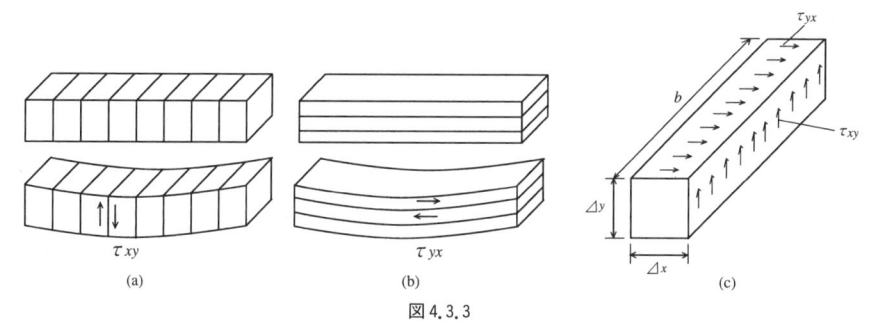

図 4.3.3

(c)のように，横断面と縦断面によって切り出される微小要素を考えると，微小要素左下隅部に関するモーメントの釣合いにより，

$$(\tau_{yx}\times b\varDelta x)\times \varDelta y-(\tau_{xy}\times b\varDelta y)\times \varDelta x=0 \quad \therefore \quad \tau_{yx}=\tau_{xy}$$

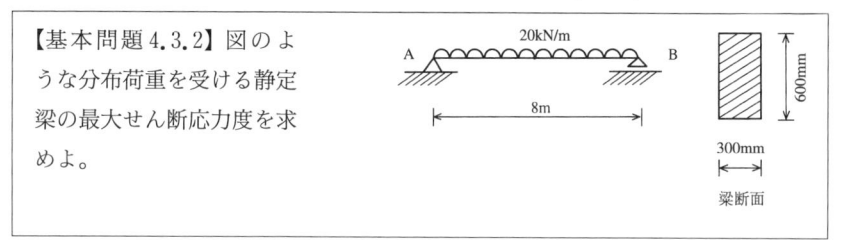

【基本問題 4.3.2】図のような分布荷重を受ける静定梁の最大せん断応力度を求めよ。

〈解答〉
① せん断力図を求める（図A）。

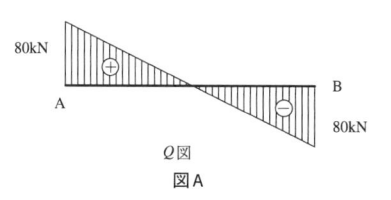

図A

反力計算：$V_A = V_B = 80$ kN

点Aより距離$x$のせん断力：$Q_x = 80 - 20x$

② 最大せん断力を求める。Q図より梁端部で80 kN。

③ 長方形断面の最大せん断応力度は，基礎知識4.3.4の補足より，

$$\tau_{max} = 1.5 \frac{Q_{max}}{bh} = 1.5 \times \frac{80000}{300 \times 600} = 0.67 \text{ N/mm}^2$$

【基礎知識4.3.6：軸方向力と曲げを受ける場合の応力】

軸方向力と曲げを受けた部材断面に生じる軸方向力を$N$，曲げモーメントを$M$とすると，曲げのみを受ける場合の中立軸より距離$y$の位置における垂直応力度は次式で与えられる。

$$\sigma = \frac{N}{A} \pm \frac{M}{I} y \qquad (4.3.5)$$

ここに，$A$は部材の断面積，$I$は曲げのみを受ける場合の中立軸に関する断面2次モーメントである。

(解説)

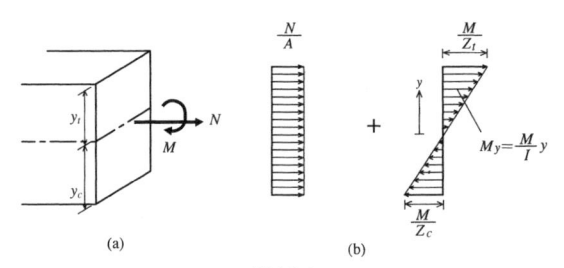

図4.3.4

図4.3.4の(a)のように断面に軸方向応力$N$と曲げモーメント$M$が同時に作用しているとする。このとき生じる垂直応力度は，線形重合せの原理により，図(b)のように$N$と$M$が別々に作用しているときの垂直応力度をそれぞれ求め，両者を加え合わせればよい。

【基礎知識4.3.7：偏心距離】

図4.3.5のように圧縮力$P$が図心に働き，さらにモーメント$M$が断面の対称軸上に働いているとき，両者の荷重により生じる垂直応力度は，圧縮力$P$だけが図心から

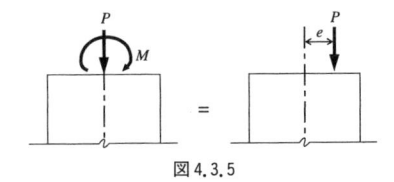

図4.3.5

距離 $e = M/P$ の位置に作用しているときに生じる垂直応力度に等しい。このときの距離 $e$ を偏心距離という。

【基礎知識 4.3.8：断面の核】
　偏心距離 $e$ の大小により断面内の垂直応力度分布は異なる。断面内の応力度がすべて圧縮応力度となるような偏心荷重点の集合は，任意の断面形に対して特定の断面上の小領域を描く。この領域内に偏心荷重点がある限り，断面内には引張応力度を生じない。この小領域を断面の核という。断面の核の領域において偏心距離 $e_x$, $e_y$ は以下の条件を満足する。

$$\frac{A \cdot e_y}{Z_{t(x)}} + \frac{A \cdot e_x}{Z_{t(y)}} \leq 1 \tag{4.3.6}$$

ここに，$A$ は断面積，$Z_{t(x)}$ と $Z_{t(y)}$ はそれぞれ $x$ 軸および $y$ 軸に関する引張側の断面係数である。

【基本問題 4.3.3】図に示す長方形断面の核を求めよ。

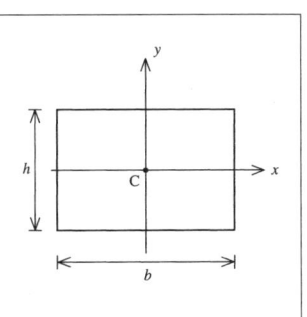

〈解答〉
① 面積と断面係数を求める。
$$A = bh, \quad Z_x = \frac{bh^2}{6}, \quad Z_y = \frac{hb^2}{6}$$

② 断面の核を求める。式(4.3.6)より，
$$\frac{6e_y}{h} + \frac{6e_x}{b} \leq 1$$

この $(e_x, e_y)$ の範囲を図Aに示す。

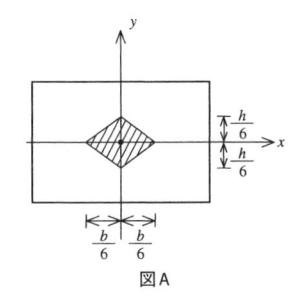

図A

【基本問題 4.3.4】図に示す円形断面の核を求めよ。

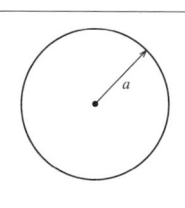

〈解答〉

① 面積と断面係数を求める。
$$A = \pi a^2, \qquad Z = \frac{\pi a^3}{4}$$

② 断面の核を求める。
$$\frac{A \cdot e}{Z} \leq 1 \text{ より} \qquad \frac{4e}{a} \leq 1 \qquad \therefore \ e \leq \frac{a}{4}$$

この $e$ の範囲を図 A に示す。

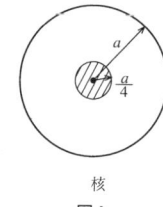

核
図 A

## 【基礎知識 4.3.9：主応力度】

外力を受ける構造部材内には，せん断応力が生じないような互いに直交する 2 断面が存在し，この 2 断面上の垂直応力度のうち 1 つはその部分の他の断面上に働く垂直応力度のうちの最大値を示し，他の 1 つは最小値を示す。

（解説）

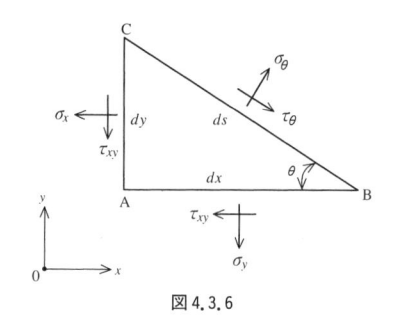

図 4.3.6

図 4.3.6 に示すように，部材内に微小三角形要素を考える。AC および AB 断面に作用する応力度 $\sigma_x$，$\sigma_y$，$\tau_{xy}$ が与えられているとき，AB 断面と $\theta$ の傾きを有する断面 BC に生じる応力度 $\sigma_\theta$ および $\tau_\theta$ を求めることを考える。

$x$ 方向の力の釣合いより，
$$\sigma_\theta ds \sin\theta + \tau_\theta ds \cos\theta - \sigma_x dy - \tau_{xy} dx = 0 \qquad ①$$

$y$ 方向の力の釣合いより，
$$\sigma_\theta ds \cos\theta - \tau_\theta ds \sin\theta - \sigma_y dx - \tau_{xy} dy = 0 \qquad ②$$

$dx = ds\cos\theta$, $dy = ds\sin\theta$ であることを考えると，式①，②は以下のように書き換えることができる．

$$\sigma_\theta\sin\theta + \tau_\theta\cos\theta - \sigma_x\sin\theta - \tau_{xy}\cos\theta = 0 \qquad ③$$

$$\sigma_\theta\cos\theta - \tau_\theta\sin\theta - \sigma_y\cos\theta - \tau_{xy}\sin\theta = 0 \qquad ④$$

③×$\sin\theta$＋④×$\cos\theta$ より，

$$\sigma_\theta = \sigma_x\sin^2\theta + \sigma_y\cos^2\theta + 2\tau_{xy}\sin\theta\cos\theta \qquad ⑤$$

③×$\cos\theta$－④×$\sin\theta$ より，

$$\tau_\theta = (\sigma_x - \sigma_y)\sin\theta\cos\theta + \tau_{xy}(\cos^2\theta - \sin^2\theta) \qquad ⑥$$

式⑤，⑥に倍角の公式を適用すると，

$$\sigma_\theta = \frac{\sigma_x + \sigma_y}{2} + \frac{\sigma_y - \sigma_x}{2}\cos 2\theta + \tau_{xy}\sin 2\theta \qquad ⑦$$

$$\tau_\theta = \frac{\sigma_x - \sigma_y}{2}\sin 2\theta + \tau_{xy}\cos 2\theta \qquad ⑧$$

垂直応力度 $\sigma_\theta$ が最大値あるいは最小値をとるとき，式⑦の $\theta$ に関する1階微分の値は0になる．

$$\frac{d\sigma_\theta}{d\theta} = -(\sigma_y - \sigma_x)\sin 2\theta + 2\tau_{xy}\cos 2\theta = 0 \qquad \therefore \quad \tan 2\theta = \frac{2\tau_{xy}}{\sigma_y - \sigma_x} \qquad ⑨$$

ところで，式⑨は式⑧において $\tau_\theta = 0$ としても得られる．したがって，$\sigma_\theta$ が最大値あるいは最小値をとるとき $\tau_\theta = 0$ となる．$\tau_\theta = 0$ を，式③，④に代入する．

$$\sigma_\theta\tan\theta - \sigma_x\tan\theta - \tau_{xy} = 0 \qquad ⑩$$

$$\sigma_\theta - \sigma_y - \tau_{xy}\tan\theta = 0 \qquad ⑪$$

式⑪より，$\tan\theta = \dfrac{\sigma_\theta - \sigma_y}{\tau_{xy}}$ を得る．これを式⑩に代入すると，

$$\sigma_\theta(\sigma_\theta - \sigma_y) - \sigma_x(\sigma_\theta - \sigma_y) - \tau_{xy}^2 = 0$$

$$\sigma_\theta^2 - (\sigma_x + \sigma_y)\sigma_\theta + (\sigma_x\sigma_y - \tau_{xy}^2) = 0 \qquad ⑫$$

式⑫は $\sigma_\theta$ に関する2次方程式である．その2根は，

$$\sigma_\mathrm{I} = \frac{1}{2}(\sigma_x + \sigma_y) + \sqrt{\frac{1}{4}(\sigma_x - \sigma_y)^2 + \tau_{xy}^2} \qquad ⑬$$

$$\sigma_\mathrm{II} = \frac{1}{2}(\sigma_x + \sigma_y) - \sqrt{\frac{1}{4}(\sigma_x - \sigma_y)^2 + \tau_{xy}^2}$$

となる．$\sigma_\mathrm{I}$ は最大値，$\sigma_\mathrm{II}$ は最小値である．式⑨より，$\theta$ は90°の周期をもつ角度であり，$\sigma_\mathrm{I}$ と $\sigma_\mathrm{II}$ の方向はそれぞれ互いに直交している．このとき，垂直応力度 $\sigma_\mathrm{I}$，$\sigma_\mathrm{II}$ を主応力度といい，主応力度の働く直交する2断面を主応力面という．

【基礎知識 4.3.10：モールの応力円】

互いに直交する 2 軸 $\sigma, \tau$ において，横軸に垂直応力度を，縦軸にせん断応力度をとる。図 4.3.7 に示したように，応力度 $\sigma_x, \sigma_y, \tau_{xy}$ が与えられているとき，$(+\sigma_x, +\tau_{xy})$ は図上の $D_1$ 点，$(+\sigma_y, -\tau_{xy})$ は図上の $D_2$ 点で表現される。$D_1$ 点と $D_2$ 点を結んだ線と $\sigma$ 軸との交点を C とし，点 C を中心として $\overline{CD_1}$ を半径とする円を描く。この円と $\sigma$ 軸との交点を A，B とすると，$\overline{OA}$ の長さは $\sigma_{\mathrm{I}}$ を，$\overline{OB}$ の長さは $\sigma_{\mathrm{II}}$ の値を示す。C 点と $D_1$ 点を結んだ線と $\sigma$ 軸とのなす角は $2\theta$，すなわちもとの 2 断面の方向と主応力面とのなす角 $\theta$ の 2 倍を表している。ここに描いた円をモールの応力円といい，これを用いて主応力度の大きさと方向を容易に求めることができる。

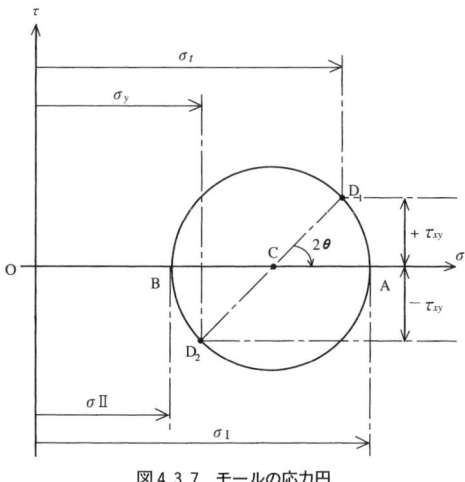

図 4.3.7 モールの応力円

【基本問題 4.3.5】梁材の主応力度と主応力面を式で表し，中立軸における主応力度とせん断応力度の関係を示せ。

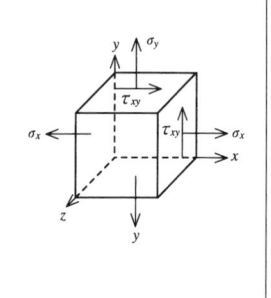

〈解答〉

梁に生じる垂直応力度は材軸方向の $\sigma_x$ のみとなる。基礎知識 4.3.9 の式⑬において，$\sigma_y = 0$ とおくことにより主応力度は以下のように表せる。

$$\sigma_{\mathrm{I}} = \frac{\sigma_x}{2} + \sqrt{\frac{\sigma_x^2}{4} + \tau_{xy}^2}$$

$$\sigma_{\mathrm{II}} = \frac{\sigma_x}{2} - \sqrt{\frac{\sigma_x^2}{4} + \tau_{xy}^2}$$

式⑨において $\sigma_y=0$ とすると主応力面の角度 $\theta$ は次式より求まる。

$$\tan 2\theta = \frac{2\tau_{xy}}{\sigma_x}$$

中立軸においては曲げ応力度が0であるから、さらに $\sigma_x=0$ とおくと、

$$\sigma_{\mathrm{I}} = \tau_{xy}, \qquad \sigma_{\mathrm{II}} = -\tau_{xy}$$

すなわち、梁の中立軸における主応力度はせん断応力度に等しくなる。

また $\tan 2\theta = \pm\infty$ より、 $\theta = \pi/4, 3\pi/4$

すなわち、主応力面はともに材軸と 45° の角度をなす。

## 【基礎知識 4.3.11：ねじり応力度】

一端固定、他端自由の丸棒にねじりモーメント $T$ が作用したとき（図 4.3.8）、丸棒の中心より半径 $r$ でのせん断応力 $\tau$ は、せん断ひずみ度 $\gamma$ が中心からの距離 $r$ に比例することから以下のように表せる。

$$\tau = G\gamma = Gr\theta \tag{4.3.7}$$

ここに、$G$ はせん断弾性係数、$\theta = \dfrac{d\varphi}{dx}$ は軸方向単位長さ当りのねじれ角である。また、ねじれ角 $\varphi$ とねじりモーメント $T$ の関係は次式で与えられる。

$$\varphi = \theta l = \frac{Tl}{GI_p} \tag{4.3.8}$$

ここに，$I_p = \dfrac{\pi r^4}{2}$ は断面極2次モーメント（基礎知識4.2.7）である。

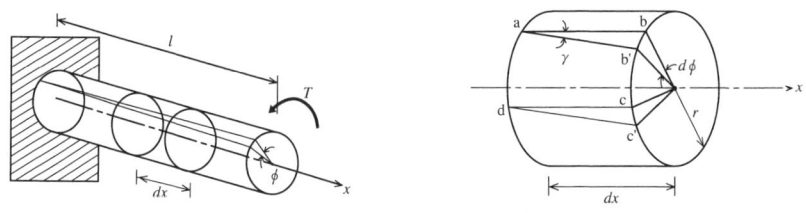

**図4.3.8　丸棒のねじりモーメント**

## 4.4　圧縮材の座屈

　断面積の大きさに比べてはるかに長い部材の先端に荷重を加えていくと，その部材は初めのうちは軸方向力に抵抗して圧縮されるが，荷重がある値を超えると急激に横方向に変形して不安定な状態になる。この現象を座屈という。座屈は部材の降伏強度に到達する以前に発生する可能性がある。

　トラスやラーメンは軸方向圧縮部材をもつので，各部材が座屈に対して安全であることを確認する必要がある。座屈を起こしたときの軸方向力をオイラーの座屈荷重という。この座屈荷重に影響を与える要因には，部材の材料特性，断面形状，長さおよび支持条件等がある。なお，オイラーの座屈は圧縮材が全体として不安定になる状態を考えており，これを全体座屈という。これに対して，薄板で構成される圧縮材では板が局部的に座屈してしまうことがあり，これを局部座屈という。局部座屈を起こさないようにするために，設計上は支持条件に応じて幅厚比（板の幅と厚さの比）に制限を設けることが行われる。本節では前者の全体座屈のみを扱うことにする。

【基礎知識4.4.1：座屈長さ】

　各種の支持条件の圧縮部材の座屈荷重は，以下のような共通の形で表現することができる。

$$P_{cr} = \dfrac{\pi^2 EI}{l_k^2} \tag{4.4.1}$$

ここに，$l_k$ は座屈長さと呼ばれ，代表的な支持条件に対して図4.4.1に示すような値をとる。同一長さの部材の場合，$l_k$ が小さいほど座屈荷重は大きくなり座屈しにくい。したがって，一端固定他端自由の場合が最も座屈しやすく，両端固定の場合が最も座屈しにくいことがわかる。

第 4 章　部材断面の力学　103

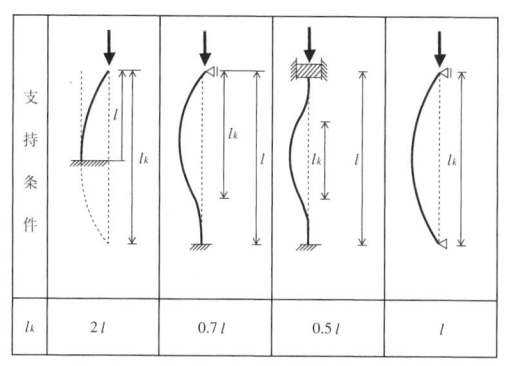

|  | | | | |
|---|---|---|---|---|
| 支持条件 | | | | |
| $l_k$ | $2l$ | $0.7l$ | $0.5l$ | $l$ |

図 4.4.1　支持条件と座屈長さ

【基礎知識 4.4.2：細長比】
　座屈荷重 $P_{cr}$ による座屈応力 $N_{cr}$ を部材断面積 $A$ で除した値を座屈応力度 $\sigma_{cr}$ といい，以下のように表すことができる。

$$\sigma_{cr} = \frac{N_{cr}}{A} = \frac{P_{cr}}{A} = \frac{\pi^2 EI}{Al_k^2} = \frac{\pi^2 E}{\left(\dfrac{A}{I}\right)l_k^2} = \frac{\pi^2 E}{\left(\dfrac{l_k}{i}\right)^2} = \frac{\pi^2 E}{\lambda^2} \tag{4.4.2}$$

ここに，$\lambda = \dfrac{l_k}{i}$ を細長比という。$i = \sqrt{\dfrac{I}{A}}$ は断面 2 次半径（基礎知識 4.2.6）である。細長比 $\lambda$ は部材の断面形と座屈長さによって定まる値であり，$\lambda$ が大きくなると $\sigma_{cr}$ は小さくなり座屈しやすく，$\lambda$ が小さくなると $\sigma_{cr}$ は大きくなり座屈しにくくなる。

【基本問題 4.4.1】一端固定他端自由の部材に自由端で圧縮力 $P$ が作用しているときの座屈荷重を求めよ。

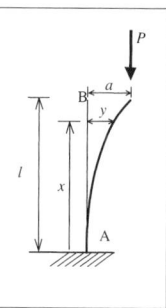

〈解答〉
① 座屈後，たわみが微小のうちは次の弾性方程式が成立する。

$$\frac{d^2y}{dx^2} = -\frac{M_x}{EI} \qquad \text{①}$$

このとき，自由端 B におけるたわみが $a$ であるとすると，任意点 $x$ での曲げモーメ

ント $M_x$ は，$M_x = -P(a-y)$ ②

式②に式①を代入すると，$\dfrac{d^2y}{dx^2} = \dfrac{P}{EI}(a-y)$ ③

$k^2 = \dfrac{P}{EI}$ とおくと，$\dfrac{d^2y}{dx^2} + k^2y = k^2a$ ④

式④の同次解 $y_h$ は，$y_h = A\sin kx + B\cos kx$ ⑤

特殊解 $y_p$ は $y_p = a$

よって一般解は，$y = y_h + y_p = A\sin kx + B\cos kx + a$ ⑥

② 境界条件を適用する．境界条件は，

$x=0$ において $y=0$，$\dfrac{dy}{dx}=0$ ⑦

$x=l$ において $y=a$ ⑧

式⑦より，$y = B + a = 0$ ∴ $B = -a$

$\dfrac{dy}{dx} = Ak = 0$ ∴ $A = 0$

式⑧より，$y = -a\cos kl + a = a$

座屈すると $a \neq 0$ であるから，$\cos kl = 0$ ⑨

すなわち，$kl = \dfrac{n\pi}{2}$ $(n=1, 3, 5, \cdots)$ ⑩

が成立する．式⑩を式④に代入すると，座屈荷重は，

$P = k^2 EI = \left(\dfrac{n\pi}{2l}\right)^2 EI = \dfrac{n^2\pi^2 EI}{4l^2}$ $(n=1, 3, 5, \cdots)$ ⑪

となる．実際に座屈を起こすのは，$n=1$ であるので，

$P_{cr} = \dfrac{\pi^2 EI}{4l^2}$ ⑫

---

【基本問題 4.4.2】両端ピンの部材に圧縮力 $P$ が作用しているときの座屈荷重を求めよ．

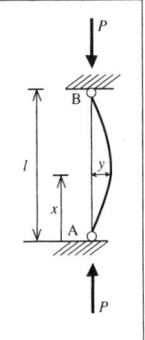

---

〈解答〉

① 座屈後，たわみが微小のうちは次の弾性方程式が成立する．

$$\frac{d^2y}{dx^2} = -\frac{M_x}{EI} \qquad ①$$

任意点 $x$ での曲げモーメント $M_x$ は，$M_x = -Py$　　　　②

式②に式①を代入すると，$\dfrac{d^2y}{dx^2} = \dfrac{P}{EI}y$　　　　③

$k^2 = \dfrac{P}{EI}$ とおくと，$\dfrac{d^2y}{dx^2} + k^2 y = 0$　　　　④

式④の一般解は，$y = A\sin kx + B\cos kx$　　　　⑤

② 境界条件を適用する。

境界条件は，$x = 0,\ l$（A点とB点）において $y = 0$，　　　　⑥

　　$B = 0$ および $A\sin kl = 0$　　∴　$kl = n\pi$　$(n = 1, 2, 3, \cdots)$　　　　⑦

が成立する。式⑥および⑦を式④に代入すると座屈荷重は，

$$P = \frac{n^2 \pi^2 EI}{l^2} \qquad ⑧$$

となる。実際に座屈を起こすのは $n = 1$ のときであるので，

$$P_{cr} = \frac{\pi^2 EI}{l^2} \qquad ⑨$$

# 第5章　静定構造の変形

建築物の安全性を確保するには，構造部材に生じる応力度をある値（許容応力度）以下に抑え，さらに圧縮や曲げに対して部材が座屈しないように部材断面を決定しなければならない。しかし，このような条件を満足したとしても，例えば積載荷重により床が大きくたわんでしまったり，風や地震によって高層ビルが大きく横揺れしたりすると，内部空間を利用する人間の快適性を損なうばかりでなく，建築としての機能を失うことにもなる。本章では，荷重が作用したとき構造物がどのように変形するかを検討するための方法を学ぶことにする。

建築物の変形を考えるうえで，最も基本的な問題は梁の変形である。床のたわみも高層ビルの横揺れの振幅も，この梁の変形から求めることができる。本章では梁の変形を弾性曲線法とモールの定理を用いて算定し，さらにトラスやラーメンの変形を仮想仕事の原理とカステリアーノの定理に基づいて解く。

## 5.1　弾性曲線法

【基礎知識 5.1.1：たわみとたわみ角】

梁の変形を考えるときに大切な量としてたわみとたわみ角がある。図 5.1.1 に示すように，変形後の梁の点と変形前のその点との距離 $y$ をたわみという。たわみは下向きを正とする。梁の変形後の曲線を弾性曲線あるいはたわみ曲線という。変形後のある1点における弾性曲線の接線が変形前の材軸となす角 $\theta$ をたわみ角あるいは回転角という。たわみ角の符号は，接線が変形前の材軸に対して時計回りの場合を正，反時計回りの場合を負とする。微小変形の場合，たわみ $y$ とたわみ角 $\theta$ の間には以下の関係がある。

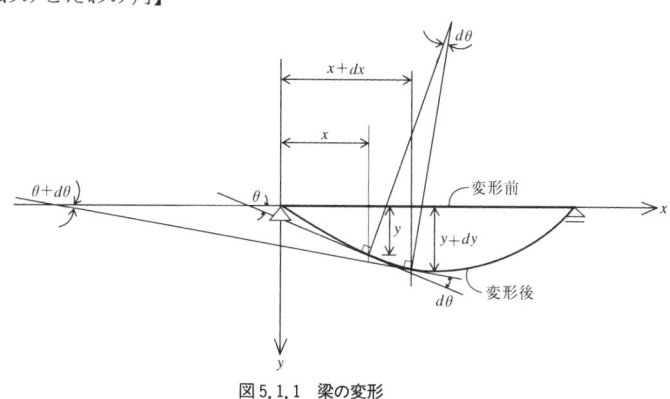

図 5.1.1　梁の変形

$$\theta \fallingdotseq \tan\theta = \frac{dy}{dx} \tag{5.1.1}$$

**【基礎知識 5.1.2:曲げモーメント〜曲率関係】**

　曲げモーメントを受ける梁において,端部から $x$ 離れた点に生じるモーメント $M_x$ とその点での曲率 $\chi$ との間には以下の関係が成立する.

$$\chi = \frac{M_x}{EI} \tag{5.1.2}$$

(解説)

　梁の端部から $x$ 離れた微小要素 abcd を考える(図5.1.2)。断面に曲げモーメント $M_x$ が生じ,微小要素は a'b'c'd' のように変形する。変形後の $\overline{\text{a'b'}}$ と $\overline{\text{c'd'}}$ は平面保持の仮定により同一平面上にある。$\overline{\text{a'b'}}$ と $\overline{\text{c'd'}}$ との延長線上の交点Oを求め,そのなす角度を $d\theta$ とする。このとき,点Oから中立軸までの距離を曲率半径といい $\rho$ で表す。曲率半径の逆数を曲率といい $\chi = 1/\rho$ で表す。

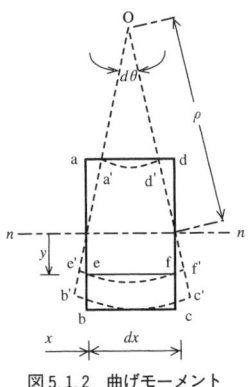

図5.1.2　曲げモーメント

　中立軸 $n-n$ から $y$ だけ離れた $\overline{\text{ef}}$ の長さは変形後 $\overline{\text{e'f'}}$ となる。$\overline{\text{ef}}$ と $\overline{\text{e'f'}}$ は $\rho$ と $d\theta$ を用いて以下のように表せる。

$$\overline{\text{ef}} = dx = \rho d\theta \qquad ①$$
$$\overline{\text{e'f'}} = (\rho + y) d\theta \qquad ②$$

その変形量を $\varDelta$ とすると,

$$\varDelta = \overline{\text{e'f'}} - \overline{\text{ef}} = (\rho + y) d\theta - \rho d\theta = y d\theta \qquad ③$$

したがって,ひずみ度 $\varepsilon$ は,

$$\varepsilon = \frac{\varDelta}{dx} = \frac{y d\theta}{\rho d\theta} = \frac{y}{\rho} \qquad ④$$

これとは別に,フックの法則(基礎知識4.1.5)と式(4.3.3)の関係から次式を得る。

$$\varepsilon = \frac{\sigma}{E} = \frac{M_x}{EI} y \qquad ⑤$$

式④と⑤を比べることにより次式を得る。

$$\frac{1}{\rho} = \chi = \frac{M_x}{EI} \qquad ⑥$$

【基礎知識 5.1.3：弾性曲線法の基本式】
　弾性曲線法の基本式は以下に示す 2 階の常微分方程式となる。
$$\frac{d^2y}{dx^2} = -\frac{M_x}{EI} \tag{5.1.3}$$
（解説）
　曲率 $\chi$ はたわみ $y$ と近似的に以下の関係がある。
$$\chi \approx -\frac{d^2y}{dx^2} \qquad ①$$
基礎知識 5.1.2 の式(5.1.2)に代入すると式(5.1.3)を得る。

【基礎知識 5.1.4：弾性曲線法による解き方】
　弾性曲線法の基本式 (5.1.3) を $x$ に関して 1 回積分するとたわみ角 $\theta$ が得られ，これを $x$ に関してさらに 1 回積分するとたわみ $y$ が求まる。
$$\theta = \frac{dy}{dx} = -\int \frac{M_x}{EI} dx + C_1 \tag{5.1.4 a}$$
$$y = -\iint \frac{M_x}{EI} dx \cdot dx + C_1 x + C_2 \tag{5.1.4 b}$$
ここに，$C_1$, $C_2$ は積分定数であり境界条件によって定まる。

---

【基本問題 5.1.1】図のように等分布荷重 $w$ を受ける片持ち梁の弾性曲線を求めよ。

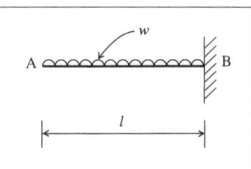

---

〈解答〉
① 曲げモーメント分布を求める（図A）。
② 弾性曲線法の基本式に代入して積分する。
$$EI\frac{dy}{dx} = \frac{wx^3}{6} + C_1$$
$$EIy = \frac{wx^4}{24} + C_1 x + C_2$$
③ 境界条件を利用して，積分定数 $C_1$, $C_2$ を定める。
　$x = l$ のとき，$\frac{dy}{dx} = 0$, $y = 0$ であるので，
$$\frac{wl^3}{6} + C_1 = 0 \quad \therefore \quad C_1 = -\frac{wl^3}{6}$$

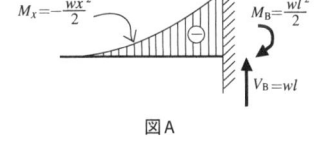

図A

$$\frac{wl^4}{24}-\frac{wl^4}{6}+C_2=0 \quad \therefore \quad C_2=\frac{wl^4}{8}$$

④ 弾性曲線を求める。変形は図Bのようになる。

$$\theta=\frac{w}{EI}\left(\frac{x^3}{6}-\frac{l^3}{6}\right)$$

$$y=\frac{w}{EI}\left(\frac{x^4}{24}-\frac{l^3 x}{6}+\frac{l^4}{8}\right)$$

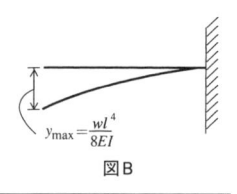

図B

【基本問題 5.1.2】図のように等分布荷重 $w$ を受ける単純梁の弾性曲線を求めよ。

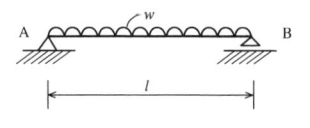

〈解答〉

① 曲げモーメント分布を求める（図A）。
② 弾性曲線法の基本式に代入して積分する。

$$EI\frac{dy}{dx}=-\frac{pl}{4}x^2+\frac{p}{6}x^3+C_1$$

$$EIy=-\frac{pl}{12}x^3+\frac{p}{24}x^4+C_1 x+C_2$$

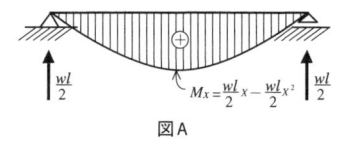

図A

③ 境界条件を利用して積分定数 $C_1$, $C_2$ を定める。$x=0$, $l$ のとき，$y=0$ であるので，

$$C_2=0, \quad C_1=\frac{wl^3}{24}$$

④ 弾性曲線を求める。変形は図Bのようになる。

$$\theta=-\frac{w}{EI}\left(\frac{l}{4}x^2-\frac{1}{6}x^3-\frac{l^3}{24}\right)$$

$$y=-\frac{w}{EI}\left(\frac{l}{12}x^3-\frac{1}{24}x^4-\frac{l^3}{24}x\right)$$

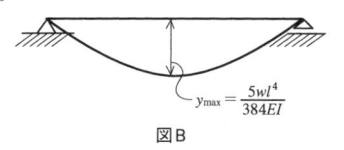

$y_{\max}=\dfrac{5wl^4}{384EI}$

図B

【基本問題 5.1.3】図のように両支点にそれぞれモーメント $M_A$, $M_B$ が加えられた単純梁の弾性曲線を求めよ。

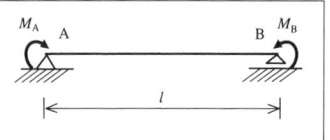

〈解答〉

① 曲げモーメント分布を求める（図A）。
② 弾性曲線法の基本式に代入して積分する。

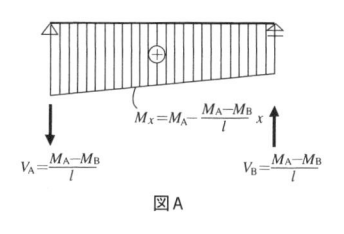

$$EI\frac{dy}{dx} = -M_A x + \frac{M_A - M_B}{2l} x^2 + C_1$$

$$EIy = -\frac{M_A}{2}x^2 + \frac{M_A - M_B}{6l}x^3 + C_1 x + C_2$$

図A

③ 境界条件を利用して積分定数 $C_1$, $C_2$ を求める。$x=0$, $l$ のとき $y=0$ となるので，

$$C_2 = 0, \quad -\frac{M_A}{2}l^2 + \frac{M_A - M_B}{6}l^2 + C_1 l = 0 \quad \therefore \quad C_1 = \frac{2M_A + M_B}{6}l$$

④ 弾性曲線を求める。変形は図Bのようになる。

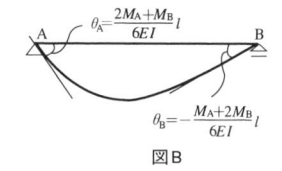

$$\theta = -\frac{1}{EI}\left(M_A x - \frac{M_A - M_B}{2l}x^2 - \frac{2M_A + M_B}{6}l\right)$$

$$y = -\frac{1}{EI}\left(\frac{M_A}{2}x^2 - \frac{M_A - M_B}{6l}x^3 - \frac{2M_A + M_B}{6}lx\right)$$

$\theta_A = \frac{2M_A + M_B}{6EI}l$

$\theta_B = -\frac{M_A + 2M_B}{6EI}l$

図B

【基本問題5.1.4】図のように集中荷重 $P$ を受ける単純梁の弾性曲線式を求めよ。

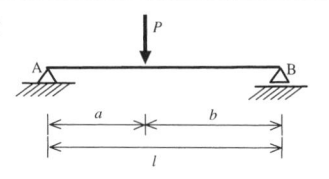

〈解答〉
① 曲げモーメント分布を求める（図A）。
② 弾性曲線法の基本式に代入して積分する。

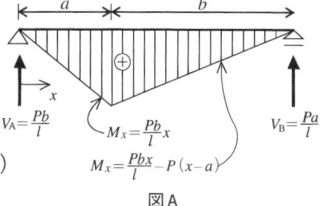

$$EI\frac{dy}{dx} = -\frac{Pb}{2l}x^2 + C_1 \quad (0 \leq x \leq a)$$

$$EI\frac{dy}{dx} = -\frac{Pb}{2l}x^2 + \frac{P(x-a)^2}{2} + C_3 \quad (a \leq x \leq l)$$

$$EIy = -\frac{Pb}{6l}x^3 + C_1 x + C_2 \quad (0 \leq x \leq a)$$

$$EIy = -\frac{Pb}{6l}x^3 + \frac{P(x-a)^3}{6} + C_3 x + C_4 \quad (a \leq x \leq l)$$

$V_A = \frac{Pb}{l}$, $V_B = \frac{Pa}{l}$, $M_x = \frac{Pb}{l}x$, $M_x = \frac{Pbx}{l} - P(x-a)$

図A

③ 境界条件を利用して積分定数 $C_1$, $C_2$, $C_3$, $C_4$ を定める。$x = a$ のとき，たわみ $y$ とたわみ角 $\theta$ は等しくなるので $C_1 = C_3$, $C_2 = C_4$ となる。$x = 0$ のとき $y = 0$ であるから $C_2 = 0$。$x = l$ のとき $y = 0$ であることと $C_2 = C_4 = 0$ より，

$$C_1 = C_3 = \frac{Pb(l^2 - b^2)}{6l}$$

④ 弾性曲線を求める。変形は図Bのようになる。

$$\theta = \frac{Pb}{6EIl}(l^2 - b^2 - 3x^2) \quad (0 \leq x \leq a)$$

$$\theta = \frac{Pb}{6EIl}(l^2 - b^2 - 3x^2) + \frac{P(x-a)^2}{2} \quad (a \leq x \leq l)$$

$$y = \frac{Pbx}{6EIl}(l^2 - b^2 - x^2) \quad (0 \leq x \leq a)$$

$$y = \frac{Pbx}{6EIl}(l^2 - b^2 - x^2) + \frac{P(x-a)^3}{6} \quad (a \leq x \leq l)$$

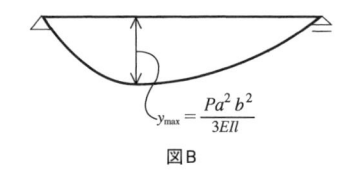

$$y_{max} = \frac{Pa^2 b^2}{3EIl}$$

図B

## 5.2 モールの定理

前節の弾性曲線法と同様に，梁のたわみおよびたわみ角を求めたい場合にはモールの定理が有効である。

【基礎知識 5.2.1】
荷重によって梁に生じた曲げモーメント $M_x$ を曲げ剛性 $EI$ で除した値を仮想荷重と考えて梁に作用させ，ある点におけるせん断力と曲げモーメントを計算すると，その値はその点におけるたわみおよびたわみ角に等しい。すなわち，

$$x\text{点でのたわみ角} = \left(\frac{M図}{EI}\right) \text{仮想荷重による} x \text{点でのせん断力}$$

$$x\text{点でのたわみ} = \left(\frac{M図}{EI}\right) \text{仮想荷重による} x \text{点での曲げモーメント}$$

【基礎知識 5.2.2：片持ち梁の自由端でのたわみ角とたわみ】
片持ち梁の自由端におけるたわみ角 $\theta$ とたわみ $y$ はそれぞれ次式で与えられる。

$$\theta = -\frac{1}{EI} \times (\text{梁全体の} M \text{図の面積})$$

$$y = -\frac{1}{EI} \times (\text{梁全体の} M \text{図の面積の自由端に関する1次モーメント})$$

## 【基礎知識 5.2.3：単純梁の支点におけるたわみ角】

単純梁の支点に生じるたわみ角は，左の支点Aでのたわみ角を $\theta_A$，右の支点Bでのたわみ角を $\theta_B$ としてそれぞれ以下のように与えられる。

$$\theta_A = \left(\frac{1}{EI} \times M図\right) を仮想荷重と考えたときのA点の反力$$

$$\theta_B = -\left(\frac{1}{EI} \times M図\right) を仮想荷重と考えたときのB点の反力$$

【基本問題 5.2.1】図のように等分布荷重 $w$ が加えられた単純梁の弾性曲線を求めよ。

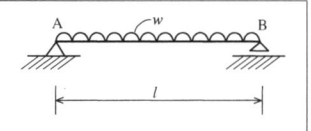

〈解答〉

① 曲げモーメント図を求める（図A）。

② $\dfrac{M_x}{EI}$ を仮想荷重としてかける（図B）。

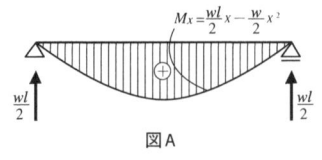

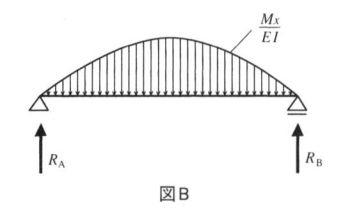

③ 反力を求める。

$$R_A = R_B = \frac{1}{2}\int_0^l \frac{M_x}{EI} dx = \frac{w}{4EI}\int_0^l (lx - x^2)\, dx = \frac{wl^3}{24EI}$$

④ $x$ 点におけるせん断力 $Q_x$ を求める。

$$Q_x = \frac{wl^3}{24EI} - \frac{1}{EI}\int_0^x \left(\frac{wl}{2}x - \frac{wx^2}{2}\right) dx = \frac{wl^3}{24EI} - \frac{w}{2EI}\left(\frac{l}{2}x^2 - \frac{x^3}{3}\right)$$

⑤ $x$ 点におけるモーメント $M_x$ を求める。

$$M_x = \frac{wl^3}{24EI}x - \frac{w}{2EI}\left(\frac{l}{6}x^3 - \frac{x^4}{12}\right)$$

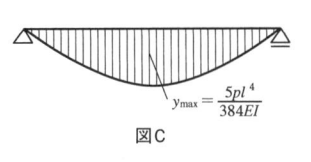

$$y_{\max} = \frac{5pl^4}{384EI}$$

図C

⑥ モールの定理から，$Q_x$ はたわみ角 $\theta$ を与え，$M_x$ はたわみ $y$ を与える。

【基本問題 5.2.2】図のように両支点に，それぞれ $M_A$，$M_B$ というモーメントの加えられた単純梁の弾性曲線を求めよ。

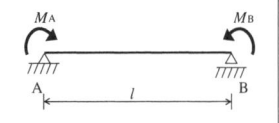

〈解答〉

① 曲げモーメント図を求める（図A）。

② $\dfrac{M_x}{EI}$ を荷重としてかける（図B）。

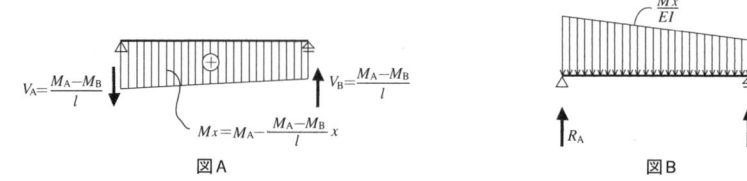

図A

図B

③ 反力を求める。

$$\sum Y=0 : R_A+R_B=\int_0^l \frac{1}{EI}\left(M_A-\frac{M_A-M_B}{l}x\right)dx=\frac{1}{EI}\left(M_A l-\frac{M_A-M_B}{2}l\right)$$

$$=\frac{M_A+M_B}{2EI}l$$

$$\sum M_A=0 : -R_B l+\frac{1}{EI}\cdot\frac{(M_A-M_B)l}{2}\cdot\frac{l}{3}+\frac{1}{EI}\cdot M_B l\cdot\frac{l}{2}=0$$

$$\therefore R_B=\frac{M_A+2M_B}{6EI}l, \qquad R_A=\frac{2M_A+M_B}{6EI}l$$

④ $x$ 点におけるせん断力 $Q_x$ を求める。

$$Q_x=\frac{2M_A+M_B}{6EI}l-\frac{1}{EI}\int_0^x\left(M_A-\frac{M_A-M_B}{l}x\right)dx$$

$$=\frac{2M_A+M_B}{6EI}l-\frac{1}{EI}\left(M_A x-\frac{M_A-M_B}{2l}x^2\right)$$

$$=\frac{M_A l}{6EI}\left\{2-6\cdot\frac{x}{l}+3\cdot\left(\frac{x}{l}\right)^2\right\}+\frac{M_B l}{6EI}\left\{1-3\left(\frac{x}{l}\right)^2\right\}$$

⑤ $x$ 点におけるモーメント $M_x$ を求める。

$$M_x=\frac{M_A l^2}{6EI}\left\{2\cdot\frac{x}{l}-3\left(\frac{x}{l}\right)^2+\left(\frac{x}{l}\right)^3\right\}+\frac{M_B l^2}{6EI}\left\{\frac{x}{l}-\left(\frac{x}{l}\right)^3\right\}$$

⑥ モールの定理から，$Q_x$ はたわみ角 $\theta$ を与え，$M_x$ はたわみ $y$ を与える。変形は基本問題 5.1.3 の図Bのようになる。

---

【基本問題5.2.3】図に示す先端集中荷重 $P$ を受ける片持ち梁の自由端Aのたわみとたわみ角を求めよ。

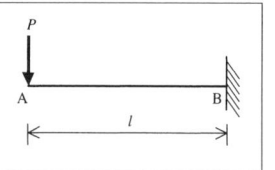

---

〈解答〉

① 曲げモーメント図を求める（図A）。

$$M_x=-Px$$

② A端のたわみ角 $\theta_A$ を求める。

$$\theta_A = -\frac{1}{EI} \times (\text{A〜B間の}M\text{図面積})$$
$$= -\frac{1}{EI}\left(-Pl \times l \times \frac{1}{2}\right) = \frac{Pl^2}{2EI}$$

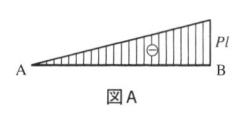

図A

③ A端のたわみ $y_A$ を求める。

$$y_A = -\frac{1}{EI} \times \begin{pmatrix} \text{A〜B間の}M\text{図面積の点A に} \\ \text{関する1次モーメント} \end{pmatrix} = \frac{Pl^2}{2EI} \times \frac{2}{3}l = \frac{Pl^3}{3EI}$$

【基本問題5.2.4】図に示す等分布荷重 $w$ を受ける片持ち梁の自由端Aのたわみとたわみ角を求めよ。

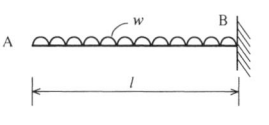

〈解答〉

① 曲げモーメント図を求める（図A）。

$$M_x = -\frac{wx^2}{2}$$

② A端のたわみ角 $\theta_A$ を求める。

$$\theta_A = -\frac{1}{EI} \times (\text{A〜B間の}M\text{図面積})$$
$$= -\frac{1}{EI}\int_0^l M_x dx = \frac{w}{2EI}\int_0^l x^2 dx = \frac{wl^3}{6EI}$$

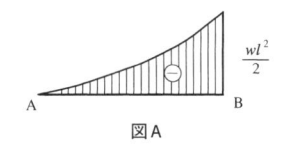

図A

③ A端のたわみ $y_A$ を求める。

$$y_A = -\frac{1}{EI} \times \begin{pmatrix} \text{A〜B間の}M\text{図面積の点A} \\ \text{に関する1次モーメント} \end{pmatrix}$$
$$= -\frac{1}{EI}\int_0^l M_x x dx = \frac{w}{2EI}\int_0^l x^3 dx = \frac{wl^4}{8EI}$$

【基本問題5.2.5】単純梁に図のように支持点にモーメントが加わった場合の両端でのたわみ角を求めよ。

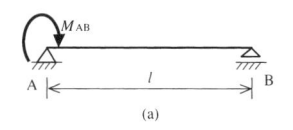

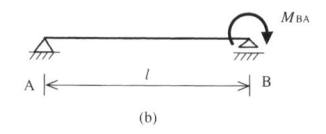

〈解答〉

(a)の場合

① 反力を求める（図A）。

$\sum Y = 0 : V_A = V_B$

$\sum M_A = 0 : M_{AB} - V_B l = 0$

$\therefore V_B = \dfrac{M_{AB}}{l} = V_A$

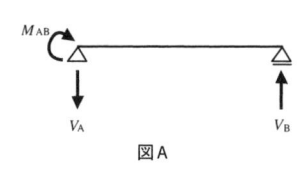

② M図を描く（図B）。

$M_x = M_{AB} - V_A x = M_{AB} - \dfrac{M_{AB}}{l} x$

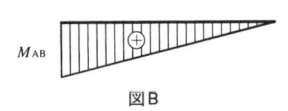

③ $\left(\dfrac{1}{EI} \times M \text{ 図}\right)$ を仮想荷重として作用させ反力を求める（図C）。

$\sum Y = 0 : V_A + V_B = \dfrac{1}{2} \dfrac{M_{AB}}{EI} l$

$\sum M_A = 0 : \dfrac{1}{2} \dfrac{M_{AB}}{EI} l \cdot \dfrac{l}{3} - V_B l = 0$

$\therefore V_B = \dfrac{M_{AB} l}{6EI}, \qquad V_A = \dfrac{M_{AB} l}{3EI}$

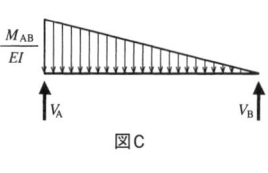

④ A点とB点のたわみ角を求める（図D）。

$\theta_A = V_A = \dfrac{M_{AB} l}{3EI}, \qquad \theta_B = -V_B = -\dfrac{M_{AB} l}{6EI}$

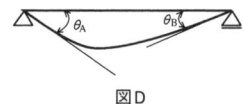

(b)の場合

① 反力を求める（図E）。

$\sum Y = 0 : V_A = V_B$

$\sum M_A = 0 : M_{BA} - V_B l = 0 \quad \therefore V_B = \dfrac{M_{BA}}{l} = V_A$

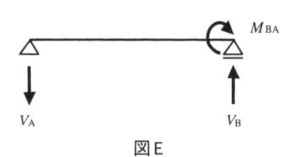

② M図を描く（図F）。

$M_x = -V_A x = -\dfrac{M_{BA}}{l} x$

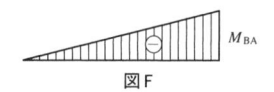

③ $\left(\dfrac{1}{EI} \times M\text{図}\right)$ を仮想荷重として作用させ反力を求める（図G）。

$V_A = -\dfrac{M_{BA} l}{6EI}, \qquad V_B = -\dfrac{M_{BA} l}{3EI}$

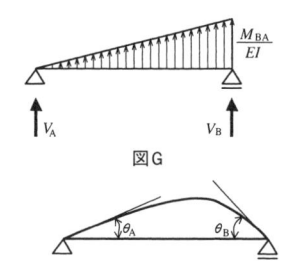

④ A点とB点のたわみ角を求める（図H）。

$\theta_A = V_A = -\dfrac{M_{BA} l}{6EI}, \qquad \theta_B = -V_B = \dfrac{M_{BA} l}{3EI}$

## 5.3 カステリアーノの定理

弾性曲線法とモールの定理は梁の変形を求めるための方法であった。本節で扱うカステリアーノの定理はさらにトラスやラーメンの変形も求めることのできる一般的な方法である。カステリアーノの定理は構造物の挙動をエネルギーに着目して捉えるエネルギー法に属している。荷重が構造物に作用して外力仕事をすると，構造物は弾性変形してひずみエネルギーが内部に蓄えられる。エネルギー法はこの過程においてエネルギー保存則を適用することにより構造物の応力および変形を求める方法である。

【基礎知識5.3.1：外力仕事】
構造物のある点に一定の外力$P$が作用したとき，その点の外力方向に生じる変位が$\delta$となるならば，外力仕事$W_e$は次式で与えられる。

$$W_e = P\delta \tag{5.3.1}$$

また，外力が一定の力ではなく0から徐々に変形に比例して増加（弾性変形）するとき（図5.3.1），最終的な荷重を$P$，そのときの外力方向の変位を$\delta$とすると，外力仕事は

$$W_e = \frac{1}{2}P\delta \tag{5.3.2}$$

で与えられる。同様に，作用外力としてモーメント$M$が作用するとき，作用点に生じる回転角を$\theta$とすると，その外力仕事は

$$W_e = \frac{1}{2}M\theta \tag{5.3.3}$$

となる。

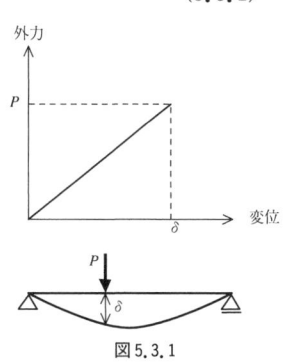

図5.3.1

【基礎知識5.3.2：ひずみエネルギー】
構造物の変形は外力によって構造物に生じる応力（内力）に対し各部がひずむことにより生じる。応力のなした仕事（内力仕事）$U$は構造物内部に蓄えられ，ひずみエネルギーと呼ばれる。エネルギー保存則により，ひずみエネルギーは外力仕事に等しい。すなわち，

$$U = W_e \tag{5.3.4}$$

一般に，構造物の内部に蓄えられるひずみエネルギーは各部材に生じる応力と変形

から求めることができる。

【基礎知識 5.3.3：軸方向力によるひずみエネルギー】
　部材に引張力あるいは圧縮力 $P$ が作用しているとき，材長にわたって部材断面は一定であるとすると，部材に蓄えられるひずみエネルギー $U$ は次式で与えられる。

$$U = \frac{N^2 l}{2EA} \quad (5.3.5)$$

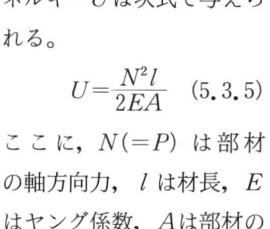

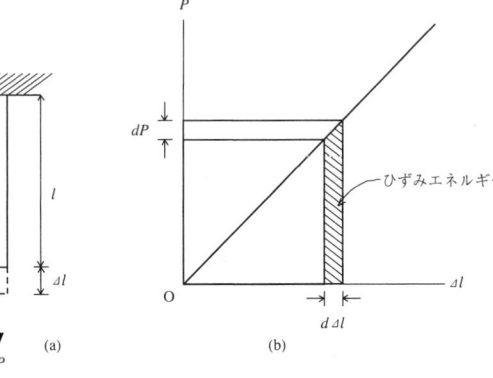

ここに，$N(=P)$ は部材の軸方向力，$l$ は材長，$E$ はヤング係数，$A$ は部材の断面積である。

図 5.3.2

（解説）
　図 5.3.2 の(a)のように，引張力 $P$ を受ける材長 $l$ の部材が $\Delta l$ なる伸びを生じたとする。このとき，外力 $P$ と伸び $\Delta l$ の関係は(b)のようになり，外力仕事 $W_e$ は

$$W_e = \frac{P \cdot \Delta l}{2} \qquad ①$$

したがって部材内に蓄えられるひずみエネルギー $U$ は

$$U = W_e = \frac{N \cdot \Delta l}{2} \qquad ②$$

となる。ここで，フックの法則（基礎知識 4.1.5）を思い出すと，

$$\frac{N}{A} = E \frac{\Delta l}{l} \quad \therefore \quad \Delta l = \frac{Nl}{EA} \qquad ③$$

式③を式②に代入すると次式を得る。

$$U = \frac{N^2 l}{2EA}$$

【基礎知識 5.3.4：曲げモーメントによるひずみエネルギー】
　部材各部の曲げモーメントの大きさを $M_x$ とすると，部材に蓄えられるひずみエネルギー $U$ は次式で与えられる。

$$U = \int_0^l \frac{M_x^2}{2EI} dx \qquad (5.3.6)$$

ここに，$l$ は部材長，$E$ はヤング係数，$I$ は中立軸に関する断面2次モーメントである。

(解説)
　幅 $dx$ の梁の微小要素に蓄えられるひずみエネルギー $dU$ は，式(5.3.3)より次式で与えられる。

$$dU = dW_e = \frac{M_x d\theta}{2} \qquad ①$$

式(5.1.3)より以下の関係を得る。

$$d\theta = \frac{M_x}{EI} dx \qquad ②$$

式②を式①に代入し，これを梁の全長について積分し全体的なひずみエネルギーを求めると次式を得る。

$$U = \int_0^l dU = \int_0^l \frac{M_x^2}{2EI} dx \qquad ③$$

　カステリアーノの定理には第1定理と第2定理があり，変形を求める際に用いられるのは第2定理である。まずカステリアーノの第1および第2定理を説明し，次に第2定理を用いて構造物の変形をどのように求めるのかを示す。

【基礎知識5.3.5：カステリアーノの第1定理】
　構造物の内部に蓄えられたひずみエネルギーは，構造物に生じる変位の関数として表すことができる。このとき，構造物のある1点において，ひずみエネルギーをその点での変形に関して1度微分したものは，同じ点における変形と同じ向きの力に等しい。すなわち，

$$P_i = \frac{\partial U}{\partial \Delta_i} \qquad (5.3.7)$$

ここに，$U$ はひずみエネルギー，$\Delta_i$ は $i$ 点における変形，$P_i$ は点 $i$ における変形 $\Delta_i$ と同じ向きの力である。これをカステリアーノの第1定理という。この定理を適用して得られる式は力の釣合い条件となる。この式に基づく方法は変位法に属する。

【基礎知識5.3.6：カステリアーノの第2定理】
　構造物の内部に蓄えられるひずみエネルギーは，構造物に作用する外力の関数として表すこともできる。このとき，構造物のある1点において，ひずみエネルギーをその点に作用する外力に関して1度微分したものは，同じ点における外力と同じ

向きの変形に等しい。すなわち，

$$\varDelta_i = \frac{\partial U}{\partial P_i} \tag{5.3.8}$$

ここに，$U$ はひずみエネルギー，$P_i$ は点 $i$ に作用する外力，$\varDelta_i$ は点 $i$ における外力 $P_i$ と同じ向きの変形である。これをカステリアーノの第2定理という。この定理を適用して得られる式は変形に関する適合条件式となる。この式に基づく方法は応力法に属する。

【基礎知識 5.3.7：カステリアーノの定理による変形計算】
　カステリアーノの第2定理に基づいて，構造物のある1点における変形（たわみ，たわみ角）を求める手順は以下のとおりである。
① 求めたい変形に対応する荷重が作用しているかどうかを確認し，作用している荷重がない場合は仮想荷重を作用させる。
② 実際の荷重あるいは仮想荷重の関数としてひずみエネルギーを計算する。
③ カステリアーノの第2定理を適用して変形を求める。仮想荷重の場合は，カステリアーノの第2定理を適用した後，仮想荷重＝0 を代入して変形を求める。

【基本問題 5.3.1】図のように単純梁の一端 A に荷重がモーメントで与えられたとき，A点におけるたわみ角を求めよ。

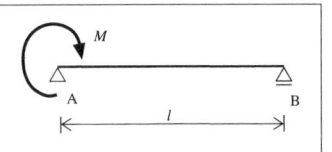

〈解答〉
① A点でのたわみ角に対応する荷重はモーメント $M$ である。
② 梁に生じる曲げモーメント $M_x$ を求める（図A）。

$$M_x = M - \frac{M}{l}x$$

③ カステリアーノの定理により，A点でのたわみ角は

$$\theta_A = \int_0^l \frac{M_x}{EI} \cdot \frac{\partial M_x}{\partial M} dx = \frac{1}{EI}\int_0^l \left(M - \frac{M}{l}x\right)\left(1 - \frac{x}{l}\right)dx = \frac{Ml}{3EI}$$

【基本問題 5.3.2】図のように単純梁の中央に集中荷重 $P$ が作用しているときの，梁中央におけるたわみを求めよ。

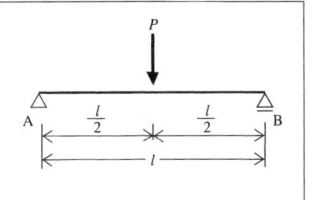

〈解答〉

① 梁中央におけるたわみに対応する荷重は $P$ である。
② 梁に生じる曲げモーメント $M_x$ を求める（図A）。

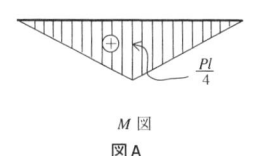

$$M_x = \frac{P}{2}x \quad \left(0 \leq x \leq \frac{l}{2}\right)$$

③ カステリアーノの定理により，梁中央におけるたわみは

$$\varDelta = \int_A^B \frac{M_x}{EI} \cdot \frac{\partial M_x}{\partial P} dx = \frac{2}{EI}\int_0^{\frac{l}{2}} \frac{Px}{2} \cdot \frac{x}{2} dx = \frac{Pl^3}{48EI}$$

【基本問題5.3.3】図のように単純梁に集中荷重 $P$ が作用しているときの，梁のC点でのたわみを求めよ。

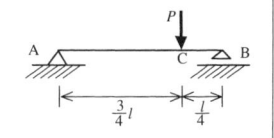

〈解答〉

① 梁のC点におけるたわみに対応する荷重は $P$ である。
② 梁に生じる曲げモーメント $M_x$ を求める（図A）。

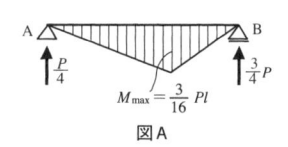

$$A \sim C \left(0 \leq x \leq \frac{3}{4}l\right) : M_x = \frac{P}{4}x$$

$$B \sim C \left(0 \leq x \leq \frac{1}{4}l\right) : M_x = \frac{3}{4}Px$$

③ カステリアーノの定理により，

$$\varDelta_C = \int_A^C \frac{M_x}{EI} \cdot \frac{\partial M_x}{\partial P} dx + \int_B^C \frac{M_x}{EI} \cdot \frac{\partial M_x}{\partial P} dx$$

$$= \frac{1}{EI}\int_0^{\frac{3}{4}l} \frac{P}{4}x \cdot \frac{x}{4} dx + \frac{1}{EI}\int_0^{\frac{1}{4}l} \frac{3}{4}Px \cdot \frac{3}{4}x dx = \frac{3}{256} \cdot \frac{Pl^3}{EI}$$

【基本問題5.3.4】図に示す片持ちラーメンのC点の水平変位を求めよ。

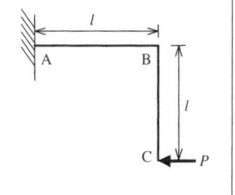

〈解答〉

① C点での水平変位に対応する荷重は $P$ である。
② 曲げモーメント $M_x$ を求める（図A）。

C〜B間：$M_x = Px$

B〜A間：$M_x = Pl$

③ カステリアーノの定理により，

$$\varDelta_C = \int \frac{M}{EI} \frac{\partial M}{\partial P} dx$$

$$= \int_0^l \frac{1}{EI} Px \cdot x dx + \int_0^l \frac{1}{EI} Pl \cdot l dx = \frac{1}{EI} \left[ \frac{P}{3} x^3 + Pl^2 x \right]_0^l$$

$$= \frac{4Pl^3}{3EI}$$

$M$図

図A

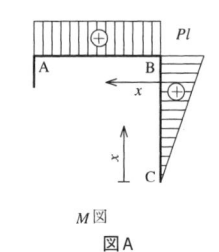

【練習問題5.3.1】 図に示すラーメンのA点にモーメントが作用したとき，D点における水平変位とたわみ角を求めよ。

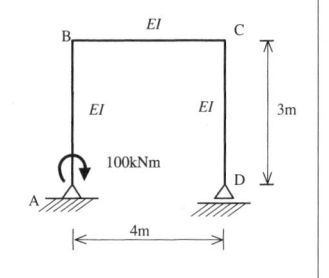

〈解答〉

D点の水平変位

① D点に仮想荷重 $\overline{P}$ を作用させる（図A）。

② 反力を求める。

$\Sigma Y = 0 : V_A = V_D$

$\Sigma X = 0 : H_A = \overline{P}$

$\Sigma M_A = 0 : 100 - 4 V_D = 0 \quad \therefore \quad V_D = V_A = 25\,kN$

③ 各部材に生じる曲げモーメントを求める（図B）。

A〜B間：$M_x = \overline{P} x + 100$

B〜C間：$M_x = -25x + 3\overline{P} + 100$

C〜D間：$M_x = \overline{P}(3-x)$

④ カステリアーノの定理より，

$$\varDelta_D = \int \frac{M}{EI} \frac{\partial M}{\partial \overline{P}} dx$$

$$= \int_0^3 \frac{1}{EI} (\overline{P} x + 100) x dx$$

$$+ \int_0^4 \frac{1}{EI} (-25x + 3\overline{P} + 100) \cdot 3 dx$$

$$+ \int_0^3 \frac{1}{EI} \overline{P}(3-x)(3-x) dx$$

図A

図B

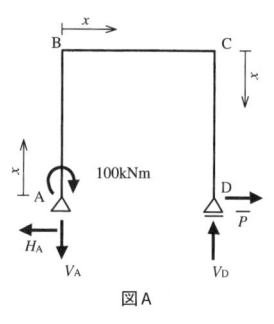

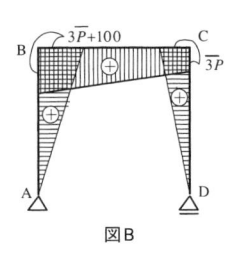

ところで $\overline{P}=0$ であるから，

$$\varDelta_D = \int_0^3 \frac{1}{EI}(100x)\,dx + \int_0^4 \frac{1}{EI}(-75x+300)\,dx$$

$$= \frac{1}{EI}\left[50x^2\right]_0^3 + \frac{1}{EI}\left[-\frac{75}{2}x^2+300x\right]_0^4 = \frac{1050}{EI}$$

D点のたわみ角

① D点に仮想モーメント $\overline{M}$ を作用させる（図C）。
② 反力を求める。

$\sum Y = 0 : V_A = V_D$

$\sum M_A = 0 : 100 - 4V_D - \overline{M} = 0$

$\therefore V_D = V_A = \frac{1}{4}(100 - \overline{M})$

③ 各部材に生じる曲げモーメントを求める（図D）。

A～B間：$M = 100$

B～C間：$M = 100 - \frac{1}{4}(100 - \overline{M})x$

C～D間：$M = \overline{M}$

④ カステリアーノの定理より，

$$\theta_D = \int \frac{M}{EI}\frac{\partial M}{\partial \overline{M}}dx$$

$$= \int_0^4 \frac{1}{EI}\left\{100 - \frac{1}{4}(100 - \overline{M})x\right\}\left(\frac{1}{4}x\right)dx + \int_0^3 \frac{1}{EI}(\overline{M})(1)\,dx$$

ところで $\overline{M}=0$ であるから，

$$\theta_D = \int_0^4 \frac{1}{EI}\left(25x - \frac{25}{4}x^2\right)dx = \frac{1}{EI}\left[\frac{25}{2}x^2 - \frac{25}{12}x^3\right]_0^4 = \frac{200}{3EI}$$

【練習問題5.3.2】図に示すラーメンのD点における水平変位とたわみ角を求めよ。

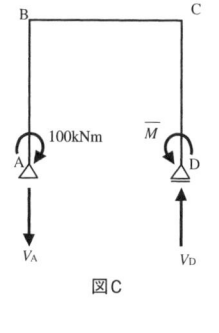

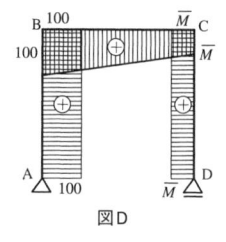

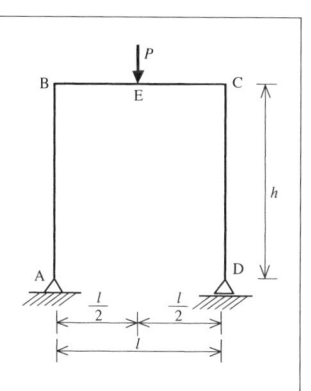

〈解答〉

D点の水平変位
① D点に仮想荷重 $\overline{P}$ を作用させる（図A）。
② 反力を求める。

$\sum X = 0 : H_A = \overline{P}$

$\sum Y = 0 : V_A + V_D = P$

$\sum M_A = 0 : -lV_D + P\dfrac{l}{2} = 0$

$\therefore \ V_D = V_A = \dfrac{P}{2}$

③ 各部材に生じる曲げモーメントを求める。

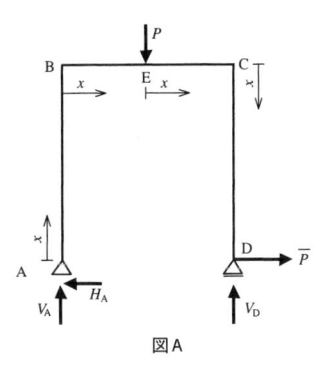

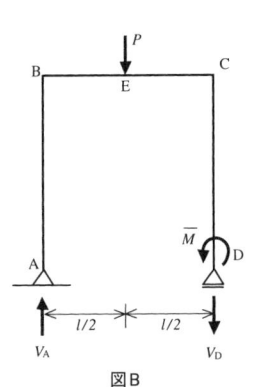

A～B間：$M_x = \overline{P}x$

B～E間：$M_x = \dfrac{P}{2}x + \overline{P}h$

E～C間：$M_x = -Px + \left(\dfrac{l}{2}+x\right)\dfrac{P}{2} + \overline{P}h$

C～D間：$M_x = \overline{P}(h-x)$

④ カステリアーノの定理より，

$\Delta_D = \displaystyle\int \dfrac{M}{EI}\dfrac{\partial M}{\partial \overline{P}}dx$

$= \displaystyle\int_0^h \dfrac{1}{EI}(\overline{P}x)\,x\,dx + \int_0^{\frac{l}{2}} \dfrac{1}{EI}\left(\dfrac{P}{2}x + \overline{P}h\right)h\,dx + \int_0^{\frac{l}{2}} \dfrac{1}{EI}\left\{-Px + \left(\dfrac{l}{2}+x\right)\dfrac{P}{2}\right.$

$\left. + \overline{P}h\right\}h\,dx + \displaystyle\int_0^h \dfrac{1}{EI}\overline{P}(h-x)(h-x)\,dx$

ところで $\overline{P} = 0$ であるから，

$\Delta_D = \displaystyle\int_0^{\frac{l}{2}} \dfrac{1}{EI}\left(\dfrac{P}{2}x\right)h\,dx + \int_0^{\frac{l}{2}} \dfrac{1}{EI}\left\{-Px + \left(\dfrac{l}{2}+x\right)\dfrac{P}{2}\right\}h\,dx$

$= \dfrac{1}{EI}\left[\dfrac{Ph}{4}x^2\right]_0^{\frac{l}{2}} + \dfrac{1}{EI}\left[\dfrac{Plh}{4}x - \dfrac{Ph}{4}x^2\right]_0^{\frac{l}{2}} = \dfrac{Phl^2}{8EI}$

D点のたわみ角
① D点に仮想モーメント $\overline{M}$ を作用させる（図B）。
② 反力を求める。

$\sum Y = 0 : V_A - V_D = P$

$\sum M_A = 0 : P\dfrac{l}{2} - \overline{M} + lV_D = 0$

$\therefore \ V_D = \dfrac{\overline{M}}{l} - \dfrac{P}{2}, \quad V_A = \dfrac{\overline{M}}{l} + \dfrac{P}{2}$

③ 各部材に生じる曲げモーメントを求める（図C）。

A～B間：$M_x = 0$

B〜E間：$M_x = \dfrac{\overline{M}}{l}x + \dfrac{P}{2}x$

E〜C間：$M_x = -Px + \dfrac{\overline{M}}{2} + \dfrac{Pl}{4} + \dfrac{\overline{M}}{l}x + \dfrac{P}{2}x$

C〜D間：$M_x = \overline{M}$

④ カステリアーノの定理より，

$$\theta_D = \int \dfrac{M}{EI}\dfrac{\partial M}{\partial \overline{M}}dx$$

$$= \int_0^{\frac{l}{2}} \dfrac{1}{EI}\left(\dfrac{\overline{M}}{l}x + \dfrac{P}{2}x\right)\left(\dfrac{x}{l}\right)dx$$

$$+ \int_0^{\frac{l}{2}} \dfrac{1}{EI}\left(-\dfrac{P}{2}x + \dfrac{\overline{M}}{2} + \dfrac{Pl}{4} + \dfrac{\overline{M}}{l}x\right)$$

$$\times \left(\dfrac{1}{2} + \dfrac{x}{l}\right)dx + \int_0^h \dfrac{1}{EI}(\overline{M})(1)\,dx$$

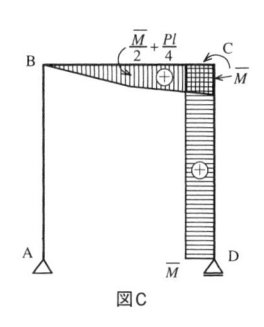

ところで $\overline{M} = 0$ より，

$$\theta_D = \int_0^{\frac{l}{2}} \dfrac{1}{EI}\left(\dfrac{P}{2l}x^2\right)dx + \int_0^{\frac{l}{2}} \dfrac{1}{EI}\left(-\dfrac{P}{4}x - \dfrac{P}{2l}x^2 + \dfrac{Pl}{8} + \dfrac{P}{4}x\right)dx$$

$$= \dfrac{1}{EI}\left[\dfrac{P}{6l}x^3 - \dfrac{P}{8}x^2 - \dfrac{P}{6l}x^3 + \dfrac{Pl}{8}x + \dfrac{P}{8}x^2\right]_0^{\frac{l}{2}} = \dfrac{Pl^2}{16EI}$$

図C

---

【練習問題5.3.3】図に示すラーメンのD点の水平変位を求めよ。ただし，軸方向力によるエネルギーは考慮しない。

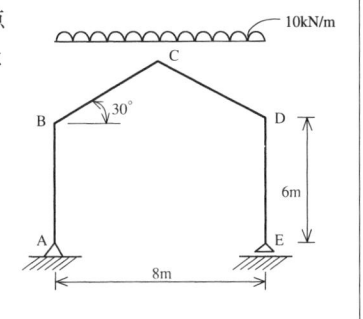

---

〈解答〉

① D点に仮想荷重 $\overline{P}$ を作用させる（図A）。

② 反力を求める。

$\Sigma X = 0 : H_A = \overline{P}$

$\Sigma Y = 0 : V_A + V_E = 80$

$\Sigma M_A = 0 : 80 \times 4 - 8V_E + 6\overline{P} = 0$

∴ $V_E = 40 + \dfrac{3}{4}\overline{P}$, $V_A = 40 - \dfrac{3}{4}\overline{P}$

③ 各部材に生じる曲げモーメントを求める（図B）。

図A　　　　　　　　　図B

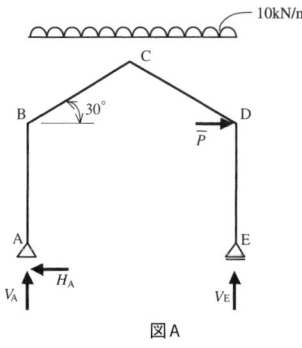

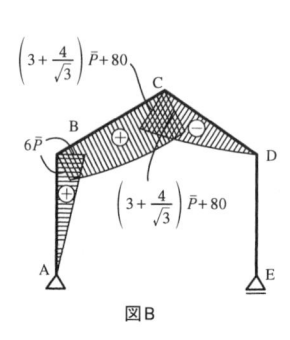

A～B間：$M_x = \overline{P}x$

B～C間：$M_x = \left(40 - \dfrac{3}{4}\overline{P}\right)x + \left(6 + \dfrac{x}{\sqrt{3}}\right)\overline{P} - 5x^2$

D～C間：$M_x = -\overline{P}\cdot\dfrac{x}{\sqrt{3}} - \left(40 + \dfrac{3}{4}\overline{P}\right)x + 5x^2$

E～D間：$M_x = 0$

④　カステリアーノの定理より，D点での水平変位は

$$\varDelta_D = \int \dfrac{M}{EI}\dfrac{\partial M}{\partial \overline{P}}dx$$

$$= \int_0^6 \dfrac{1}{EI}\overline{P}x\cdot x\,dx$$

$$+ \int_0^4 \dfrac{1}{EI}\left\{\left(40 - \dfrac{3}{4}\overline{P}\right)x + \left(6 + \dfrac{x}{\sqrt{3}}\right)\overline{P} - 5x^2\right\}\left(-\dfrac{3}{4}x + 6 + \dfrac{x}{\sqrt{3}}\right)dx$$

$$+ \int_0^4 \dfrac{1}{EI}\left\{-\dfrac{x}{\sqrt{3}}\overline{P} - \left(40 + \dfrac{3}{4}\overline{P}\right)x + 5x^2\right\}\left(-\dfrac{x}{\sqrt{3}} - \dfrac{3}{4}x\right)dx$$

ところで $\overline{P} = 0$ であるから，

$$\varDelta_D = \int_0^4 \dfrac{1}{EI}(40x - 5x^2)\left(-\dfrac{3}{4}x + 6 + \dfrac{x}{\sqrt{3}}\right)dx + \int_0^4 \dfrac{1}{EI}(-40x + 5x^2)\left(-\dfrac{x}{\sqrt{3}} - \dfrac{3}{4}x\right)dx$$

$$= \int_0^4 \dfrac{1}{EI}\left\{-\dfrac{10}{\sqrt{3}}x^3 + \left(\dfrac{80}{\sqrt{3}} - 30\right)x^2 + 240x\right\}dx$$

$$= \dfrac{1}{EI}\left[-\dfrac{10}{4\sqrt{3}}x^4 + \left(\dfrac{80}{3\sqrt{3}} - 10\right)x^3 + 120x^2\right]_0^4$$

$$= \dfrac{1}{EI}\left(\dfrac{3200}{9}\sqrt{3} + 1280\right)$$

第5章 静定構造の変形　127

【練習問題5.3.4】図に示すラーメンのE点の水平変位を求めよ。

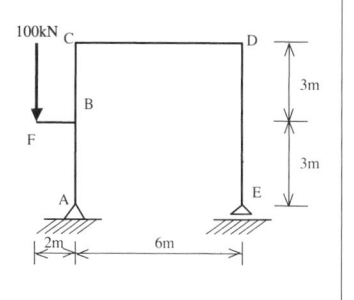

〈解答〉
① E点に仮想荷重 $\overline{P}$ を作用させる（図A）。
② 反力を求める。
　　$\Sigma X=0 : H_A=\overline{P}$
　　$\Sigma Y=0 : V_A-V_E=100$ kN
　　$\Sigma M_A=0 : -200+6V_E=0$
　　∴ $V_E=\dfrac{100}{3}$, $V_A=\dfrac{400}{3}$

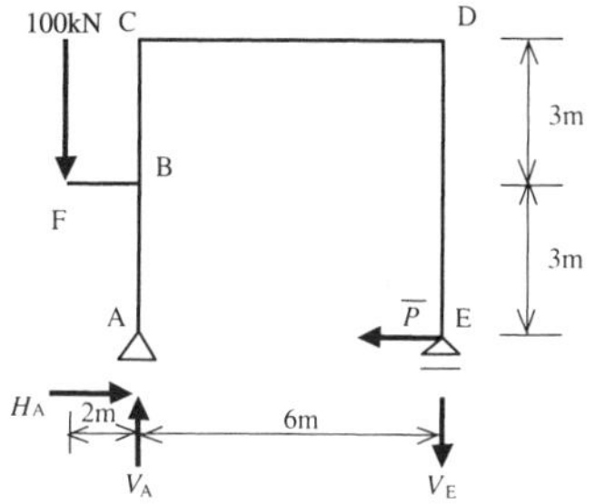

③ 各部材に生じる曲げモーメントを求める（図B）。
　　A〜B間：$M=-\overline{P}x$
　　B〜C間：$M=-\overline{P}(x+3)-200$
　　C〜D間：$M=\dfrac{100}{3}x-200-6\overline{P}$
　　D〜E間：$M=-\overline{P}(6-x)$
　　F〜B間：$M=-100x$

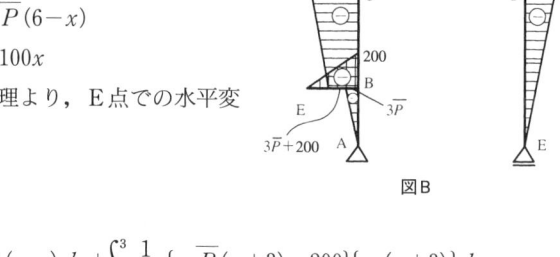

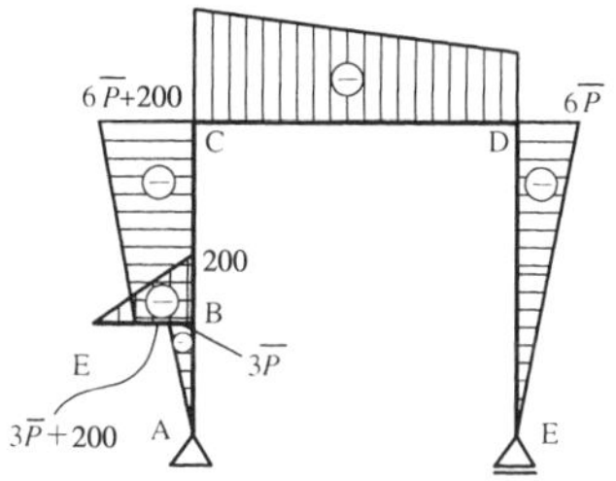

④ カステリアーノの定理より，E点での水平変位は

$$\Delta_E=\int \dfrac{M}{EI}\dfrac{\partial M}{\partial \overline{P}}dx$$

$$=\int_0^3 \dfrac{1}{EI}(-\overline{P}x)(-x)dx+\int_0^3 \dfrac{1}{EI}\{-\overline{P}(x+3)-200\}\{-(x+3)\}dx$$

$$+\int_0^6 \dfrac{1}{EI}\left\{\dfrac{100}{3}x-200-6\overline{P}\right\}(-6)dx+\int_0^6 \dfrac{1}{EI}\{-\overline{P}(6-x)\}\{-(6-x)\}dx$$

ところで $\overline{P}=0$ なので，

$$\Delta_E=\int_0^3 \dfrac{1}{EI}(200x+600)dx+\int_0^6 \dfrac{1}{EI}(-200x+1200)dx=\dfrac{6300}{EI}$$

【練習問題5.3.5】図に示すラーメンのD点における水平変位を求めよ。

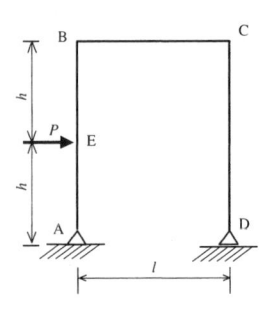

〈解答〉

① D点に仮想荷重 $\overline{P}$ を作用させる（図A）。
② 反力を求める。

$\Sigma X = 0 : H_A = P + \overline{P}$

$\Sigma M_A = 0 : Ph - V_D l = 0 \quad \therefore \quad V_D = \dfrac{Ph}{l}$

$\Sigma Y = 0 : V_A = V_D = \dfrac{Ph}{l}$

③ 各部材に生じる曲げモーメントを求める（図B）。

A〜E間：$M_x = (P + \overline{P}) x$

E〜B間：$M_x = \overline{P} x + (P + \overline{P}) h$

B〜C間：$M_x = (Ph + 2\overline{P} h) - \dfrac{Ph}{l} x$

D〜C間：$M_x = -\overline{P} x$

④ カステリアーノの定理より、D点での水平変位は、

$\Delta_D = \displaystyle\int \dfrac{M}{EI} \dfrac{\partial M}{\partial \overline{P}} dx$

$= \dfrac{1}{EI} \left[ \displaystyle\int_0^h (P + \overline{P}) x \cdot x\, dx + \int_0^h \{\overline{P} x + (P + \overline{P}) h\}(x + h)\, dx \right.$

$\left. + \displaystyle\int_0^l \left\{ (Ph + 2\overline{P} h) - \dfrac{Ph}{l} x \right\} (2h)\, dx + \int_0^{2h} (-\overline{P} x)(-x)\, dx \right]$

ところで $\overline{P} = 0$ であるので、

$\Delta_D = \dfrac{Ph^2}{6EI}(11h + 6l)$

図A

図B

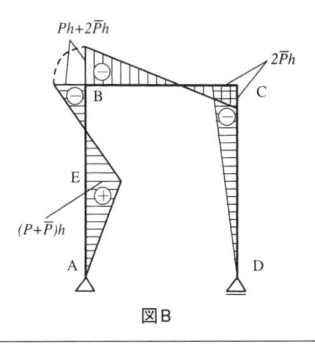

【練習問題5.3.6】図に示すラーメンのC点の水平変位を求めよ。

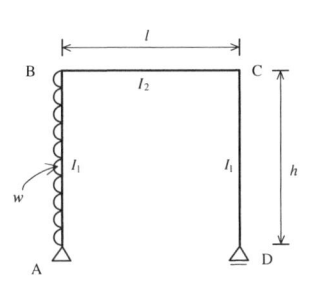

〈解答〉
① C点に仮想荷重 $\overline{P}$ を作用させる（図A）。
② 反力を求める。

　　$\sum X = 0 : H_A = wh + \overline{P}$

　　$\sum M_A = 0 : wh \cdot \dfrac{h}{2} + \overline{P}h - V_D l = 0 \quad \therefore \quad V_D = \dfrac{h(wh + 2\overline{P})}{2l}$

　　$\sum Y = 0 : V_A = V_D$

③ 各部材に生じる曲げモーメントを求める（図B）。

　　A〜B間：$M_x = H_A x - \dfrac{w}{2}x^2 = (wh + \overline{P})x - \dfrac{w}{2}x^2$

　　B〜C間：$M_x = H_A h - \dfrac{w}{2}h^2 - V_A x = \dfrac{h(wh + 2\overline{P})}{2l}(l - x)$

　　D〜C間：$M_x = 0$

④ カステリアーノの定理より，C点での水平変位は，

　　$\Delta_C = \displaystyle\int \dfrac{M}{EI} \dfrac{\partial M}{\partial \overline{P}} dx$

$$= \int_0^h \frac{1}{EI_1}\left\{(wh+\overline{P})x - \frac{w}{2}x^2\right\}xdx + \int_0^l \frac{1}{EI_2}\frac{h(wh+2\overline{P})(l-x)}{2l}\cdot\frac{h(l-x)}{l}dx$$

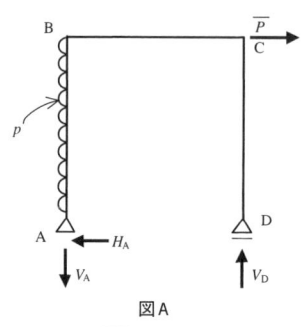

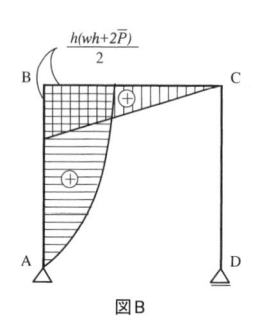

図A　　　　　　　　　　　　　　　　図B

ところで $\overline{P}=0$ であるから，

$$\varDelta_C = \frac{1}{EI_1}\int_0^h \left(whx^2 - \frac{w}{2}x^3\right)dx + \frac{1}{EI_2}\int_0^l \frac{wh^3}{2l^2}(l-x)^2 dx$$

$$= \frac{1}{EI_1}\left(\frac{wh^4}{3} - \frac{wh^4}{8}\right) + \frac{1}{EI_2}\cdot\frac{wh^3 l}{6} = \frac{wh^3}{24E}\left(\frac{5h}{I_1} + \frac{4l}{I_2}\right)$$

【練習問題5.3.7】図に示す片持ちラーメンのC点の水平変位を求めよ。

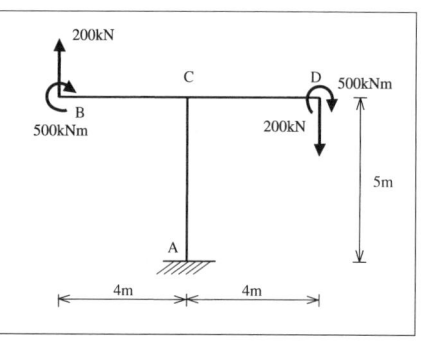

〈解答〉

① C点に仮想荷重 $\overline{P}$ を作用させる（図A）。

② 反力を求める。

　　　$\Sigma X = 0 : H_A = \overline{P}$

　　　$\Sigma Y = 0 : V_A + 200 - 200 = 0$　　∴　$V_A = 0$

　　　$\Sigma M_B = 0 : \overline{P} \times 5 - M_A + 500 + 200 \times 8 + 500 = 0$　　∴　$M_A = 5\overline{P} + 2600$

③ 各部材に生じる曲げモーメントを求める（図B）。

　　　A～C間：$M_x = -5\overline{P} - 2600 + \overline{P}x = (x-5)\overline{P} - 2600$

　　　B～C間：$M_x = 500 + 200x$

　　　D～C間：$M_x = 500 + 200x$

④ カステリアーノの定理より，C点での水平変位は，

$$\varDelta_\mathrm{C}=\int\frac{M}{EI}\frac{\partial M}{\partial \overline{P}}dx=\int_0^5\frac{1}{EI}\{(x-5)\overline{P}-2600\}(x-5)\,dx$$

ところで $\overline{P}=0$ であるから，

$$\varDelta_\mathrm{C}=\frac{-2600}{EI}\int_0^5(x-5)\,dx=\frac{-2600}{EI}\left[\frac{x^2}{2}-5x\right]_0^5=\frac{-2600}{EI}\left(\frac{25}{2}-25\right)=\frac{32500}{EI}$$

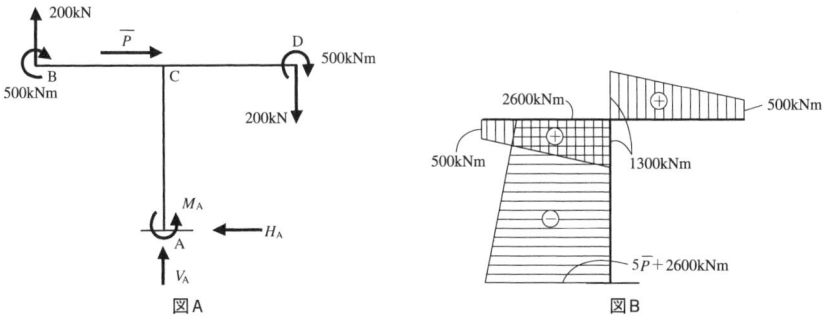

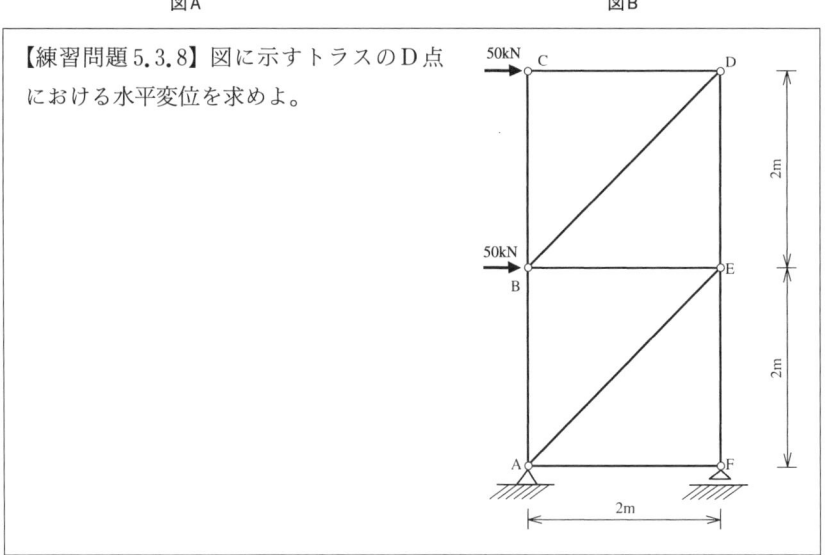

図A

図B

【練習問題 5.3.8】図に示すトラスのD点における水平変位を求めよ。

〈解答〉

① D点に水平方向の仮想荷重 $\overline{P}$ を加えた場合の応力 $N$ を求める（図A）。

反力：

$\Sigma M_\mathrm{A}=0 : 100+200+4\overline{P}-2V_\mathrm{F}=0$

$\Sigma Y=0 : V_\mathrm{A}=V_\mathrm{F}=150+2\overline{P}$

$\Sigma X=0 : H_\mathrm{A}=100+\overline{P}$

② $\overline{N} = \dfrac{\partial N}{\partial P}$ を求める。

③ ①と②の結果を表にまとめ $\Sigma N\overline{N}l$ を求める。

| 部材 | 部材長 | $N$ | $\overline{N}$ | $N\overline{N}l$ |
|---|---|---|---|---|
| AB | 2 | $\overline{P}+50$ | 1 | $2(\overline{P}+50)$ |
| AE | $2\sqrt{2}$ | $\sqrt{2}(100+\overline{P})$ | $\sqrt{2}$ | $4\sqrt{2}(100+\overline{P})$ |
| BC | 2 | 0 | 0 | 0 |
| BD | $2\sqrt{2}$ | $\sqrt{2}(50+\overline{P})$ | $\sqrt{2}$ | $4\sqrt{2}(50+\overline{P})$ |
| BE | 2 | $-(100+\overline{P})$ | $-1$ | $2(100+P)$ |
| CD | 2 | $-50$ | 0 | 0 |
| DE | 2 | $-(\overline{P}+50)$ | $-1$ | $2(\overline{P}+50)$ |
| EF | 2 | $-(150+2\overline{P})$ | $-2$ | $4(150+2\overline{P})$ |
| AF | 2 | 0 | 0 | 0 |
| Σ |  |  |  | $1000+600\sqrt{2}+(14+8\sqrt{2})\overline{P}$ |

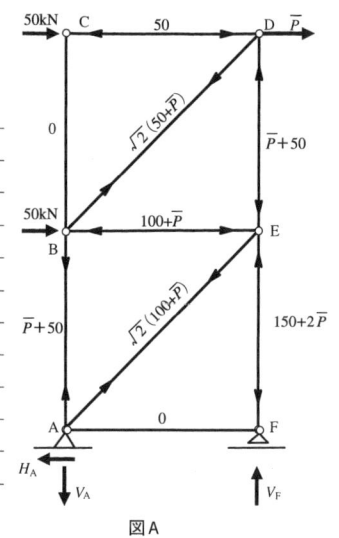

④ $\overline{P}=0$ より,D点での水平変位は,

$\varDelta_\mathrm{D} = (1000+600\sqrt{2})/EA$

図A

【練習問題 5.3.9】図に示すトラスの頂点Bにおける水平変位と垂直変位を求めよ。

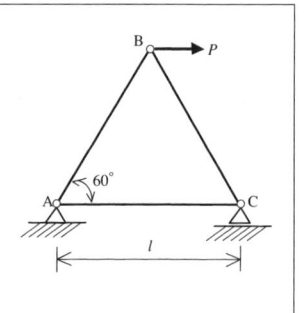

〈解答〉

① B点に水平方向の荷重$P$に対する応力 $N_h$ を求める(図A)。

反力:

$\Sigma X = 0 : H_\mathrm{A} = P$

$\Sigma Y = 0 : V_\mathrm{A} + V_\mathrm{C} = 0$

$\Sigma M_\mathrm{C} = 0 : V_\mathrm{A} l + \dfrac{\sqrt{3}}{2} Pl = 0$

$\therefore V_\mathrm{A} = -\dfrac{\sqrt{3}}{2}P, \ V_\mathrm{C} = \dfrac{\sqrt{3}}{2}P$

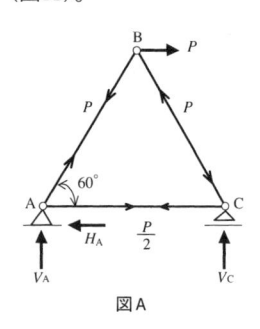

② B点に垂直方向の仮想荷重 $\overline{P}$ を加えた場合の応力 $N_v$ を求める(図B)。

反力:

図A

$\Sigma X = 0 : H_A = \overline{P}$

$\Sigma Y = 0 : V_A + V_C = \overline{P}$

$\Sigma M_C = 0 : V_A l - \overline{P} \cdot \dfrac{l}{2} + P \cdot \dfrac{\sqrt{3}}{2} l = 0$

$\therefore V_A = \dfrac{\overline{P}}{2} - \dfrac{\sqrt{3}}{2} P, \quad V_C = \dfrac{\sqrt{3}}{2} P + \dfrac{\overline{P}}{2}$

③ $\overline{N}_h = \dfrac{\partial N_h}{\partial \overline{P}}$ と $\overline{N}_v = \dfrac{\partial N_v}{\partial \overline{P}}$ を求める。

④ 以上の結果を表にまとめて $\Sigma N \overline{N} l$ を求める。

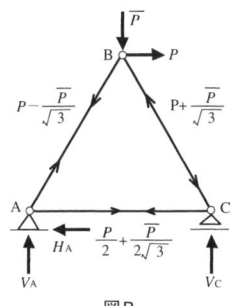

図B

| 部材 | 部材長 | $N_h$ | $\overline{N}_h$ | $N_v$ | $\overline{N}_v$ | $N_h \overline{N}_h l$ | $N_v \overline{N}_v l$ |
|---|---|---|---|---|---|---|---|
| AB | $l$ | $P$ | $1$ | $P - \dfrac{\overline{P}}{\sqrt{3}}$ | $-\dfrac{1}{\sqrt{3}}$ | $Pl$ | $\left(P - \dfrac{\overline{P}}{\sqrt{3}}\right)\left(-\dfrac{1}{\sqrt{3}}\right)l$ |
| BC | $l$ | $-P$ | $-1$ | $-\left(P + \dfrac{\overline{P}}{\sqrt{3}}\right)$ | $-\dfrac{1}{\sqrt{3}}$ | $Pl$ | $\left(P + \dfrac{\overline{P}}{\sqrt{3}}\right)\left(\dfrac{1}{\sqrt{3}}\right)l$ |
| AC | $l$ | $\dfrac{P}{2}$ | $\dfrac{1}{2}$ | $\dfrac{P}{2} + \dfrac{\overline{P}}{2\sqrt{3}}$ | $\dfrac{1}{2\sqrt{3}}$ | $\dfrac{1}{4}Pl$ | $\left(\dfrac{P}{2} + \dfrac{\overline{P}}{2\sqrt{3}}\right)\left(\dfrac{1}{2\sqrt{3}}\right)l$ |
| Σ | | | | | | $\dfrac{9}{4}Pl$ | $\left(\dfrac{\overline{P}}{12} + \dfrac{\sqrt{3}}{12}P\right)l$ |

⑤ $\overline{P} = 0$ より,B点における垂直変位と水平変位はそれぞれ,

$\Delta_v = \dfrac{\sqrt{3} Pl}{12EA}$

$\Delta_h = \dfrac{9Pl}{4EA}$

## 5.4 仮想仕事法

仮想仕事法もカステリアーノの定理とともにエネルギー法に属し,梁,トラス,およびラーメンの変形を求めるのに有効である。まず仮想仕事の原理を説明し,これに基づいて構造物の変形を求める方法を学ぼう。

【基礎知識 5.4.1:仮想仕事の原理】

構造物に外力 $P$ が作用したとき,作用点の外力 $P$ と同じ向きの変位を $\Delta$ とし,その釣合い状態にさらに外力 $P$ 以外の原因によってさらに変位 $\overline{\Delta}$ が外力 $P$ と同じ向きに生じたとする(図5.4.1)。このときの変位 $\overline{\Delta}$ を仮想変位といい,外

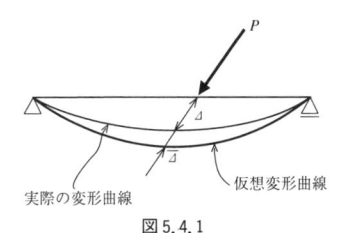

図5.4.1

力$P$による仮想仕事 $\overline{W_e}$ は以下のように与えられる。

$$\overline{W_e} = P \cdot \overline{\Delta} \tag{5.4.1a}$$

一方，仮想変位が生じたことにより構造物の内部の応力も仕事をする。この内力の仮想仕事 $\overline{W_i}$ と外力の仮想仕事の間には以下の関係が成立する。

$$\overline{W_e} = \overline{W_i} \tag{5.4.1b}$$

これを仮想仕事の原理という。

【基礎知識 5.4.2：仮想仕事法による変形計算】
　仮想仕事の原理に基づいて，構造物の変形を求める手順を要約する。
① 実際の荷重により各部材に生じる応力を，3章に示した方法により求める。
② 求めようとする変形の方向に単位荷重を作用させ，それによって生じる応力を再び3章に示した方法により求める。
③ ①と②の結果を，以下に示す式に代入することにより，単位荷重を作用させた点の荷重と同じ方向の変形 $\Delta$ を求める。

・トラスの場合

$$\Delta = \sum \frac{nNl}{EA} \tag{5.4.2a}$$

ここに，$n$ は単位荷重による軸方向応力，$N$ は実際の荷重による軸方向応力，$l$ は部材長，$E$ はヤング係数，$A$ は部材の断面積，$\sum$ はトラスを構成する全部材についての総和をとることを示している。

・梁およびラーメンの場合

$$\Delta = \int \frac{mM}{EI} dx \tag{5.4.2b}$$

ここに，$m$ は単位荷重による曲げモーメント，$M$ は実際の荷重による曲げモーメント，$E$ はヤング係数，$I$ は中立軸に関する断面2次モーメントである。

【基本問題 5.4.1】等分布荷重 $w$ を受ける片持ち梁の自由端のたわみとたわみ角を求めよ。

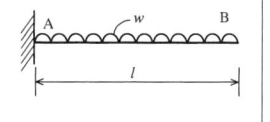

〈解答〉
① 実際の荷重による曲げモーメント分布（図A）。

　　B～A間：$M_x = \dfrac{wx^2}{2}$

② 頂部での垂直方向単位力による曲げモーメント分布（図B）。

　　B～A間：$m_x = x$

図A

図B

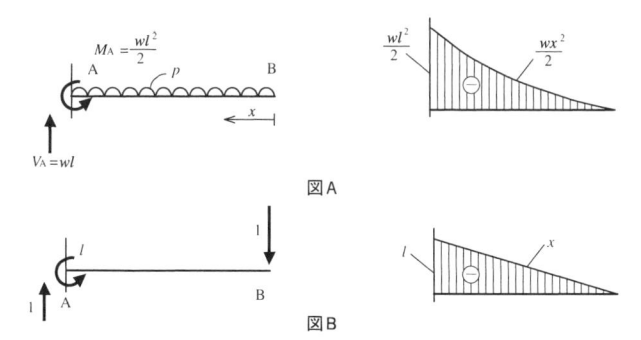

③ 頂部での単位モーメントによる曲げモーメント分布（図C）。

B～A間：$m_x=1$

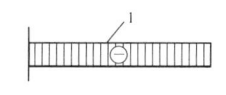

図C

④ たわみを求める。

$$\Delta_v = \frac{1}{EI}\int m_x M_x dx$$

$$= \int_0^l \frac{1}{EI}\frac{wx^2}{2}\cdot x dx$$

$$= \frac{w}{2EI}\int_0^l x^3 dx$$

$$= \frac{wl^4}{8EI}$$

⑤ たわみ角を求める。

$$\Delta_\theta = \frac{1}{EI}\int m_x M_x dx = \int_0^l \frac{1}{EI}\frac{wx^2}{2}\cdot 1 dx = \frac{w}{2EI}\int_0^l x^2 dx = \frac{wl^3}{6EI}$$

【基本問題 5.4.2】部材の断面剛性はすべて $EA$ であるとして，図のトラスのD点における変位を求めよ。

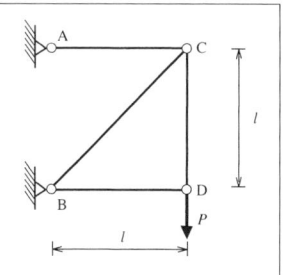

〈解答〉

① 実際の荷重$P$によるトラスの応力$N$を求める（図A）。
② D点に垂直方向の単位力を加えた場合の応力 $n_v$ を求める（図B）。

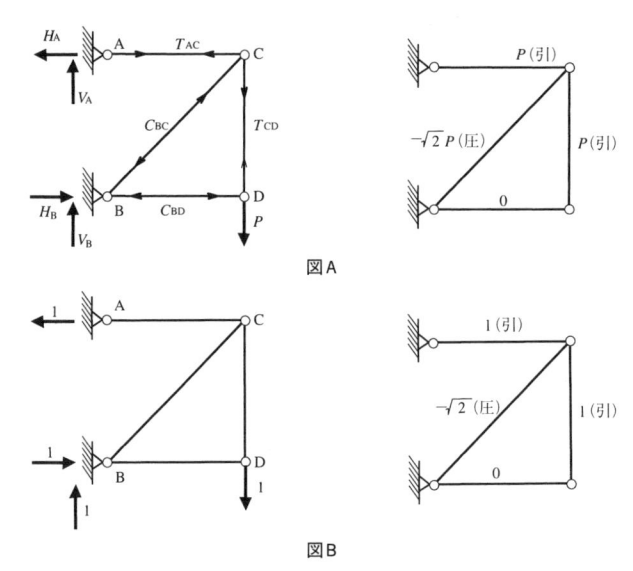

図A

図B

③ D点に水平方向の単位力を加えた場合の応力 $n_h$ を求める（図C）。

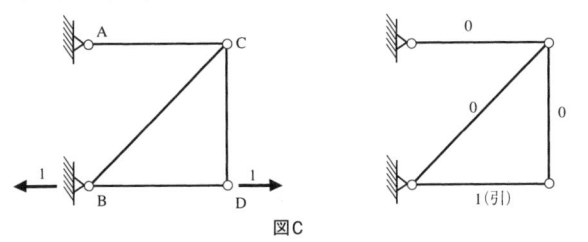

図C

④ $n_v Nl$ および $n_h Nl$ を部材ごとに計算して変位を求める。

$$\varDelta = \sum nNl/EA$$

以上の結果を表にまとめる。

| 部材 | 部材長 | $N$ | $n_v$ | $n_h$ | $n_v Nl$ | $n_h Nl$ |
|---|---|---|---|---|---|---|
| AC | $l$ | $P$ | 1 | 0 | $Pl$ | 0 |
| BD | $l$ | 0 | 0 | 1 | 0 | 0 |
| CD | $l$ | $P$ | 1 | 0 | $Pl$ | 0 |
| BC | $\sqrt{2}\,l$ | $-\sqrt{2}\,P$ | $-\sqrt{2}$ | 0 | $2\sqrt{2}\,Pl$ | 0 |
| $\Sigma$ | | | | | $2(1+\sqrt{2})Pl$ | 0 |

したがって，$\varDelta_v = 2(1+\sqrt{2})Pl/EA$, $\qquad \varDelta_h = 0$

**【基本問題5.4.3】** 図に示す静定トラスのC点に垂直荷重$P$が作用するとき、C点の垂直方向変位を求めよ。トラスの各部材は$EA=$一定とする。

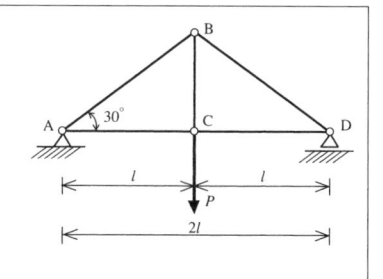

〈解答〉

① 実際の荷重$P$によるトラスの応力$N$を求める（図A）。

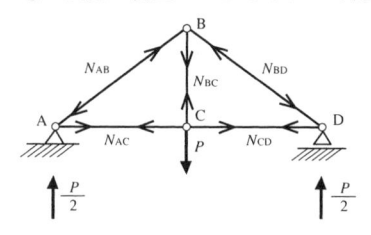

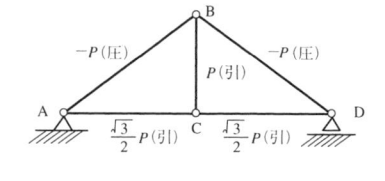

図A

$$N_{BC}=P, \quad N_{AB}=N_{BD}=-P, \quad N_{AC}=N_{CD}=\frac{\sqrt{3}}{2}P$$

② C点に垂直方向の単位力を加えた場合の応力$n_v$を求める（図B）。

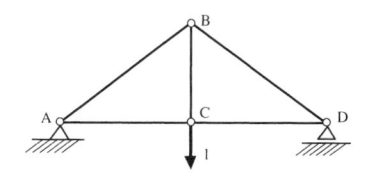

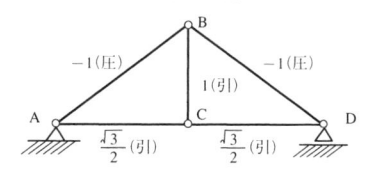

図B

③ 部材ごとに$n_v Nl$を計算して変位を求める。

$$\Delta = \sum n_v Nl/EA$$

以上を表にまとめると次のとおり。

| 部材 | 部材長 | $N$ | $n_v$ | $n_v Nl$ |
|---|---|---|---|---|
| AB | $\dfrac{2l}{\sqrt{3}}$ | $-P$ | $-1$ | $\dfrac{2Pl}{\sqrt{3}}$ |
| BC | $\dfrac{l}{\sqrt{3}}$ | $P$ | $1$ | $\dfrac{Pl}{\sqrt{3}}$ |
| BD | $\dfrac{2l}{\sqrt{3}}$ | $-P$ | $-1$ | $\dfrac{2Pl}{\sqrt{3}}$ |
| AC | $l$ | $\dfrac{\sqrt{3}}{2}P$ | $\dfrac{\sqrt{3}}{2}$ | $\dfrac{3Pl}{4}$ |
| CD | $l$ | $\dfrac{\sqrt{3}}{2}P$ | $\dfrac{\sqrt{3}}{2}$ | $\dfrac{3Pl}{4}$ |
| Σ |  |  |  | $\dfrac{10\sqrt{3}+9}{6}Pl$ |

したがって垂直方向変位は，　　$\Delta_v = \dfrac{10\sqrt{3}+9}{6} Pl/EA$

【練習問題5.4.1】図に示す静定トラスのD点における鉛直変位を求めよ。トラスの各部材は $EA=$ 一定とする。

〈解答〉

① 実際の荷重によるトラスの応力$N$を求める（図A）。

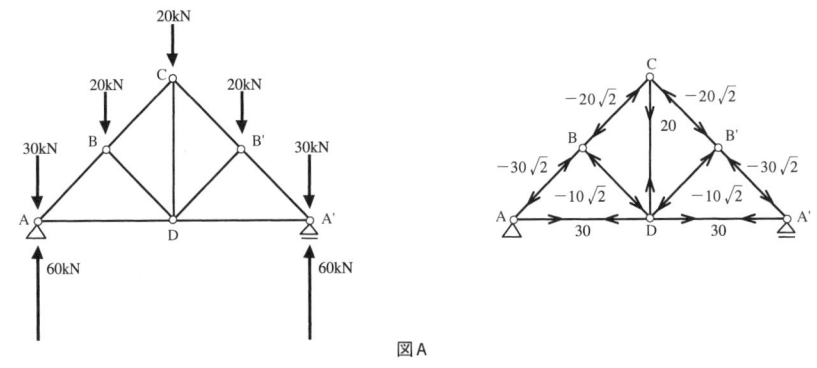

図A

② D点に垂直方向の単位力を加えた場合の応力 $n_v$ を求める（図B）。

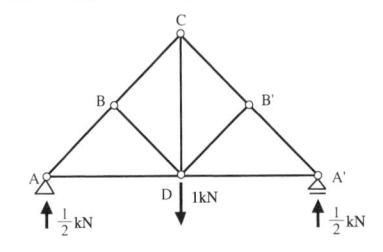

図B

③ 各部材ごとに $n_v Nl$ を計算して変位を求める。

$$\Delta = \sum n_v Nl / EA$$

以上を表にまとめると右表のとおり。

したがってD点での鉛直変位は，

$$\Delta_v = (200\sqrt{2}+200)/EA$$

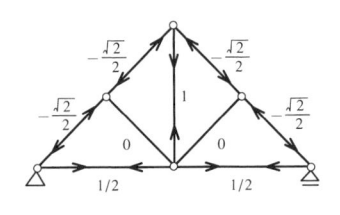

| 部材 | 部材長 | $N$ | $n_v$ | $n_v Nl$ |
|---|---|---|---|---|
| AB | $2\sqrt{2}$ | $-30\sqrt{2}$ | $-\sqrt{2}/2$ | $60\sqrt{2}$ |
| BC | $2\sqrt{2}$ | $-20\sqrt{2}$ | $-\sqrt{2}/2$ | $40\sqrt{2}$ |
| BD | $2\sqrt{2}$ | $-10\sqrt{2}$ | 0 | 0 |
| AD | 4 | 30 | 1/2 | 60 |
| CD | 4 | 20 | 1 | 80 |
| A'B' | $2\sqrt{2}$ | $-30\sqrt{2}$ | $-\sqrt{2}/2$ | $60\sqrt{2}$ |
| B'C' | $2\sqrt{2}$ | $-20\sqrt{2}$ | $-\sqrt{2}/2$ | $40\sqrt{2}$ |
| B'D | $2\sqrt{2}$ | $-10\sqrt{2}$ | 0 | 0 |
| A'D | 4 | 30 | 1/2 | 60 |
| Σ | | | | $200\sqrt{2}+200$ |

【練習問題 5.4.2】部材の断面剛性はすべて $EA$ であるとして，図のトラスの G 点における鉛直変位を求めよ。

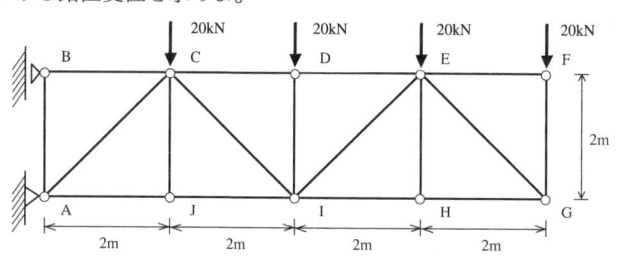

〈解答〉

① 実際の荷重によるトラスの応力 $N$ を求める（図A）。
② G 点に垂直方向の単位力を加えた場合の応力 $n_v$ を求める（図B）。
③ 各部材ごとに $n_v N l$ を計算して変位を求める。

$\Delta = n_v N l / EA$

以上の結果を表にまとめる。

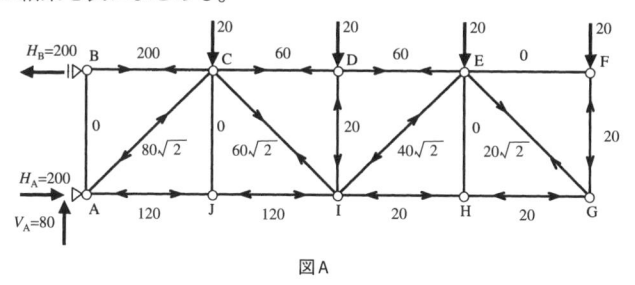

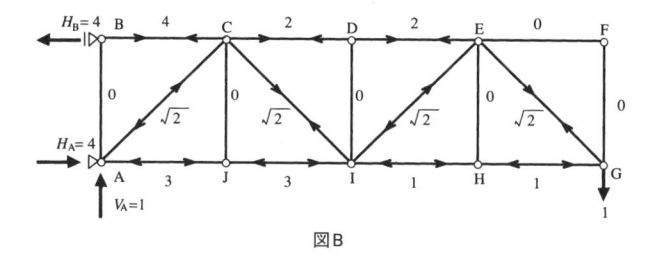

図A

図B

| 部材 | 部材長 | $N$ | $n_v$ | $n_v N l$ |
|---|---|---|---|---|
| FG | 2 | $-20$ | 0 | 0 |
| FE | 2 | 0 | 0 | 0 |
| EG | $2\sqrt{2}$ | $20\sqrt{2}$ | $\sqrt{2}$ | $80\sqrt{2}$ |
| GH | 2 | $-20$ | $-1$ | 40 |
| EH | 2 | 0 | 0 | 0 |
| DE | 2 | 60 | 2 | 240 |
| EI | $2\sqrt{2}$ | $-40\sqrt{2}$ | $-\sqrt{2}$ | $160\sqrt{2}$ |
| HI | 2 | $-20$ | $-1$ | 40 |
| DI | 2 | $-20$ | 0 | 0 |
| CD | 2 | 60 | 2 | 240 |
| CI | $2\sqrt{2}$ | $60\sqrt{2}$ | $\sqrt{2}$ | $240\sqrt{2}$ |
| IJ | 2 | $-120$ | $-3$ | 720 |
| CJ | 2 | 0 | 0 | 0 |
| BC | 2 | 200 | 4 | 1600 |
| AC | $2\sqrt{2}$ | $-80\sqrt{2}$ | $-\sqrt{2}$ | $320\sqrt{2}$ |
| AJ | 2 | $-120$ | $-3$ | 720 |
| AB | 2 | 0 | 0 | 0 |
| Σ |  |  |  | $800\sqrt{2}+3600$ |

したがってG点の鉛直変位は， $\varDelta_G = \dfrac{1}{EA}(800\sqrt{2}+3600)$

【練習問題5.4.3】図に示すトラスのD点における水平変位を仮想仕事法により求めよ。

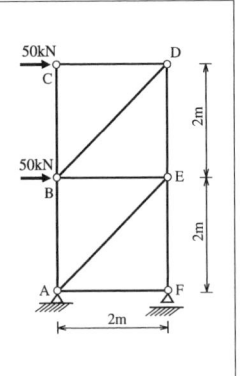

〈解答〉

① 実際の荷重によるトラスの応力$N$を求める（図A）。
② D点に水平方向の単位力を加えた場合の応力を求める（図B）。
③ 各部材ごとに $nNl$ を計算して変位を求める。

$\varDelta = \Sigma nNl/EA$

以上の結果を表にまとめる。

第5章 静定構造の変形　141

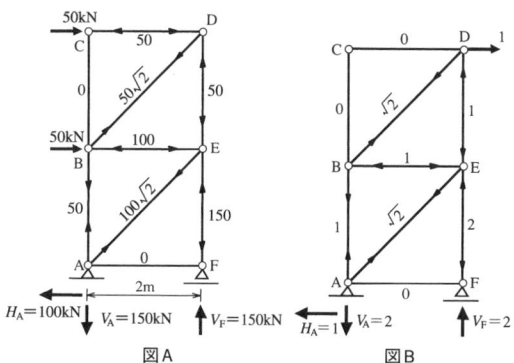

| 部材 | $l$ | $N$ | $n$ | $nNl$ |
|---|---|---|---|---|
| AB | 2 | 50 | 1 | 100 |
| AE | $2\sqrt{2}$ | $100\sqrt{2}$ | $\sqrt{2}$ | $400\sqrt{2}$ |
| AF | 2 | 0 | 0 | 0 |
| BC | 2 | 0 | 0 | 0 |
| BD | $2\sqrt{2}$ | $50\sqrt{2}$ | $\sqrt{2}$ | $200\sqrt{2}$ |
| BE | 2 | $-100$ | $-1$ | 200 |
| CD | 2 | $-50$ | 0 | 0 |
| DE | 2 | $-50$ | $-1$ | 100 |
| EF | 2 | $-150$ | $-2$ | 600 |
| Σ | | | | $1000+600\sqrt{2}$ |

図A　図B

したがってD点における水平変位は，$\varDelta_D=(1000+600\sqrt{2})/EA$

【練習問題5.4.4】B点にモーメントを受ける片持ち梁のA点の鉛直変位を仮想仕事法により求めよ。$EI=$一定とする。

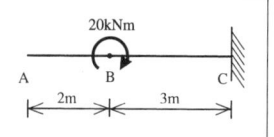

〈解答〉

① 実際の荷重による曲げモーメント分布（図A）。
　　A〜C間：$M_x=0$　$(0\leq x\leq 2)$
　　$M_x=20$　$(2\leq x\leq 5)$

図A

② 頂部での鉛直方向単位力による曲げモーメント分布。
　　A〜C間：$m_x=x$　$(0\leq x\leq 5)$

図B

③ A点での変位を求める。

$$\varDelta_A=\int\frac{M_x m_x}{EI}dx=\int_0^2\frac{1}{EI}0\cdot xdx+\int_2^5\frac{1}{EI}20\cdot xdx=\frac{1}{EI}\left[10x^2\right]_2^5=\frac{210}{EI}$$

【練習問題5.4.5】等分布荷重 $w$ を受ける静定ラーメンのD点の水平変位を仮想仕事法により求めよ。$EI=$一定とする。

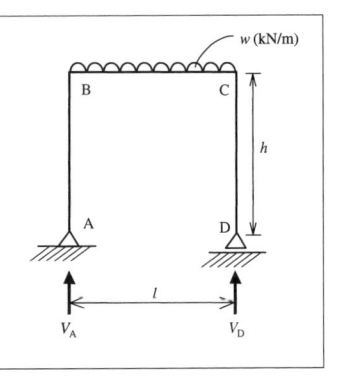

〈解答〉

① 実際の荷重による曲げモーメント分布（図A）。

　　A～B間：$M_x=0$

　　B～C間：$M_x=-\dfrac{w}{2}x^2+\dfrac{wl}{2}x$

　　D～C間：$M_x=0$

② D点に水平方向の単位力を加えた場合の曲げモーメント分布（図B）。

　　A～B間：$m_x=x$

　　B～C間：$m_x=h$

　　D～C間：$m_x=-x$

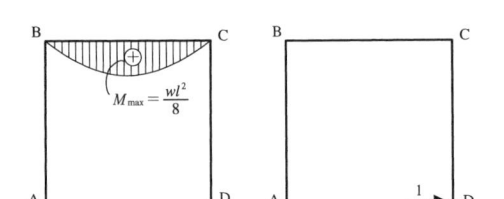

図A　　図B

$M_{\max}=\dfrac{wl^2}{8}$

③ D点での水平変位を求める。

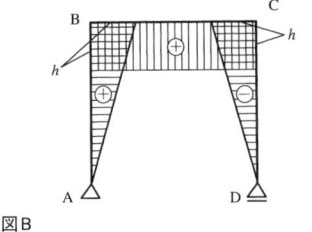

$$\varDelta_D=\int\dfrac{M_x m_x}{EI}dx=\int_0^l\dfrac{1}{EI}\left(-\dfrac{w}{2}x^2+\dfrac{wl}{2}x\right)hdx$$

$$=\dfrac{1}{EI}\left[-\dfrac{wh}{6}x^3+\dfrac{wlh}{4}x^2\right]_0^l$$

$$=\dfrac{whl^3}{12EI}$$

【練習問題5.4.6】D点における水平変位を仮想仕事法により求めよ。

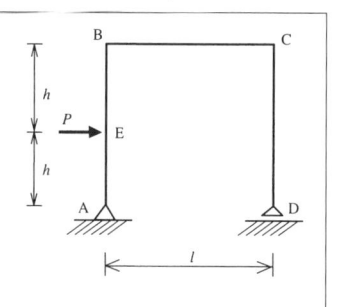

〈解答〉

① 実際の荷重による曲げモーメント分布（図A）。

　　A〜E間：$M_x = Px$

　　E〜B間：$M_x = Ph$

　　C〜B間：$M_x = -\dfrac{Ph}{l}x$

　　D〜C間：$M_x = 0$

② D点に単位荷重1を作用させた場合の曲げモーメント分布（図B）。

　　A〜E間：$m_x = x$

　　E〜B間：$m_x = h + x$

　　C〜B間：$m_x = -2h$

　　D〜C間：$m_x = -x$

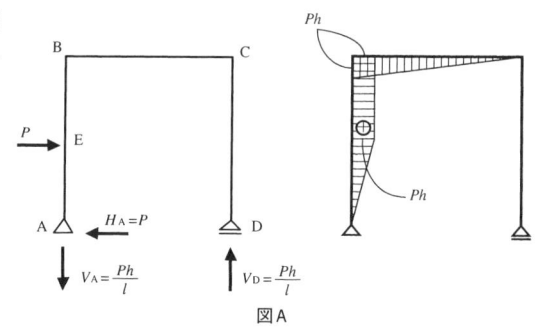

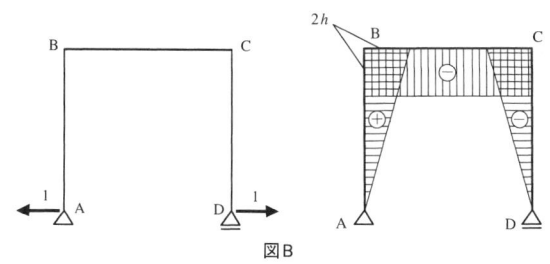

③ D点での水平変位を求める。

$$\varDelta_D = \dfrac{1}{EI}\int m_x M_x dx = \dfrac{1}{EI}\left\{\int_0^h Px \cdot x dx + \int_0^h (h+x)\cdot Ph dx + \int_0^l 2h \cdot P\dfrac{h}{l}x dx\right\}$$

$$= \dfrac{Ph^2}{6EI}(11h + 6l)$$

【練習問題 5.4.7】C 点の水平変位を仮想仕事法により求めよ。

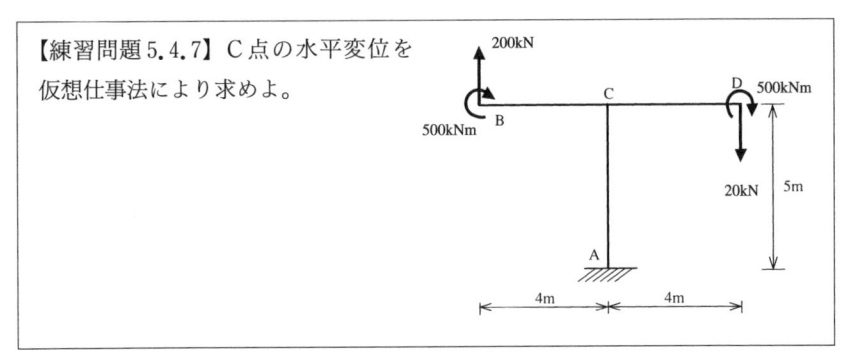

〈解答〉

① 実際の荷重による曲げモーメント分布（図A）。

　　A〜C間：$M_x = -2600$

　　B〜C間：$M_x = 500 + 200x$

　　D〜C間：$M_x = 500 + 200x$

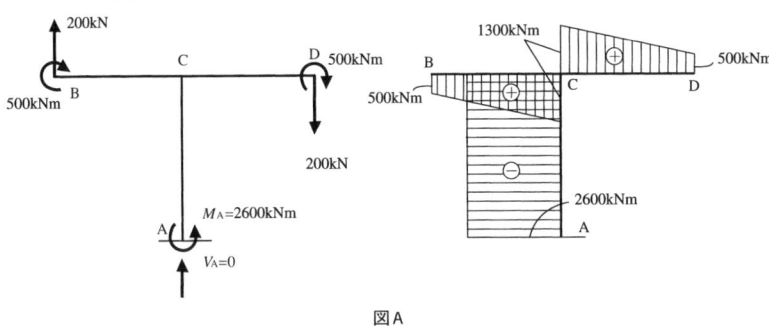

図A

② C 点に水平方向単位荷重 1 kN を作用させた場合の曲げモーメント分布（図B）。

　　A〜C間：$m_x = -5 + x$

　　B〜C間：$m_x = 0$

　　D〜C間：$m_x = 0$

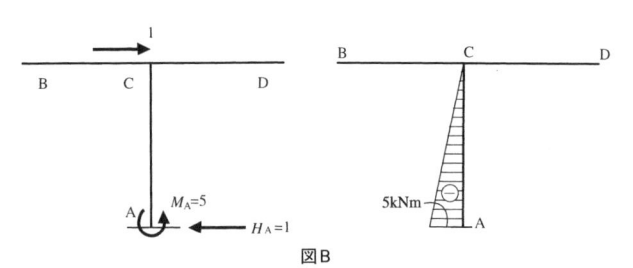

図B

③ C 点での水平変位を求める。

$$\Delta_C = \frac{1}{EI}\int m_x M_x dx = \frac{1}{EI}\int_0^5 (x-5)(-2600)dx = \frac{-2600}{EI}\left[\frac{x^2}{2} - 5x\right]_0^5$$

$$= \frac{-2600}{EI}\left(\frac{25}{2} - 25\right) = \frac{32500}{EI}$$

【練習問題 5.4.8】頂点 B における鉛直変位と水平変位を仮想仕事法により求めよ。

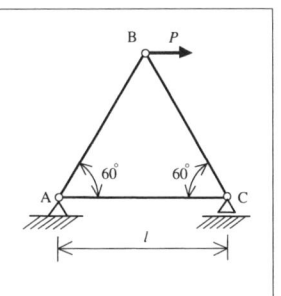

〈解答〉
① 実際の荷重によるトラスの応力 $N$ を求める。
② B 点に鉛直方向の単位力を加えた場合の応力 $n_v$ を求める（図 B）。
③ B 点に水平方向の単位力を加えた場合の応力 $n_h$ を求める（図 C）。

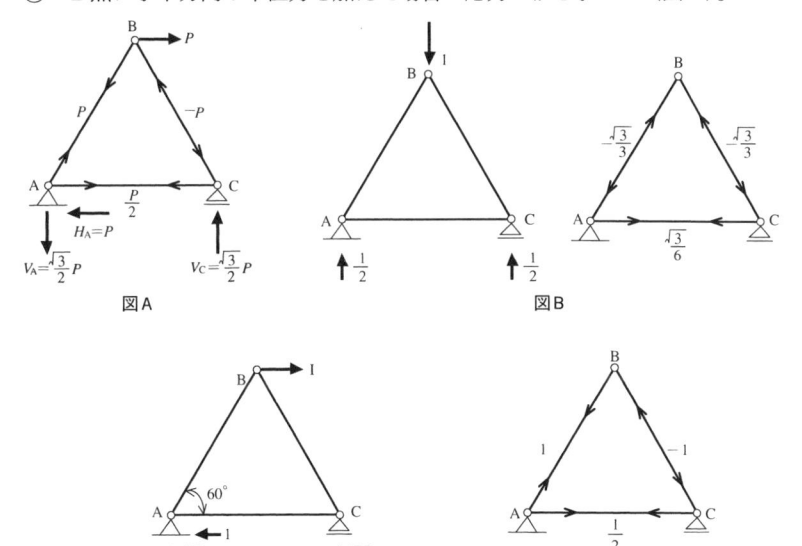

④ 各部材ごとに $n_v NL$ および $n_h NL$ を計算して変位を求める。

$$\Delta = \sum nNL/EA$$

以上の結果を表にまとめる。

| 部材 | 部材長 | $N$ | $n_v$ | $n_h$ | $n_v NL$ | $n_h NL$ |
|---|---|---|---|---|---|---|
| AB | $l$ | $P$ | $-\dfrac{\sqrt{3}}{3}$ | $1$ | $-\dfrac{\sqrt{3}}{3}Pl$ | $Pl$ |
| BC | $l$ | $-P$ | $-\dfrac{\sqrt{3}}{3}$ | $-1$ | $\dfrac{\sqrt{3}}{3}Pl$ | $Pl$ |
| CA | $l$ | $\dfrac{P}{2}$ | $\dfrac{\sqrt{3}}{6}$ | $\dfrac{1}{2}$ | $\dfrac{\sqrt{3}}{12}Pl$ | $\dfrac{P}{4}l$ |
| Σ | | | | | $\dfrac{\sqrt{3}}{12}Pl$ | $\dfrac{9}{4}Pl$ |

したがって，B点での鉛直変位と水平変位はそれぞれ，

$$\varDelta_v = \frac{\sqrt{3}}{12}Pl/EA, \qquad \varDelta_h = \frac{9}{4}Pl/EA$$

# 第6章　不静定構造と応力法

　不静定構造の応力と変形を求めるには，力の釣合い式に加えて構造物の変形状態を考慮しなければならない。前章で学んだ静定構造の変形を求めるために用いた各手法，すなわち弾性曲線法，モールの定理，仮想仕事法，およびカステリアーノの定理は応力法により不静定構造を解く際も利用できる。本章で扱う応力法は，部材に生じる応力あるいは支点での反力を未知数に選ぶ解法である。これに対し，次章の変位法では変位あるいは回転角といった変形量が未知数として選ばれる。

## 6.1　不静定梁

　不静定梁の応力算定には，前章で取り上げた弾性曲線法，モールの定理，カステリアーノの定理，および仮想仕事法のすべてを用いることができる。以下に各手法により不静定梁の応力を求める手順を学ぶことにしよう。

### 6.1.(a)　弾性曲線法
【基礎知識 6.1.1：弾性曲線法による不静定梁の解法】
　弾性曲線法による不静定梁の応力算定は以下の手順で進める。
① 　不静定梁の不静定次数を求める（基礎知識 2.4.3）。
② 　不静定次数に等しい数の余剰力を選ぶ（基礎知識 2.4.4）。
③ 　静定基本構造を取り出す（基礎知識 2.4.4）。
④ 　静定基本構造に生じる曲げモーメントを余剰力の関数として表す。
⑤ 　曲げモーメントを弾性曲線法の基礎式に代入し，積分を行ってたわみ角およびたわみを求める（基礎知識 5.1.3 および 5.1.4）。
⑥ 　不静定梁に課される境界条件を用いて変形に関する適合条件式を導き，未知数である積分定数と余剰力を決定する。
⑦ 　得られた余剰力を静定基本構造に作用させて，不静定梁に生じる応力を算定する。

【基本問題6.1.1】図に示す等分布荷重 $w$ を受ける不静定梁を解け。

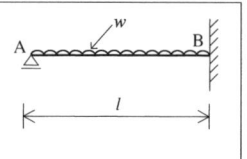

〈解答〉

① 不静定次数を求める。

$r = 4 + 0 - 3 \times 1 = 1$

② A点の支点反力 $V_A$ を余剰力として選ぶ。静定基本構造は図Aのようになる。

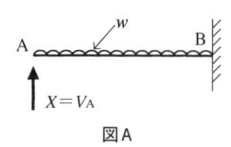

図A

③ 曲げモーメントを求める（図B）。

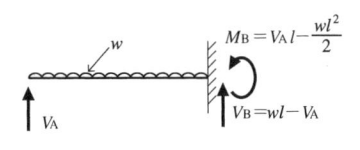

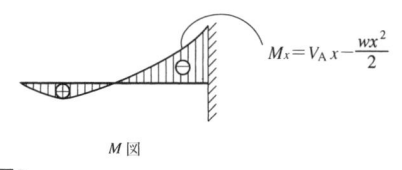

図B

$M$ 図

$M_B = V_A l - \dfrac{wl^2}{2}$

$V_B = wl - V_A$

$M_x = V_A x - \dfrac{wx^2}{2}$

④ 弾性曲線法の基本式は，

$$\dfrac{d^2 y}{dx^2} = -\dfrac{M_x}{EI} = -\dfrac{1}{EI}\left(V_A x - \dfrac{wx^2}{2}\right)$$

⑤ 積分すると，

$$\dfrac{dy}{dx} = -\dfrac{1}{EI}\left(\dfrac{V_A x^2}{2} - \dfrac{wx^3}{6} + C_1\right)$$

$$y = -\dfrac{1}{EI}\left(\dfrac{V_A x^3}{6} - \dfrac{wx^4}{24} + C_1 x + C_2\right)$$

⑥ 境界条件は以下のように与えられる。

$y_{(x=0)} = 0, \quad y_{(x=l)} = 0, \quad \dfrac{dy}{dx}_{(x=l)} = 0$

⑦ 未定係数 $C_1$，$C_2$ および余剰力 $V_A$ は以下のように定まる。

$C_1 = -\dfrac{wl^3}{48}, \quad C_2 = 0, \quad V_A = \dfrac{3wl}{8}$

⑧ 梁全体の応力と変位は次式で与えられる。

$$M_x = \frac{3wl}{8}x - \frac{w}{2}x^2$$

$$Q_x = \frac{3wl}{8} - wx$$

$$y = -\frac{1}{EI}\left(\frac{wl}{16}x^3 - \frac{w}{24}x^4 - \frac{wl^3}{48}x\right)$$

⑨ 応力図を描く（図C）。

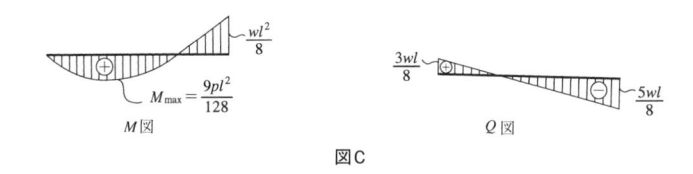

図C

## 6.1.(b) モールの定理

【基礎知識6.1.2：モールの定理による不静定梁の解法】
　モールの定理に基づく不静定梁の応力算定は以下の手順で進める。
① 不静定梁の不静定次数を求める。
② 不静定次数に等しい数の余剰力を選ぶ。
③ 静定基本構造を取り出す。
④ 静定基本構造に生じる曲げモーメントを余剰力の関数として表す。
⑤ 余剰力の作用する点で静定基本構造に生じるたわみあるいはたわみ角を求める（基礎知識5.2.1）。
⑥ 余剰力の作用する点での実際の梁のたわみあるいはたわみ角に関する適合条件式をたてる。
⑦ ⑤を⑥に代入することにより余剰力を決定する。
⑧ 得られた余剰力を静定基本構造に作用させて，不静定梁に生じる応力を算定する。

【基本問題6.1.2】図に示す等分布荷重 $w$ を受ける不静定梁を解け。

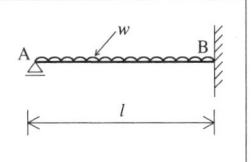

〈解答〉
① 不静定次数を求める。
　　$r = 4 + 0 - 3 \times 1 = 1$

② A点の支点反力 $V_A$ を余剰力として選ぶ．静定基本構造は図Aのようになる．
③ 曲げモーメントを求める（図B）．ここで，$M$図は集中荷重 $V_A$ による曲げモーメントと分布荷重$w$による曲げモーメントとに分けて表してある．

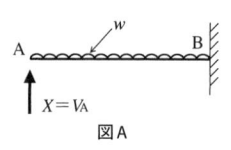

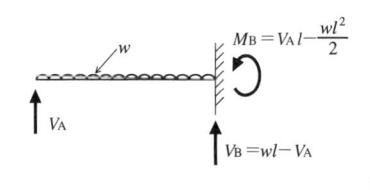

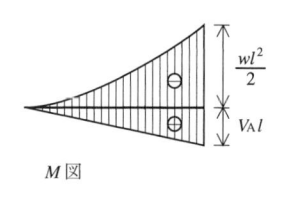

④ 反力 $V_A$ によりA点に生じるたわみ $y_{A1}$ はモールの定理により（基本問題5.2.3），

$$y_{A1} = -\frac{V_A l^3}{3EI}$$

⑤ 等分布荷重$w$によりA点に生じるたわみ $y_{A2}$ はモールの定理により（基本問題5.2.4），

$$y_{A2} = \frac{wl^4}{8EI}$$

⑥ A点の適合条件より，

$$y = y_{A1} + y_{A2} = 0 \quad \therefore \quad V_A = \frac{3}{8}wl$$

⑦ 梁全体の応力は次式で与えられる（応力図は基本問題6.1.1と同じ）．

$$M_x = \frac{3wl}{8}x - \frac{w}{2}x^2$$

$$Q_x = \frac{3wl}{8} - px$$

### 6.1.(c) カステリアーノの定理

【基礎知識6.1.3：カステリアーノの定理に基づく不静定梁の解法】
　カステリアーノの定理に基づく不静定梁の応力算定の手順を示す．
① 不静定梁の不静定次数を求める．
② 不静定次数に等しい数の余剰力を選ぶ．
③ 静定基本構造を取り出す．
④ 静定基本構造に生じる曲げモーメントを余剰力を未知数として表す．
⑤ ひずみエネルギー$U$を求める．

⑥ カステリアーノの定理を用いて余剰力を決定する。
⑦ 得られた余剰力を静定基本構造に作用させて，不静定梁に生じる応力を算定する。

【基本問題6.1.3】図に示す等分布荷重 $w$ を受ける不静定梁を解け。

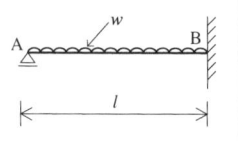

〈解答〉
① 不静定次数を求める。
$r = 4 + 0 - 3 \times 1 = 1$
② A点の支点反力 $V_A$ を余剰力として選ぶ。静定基本構造は図Aのようになる。
③ 余剰力の関数として曲げモーメントを求める。

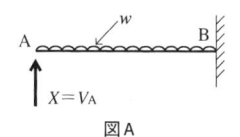

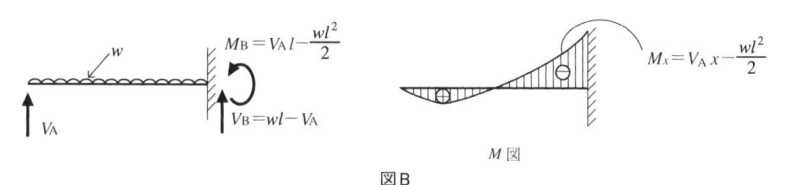

$M_B = V_A l - \dfrac{wl^2}{2}$

$V_B = wl - V_A$

図B

$M_x = V_A x - \dfrac{wl^2}{2}$

M図

④ ひずみエネルギーを計算する。
$$U = \int_0^l \dfrac{M_x^2}{2EI} dx = \dfrac{1}{2EI} \int_0^l \left( V_A x - \dfrac{1}{2} wx^2 \right)^2 dx = \dfrac{1}{2EI} \left( \dfrac{V_A^2 l^3}{3} - \dfrac{wV_A l^4}{4} + \dfrac{w^2 l^5}{20} \right)$$

⑤ カステリアーノの定理を適用する。
$$\Delta_A = \dfrac{\partial U}{\partial V_A} = \dfrac{1}{2EI} \left( \dfrac{2V_A l^3}{3} - \dfrac{wl^4}{4} \right) = 0 \quad \therefore \quad V_A = \dfrac{3}{8} wl$$

⑥ 梁全体の応力を求める（応力図は基本問題6.1.1と同じ）。
$$M_x = \dfrac{3wl}{8} x - \dfrac{w}{2} x^2$$
$$Q_x = \dfrac{3wl}{8} - wx$$

【練習問題6.1.1】図の連続梁をカステリアーノの定理により解け。

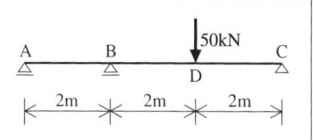

〈解答〉

① 不静定次数を求める。

$r = 4 + 0 - 3 \times 1 = 1$

② 余剰力をA点の鉛直反力 $V_A = X$ に選び，静定基本構造を図Aのように取り出す。

③ 静定基本構造に生じる曲げモーメントを求める（図B）。

A～B間：$M_x = -Xx$

C～D間：$M_x = -\dfrac{1}{2}(50-X)x$

B～D間：$M_x = -2X + \left(\dfrac{X+50}{2}\right)x$

図A

図B

④ ひずみエネルギーを計算する。

$$U = \dfrac{1}{2EI}\int M_x^2 dx$$

$$= \dfrac{1}{2EI}\left\{\int_0^2 (-Xx)^2 dx + \int_0^2 \left\{-\dfrac{1}{2}(50-X)x\right\}^2 dx + \int_0^2 \left\{-2X + \left(\dfrac{X+50}{2}\right)x\right\}^2 dx\right\}$$

$$= \dfrac{1}{2EI}\left(8X^2 - 200X + \dfrac{1000}{3}\right)$$

⑤ カステリアーノの定理を適用する。

$$\varDelta_A = \dfrac{\partial U}{\partial X} = \dfrac{1}{2EI}(16X - 200) = 0 \qquad \therefore\ X = 12.5$$

⑥ 応力図を描く（図C）。

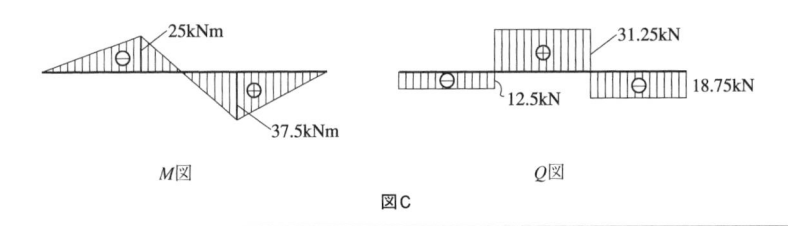

M図　　　　Q図

図C

【練習問題6.1.2】図に示す集中荷重を受ける不静定梁をカステリアーノの定理により解け。

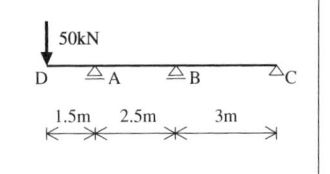

〈解答〉

① 不静定次数を求める。

$r = 4 + 0 - 3 \times 1 = 1$

② 余剰力を点Aの垂直反力 $V_A=X$ として静定基本構造を図Aのようにとる。

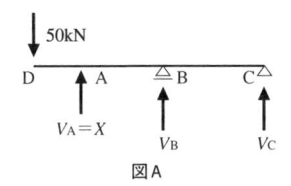

図A

③ 静定基本構造に生じる曲げモーメントを求める。

反力計算：

$\sum Y = 0 : X + V_B + V_C = 50$

$\sum M_C = 0 : -50 \times 7 + X \times 5.5 + V_B \times 3 = 0$

$\therefore V_B = \dfrac{350}{3} - \dfrac{11}{6}X, \qquad V_C = \dfrac{5}{6}X - \dfrac{200}{3}$

応力計算：

D〜A間：$M_x = -50x$

A〜B間：$M_x = -50(1.5+x) + Xx = (X-50)x - 75$

C〜B間：$M_x = -\left(\dfrac{5}{6}X - \dfrac{200}{3}\right)x$

④ ひずみエネルギーを計算する。

$U = \displaystyle\int_0^{1.5} \dfrac{M_x^2}{2EI}dx + \int_0^{2.5} \dfrac{M_x^2}{2EI}dx + \int_0^3 \dfrac{M_x^2}{2EI}dx$

$= \dfrac{1}{2EI}\left\{\displaystyle\int_0^{1.5}(-50x)^2 dx + \int_0^{2.5}[(X-50)x-75]^2 dx + \int_0^3 \left(\dfrac{5}{6}Xx - \dfrac{200}{3}x\right)^2 dx\right\}$

$= \dfrac{1}{2EI}\left(\dfrac{275}{24}X^2 - \dfrac{47750}{24}X + \dfrac{280000}{3}\right)$

⑤ カステリアーノの定理を適用する。

$\varDelta_A = \dfrac{\partial U}{\partial X} = \dfrac{1}{2EI}\left(\dfrac{275}{12}X - \dfrac{4775}{24}\right) = 0$

$\therefore X = \dfrac{47750}{24} \cdot \dfrac{12}{275} = \dfrac{47750}{550} \fallingdotseq 86.82$

⑥ 応力図を描く（図B，C）。

反力計算：

$\sum Y = 0 : 86.82 + V_B + V_C - 50 = 0$

図B

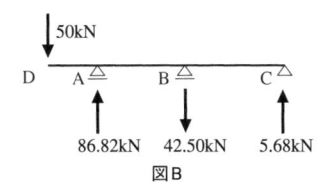

$$\Sigma M_C = 0 : -50 \times 7 + 86.82 \times 5.5 + V_B \times 3 = 0$$
$$\therefore V_B = -42.5 \text{ kN}, \qquad V_C = 5.68 \text{ kN}$$

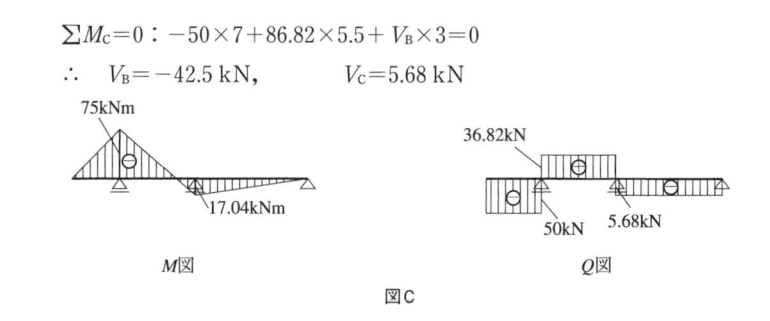

75kNm

17.04kNm

36.82kN

50kN  5.68kN

$M$図     $Q$図

図C

### 6.1.(d) 仮想仕事法

【基礎知識 6.1.4：仮想仕事法による不静定梁の解法】
　仮想仕事法による不静定梁の応力算定の手順を示す。
① 不静定梁の不静定次数を求める。
② 不静定次数の数に等しい余剰力を選ぶ。
③ 静定基本構造を取り出す。
④ 実際の荷重により静定基本構造に生じる曲げモーメントを求める。
⑤ 単位の余剰力を作用させたときの静定基本構造の曲げモーメントを求める。
⑥ 仮想仕事法を適用して，余剰力の作用点での実際の荷重による変形を求める。
⑦ 同様にして，余剰力の作用点での単位荷重による変形を求める。
⑧ 余剰力の作用点で適合条件式をたてることにより余剰力を決定する。
⑨ 得られた余剰力を静定基本構造に作用させて，不静定梁に生じる応力を算定する。

【基本問題 6.1.4】図に示す等分布荷重 $w$ を受ける不静定梁を解け。

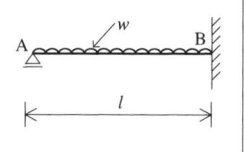

〈解答〉
① 不静定次数を求める。
　　$r = 4 + 0 - 3 \times 1 = 1$
② A点の支点反力 $V_A = X$ を余剰力として選ぶ。静定基本構造は図Aのようになる。
③ 静定基本構造に等分布荷重 $w$ が作用しているときの曲げモーメント $M_x$ を求める（図B）。

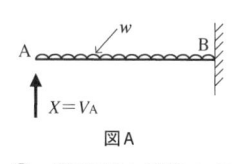

第 6 章 不静定構造と応力法　　155

図A 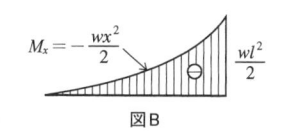　図B 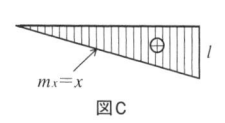　図C

④ 静定基本構造の点Aに単位荷重 $X=1$ が作用した場合の曲げモーメント $m_x$ を求める（図C）。

⑤ 等分布荷重の作用したときのA点の変位 $\Delta_{10}$ を求める。

$$\Delta_{10}=\frac{1}{EI}\int_0^l m_x M_x dx=-\frac{w}{2EI}\int_0^l x^3 dx=-\frac{wl^4}{8EI}$$

⑥ 同様に単位荷重によるA点の変位 $\Delta_{11}$ を求める。

$$\Delta_{11}=\frac{1}{EI}\int_0^l m_x m_x dx=\frac{1}{EI}\int_0^l x^2 dx=\frac{l^3}{3EI}$$

⑦ 点Aにおける不静定梁の適合条件式をたてる。

$$\Delta_{11}X+\Delta_{10}=0$$

⑧ ⑤と⑥を⑦に代入して余剰力を決定する。

$$X=V_A=\frac{3}{8}wl$$

⑨ 梁全体の応力を求める（応力図は基本問題 6.1.1 と同じ）。

$$M_x=\frac{3wl}{8}x-\frac{w}{2}x^2$$

$$Q_x=\frac{3wl}{8}-wx$$

【練習問題 6.1.3】図に示す連続梁を仮想仕事法により解け。

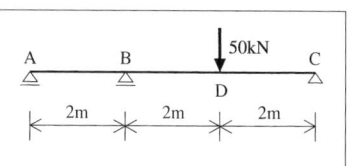

〈解答〉

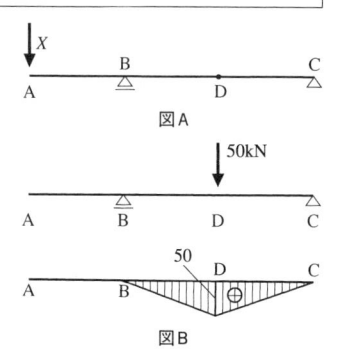

① 不静定次数を求める。

　　$r=4+0-3\times 1=1$

② 余剰力をA点の鉛直反力 $V_A=X$ として，静定基本構造を図Aのように取り出す。

③ 静定基本構造のD点に集中荷重 50 kN が作用している場合の曲げモーメント図を求める（図B）。

　　A～B間：$M_x=0$

B～D間：$M_x = \frac{50}{2}x$

C～D間　$M_x = -\frac{50}{2}x$

④　静定基本構造のA点に単位荷重 $X=1$ が作用した場合の曲げモーメント図を求める（図C）。

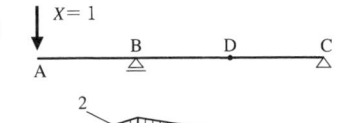

A～B間：$m_x = -x$

B～D間：$m_x = -2 + \frac{1}{2}x$

C～D間：$m_x = \frac{1}{2}x$

⑤　A点における変位を求める。

$$\Delta_{10} = \frac{1}{EI}\int m_x M_x dx$$

$$= \frac{1}{EI}\left\{\int_0^2 \frac{50}{2}x \cdot \left(-2 + \frac{1}{2}x\right)dx + \int_0^2 \left(-\frac{50}{2}x\right) \cdot \frac{1}{2}x dx\right\} = -\frac{100}{EI}$$

$$\Delta_{11} = \frac{1}{EI}\int m_x m_x dx$$

$$= \frac{1}{EI}\left\{\int_0^2 (-x)^2 dx + \int_0^2 \left(-2 + \frac{1}{2}x\right)^2 dx + \int_0^2 \left(\frac{1}{2}x\right)^2 dx\right\} = \frac{8}{EI}$$

⑥　A点における適合条件から余剰力を求める。

$$\Delta_{11}X + \Delta_{10} = 0$$

$$\frac{8}{EI}X - \frac{100}{EI} = 0 \quad \therefore \quad X = 12.5$$

⑦　応力図を描く（図D）。

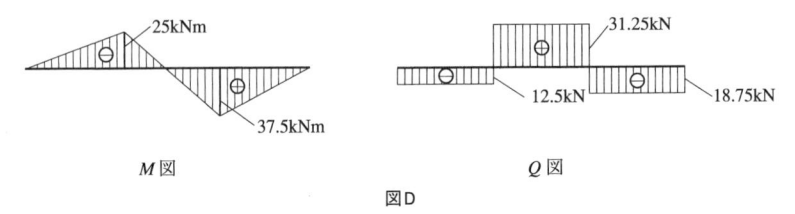

図D

【練習問題6.1.4】図に示す集中荷重を受ける不静定梁を仮想仕事法により解け。

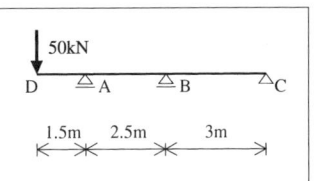

〈解答〉

①　不静定次数を求める。

$r = 4 + 0 - 3 \times 1 = 1$

② 余剰力をA点の垂直反力 $V_A = X$ として静定基本構造を図Aのようにとる。
③ 静定基本構造のD点に 50 kN のみが作用している場合の曲げモーメントを求める(図B)。

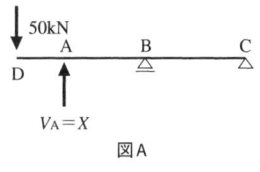

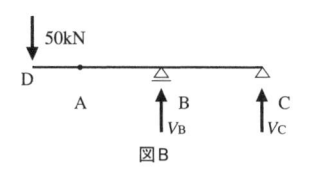

図A　　　　　　　　　　　図B

反力計算：
$\sum Y = 0 : V_B + V_C = 50$
$\sum M_C = 0 : -50 \times 7 + V_B \times 3 = 0 \quad \therefore \quad V_B = \dfrac{350}{3}, \quad V_C = -\dfrac{200}{3}$

応力計算：
D〜A間：$M_x = -50x$
A〜B間：$M_x = -50(1.5 + x) = -75 - 50x$
C〜B間：$M_x = \dfrac{200}{3}x$

④ 静定基本構造のA点に単位荷重 $X = 1$ が作用した場合の曲げモーメントを求める(図C)。

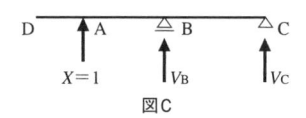

図C

反力計算：
$\sum Y = 0 : V_B + V_C + 1 = 0$
$\sum M_C = 0 : 1 \times 5.5 + V_B \times 3 = 0 \quad \therefore \quad V_B = -\dfrac{11}{6}, \quad V_C = \dfrac{5}{6}$

応力計算：
D〜A間：$m_x = 0$
A〜B間：$m_x = 1 \times x = x$
C〜B間：$m_x = -\dfrac{5}{6}x$

⑤ 集中荷重 50 kN のみが作用したときのA点の変位 $\Delta_{10}$ を求める。

$$\Delta_{10} = \dfrac{1}{EI} \int_0^l m_x M_x dx$$
$$= \dfrac{1}{EI}\left\{ \int_0^{1.5} 0 \cdot (-50x)\, dx + \int_0^{2.5} x \cdot (-75 - 50x)\, dx + \int_0^3 \left(-\dfrac{5}{6}x\right) \cdot \dfrac{200}{3} x\, dx \right\}$$
$$= -\dfrac{1}{EI} \dfrac{23875}{24}$$

⑥ 同様に単位荷重 $X = 1$ が作用したときのA点の変位 $\Delta_{11}$ を求める。

$$\Delta_{11} = \frac{1}{EI} \int_0^l m_x m_x dx$$

$$= \frac{1}{EI} \left\{ \int_0^{1.5} 0^2 dx + \int_0^{2.5} x^2 dx + \int_0^3 \left(-\frac{5}{6}x\right)^2 dx \right\}$$

$$= \frac{1}{EI} \left( \frac{125}{24} + \frac{25}{4} \right) = \frac{125 + 150}{24EI} = \frac{275}{24EI}$$

⑦ A点における適合条件より余剰力を求める。

$$X = -\frac{\Delta_{10}}{\Delta_{11}} = \frac{23875}{24EI} \cdot \frac{24EI}{275} \fallingdotseq 86.5$$

⑧ 応力図を描く（図D，E）。

反力計算：

$\sum Y = 0 : 86.5 + V_B + V_C - 50 = 0$

$\sum M_C = 0 : -50 \times 7 + 86.5 \times 5.5 + 3 \times V_B = 0$

∴　$V_B = -41.9$ kN,　　　$V_C = 5.42$ kN

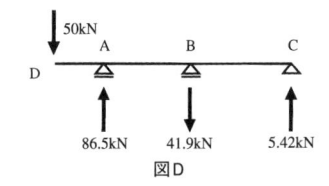

図D

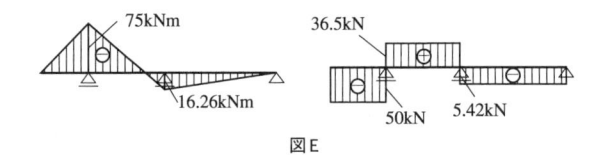

図E

## 6.2 不静定トラス

不静定トラスに生じる応力を求めるには，前章で学んだカステリアーノの定理と仮想仕事法が有効である。静定トラスの変形を求めるに際して利用したこれら2手法を，本節では不静定トラスの応力算定のために用いる。

### 6.2.(a) カステリアーノの定理

【基礎知識 6.2.1：カステリアーノの定理による不静定トラスの解法】
① 不静定トラスの不静定次数を求める。
② 変位が生じない点の反力を余剰力 $R$ に選ぶ。
③ ひずみエネルギー $U$ を余剰力 $R$ により表現する。
④ ひずみエネルギー $U$ を余剰力 $R$ で偏微分し，これを 0 とおく。すなわち，
$$\frac{\partial U}{\partial R}=0$$
⑤ 上式を解いて反力を求める。
⑥ 反力を静定基本構造に作用させて不静定トラスの応力を求める。

【基本問題 6.2.1】図の不静定トラスをカステリアーノの定理により解け。

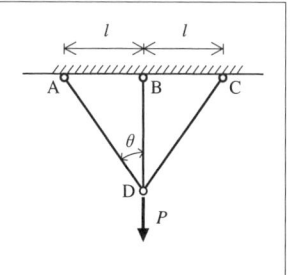

〈解答〉
① 不静定次数を求める。
$$r=6+4-3\times 3=1$$
② B点の反力を余剰力として選ぶ。静定基本構造は図Aのようになる。
③ 各部材応力を求める（図B）。
④ ひずみエネルギーを求める。
$$U=\Sigma\frac{N^2 l}{2EA}=2\times\frac{(P-X)^2}{2EA}\cdot\frac{l}{4\cos^2\theta\sin\theta}+\frac{X^2}{2EA}\cdot\frac{l}{\tan\theta}$$
⑤ カステリアーノの定理を適用する。

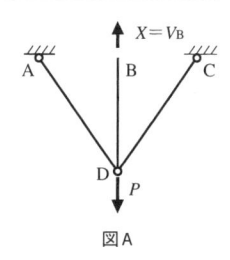

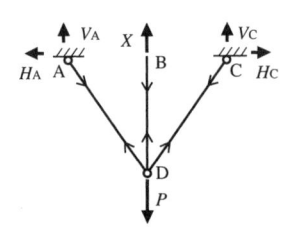

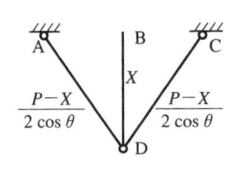

図B

$$\frac{\partial U}{\partial X} = -\frac{P-X}{2EA} \cdot \frac{l}{\cos^2\theta \sin\theta} + \frac{X}{EA} \cdot \frac{l}{\tan\theta} = 0$$

$$\therefore X = \frac{P\tan\theta}{2\sin\theta\cos^2\theta + \tan\theta} = \frac{P}{1+2\cos^3\theta}$$

⑥ 部材応力を求める（図C）。

$$N_{BD} = \frac{P}{1+2\cos^3\theta}, \qquad N_{AD} = N_{CD} = \frac{\cos^2\theta}{1+2\cos^3\theta}P$$

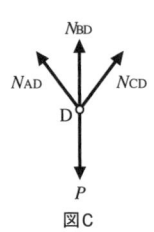

図C

### 6.2.(b) 仮想仕事法

【基礎知識 6.2.2：仮想仕事法による不静定トラスの解法】

仮想仕事法による不静定トラスの応力算定の手順を示す。

① 不静定トラスの不静定次数を求める。
② 支点反力あるいは部材応力を余剰力として選ぶ。
③ 静定基本構造を取り出す。
④ 実際の荷重により静定基本構造に生じる応力を求める。
⑤ 単位の余剰力を作用させたときに静定基本構造に生じる応力を求める。
⑥ 実際の荷重により余剰力の作用点に生じる変位を求める。
⑦ 同様にして，単位荷重による余剰力の作用点での変位を求める。
⑧ 余剰力の作用点で変位に関する適合条件式をたて余剰力を決定する。
⑨ 得られた余剰力を静定基本構造に作用させ，不静定トラスの応力を算定する。

【基本問題 6.2.2】図の不静定トラスを仮想仕事法により解け。

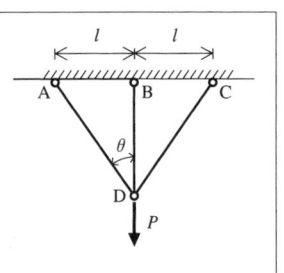

〈解答〉

① 不静定次数を求める。

$r = 6 + 4 - 3 \times 3 = 1$

② B点の反力を余剰力として選ぶ。静定基本構造は図Aのようになる。
③ 荷重$P$により生じる応力を求める（図B）。

$2N_{AD}\cos\theta = P \quad \therefore \quad N_{AD} = N_{CD} = \dfrac{P}{2\cos\theta}$

④ 単位荷重 $X=1$ により生じる応力を求める（図C）。

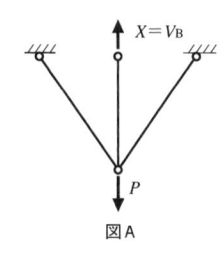

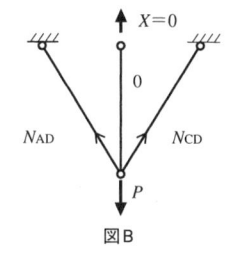

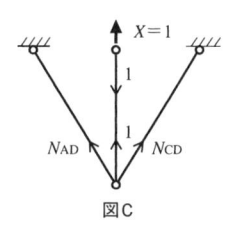

$2N_{AD}\cos\theta + 1 = 0 \quad \therefore \quad N_{AD} = N_{CD} = -\dfrac{1}{2\cos\theta}, \quad N_{BD} = 1$

図A　　　図B　　　図C

⑤ 荷重$P$によりB点に生じる変位 $\Delta_{10}$ を求める。

$\Delta_{10} = \Sigma \dfrac{nNl}{AE} = -\dfrac{1}{AE} \cdot \dfrac{Pl}{2\cos^2\theta\sin\theta}$

⑥ 単位荷重 $X=1$ によりB点に生じる変位 $\Delta_{11}$ を求める。

$\Delta_{11} = \Sigma \dfrac{nnl}{AE} = \dfrac{l}{AE}\left(\dfrac{1}{2\cos^2\theta\sin\theta} + \dfrac{1}{\tan\theta}\right)$

| 部材 | 部材長 | $N$ | $n$ | $nNl$ | $nnl$ |
|---|---|---|---|---|---|
| AD | $\dfrac{l}{\sin\theta}$ | $\dfrac{P}{2\cos\theta}$ | $-\dfrac{1}{2\cos\theta}$ | $\dfrac{-Pl}{4\cos^2\theta\sin\theta}$ | $\dfrac{l}{4\cos^2\theta\sin\theta}$ |
| BD | $\dfrac{l}{\tan\theta}$ | $0$ | $1$ | $0$ | $\dfrac{l}{\tan\theta}$ |
| CD | $\dfrac{l}{\sin\theta}$ | $\dfrac{P}{2\cos\theta}$ | $-\dfrac{1}{2\cos\theta}$ | $\dfrac{-Pl}{4\cos^2\theta\sin\theta}$ | $\dfrac{l}{4\cos^2\theta\sin\theta}$ |

⑦ B点における適合条件式をたてる。

$\Delta_{11}X + \Delta_{10} = 0$

⑧ ⑤と⑥を⑦に代入して余剰力を決定する。

$X = -\dfrac{\Delta_{10}}{\Delta_{11}} = \dfrac{P}{1 + 2\cos^3\theta} = V_B$

⑨ 各部材の応力を算定する（図D）。

$N_{BD} = \dfrac{P}{1 + 2\cos^3\theta}, \quad N_{AD} = N_{CD} = \dfrac{\cos^2\theta}{1 + 2\cos^3\theta}P$

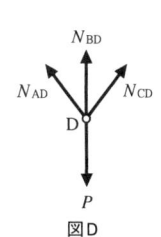

図D

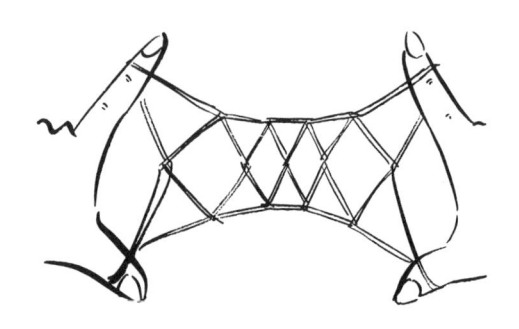

## 6.3 不静定ラーメン

不静定ラーメンの応力算定には 6.2 の不静定トラスを解くのに用いたカステリアーノの定理と仮想仕事法が有効である。各方法による応力算定の手順は，6.1 の不静定梁の場合と全く同じであるので繰り返さない。部材数が多くなるので，その点をどう扱うかという点だけに注目すればよい。

### 6.3.(a) カステリアーノの定理に基づく解法

不静定ラーメンの応力算定は基礎知識 6.1.3 に示した手順に従えばよい。ただし，⑤のひずみエネルギーを計算する際に，ラーメン全部材のひずみエネルギーをそれぞれ求めたうえで加え合わせる必要がある。

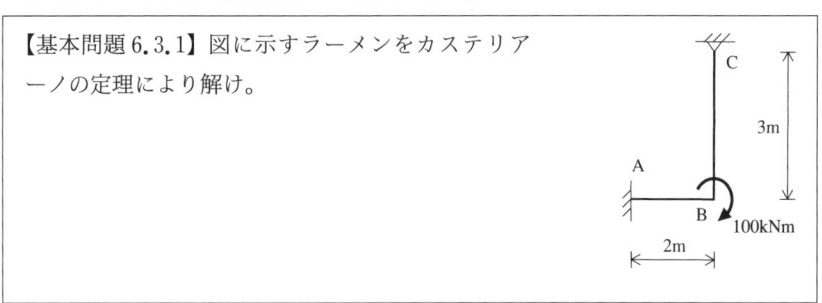

【基本問題 6.3.1】図に示すラーメンをカステリアーノの定理により解け。

〈解答〉

① 不静定次数を求める。
   $r=5+3-3\times2=2$
② 点Cで余剰力 $X$, $Y$ を選び，静定基本構造を図Aのようにとる。
③ 静定基本構造に生ずる曲げモーメントを求める（図B）。
   A～B間：$M_x=-Yx+2Y-3X-100$
   B～C間：$M_x=Xx-3X$

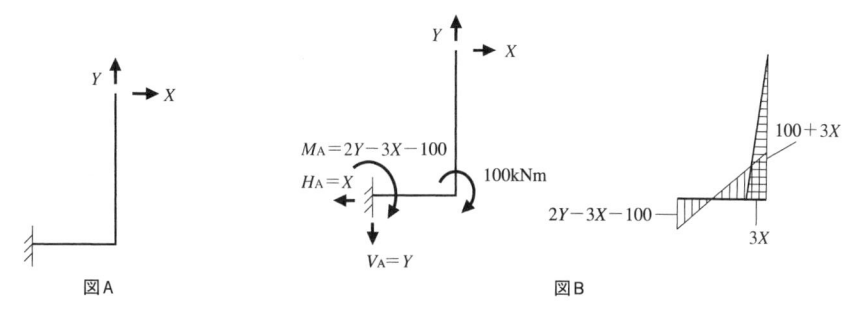

④ ひずみエネルギーを計算する。
$$U=\frac{1}{2EI}\int_0^2(-Yx+2Y-3X-100)^2dx+\frac{1}{2EI}\int_0^3(Xx-3X)^2dx$$
$$=\frac{1}{EI}(13.5X^2+\frac{4}{3}Y^2-6XY-200Y+600X+10000)$$

⑤ カステリアーノの定理を適用する。
$$\Delta_{Ch}=\frac{\partial U}{\partial X}=\frac{1}{EI}(27X-6Y+600)=0$$
$$\Delta_{Cv}=\frac{\partial U}{\partial Y}=\frac{1}{EI}\left(\frac{8}{3}Y-6X-200\right)=0$$
   ∴　$X=-11.1$, $Y=50$

⑥ 曲げモーメントを求める。
   A～B間：$M_x=-50x+33.3$
   B～C間：$M_x=-11.1x+33.3$

⑦ 曲げモーメント図を描く（図C）。

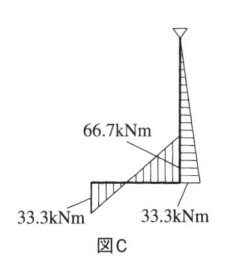

【基本問題 6.3.2】図に示す不静定ラーメンをカステリアーノの定理により解け。

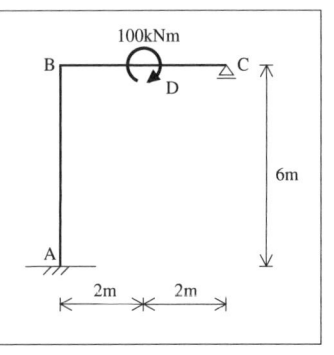

〈解答〉

① 不静定次数を求める。
   $r = 4 + 3 - 3 \times 2 = 1$

② 余剰力をC点の鉛直反力 $V_C$ に選び，静定基本構造を図Aのようにとる。

③ 静定基本構造に生じる曲げモーメントを求める。
   C〜D間：$M_x = -Yx \quad (0 \leq x \leq 2)$
   D〜B間：$M_x = -Y(2+x) + 100 \quad (0 \leq x \leq 2)$
   B〜A間：$M_x = -4Y + 100 \quad (0 \leq x \leq 6)$

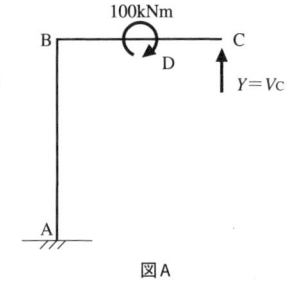

④ ひずみエネルギーを計算する。

$$U = \int \frac{M_x^2}{2EI} dx = \int_C^D \frac{M_x^2}{2EI} dx + \int_D^B \frac{M_x^2}{2EI} dx + \int_B^A \frac{M_x^2}{2EI} dx$$

$$= \int_0^2 \frac{1}{2EI}(-Yx)^2 dx + \int_0^2 \frac{1}{2EI}\{-Y(2+x)+100\}^2 dx + \int_0^6 \frac{1}{2EI}(-4Y+100)^2 dx$$

$$= \frac{1}{2EI}\left(\frac{352}{3}Y^2 - 6000Y + 80000\right)$$

⑤ カステリアーノの定理を適用する。

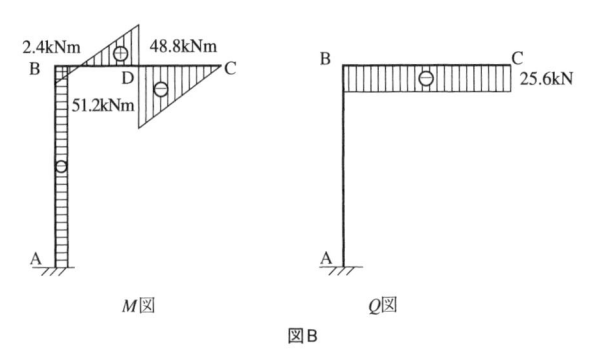

図B
M図　　　Q図
2.4kNm　48.8kNm
51.2kNm
25.6kN

$$\Delta_{\mathrm{C}} = \frac{\partial U}{\partial Y} = \frac{1}{2EI}\left(\frac{352}{3}\cdot 2Y - 6000\right) = 0 \qquad \therefore\quad Y = 25.6$$

⑥ 曲げモーメントを求める。

C～D間：$M_x = -25.6x \quad (0 \leq x \leq 2)$

D～B間：$M_x = -25.6(2+x) + 100 = -25.6x + 48.8 \quad (0 \leq x \leq 2)$

B～A間：$M_x = -4 \times 25.6 + 100 = -2.4$

⑦ 曲げモーメント図とせん断力図を描く（図B）。

【基本問題 6.3.3】図に示すラーメンをカステリアーノの定理によって解け。

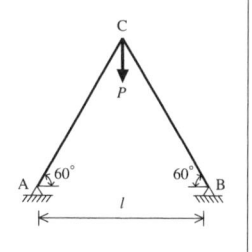

〈解答〉

① 不静定次数を求める。

$r = 4 + 3 - 3 \times 2 = 1$

② B点の水平方向反力 $H_\mathrm{B} = X$ を余剰力として選ぶ。静定基本構造は図Aのようになる。

③ 静定基本構造に生じる曲げモーメントを求める（図B）。

A～C間：$M_x = -\left(\dfrac{\sqrt{3}}{2}X - \dfrac{P}{4}\right)x$

B～C間：$M_x = \left(\dfrac{\sqrt{3}}{2}X - \dfrac{P}{4}\right)x$

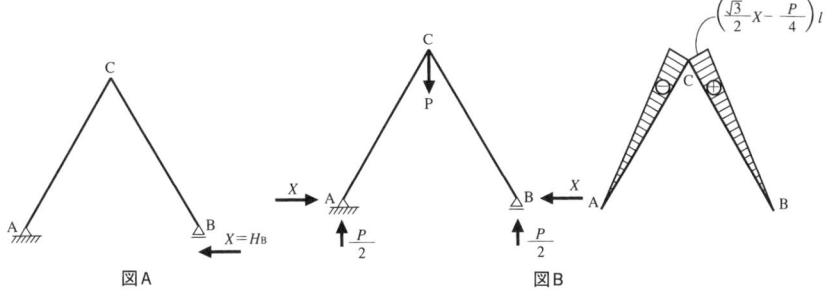

④ ひずみエネルギーを計算する。

$$U = \int \frac{M_x{}^2}{2EI}dx = 2 \times \frac{1}{2EI}\left[\int_0^l \left\{\left(\frac{\sqrt{3}}{2}X - \frac{P}{4}\right)x\right\}^2 dx\right] = \frac{1}{3EI}\left(\frac{\sqrt{3}}{2}X - \frac{P}{4}\right)^2 l^3$$

⑤　カステリアーノの定理を適用する。

$$\varDelta_\mathrm{B}=\frac{\partial U}{\partial X}=\frac{2}{3EI}\left(\frac{\sqrt{3}}{2}X-\frac{P}{4}\right)\cdot\frac{\sqrt{3}}{2}l^3=0$$

$$\therefore\ X=\frac{\sqrt{3}}{6}P$$

⑥　応力を求める。材軸に関する鉛直反力が打ち消され，部材に曲げモーメントとせん断力は生じない。軸方向力のみとなる（図C）。

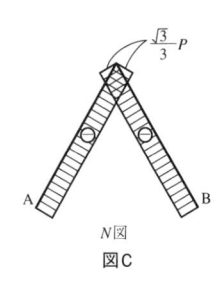

図C

【基本問題6.3.4】図の不静定ラーメンをカステリアーノの定理により解け。

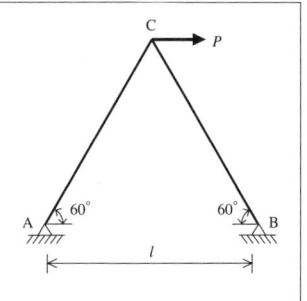

〈解答〉

①　不静定次数を求める。
　　$r=4+3-3\times2=1$

②　余剰力をA点の水平反力 $H_\mathrm{A}=X$ に選ぶ。静定基本構造を図Aのようにとる。

③　静定基本構造に生じる曲げモーメントを求める（図B）。

A〜C間：$M_x=\left(\frac{\sqrt{3}}{2}X-\frac{\sqrt{3}}{4}P\right)x$

B〜C間：$M_x=\left\{\frac{\sqrt{3}}{2}(P-X)-\frac{\sqrt{3}}{4}P\right\}x=-\left(\frac{\sqrt{3}}{2}X-\frac{\sqrt{3}}{4}P\right)x$

④　ひずみエネルギーを計算する。

$$U=\frac{1}{2EI}\left\{\int_0^l\left(\frac{\sqrt{3}}{2}X-\frac{\sqrt{3}}{4}P\right)^2x^2dx+\int_0^l\left(\frac{\sqrt{3}}{2}X-\frac{\sqrt{3}}{4}P\right)^2x^2dx\right\}$$

$$=\frac{l^3}{3EI}\left(\frac{3}{4}X^2-\frac{3}{4}PX+\frac{3}{16}P^2\right)$$

⑤　カステリアーノの定理を適用する。

$$\varDelta_\mathrm{C}=\frac{\partial U}{\partial X}=\frac{l^3}{3EI}\left(\frac{3}{2}X-\frac{3}{4}P\right)=0\quad\therefore\ X=\frac{P}{2}$$

⑥　ラーメンに生じる応力は，図Cのように軸方向力のみとなる。

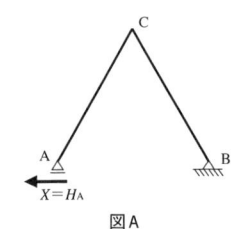

図A

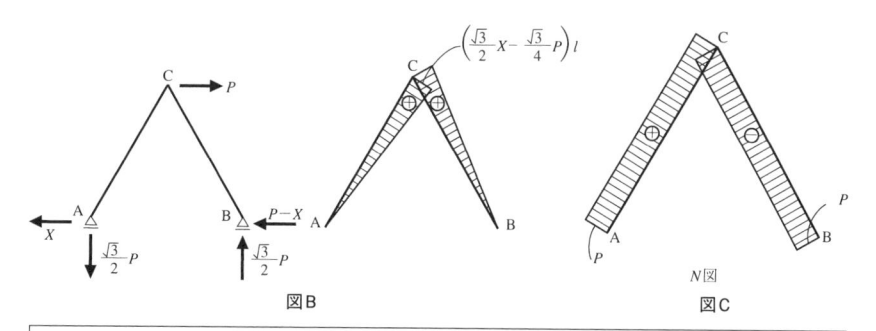

図B

$N$図 図C

【練習問題6.3.1】図に示す不静定ラーメンをカステリアーノの定理により解け。柱と梁の断面2次モーメントは，それぞれ $I_1$, $I_2$，ヤング係数$E$は一定とする。

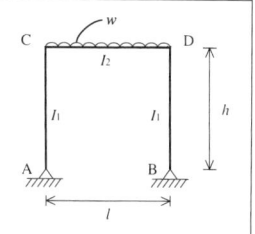

〈解答〉

① 不静定次数を求める。

　　$r = 4+6-3\times 3 = 1$

② 余剰力をB点の水平反力 $H_B$ に選び，静定基本構造を図Aのように取り出す。

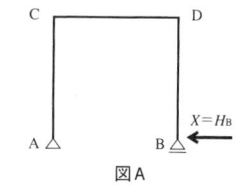

③ 静定基本構造に生じる曲げモーメントを求める（図B）。

　　A〜C間：$M_x = -Xx$

　　C〜D間：$M_x = -Xh + \dfrac{pl}{2}x - \dfrac{p}{2}x^2$

　　B〜D間：$M_x = Xx$

④ ひずみエネルギーを計算する。

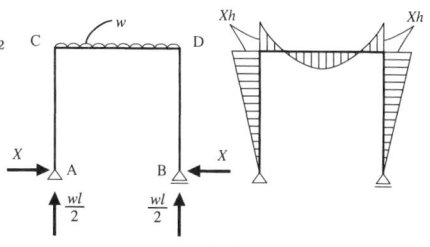

$$U = 2\int_0^h \frac{M_x^2}{2EI_1}dx + \int_0^l \frac{M_x^2}{2EI_2}dx = \frac{X^2}{EI_1}\int_0^h x^2 dx + \frac{1}{2EI_2}\int_0^l \left(-Xh + \frac{wl}{2}x - \frac{w}{2}x^2\right)^2 dx$$

$$= \frac{X^2 h^3}{3EI_1} + \frac{1}{2EI_2}\left(X^2 h^2 l + \frac{w^2 l^5}{12} + \frac{w^2 l^5}{20} - \frac{Xwhl^3}{2} - \frac{w^2 l^5}{8} + \frac{Xwhl^3}{3}\right)$$

⑤ カステリアーノの定理を適用する。

$$\varDelta_\mathrm{B} = \frac{\partial U}{\partial X} = \frac{2Xh^3}{3EI_1} + \frac{1}{2EI_2}\left(2Xh^2l - \frac{whl^3}{2} + \frac{whl^3}{3}\right) = 0$$

$$\therefore \quad X = \frac{pl^3}{4h} \frac{I_1}{2hI_2 + 3lI_1}$$

⑥ ラーメンに生じる曲げモーメントを求める。

A〜C間：$M_x = -\dfrac{wl^3}{4h} \dfrac{I_1}{2hI_2 + 3lI_1} x$

C〜D間：$M_x = -\dfrac{wl^3}{4} \dfrac{I_1}{2hI_2 + 3lI_1} + \dfrac{wl}{2}x - \dfrac{w}{2}x^2$

B〜D間：$M_x = \dfrac{wl^3}{4h} \dfrac{I_1}{2hI_2 + 3lI_1} x$

⑦ 曲げモーメント図を描く（図C）。

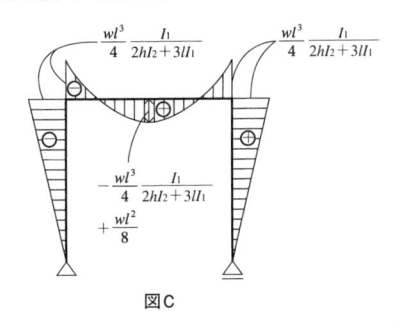

図C

【練習問題6.3.2】図に示すラーメンをカステリアーノの定理により解け。

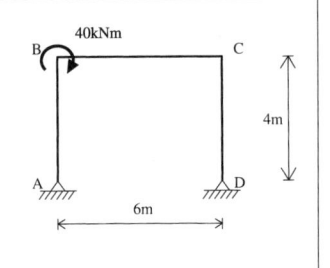

〈解答〉

① 不静定次数を求める。

$r = 4 + 6 - 3 \times 3 = 1$

② 余剰力をD点に選び，静定基本構造を図Aのようにとる。

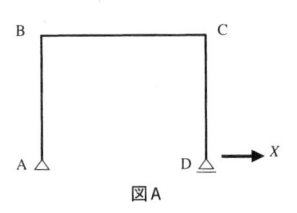

図A

③ 静定基本構造に生じる曲げモーメントを求める（図B）。

A～B間：$M_x = Xx$

図B

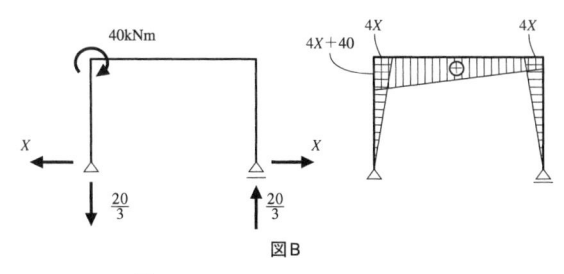

B～C間：$M_x = -\dfrac{20}{3}x + 4X + 40$

C～D間：$M_x = -Xx + 4X$

④ ひずみエネルギーを計算する。

$$U = \dfrac{1}{2EI}\int_0^4 X^2 x^2 dx + \dfrac{1}{2EI}\int_0^6 \left(-\dfrac{20}{3}x + 4X + 40\right)^2 dx + \dfrac{1}{2EI}\int_0^4 (-Xx + 4X)^2 dx$$

$$= \dfrac{1}{EI}\left(\dfrac{208}{3}X^2 + 480X + 1600\right)$$

⑤ カステリアーノの定理を適用する。

$$\varDelta_D = \dfrac{\partial U}{\partial X} = \dfrac{1}{EI}\left(\dfrac{416}{3}X + 480\right) = 0 \quad \therefore \quad X = -3.46$$

⑥ ラーメンに生じる曲げモーメントを求める。

A～B間：$M_x = -3.46x$

B～C間：$M_x = -\dfrac{20}{3}x + 26.2$

C～D間：$M_x = 3.46x - 13.84$

⑦ 曲げモーメント図を描く（図C）。

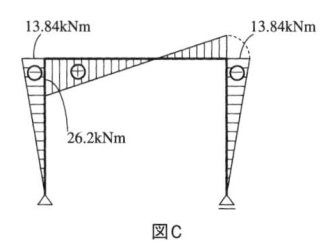

図C

【練習問題6.3.3】図に示す不静定ラーメンをカステリアーノの定理により解け。

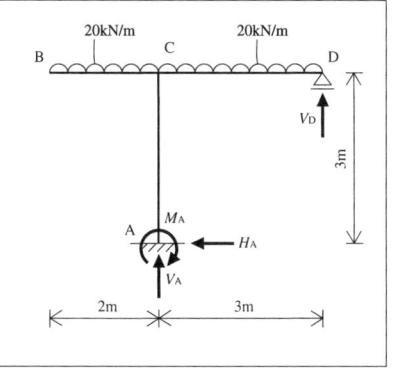

〈解答〉

① 不静定次数を求める。

$r = 4 + 6 - 3 \times 3 = 1$

② 余剰力をD点の垂直反力 $V_D = X$ として静定基本構造を図Aのようにとる。

③ 静定基本構造に生じる曲げモーメントを求める（図B）。

A〜C間：$M_x = 3X - 50$

B〜C間：$M_x = -20x \cdot \dfrac{x}{2} = -10x^2$

D〜C間：$M_x = -X \cdot x + 20x \cdot \dfrac{x}{2} = -Xx + 10x^2$

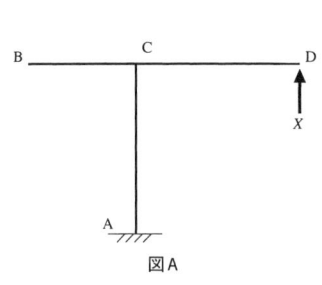

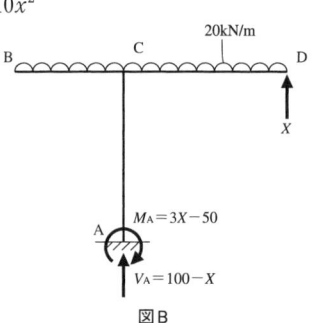

図A

図B

④ ひずみエネルギーを計算する。

$$U = \int_0^3 \dfrac{M_x^2}{2EI} dx + \int_0^2 \dfrac{M_x^2}{2EI} dx + \int_0^3 \dfrac{M_x^2}{2EI} dx$$

$$= \dfrac{1}{2EI} \int_0^3 (3X - 50)^2 dx + \dfrac{1}{2EI} \int_0^2 (-10x^2)^2 dx + \dfrac{1}{2EI} \int_0^3 (-Xx + 10x^2)^2 dx$$

$$= \dfrac{1}{2EI} (36X^2 - 1305X + 13000)$$

⑤ カステリアーノの定理を適用する。

$\Delta_D = \dfrac{\partial U}{\partial X} = \dfrac{18}{EI} \cdot 2X - \dfrac{1305}{2EI} = 0$ ∴ $X = 18.125$

⑥ 曲げモーメントを求める（図C）。

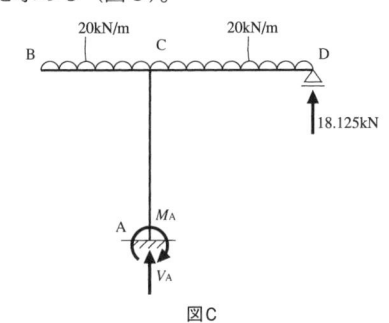

図C

A〜C間：$M_x = 4.375$

B〜C間：$M_x = -10x^2$

D〜C間：$M_x = 10x^2 - 18.125x$

⑦ 曲げモーメント図とせん断力図を描く（図D）。

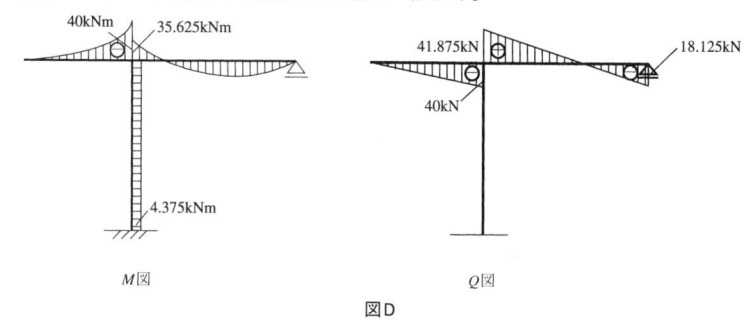

```
40kNm    35.625kNm                    41.875kN                18.125kN
                                                     40kN
         4.375kNm
           M図                              Q図
                        図D
```

【練習問題 6.3.4】図に示すラーメンをカステリアーノの定理により解け。

〈解答〉

① 不静定次数を求める。

　　$r = 4 + 6 - 3 \times 3 = 1$

② 余剰力をD点に選び静定基本構造を図Aのようにとる。

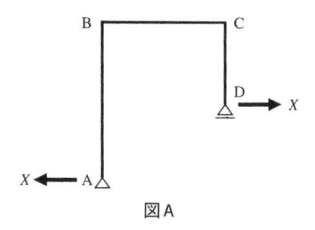

図A

③ 静定基本構造に生じる曲げモーメントを求める（図B）。

　　A〜B間：$M_x = Xx$

　　B〜C間：$M_x = -\dfrac{40 + 2X}{3}x + 4X + 40$

C〜D間：$M_x = -Xx + 2X$

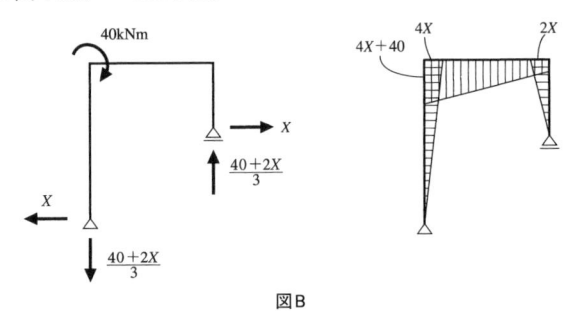

図B

④　ひずみエネルギーを計算する。

$$U = \frac{1}{2EI}\int_0^4 X^2 x^2 dx + \frac{1}{2EI}\int_0^3 \left(-\frac{40+2X}{3}x + 4X + 40\right)^2 dx$$

$$+ \frac{1}{2EI}\int_0^2 (-Xx + 2X)^2 dx$$

$$= \frac{1}{EI}(26X^2 + 200X + 800)$$

⑤　カステリアーノの定理を適用する。

$$\Delta_D = \frac{\partial U}{\partial X} = \frac{1}{EI}(52X + 200) = 0$$

∴　$X = -3.85$

⑥　曲げモーメントを求める。

A〜B間：$M_x = -3.85x$

B〜C間：$M_x = -10.77x + 24.6$

C〜D間：$M_x = 3.85x - 7.7$

⑦　曲げモーメント図を描く（図C）。

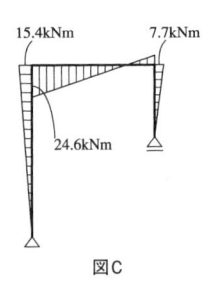

15.4kNm　　7.7kNm

24.6kNm

図C

【練習問題 6.3.5】図に示す不静定ラーメンをカステリアーノの定理により解け。

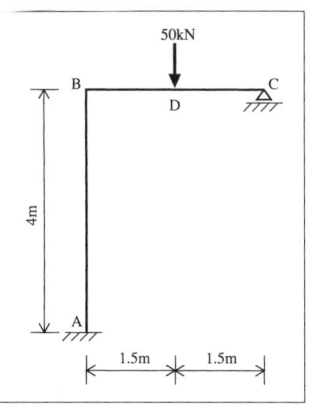

〈解答〉
① 不静定次数を求める。
　　$r = 4 + 3 - 3 \times 2 = 1$
② 余剰力をC点の鉛直反力 $V_C = X$ に選び，静定基本構造を図Aのように取り出す。

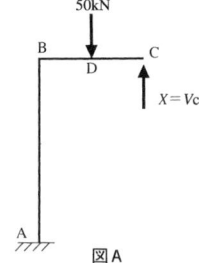

③ 静定基本構造に生じる曲げモーメントを求める（図B）。
　　B〜A間：$M_x = 75 - 3X$
　　C〜D間：$M_x = -Xx$
　　D〜B間：$M_x = -(X-50)x - 1.5X$
④ ひずみエネルギーを計算する。

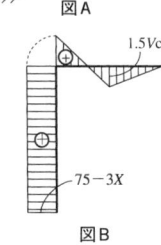

$$U = \frac{1}{2EI}\left\{\int_0^{1.5}(-Xx)^2 dx + \int_0^{1.5}\{-(X-50)x - 1.5X\}^2 dx + \int_0^4 (75-3X)^2 dx\right\}$$

$$= \frac{1}{2EI}(45X^2 - 2081.25X + 25312.5)$$

⑤ カステリアーノの定理を適用する。
　　$\Delta_C = \dfrac{\partial U}{\partial X} = \dfrac{1}{EI}(45X - 1040.6) = 0$ 　∴　$X = 23.1$
⑥ 曲げモーメントを求める。
　　C〜D間：$M_x = -23.1x$
　　D〜B間：$M_x = 26.9x - 34.7$
　　B〜A間：$M_x = 75 - 3 \times 23.1 = 5.7$
⑦ 曲げモーメント図とせん断力図を描く（図C）。

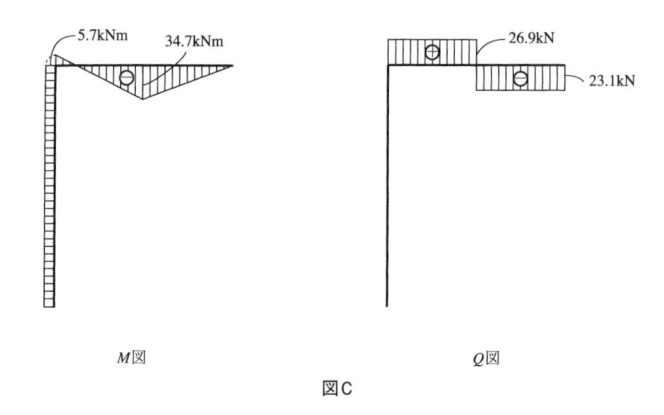

5.7kNm　34.7kNm　　　　　　26.9kN
　　　　　　　　　　　　　　　23.1kN

　　　　M図　　　　　　　　Q図
　　　　　　　図C

### 6.3.(b) 仮想仕事法による解法

不静定ラーメンの応力算定は，基礎知識 6.1.4 に示した手順に従えばよい。ただ，④および⑤でラーメン全体の曲げモーメント分布を求めておくことだけが新しい点である。

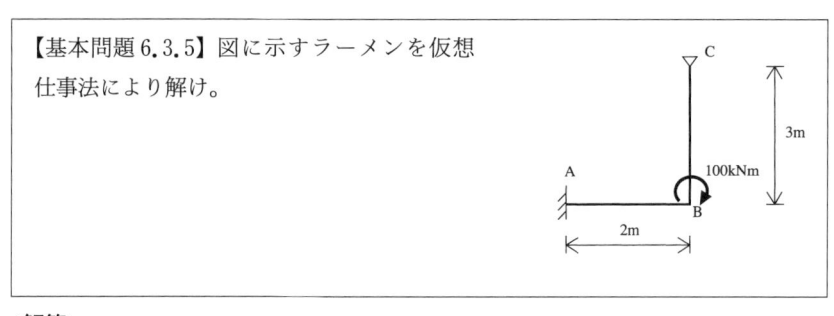

【基本問題 6.3.5】図に示すラーメンを仮想仕事法により解け。

3m, 2m, 100kNm

〈解答〉

① 不静定次数を求める。
　　$r = 5 + 3 - 3 \times 2 = 2$

② 余剰力としてC点の水平反力$X$と垂直反力$Y$を選び静定基本構造を図Aのようにとる。

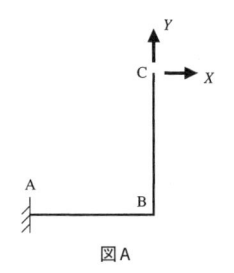

③ 静定基本構造でB点に 100 kNm のモーメントが作用している場合の曲げモーメントを求める（図B）。

　　A〜B間：$M_x = -100$
　　B〜C間：$M_x = 0$

　　　　　　　　　　　　　　図A

第 6 章　不静定構造と応力法　175

図B

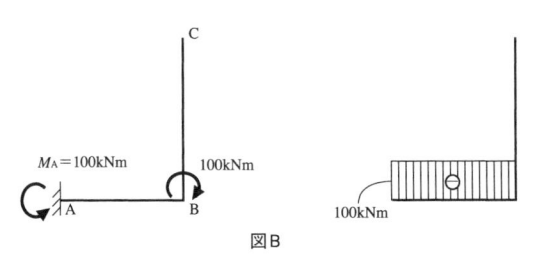

④　静定基本構造の C 点に単位荷重 $X=1\,\mathrm{kN}$ が作用した場合の曲げモーメントを求める（図 C）。

　　A〜B 間：$m_x=-3$
　　B〜C 間：$m_x=x-3$

図C

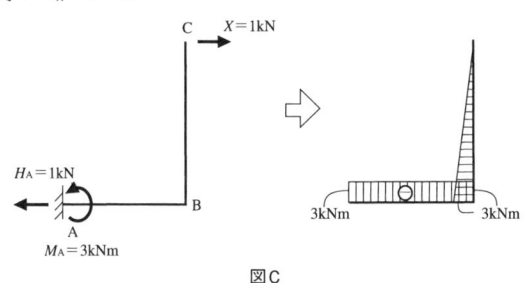

⑤　C 点に単位荷重 $Y=1\,\mathrm{kN}$ が作用した場合の曲げモーメントを求める（図 D）。

　　A〜B 間：$m_x=-x+2$
　　B〜C 間：$m_x=0$

図D

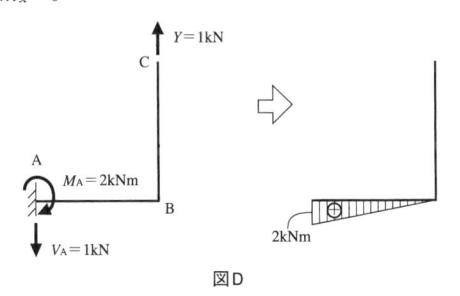

⑥　変位成分を求める。

$$\varDelta_{10}=\frac{1}{EI}\int_0^2 (-100)(-3)\,dx=\frac{300}{EI}\Bigl[x\Bigr]_0^2=\frac{600}{EI}$$

$$\varDelta_{11}=\frac{1}{EI}\int_0^2 (-3)^2 dx+\frac{1}{EI}\int_0^3 (x-3)^2 dx$$

$$=\frac{1}{EI}\left\{9\Bigl[x\Bigr]_0^2+\Bigl[\frac{1}{3}x^3-3x^2+9x\Bigr]_0^3\right\}=\frac{27}{EI}$$

$$\Delta_{12} = \frac{1}{EI}\int_0^2 (-3)(-x+2)\,dx = \frac{3}{EI}\left[\frac{1}{2}x^2 - 2x\right]_0^2 = -\frac{6}{EI}$$

$$\Delta_{20} = \frac{1}{EI}\int_0^2 (-100)(-x+2)\,dx = \frac{100}{EI}\left[\frac{1}{2}x^2 - 2x\right]_0^2 = -\frac{200}{EI}$$

$$\Delta_{21} = \Delta_{12} = -\frac{6}{EI}$$

$$\Delta_{22} = \frac{1}{EI}\int_0^2 (-x+2)^2\,dx = \frac{1}{EI}\left[\frac{1}{3}x^3 - 2x^2 + 4x\right]_0^2 = \frac{8}{3EI}$$

⑦ C点における適合条件より余剰力を求める。

$\Delta_{10} + \Delta_{11}\cdot X + \Delta_{12}\cdot Y = 0$

$600 + 27X - 6Y = 0$

$\Delta_{20} + \Delta_{21}\cdot X + \Delta_{22}\cdot Y = 0$

$-200 - 6X + 2.67Y = 0$

∴ $X = -11.1$ kN, $Y = 49.9$ kN

⑧ 曲げモーメントを求める。

C〜B間：$M_x = -11.1x$

B〜A間：$M_x = -49.9x + 66.7$

⑨ 曲げモーメント図を描く（図E）。

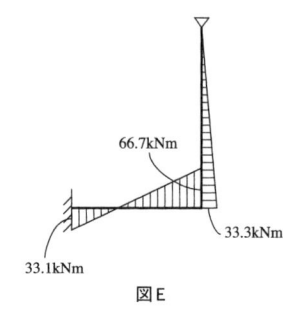

図E

【基本問題6.3.6】図に示す不静定ラーメンを仮想仕事法により解け。

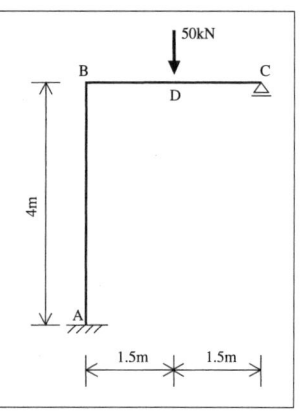

〈解答〉

① 不静定次数を求める。

$r = 4 + 3 - 3 \times 2 = 1$

② 余剰力をC点の鉛直反力Xとして静定基本構造を図Aのようにとる。

③ 静定基本構造の部材BC上のD点に集中荷重50 kNが作用しているときの曲げモーメント$M_x$を求める（図B）。

B〜A間：$M_x = 75$

C～D間：$M_x = 0$

D～B間：$M_x = 50x$

④ 静定基本構造のC点に単位荷重 $X = 1\,\text{kN}$ が作用した場合の曲げモーメント $m_x$ を求める（図C）。

B～A間：$m_x = -3$

C～D間：$m_x = -x$

D～B間：$m_x = -x - 1.5$

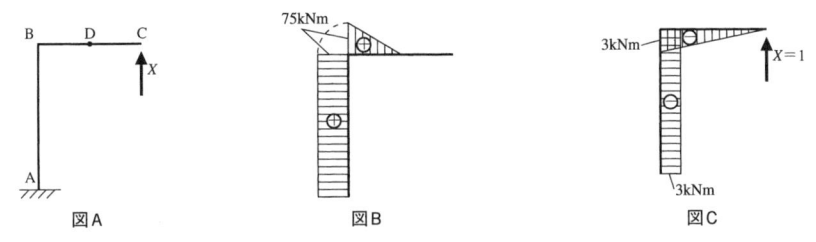

図A　図B　図C

⑤ 集中荷重の作用したときのC点の変位 $\varDelta_{10}$ を求める。

$$\varDelta_{10} = \frac{1}{EI}\int_0^l m_x M_x dx$$

$$= \frac{1}{EI}\left\{\int_0^4 (-3)\cdot 75\,dx + \int_0^{1.5}(-x)\cdot 0\,dx + \int_0^{1.5}(-x-1.5)\cdot 50x\,dx\right\} = -\frac{8325}{8EI}$$

⑥ 同様に単位荷重によるC点の変位 $\varDelta_{11}$ を求める。

$$\varDelta_{11} = \frac{1}{EI}\int_0^l m_x m_x dx = \frac{1}{EI}\left\{\int_0^4 (-3)^2 dx + \int_0^{1.5}(-x)^2 dx + \int_0^{1.5}(-x-1.5)^2 dx\right\}$$

$$= \frac{45}{EI}$$

⑦ C点における不静定ラーメンの適合条件式をたてる。

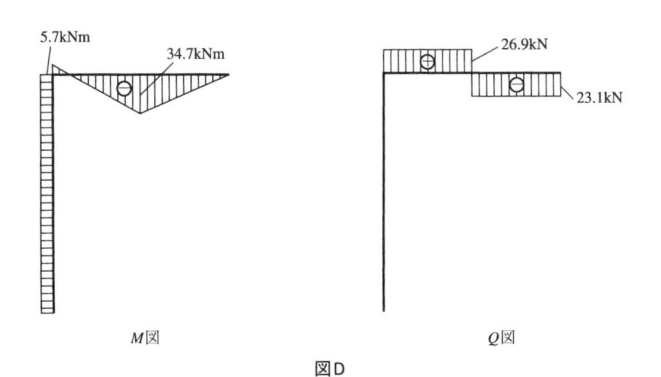

図D

$\Delta_{11}X + \Delta_{10} = 0$    ∴ $X = 23.1$

⑧ 曲げモーメントを求める。

C〜B間：$M_x = -23.1x$ （$0 \leq x \leq 1.5$）

$M_x = -23.1x + 50(x-1.5)$ （$1.5 \leq x \leq 3.0$）

B〜A間：$M_x = -23.1 \times 3 + 50 \times 1.5 = 5.7$

⑨ 曲げモーメント図とせん断力図を描く（図D）。

【基本問題6.3.7】図に示す不静定ラーメンを仮想仕事法により解け。

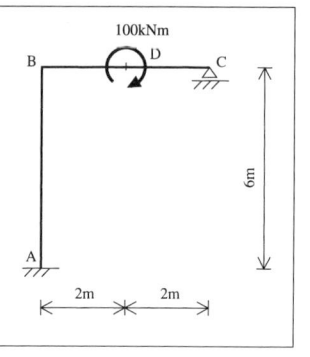

〈解答〉

① 不静定次数を求める。

$r = 4 + 3 - 3 \times 2 = 1$

② 余剰力をC点の鉛直反力 $V_C = Y$ に選び，静定基本構造を図Aのようにとる。

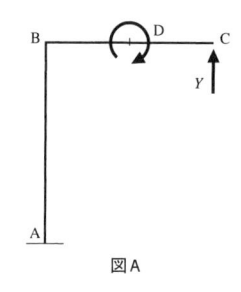

③ 静定基本構造の部材 BC 上のD点に 100 kNm のモーメントが作用しているときの曲げモーメント $M_x$ を求める（図B）。

B〜A間：$M_x = 100$

D〜B間：$M_x = 100$

C〜D間：$M_x = 0$

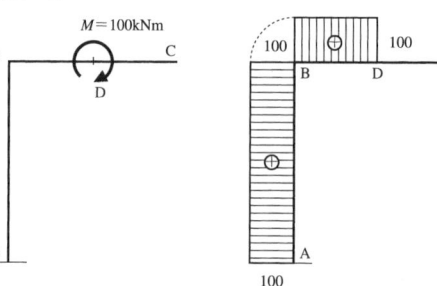

図A

図B

④ 静定基本構造のC点に単位荷重 $Y=1\,\mathrm{kN}$ が作用した場合の曲げモーメント $m_x$ を求める（図C）。

　　B～A間：$m_x=-4$
　　D～B間：$m_x=-x-2$
　　C～B間：$m_x=-x$

図C

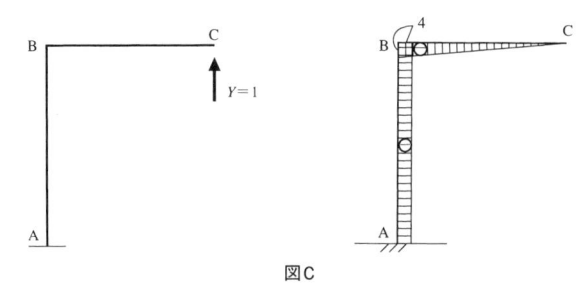

⑤ D点に $100\,\mathrm{kN}$ が作用したときのC点の変位 $\Delta_{10}$ を求める。

$$\Delta_{10}=\int\frac{M_x m_x}{EI}dx=\int_C^D\frac{M_x m_x}{EI}dx+\int_D^B\frac{M_x m_x}{EI}dx+\int_B^A\frac{M_x m_x}{EI}dx$$

$$=\int_0^2\frac{1}{EI}(-x)(0)+\int_0^2\frac{1}{EI}(-x-2)(100)\,dx+\int_0^6\frac{1}{EI}(-4)(100)\,dx$$

$$=-\frac{1}{EI}\left[50x^2+200x\right]_0^2-\frac{1}{EI}\left[400x\right]_0^6=-\frac{1}{EI}(200+400+2400)=-\frac{3000}{EI}$$

⑥ C点に単位荷重が作用したときのC点の変位 $\Delta_{11}$ を求める。

$$\Delta_{11}=\int\frac{m_x m_x}{EI}dx=\int_C^B\frac{m_x m_x}{EI}dx+\int_B^A\frac{m_x m_x}{EI}dx$$

$$=\int_0^4\frac{1}{EI}(-x)^2 dx+\int_0^6\frac{1}{EI}(-4)^2 dx$$

$$=\frac{1}{EI}\left(\left[\frac{x^3}{3}\right]_0^4+\left[16x\right]_0^6\right)=\frac{1}{EI}\left(\frac{64}{3}+96\right)=\frac{352}{3EI}$$

⑦ C点における適合条件式をたてる。

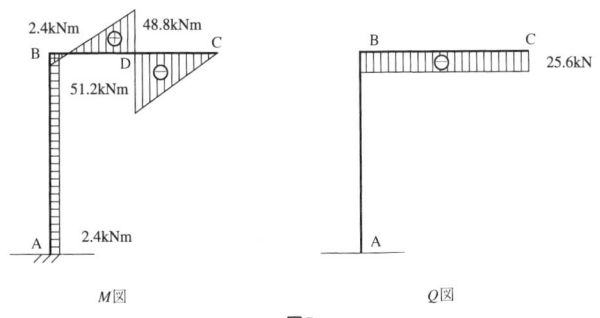

図D

$$\varDelta_{10}+\varDelta_{11}Y=0 \quad \therefore \quad Y=-\frac{\varDelta_{10}}{\varDelta_{11}}=\frac{3000}{EI}\times\frac{3EI}{352}=25.6$$

⑧ 曲げモーメントを求める。

C〜B間：$M_x=-25.6x \quad (0\leqq x\leqq 2)$

$M_x=-25.6x+100 \quad (2\leqq x\leqq 4)$

B〜A間：$M_x=-25.6\times 4+100=-2.4$

⑨ 曲げモーメント図とせん断力図を描く（図D）。

---

【練習問題 6.3.6】図に示す不静定ラーメンを仮想仕事法により解け。柱と梁の断面2次モーメントは，それぞれ $I_1$, $I_2$, ヤング係数 $E$ は一定とする。

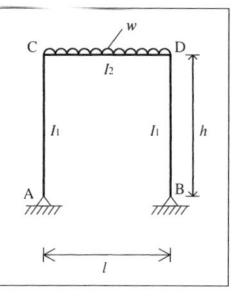

---

〈解答〉

① 不静定次数を求める。

$r=2\times 2+3\times 2-3\times 3=1$

② 余剰力をB点の水平反力 $X$ として静定基本構造を図Aのようにとる。

③ 静定基本構造の部材 CD に分布荷重 $w$ が作用している場合の曲げモーメント $M_x$ を求める（図B）。

A〜C間：$M_x=0$

C〜D間：$M_x=\dfrac{wl}{2}x-\dfrac{wx^2}{2} \qquad M_{(x=\frac{l}{2})}=\dfrac{wl^2}{4}-\dfrac{wl^2}{8}=\dfrac{wl^2}{8}$

B〜D間：$M_x=0$

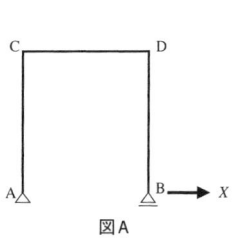

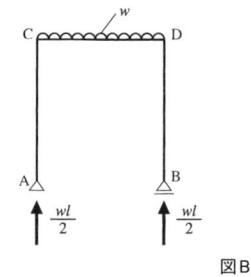

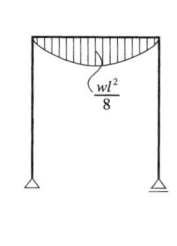

図A　　　　図B

④ 静定基本構造のB点に単位荷重 $X=1$ が作用した場合のモーメント $m_x$ を求める（図C）。

A〜C間：$m_x=x$

C〜D間：$m_x = -h$
B〜D間：$m_x = -x$

図C

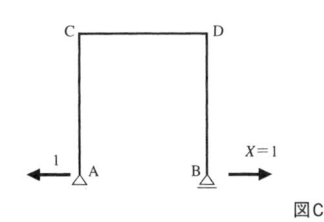

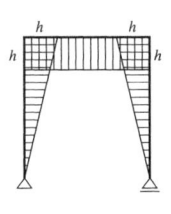

⑤ 変位を求める。

$$\Delta_{10} = \frac{1}{EI}\int m_x M_x dx = \frac{1}{EI_2}\int_0^l h\left(\frac{wl}{2}x - \frac{wx^2}{2}\right)dx = \frac{wh}{2EI_2}\int_0^l (lx - x^2)\,dx$$

$$= \frac{wh}{2EI_2}\left[\frac{lx^2}{2} - \frac{x^3}{3}\right]_0^l = \frac{whl^3}{12EI_2}$$

$$\Delta_{11} = \frac{1}{EI}\int m_x m_x dx = \frac{2}{EI_1}\int_0^h x^2 dx + \frac{1}{EI_2}\int_0^l h^2 dx = \frac{2h^3}{3EI_1} + \frac{h^2 l}{EI_2} = \frac{h^2}{E}\left(\frac{2}{3}\frac{h}{I_1} + \frac{l}{I_2}\right)$$

⑥ B点における適合条件より余剰力を求める。

$$\Delta_{11}X + \Delta_{10} = 0 \quad \therefore \quad X = -\frac{\Delta_{10}}{\Delta_{11}} = -\frac{wl^3}{4h}\cdot\frac{I_1}{2hI_2 + 3lI_1}$$

⑦ 曲げモーメントを求める。

A〜C間：$M_x = -\dfrac{wl^3}{4h}\cdot\dfrac{I_1}{2hI_2 + 3lI_1}x$

C〜D間：$M_x = -\dfrac{wl^3}{4}\cdot\dfrac{I_1}{2hI_2 + 3lI_1} + \dfrac{wl}{2}x - \dfrac{wx^2}{2}$

B〜D間：$M_x = \dfrac{wl^3}{4h}\cdot\dfrac{I_1}{2hI_2 + 3lI_1}x$

⑧ 曲げモーメント図を描く（図D）。

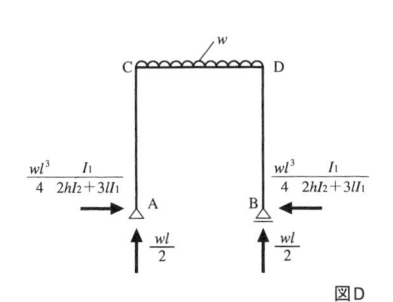

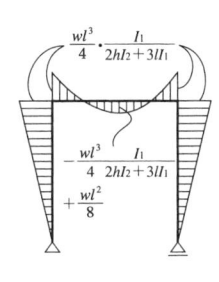

図D

【練習問題6.3.7】図に示す不静定ラーメンを仮想仕事法により解け。

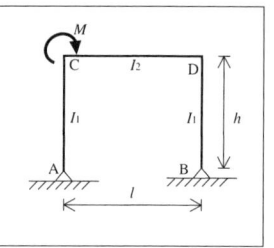

〈解答〉

① 不静定次数を求める。

$r = 3×2 + 2×2 - 3×3 = 1$

② 余剰力をB点の水平反力 $H_B = X$ として静定基本構造を図Aのようにとる。

③ 静定基本構造のC点に曲げモーメント$M$が作用した場合の曲げモーメント $M_x$ を求める（図B）。

A〜C間：$M_x = 0$

C〜D間：$M_x = M - \dfrac{M}{l}x$

B〜D間：$M_x = 0$

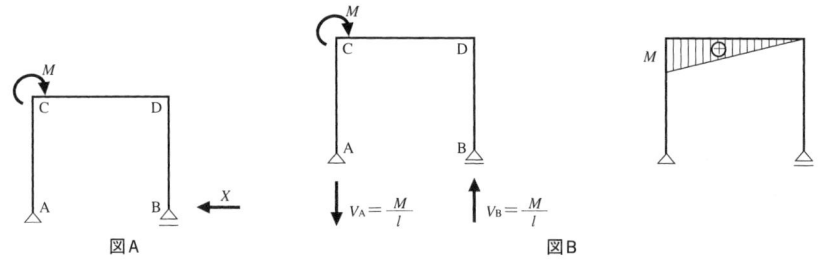

図A

図B

④ 静定基本構造のB点に単位荷重 $X = 1$ が作用した場合の曲げモーメント $m_x$ を求める（図C）。

A〜C間：$m_x = -x$

C〜D間：$m_x = -h$

B〜D間：$m_x = x$

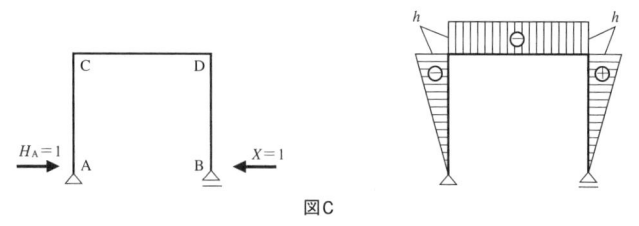

図C

⑤ 変位 $\varDelta_{10}$, $\varDelta_{11}$ を求める。

$$\varDelta_{10} = \frac{1}{EI}\int m_x M_x dx = \frac{1}{EI_2}\int_0^l (-h)\left(M - \frac{M}{l}x\right)dx = -\frac{h}{EI_2}\left(Ml - \frac{Ml}{2}\right) = -\frac{hMl}{2EI_2}$$

$$\varDelta_{11} = \frac{1}{EI}\int m_x m_x dx = \frac{h^2(2hI_2 + 3lI_1)}{3EI_1 I_2}$$

⑥ B点における適合条件より余剰力を求める。

$$X = -\frac{\varDelta_{10}}{\varDelta_{11}} = \frac{hMl}{2EI_2} \cdot \frac{3EI_1 I_2}{h^2(2hI_2 + 3lI_1)} = \frac{3Ml}{2h} \cdot \frac{I_1}{2hI_2 + 3lI_1}$$

⑦ 曲げモーメントを求める。

A〜C間：$M_x = -\dfrac{3Ml}{2h} \cdot \dfrac{I_1}{2hI_2 + 3lI_1} x$

C〜D間：$M_x = M - \dfrac{3}{2} \cdot \dfrac{MlI_1}{2hI_2 + 3lI_1} - \dfrac{M}{l} x$

B〜D間：$M_x = \dfrac{3Ml}{2h} \cdot \dfrac{MlI_1}{2hI_2 + 3lI_1} x$

⑧ 曲げモーメント図を描く（図D）。

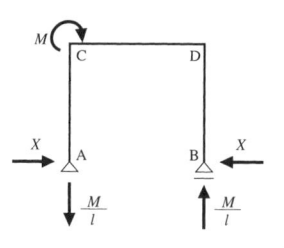

図D

---

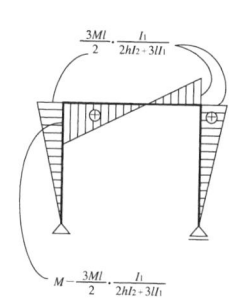

【練習問題6.3.8】図に示す不静定ラーメンを解け。各部材の $EI$ は一定とする。

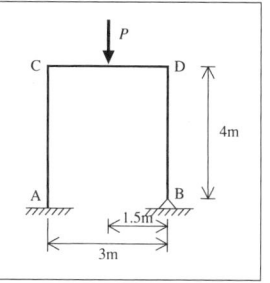

〈解答〉

① 不静定次数を求める。

　　$r = 3 \times 2 + 3 + 2 - 3 \times 3 = 2$

② 余剰力をB点の水平反力$X$と垂直反力$Y$として，静定基本構造を図Aのようにとる。

③ 静定基本構造のCD材の中央に集中荷重$P$が作用している場合の曲げモーメン

ト $M_x$ を求める（図B）。

  A～C間：$M_x = -1.5P$

  C～D間：$M_x = -1.5P + Px$  $(0 \leq x < 1.5)$

      $M_x = 0$  $(1.5 \leq x \leq 3)$

  B～D間：$M_x = 0$

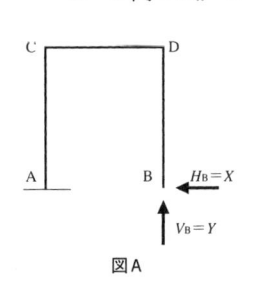

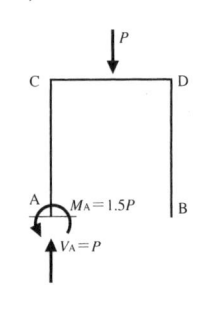

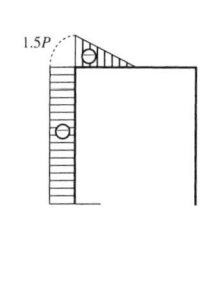

図A     図B

④ 静定基本構造のB点と単位水平荷重 $X=1$ が作用した場合の曲げモーメント $m_x$ を求める（図C）。

  A～C間：$m_x = -x$

  C～D間：$m_x = -4$

  B～D間：$m_x = x$

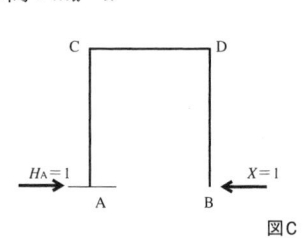

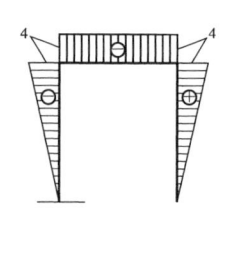

図C

⑤ 静定基本構造のB点に単位垂直荷重 $Y=1$ が作用した場合の曲げモーメント $m_x$ を求める（図D）。

  A～C間：$m_x = 3$

  C～D間：$m_x = 3 - x$

  B～D間：$m_x = 0$

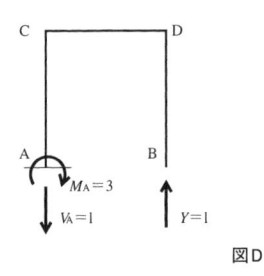

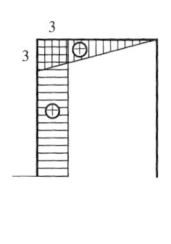

図D

⑥ 変位成分を求める。

$$\Delta_{10} = \frac{1}{EI}\int_0^4 (-x)(-1.5P)dx + \frac{1}{EI}\int_0^{1.5}(-4)(-1.5P + Px)dx = \frac{33P}{2EI}$$

$$\Delta_{11}=\frac{2}{EI}\int_0^4 x^2 dx + \frac{1}{EI}\int_0^3 (-4)^2 dx = \frac{272}{3EI}$$

$$\Delta_{20}=\frac{1}{EI}\int_0^4 3(-1.5P)dx + \frac{1}{EI}\int_0^{1.5}(3-x)(-1.5P+Px)dx = -\frac{333P}{16EI}$$

$$\Delta_{22}=\frac{1}{EI}\int_0^4 3^2 dx + \frac{1}{EI}\int_0^3 (3-x)^2 dx = \frac{45}{EI}$$

$$\Delta_{12}=\frac{1}{EI}\int_0^4 (-x)3\, dx + \frac{1}{EI}\int_0^3 (-4)\cdot(3-x)\, dx = -\frac{42}{EI}$$

⑦　B点における適合条件より余剰力を求める。

$$\Delta_{10}+\Delta_{11}X+\Delta_{12}Y=0$$

$$\Delta_{20}+\Delta_{21}X+\Delta_{22}Y=0$$

$$\frac{33P}{2EI}+\frac{272}{3EI}X-\frac{42}{EI}Y=0$$

$$-\frac{333P}{16EI}-\frac{42}{EI}X+\frac{45}{EI}Y=0$$

$$\therefore\ X=0.057P,\ \ Y=0.516P$$

⑧　曲げモーメント図を描く（図E）。

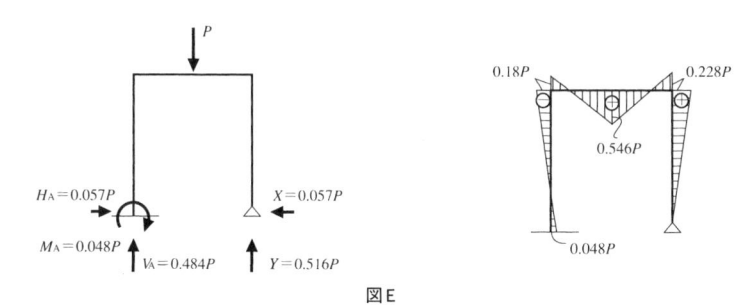

図E

【練習問題6.3.9】図の不静定ラーメンを仮想仕事法により解け。

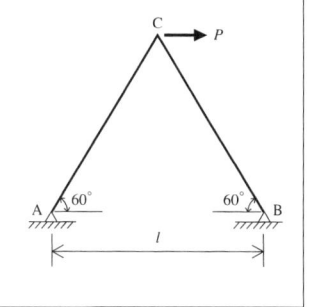

〈解答〉
①　不静定次数を求める。

$r = 4 + 3 - 3 \times 2 = 1$

② A点の水平反力$X$を余剰力として選ぶ。静定基本構造を図Aのようにとる。

③ 静定基本構造のB点に集中荷重$P$が作用している場合の曲げモーメント$M_x$を求める（図B）。

A〜C間：$M_x = -\dfrac{\sqrt{3}}{4}Px$

B〜C間：$M_x = \dfrac{\sqrt{3}}{4}Px$

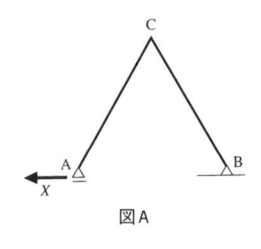

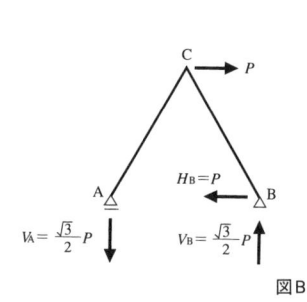

図A

図B

④ 静定基本構造のA点に単位荷重$X=1$が作用した場合のモーメント$m_x$を求める（図C）。

A〜C間：$m_x = \dfrac{\sqrt{3}}{2}x$

B〜C間：$m_x = -\dfrac{\sqrt{3}}{2}x$

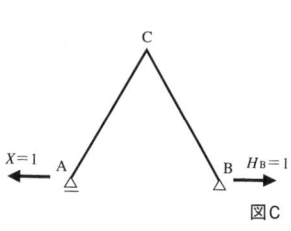

図C

⑤ 変位$\Delta_{10}$, $\Delta_{11}$を求める。

$$\Delta_{10} = \dfrac{1}{EI}\int_0^l m_x M_x dx$$

$$= \dfrac{1}{EI}\left\{\int_0^l \left(\dfrac{\sqrt{3}}{2}x\right)\left(-\dfrac{\sqrt{3}}{4}Px\right)dx + \int_0^l \left(-\dfrac{\sqrt{3}}{2}x\right)\left(\dfrac{\sqrt{3}}{4}Px\right)dx\right\} = -\dfrac{Pl^3}{4EI}$$

$$\Delta_{11} = \dfrac{1}{EI}\int_0^l m_x m_x dx = \dfrac{1}{EI}\left\{\int_0^l \left(\dfrac{\sqrt{3}}{2}x\right)^2 dx + \int_0^l \left(-\dfrac{\sqrt{3}}{2}x\right)^2 dx\right\} = \dfrac{l^3}{2EI}$$

⑥ A点における不静定ラーメンの適合条件式をたて，余剰力を求める。

$$\Delta_{11}X + \Delta_{10} = 0 \qquad \therefore \quad X = \frac{P}{2}$$

⑦ 材軸に関する鉛直反力が打ち消され部材に曲げとせん断は生じない。軸方向力のみとなる（図D）。

図D

---

【練習問題 6.3.10】図に示すラーメンを仮想仕事法によって解け。

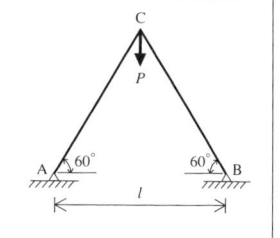

---

〈解答〉

① 不静定次数を求める。

$$r = 4 + 3 - 3 \times 2 = 1$$

② 余剰力をB点の水平反力$X$として，静定基本構造を図Aのようにとる。

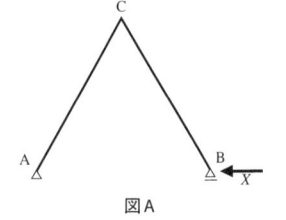

③ 静定基本構造のC点に集中荷重$P$が作用している場合の曲げモーメント$M_x$を求める（図B）。

$$A \sim C 間：M_x = \frac{P}{4}x$$

$$B \sim C 間：M_x = -\frac{P}{4}x$$

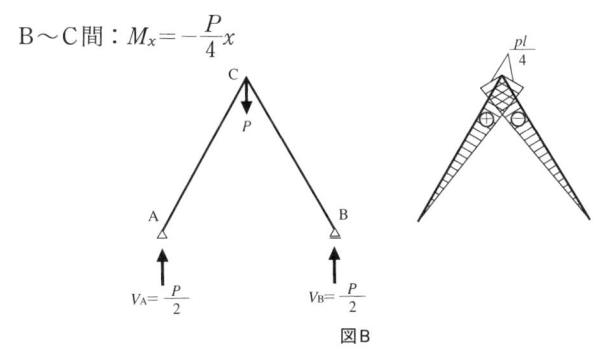

図A

図B

④ 静定基本構造のB点に単位荷重$X = 1$が作用した場合の曲げモーメント$m_x$を求める（図C）。

$$A \sim C 間：m_x = -\frac{\sqrt{3}}{2}x$$

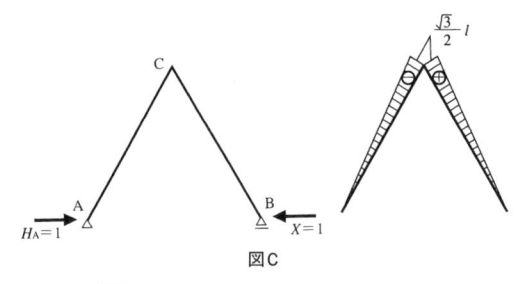

B〜C間：$m_x = \dfrac{\sqrt{3}}{2}x$

⑤ 変位 $\Delta_{10}$, $\Delta_{11}$ を求める。

$$\Delta_{10} = \frac{1}{EI}\int m_x M_x dx = 2 \times \frac{1}{EI}\int_0^l \frac{P}{4}x \cdot \left(-\frac{\sqrt{3}}{2}x\right)dx = -\frac{\sqrt{3}Pl^3}{12EI}$$

$$\Delta_{11} = \frac{1}{EI}\int m_x^2 dx$$
$$= 2 \times \frac{1}{EI}\int_0^l \left(-\frac{\sqrt{3}}{2}x\right)^2 dx = \frac{l^3}{2EI}$$

⑥ B点における適合条件より余剰力を求める。

$\Delta_{11}X + \Delta_{10} = 0$

$\dfrac{l^3}{2EI}X - \dfrac{\sqrt{3}Pl^3}{12EI} = 0$ ∴ $X = \dfrac{\sqrt{3}}{6}P$

⑦ 材軸に関する鉛直反力が打ち消され部材に曲げとせん断は生じない。軸方向力のみとなる（図D）。

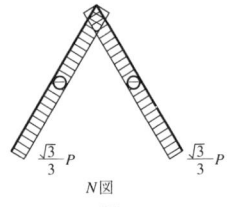

【練習問題 6.3.11】図に示すラーメンを仮想仕事法により解け。

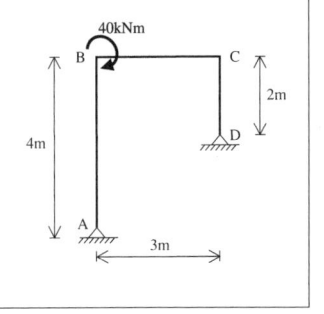

〈解答〉

① 不静定次数を求める。

　$r = 4 + 6 - 3 \times 3 = 1$

② 余剰力をD点の水平反力を$X$として静定基本構造を図Aのようにとる。

図A　　　　　図B

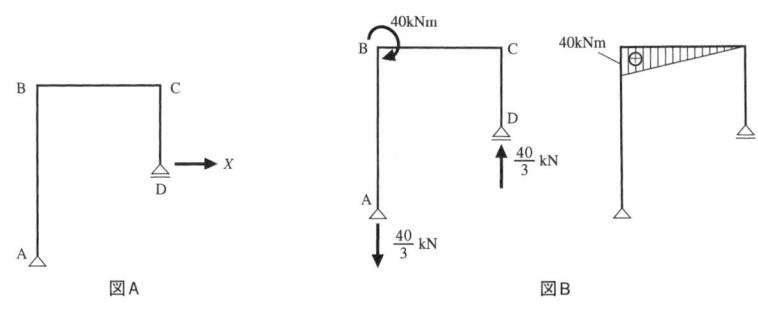

③ 静定基本構造のB点に 40 kNm のモーメントが作用している場合の曲げモーメントを求める（図B）。

　　A〜B間：$M_x = 0$
　　B〜C間：$M_x = -\dfrac{4}{3}x + 4$
　　C〜D間：$M_x = 0$

④ 静定基本構造のD点に単位荷重 $X=1$ が作用した場合の曲げモーメントを求める（図C）。

　　A〜B間：$m_x = x$
　　B〜C間：$m_x = -\dfrac{2}{3}x + 4$
　　C〜D間：$m_x = -x + 2$

⑤ 変位 $\varDelta_{10}$, $\varDelta_{11}$ を求める。

$$\varDelta_{10} = \frac{1}{EI}\int_0^3 \left(-\frac{40}{3}x + 40\right)\left(-\frac{2}{3}x + 4\right)dx = \frac{1}{EI}\left[\frac{80}{27}x^3 - 40x^2 + 160x\right]_0^3 = \frac{200}{EI}$$

$$\varDelta_{11} = \frac{1}{EI}\int_0^4 x^2 dx + \frac{1}{EI}\int_0^3 \left(-\frac{2}{3}x + 4\right)^2 dx + \frac{1}{EI}\int_0^2 (-x+2)^2 dx$$

$$= \frac{1}{EI}\left\{\left[\frac{1}{3}x^3\right]_0^4 + \left[\frac{4}{27}x^3 - \frac{8}{3}x^2 + 16x\right]_0^3 + \left[\frac{1}{3}x^3 - 2x^2 + 4x\right]_0^2\right\} = \frac{52}{EI}$$

⑥ 適合条件より余剰力を求める。

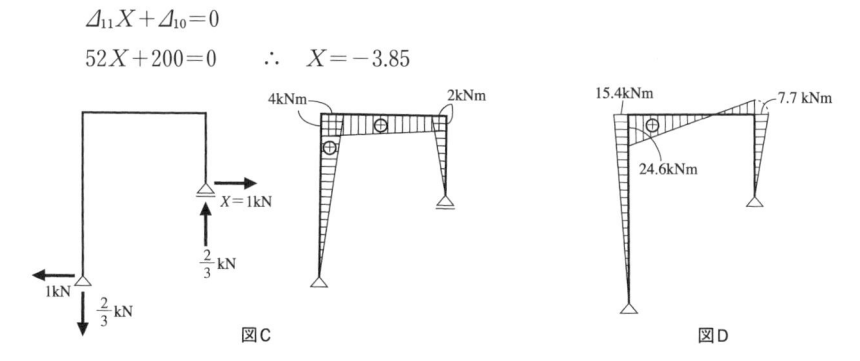

　　$\varDelta_{11} X + \varDelta_{10} = 0$
　　$52X + 200 = 0$　　∴　$X = -3.85$

図C　　　　　図D

⑦ 曲げモーメントを求める。
　　A〜B間：$M_x = -3.85x$
　　B〜C間：$M_x = -10.77x + 24.62$
　　D〜C間：$M_x = 3.85x$
⑧ 曲げモーメント図を描く（図D）。

【練習問題 6.3.12】図に示す不静定ラーメンを仮想仕事法により解け。

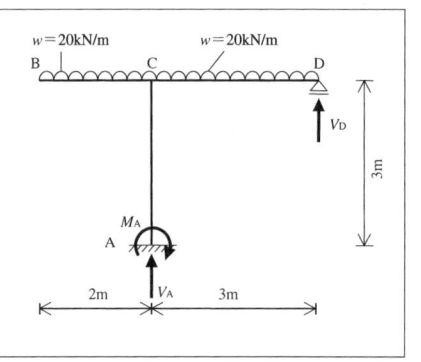

〈解答〉
① 不静定次数を求める。
　　$r = 4 + 6 - 3 \times 3 = 1$
② 余剰力をD点の垂直反力$Y$として静定基本構造を図Aのようにとる。
③ 静定基本構造の部材BDに分布荷重$w$が作用している場合の曲げモーメント$M_x$を求める（図B）。
　　A〜C間：$M_x = -50$
　　B〜C間：$M_x = -20x \times \dfrac{x}{2} = -10x^2$
　　D〜C間：$M_x = 20x \times \dfrac{x}{2} = 10x^2$

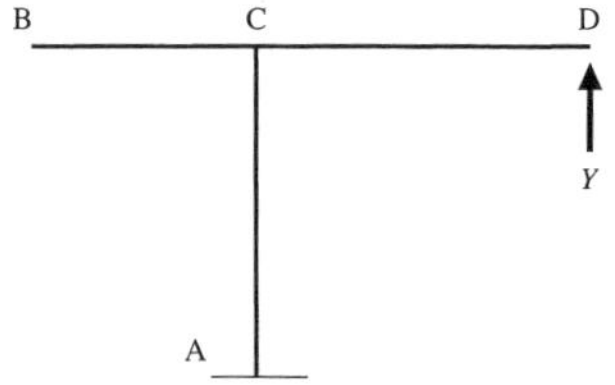

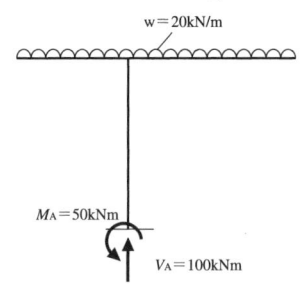

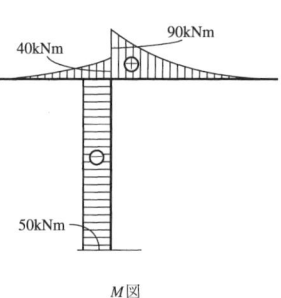

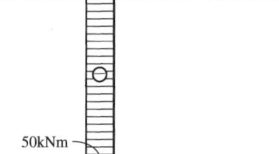

④ 静定基本構造のD点に単位荷重 $Y=1$ のみが作用した場合の曲げモーメントを求める（図C）。

　　A〜C間：$m_x=3$
　　B〜C間：$m_x=0$
　　D〜C間：$m_x=-x$

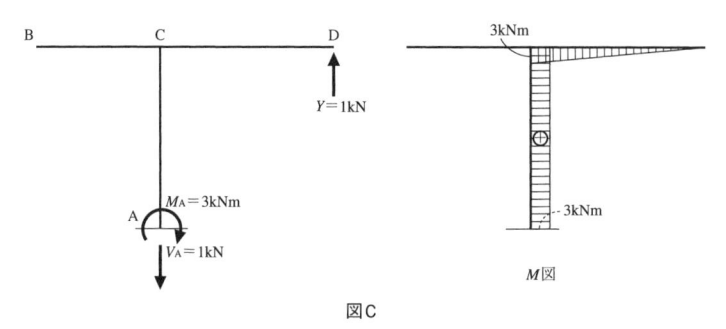

⑤ 分布荷重$w$による変位 $\Delta_{10}$ を求める。

$$\Delta_{10}=\frac{1}{EI}\int m_x M_x dx = \frac{1}{EI}\int_0^3 3\cdot(-50)\,dx + \frac{1}{EI}\int_0^2 (-10x^2)\,0\,dx$$

$$+\frac{1}{EI}\int_0^3 (-x)\,10x^2\,dx = \frac{-2610}{4EI}$$

⑥ 単位荷重 $Y=1$ が作用したときの変位 $\Delta_{11}$ を求める。

$$\Delta_{11}=\frac{1}{EI}\int m_x\cdot m_x dx = \frac{1}{EI}\int_0^3 3^2 dx + \frac{1}{EI}\int_0^2 0^2 dx + \frac{1}{EI}\int_0^3 (-x)^2 dx = \frac{36}{EI}$$

⑦ D点における適合条件より余剰力を求める。

$$Y=-\frac{\Delta_{10}}{\Delta_{11}}=\frac{2610}{4EI}\cdot\frac{EI}{36}=18.13$$

⑧ 曲げモーメントを求める（図D）。

　　A〜C間：$M_x=4.39$
　　B〜C間：$M_x=-10x^2$
　　D〜C間：$M_x=-18.13x+10x^2$

⑨ 曲げモーメント図とせん断力図を描く（図E）。

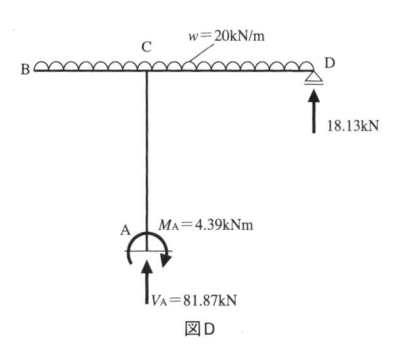

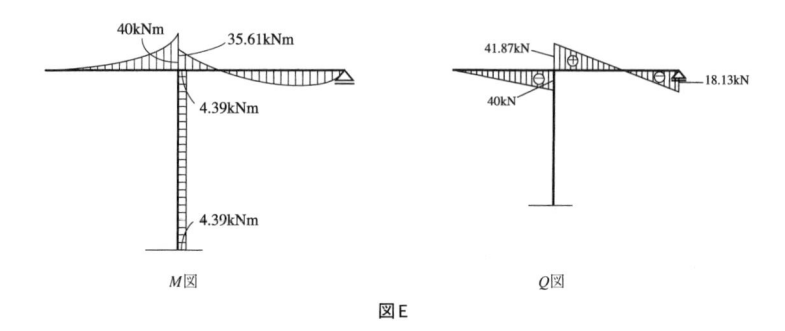

図 E

# 第7章　不静定構造と変位法

　前章で学んだ応力法は，反力または応力を未知数に選んで解く方法であり，その未知数の選び方は1つの問題に対し幾とおりにも考えることができた。これに対して，本章で扱う変位法では，未知数として節点における変位（たわみ）および回転角（たわみ角）が選ばれ，その解法として標準化された手順が確立されている。ここでは，その代表的な方法として，たわみ角法と固定モーメント法を取り上げることにする。

## 7.1　たわみ角法

　たわみ角法は，曲げ変形が支配的になる不静定梁や不静定ラーメンに対して用いられる。構造物の節点におけるたわみ角と部材角を未知数とする連立方程式を構成し，この連立方程式を解いて構造物の変形および応力を求める。未知数の数が少ない場合は手計算が可能であるが，未知数が多くなるような場合には，連立方程式を構成した後コンピュータを用いて数値計算を行う。

【基礎知識 7.1.1：たわみ角法の用語】
　たわみ角法で用いられる主要な用語を整理しておく。

① 　たわみ角（図 7.1.1）
　曲げを受け湾曲した部材 AB の任意の1点Cでの接線と変形前の部材とのなす角 $\theta$ をたわみ角という（図a）。符号は，接線が変形前の部材に対して時計回りの場合を正，反時計回りの場合を負とする。とくに部材の両端におけるたわみ角を節点角とよぶこともある（図b）。

② 　部材角（図 7.1.2）
　部材の両端の移動差 $d$ を材長 $l$ で割った値 $R$ を部材角という。符号は，変形後の部材の両端を結ぶ線が変形前の部材の両端を結ぶ線に対して時計

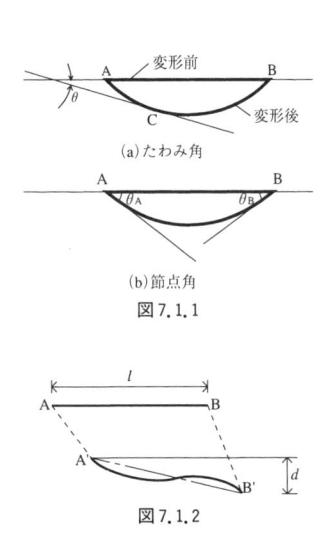

回りに回転している場合を正，反時計回りに回転している場合を負とする。

③ 接線角（図 7.1.3）

変形後の部材の両端を結んだ線 $\overline{A'B'}$ と部材端での接線とのなす角を接線角という。符号は，変形後の部材の両端を結んだ線に対して，接線が時計回りに回転している場合を正，反時計回りに回転している場合を負とする。したがって，すでに述べたたわみ角 $\theta_A$，$\theta_B$ および部材角 $R$ とこの接線角 $\tau_A$，$\tau_B$ との間には以下の関係がある。

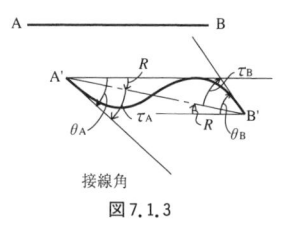

図 7.1.3

$$\theta_A = \tau_A + R, \quad \theta_B = \tau_B + R \qquad (7.1.1)$$

④ 材端モーメント（図 7.1.4）

部材の一部を切り取ったとき，切り取る前の変形を保つためにその両端で外部から部材を曲げようとして働くモーメントを材端モーメントという（図 a）。符号は時計回りを正，反時計回りを負とする。部材の左端の材端モーメントの符号は曲げモーメントと同じであり，右端での符号は曲げモーメントとは逆になる。とくに部材の両端が固定されている場合の材端モーメントを固定端モーメントという（図 b）。

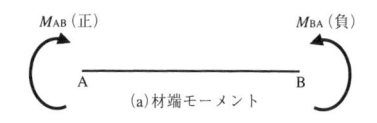

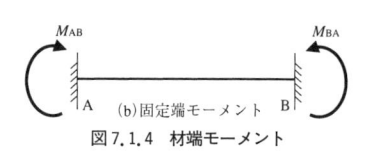

図 7.1.4　材端モーメント

⑤ 剛比

部材の曲げ抵抗を表す指標として，部材の断面 2 次モーメント $I$ を部材長 $l$ で除した値を剛度 $K(=I/l)$ と定義する。たわみ角法においては，ある部材の剛度の値そのものよりも他部材の剛度との比率が問題となるので，基準となる部材の剛度を標準剛度 $K_0$ として選び，すべての部材の剛度をこの標準剛度で割った比率 $k(=K/K_0)$ を用いる。この比率 $k$ を剛比という。

【基礎知識 7.1.2：たわみ角法の仮定】

たわみ角法は以下の仮定に基づいている。

① 部材の曲げ変形のみを考え，軸方向力およびせん断力による変形は無視する。

② 節点は剛接合されており，節点において部材の相互間の角度は不変である。したがって，節点に集まる各部材のたわみ角は相等しくなり，1 節点につき 1 つ

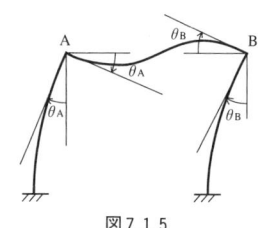

図 7.1.5

のたわみ角が未知数となる（図7.1.5）。

③ 部材の湾曲によるスパンの長さおよび層間の高さの変化を無視する。したがって，高さの等しい同一層の節点の水平変位は等しく，垂直変位は0となる。すなわち，階高が一定の場合，同一層の柱の部材角は等しく，梁の部材角は0となる（図7.1.6）。

以上の仮定を用いることにより，たわみ角と部材角の未知数の数を大幅に減少させることができる。

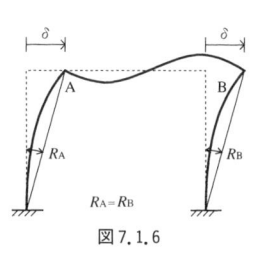

図7.1.6

【基礎知識7.1.3：基本公式】

材端モーメントは材端におけるたわみ角と部材角，および中間荷重によって表すことができる。この式をたわみ角法の基本公式といい，以下のように与えられる。

$$M_{AB}=2EK(2\theta_A+\theta_B-3R)+C_{AB} \qquad (7.1.2\text{ a})$$
$$M_{BA}=2EK(2\theta_B+\theta_A-3R)+C_{BA} \qquad (7.1.2\text{ b})$$

ここに，$M_{AB}$，$M_{BA}$ はそれぞれA，B端における材端モーメント，$E$ はヤング係数，$K$ は剛度，$\theta_A$，$\theta_B$ はそれぞれA，B端におけるたわみ角，$R$ は部材角，$C_{AB}$，$C_{BA}$ はそれぞれ中間荷重によるA，B端での荷重項である。

なお実際の計算においては上式をそのまま用いるより

$$\varphi_A=2EK_0\theta_A, \quad \varphi_B=2EK_0\theta_B, \quad \psi=-6EK_0R \qquad (7.1.3)$$

と定義することにより得られる以下の形の方が使いやすい。

$$M_{AB}=k_{AB}(2\varphi_A+\varphi_B+\psi)+C_{AB} \qquad (7.1.4\text{ a})$$
$$M_{BA}=k_{AB}(2\varphi_B+\varphi_A+\psi)+C_{BA} \qquad (7.1.4\text{ b})$$

【基礎知識7.1.4：荷重項の算定】

基本公式における荷重項 $C_{AB}$，$C_{BA}$ は式(7.1.2 a，b)あるいは式(7.1.4 a，b)で $\theta_A=\theta_B=R=0$ あるいは $\varphi_A=\varphi_B=\psi=0$ とおいて得られる値であり，力学的には両端固定における材端モーメント，すなわち固定端モーメントを意味している。任意の中間荷重を受ける単純梁の曲げモーメント図の全面積を $F$，その仮想荷重の重心Gの位置をA端より $x_A$ とすると，一般に荷重項は次式で与えられる。

$$C_{AB}=-\frac{2F(2l-3x_A)}{l^2}, \quad C_{BA}=\frac{2F(3x_A-l)}{l^2} \qquad (7.1.5)$$

例えば，中央集中荷重 $P$ の場合，$x_A=\dfrac{l}{2}$，$F=\dfrac{Pl^2}{8}$ となり

$$C_{AB}=-\frac{Pl}{8}, \quad C_{BA}=\frac{Pl}{8} \qquad (7.1.6\text{ a})$$

等分布荷重 $w$ の場合，$x_A = \dfrac{l}{2}$, $F = \dfrac{wl^3}{12}$ となり

$$C_{AB} = -\dfrac{wl^2}{12}, \quad C_{BA} = \dfrac{wl^2}{12} \tag{7.1.6 b}$$

また，特別な場合の荷重項として，一端固定，他端支持の梁の材端モーメントの荷重項は次式で与えられる。このとき，剛比は 0.75 倍して用いる。

A端固定B端支持：$H_{AB} = C_{AB} - \dfrac{1}{2} C_{BA}$ \hfill (7.1.7 a)

B端固定A端支持：$H_{BA} = C_{BA} - \dfrac{1}{2} C_{AB}$ \hfill (7.1.7 b)

【基礎知識 7.1.5：節点方程式】

節点に集まる部材の材端モーメントの和は節点に作用する外力モーメントと釣合いを保っている。例えば，図 7.1.7 においてラーメン構造の任意の点Eを中心にＡＢＣＤの部分を仮想的に切り出した場合，部材 $\overline{AE}$, $\overline{EB}$, $\overline{CE}$, $\overline{ED}$ の点Eにおける材端モーメントをそれぞれ $M_{EA}$, $M_{EB}$, $M_{EC}$, $M_{ED}$ とし，点Eに作用する外力モーメントを $\overline{M}$ とすると次式が成立する。

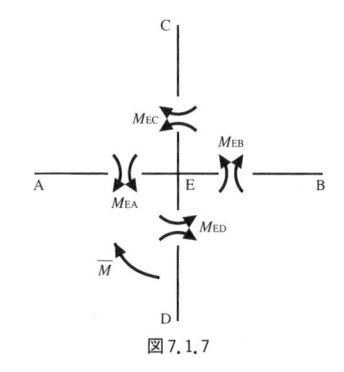

図 7.1.7

$$\sum M_E = M_{EA} + M_{EB} + M_{EC} + M_{ED} = \overline{M} \tag{7.1.8 a}$$

点Eに外力モーメントが作用しない場合（$\overline{M} = 0$）は

$$\sum M_E = 0 \tag{7.1.8 b}$$

となる。この各節点におけるモーメントの釣合い条件式を節点方程式という。

【基礎知識 7.1.6：層方程式】

各層あるいは各スパンについてのせん断力の釣合い条件式を層方程式という。図 7.1.8 に示すように，ラーメンに横力 $P$ が作用すると，節点は移動して部材角を生じる。部材角を生じた部材にはせん断力 $Q_1$, $Q_2$ が生じ，以下の釣合いを満足する。

図 7.1.8

$$P = Q_1 + Q_2 \tag{7.1.9}$$

## 【基礎知識 7.1.7：たわみ角法の手順】

たわみ角法の手順を以下に要約する。
① 未知数（たわみ角と部材角）を選定する。
② 各部材ごとにたわみ角法の基本公式を用いて，材端モーメントをたわみ角および部材角で表す。
③ 基本公式中の荷重項を算定する。
④ 節点ごとに節点方程式をたてる。
⑤ 各層あるいは各スパンごとに層方程式をたてる。
⑥ ②を④と⑤に代入して未知量に関する連立方程式の形にする。
⑦ 連立方程式を解きたわみ角と部材角を求める。
⑧ たわみ角と部材角を②に代入して材端モーメントを算定する。
⑨ 各部材の応力を求める。

## 【基礎知識 7.1.8：独立部材角と従属部材角】

図 7.1.9 に示すように荷重 $P$ を受けラーメンが変形したとき，部材 AC と BD に部材角 $R_1$, $R_2$ がそれぞれ生じる。仮定により両部材の横変位 $\delta$ は等しいから部材角は以下のようになる。

$$R_1 = \frac{\delta}{h}, \quad R_2 = \frac{\delta}{h/2} = 2 \cdot \frac{\delta}{h} = 2R_1$$

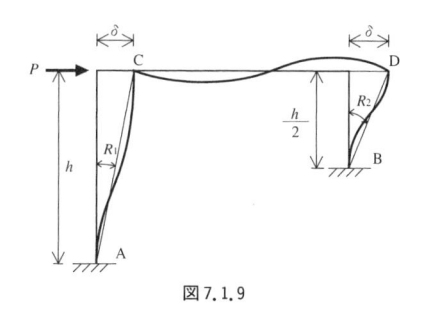

このように，部材角 $R_2$ を部材角 $R_1$ によって表すことができるとき，未知数は $R_1$ 1つのみである。このとき $R_1$ を独立部材角，$R_2$ を従属部材角という。逆に $R_1 = R_2/2$ であり，$R_1$ は $R_2$ によって表される。このときは，$R_2$ が独立部材角，$R_1$ が従属部材角となる。独立部材角の数が必要な層方程式の数である。

図 7.1.9

図 7.1.10 に示すように，層の高さが等しいときは柱の部材角はその層ですべて等しい。第1層から第3層までの部材角をそれぞれ $R_1$, $R_2$, $R_3$ とすると，

$$R_1 = \frac{\delta_1}{h_1}, \quad R_2 = \frac{\delta_2}{h_2}, \quad R_3 = \frac{\delta_3}{h_3}$$

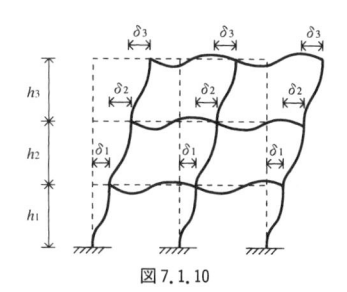

$R_1$, $R_2$, $R_3$ はお互いに独立であるから，層ごとに独立部材角が1つ定まり，必要な層方程式の数は層の数に等しくなる。

図 7.1.10

【基礎知識7.1.9：節点移動の有無】
　節点移動がない場合は，部材角が生じないので層方程式をたてる必要がなくなり，節点方程式のみにより解くことができる．一方，節点移動がある場合は部材角が生じるので，節点方程式と層方程式を併せて解く必要がある．

【基本問題7.1.1】D点に集中荷重$P$が作用しているとき以下のラーメンを解け．

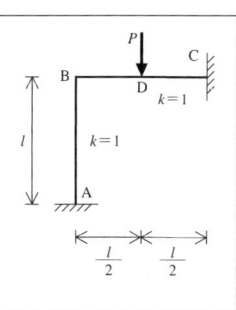

〈解答〉

① 未知量を選ぶ（図A）．
　　A，Cは固定端：$\varphi_A = \varphi_C = 0$
　　節点Bの移動はない：$\psi_{BA} = \psi_{BC} = 0$
　　よって未知量は $\varphi_B$ のみとなる．

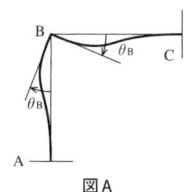

② 節点Bにおける材端モーメントを基本公式を用いて表す．

$$M_{BA} = k_{BA}(2\varphi_B + \varphi_A) = 1 \cdot 2\varphi_B = 2\varphi_B$$
$$M_{BC} = k_{BC}(2\varphi_B + \varphi_C) + C_{BC} = 2\varphi_B + C_{BC}$$

③ 部材BCの荷重項を求める．

$$-C_{BC} = C_{CB} = \frac{Pl}{8}$$

④ 節点Bで節点方程式をたてる．

$$M_{BA} + M_{BC} = 0$$
$$2\varphi_B + 2\varphi_B - \frac{Pl}{8} = 0 \quad \therefore \quad \varphi_B = \frac{Pl}{32}$$

⑤ 部材ABおよびBCの材端モーメントを求める．

$$M_{AB} = k_{AB}(2\varphi_A + \varphi_B) = \varphi_B = \frac{Pl}{32}$$

$$M_{BA} = 2\varphi_B = \frac{Pl}{16}$$

$$M_{BC} = 2\varphi_B + C_{BC} = \frac{Pl}{16} - \frac{Pl}{8} = -\frac{Pl}{16}$$

$$M_{CB} = k_{CB}(2\varphi_C + \varphi_B) + C_{CB} = \frac{Pl}{32} + \frac{Pl}{8} = \frac{5}{32}Pl$$

⑥ 曲げモーメント図を描く（図B）。

（補足）

D点における曲げモーメントを求める（図C）。

$$\Sigma Y = 0 : V_B + V_C = P$$

$$\Sigma M_B = 0 : -\frac{Pl}{16} + \frac{5}{32}Pl + \frac{Pl}{2} - V_C l = 0$$

$$\therefore V_C = \frac{19}{32}P, \quad V_B = \frac{13}{32}P$$

$$M_x = -\frac{Pl}{16} + \frac{13}{32}Px, \quad M_{x=\frac{l}{2}} = -\frac{Pl}{16} + \frac{13}{64}Pl = \frac{9}{64}Pl$$

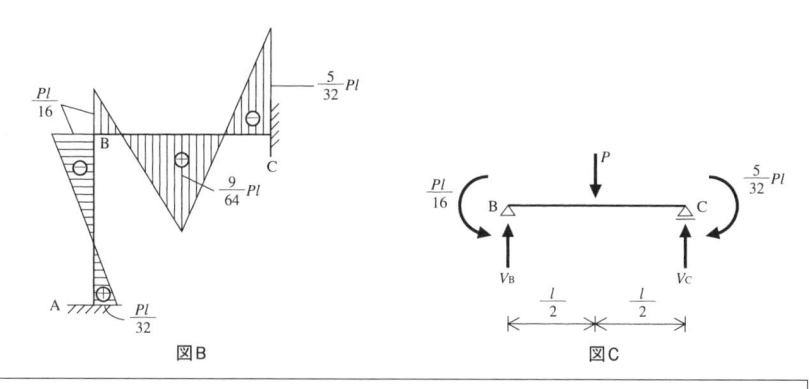

図B　　　　　　　　　　　図C

【基本問題7.1.2】B点にモーメント $\widetilde{M}$ が作用しているとき，以下のラーメンを解け。

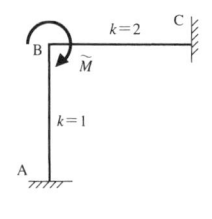

〈解答〉

① 未知量を選ぶ（図A）。

　A，Cは固定端：$\varphi_A = \varphi_C = 0$

　節点Bの移動はないので部材角は生じない：
$$\psi_{BA} = \psi_{BC} = 0$$

よって未知量は $\varphi_B$ の1つだけ。

② 節点Bにおける部材 AB と BC の材端モーメントを

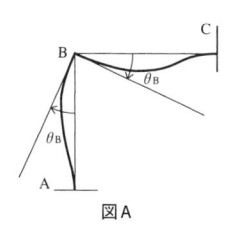

図A

基本公式を用いてたわみ角で表す。

$$M_{BA} = k_{BA}(2\varphi_B + \varphi_A + \psi_{BA}) + C_{BA} = 2\varphi_B$$

$$M_{BC} = k_{BC}(2\varphi_B + \varphi_C + \psi_{BC}) + C_{BC} = 4\varphi_B$$

③ 節点Bで節点方程式をたてる。

$$M_{BA} + M_{BC} = \widetilde{M}$$

$$2\varphi_B + 4\varphi_B = 6\varphi_B = \widetilde{M} \quad \therefore \quad \varphi_B = \frac{\widetilde{M}}{6}$$

④ 部材ABおよびBCの材端モーメントを求める。

$$M_{AB} = \varphi_B = \frac{\widetilde{M}}{6}, \quad M_{BA} = 2\varphi_B = \frac{\widetilde{M}}{3},$$

$$M_{BC} = 4\varphi_B = \frac{2}{3}\widetilde{M}, \quad M_{CB} = 2\varphi_B = \frac{\widetilde{M}}{3}$$

⑤ 曲げモーメント図を描く（図B）。

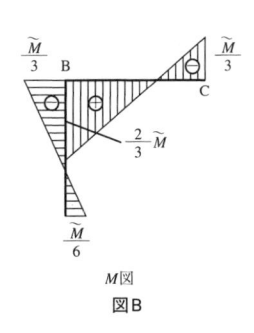

M図
図B

【基本問題7.1.3】B点にモーメント $\widetilde{M}$ が作用しているとき，以下のラーメンを解け。

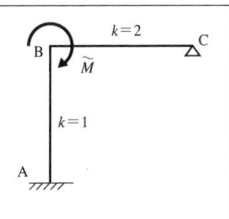

〈解答〉

① 未知量を選ぶ（図A）。

　　Aは固定端：$\varphi_A = 0$

　　節点Bの移動はない：$\psi_{BA} = \psi_{BC} = 0$

よって未知量は $\varphi_B$ と $\varphi_C$ の2つ。

② 節点BおよびCにおける部材ABとBCの材端モーメントを基本公式を用いてたわみ角で表す。

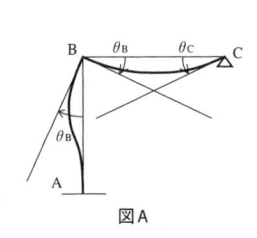

$$M_{BA} = k_{BA}(2\varphi_B + \varphi_A + \psi_{BA}) + C_{BA} = 2\varphi_B$$

$$M_{BC} = k_{BC}(2\varphi_B + \varphi_C + \psi_{BC}) + C_{BC} = 4\varphi_B + 2\varphi_C$$

$$M_{CB} = k_{CB}(2\varphi_C + \varphi_B + \psi_{CB}) + C_{CB} = 4\varphi_C + 2\varphi_B$$

③ 節点Cはピンであるので $M_{CB} = 0$

$$4\varphi_C + 2\varphi_B = 0 \quad \therefore \quad \varphi_C = -\frac{\varphi_B}{2}$$

図A

④ 節点Bで節点方程式をたてる。

$$M_{BA} + M_{BC} = \widetilde{M}, \quad 2\varphi_B + 4\varphi_B + 2\varphi_C = 6\varphi_B - \varphi_B = 5\varphi_B = \widetilde{M}$$

$$\therefore \quad \varphi_B = \frac{\widetilde{M}}{5}, \quad \varphi_C = -\frac{\widetilde{M}}{10}$$

⑤ 部材 AB および BC の材端モーメントを求める。

$$M_{AB} = \varphi_B = \frac{\widetilde{M}}{5}, \quad M_{BA} = 2\varphi_B = \frac{2}{5}\widetilde{M},$$

$$M_{BC} = 4\varphi_B + 2\varphi_C = \frac{4}{5}\widetilde{M} - \frac{1}{5}\widetilde{M} = \frac{3}{5}\widetilde{M}$$

⑥ 曲げモーメント図を描く（図B）。

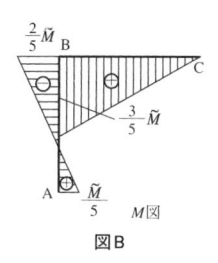

【基本問題7.1.4】図のように等分布荷重 $w$ を受けるラーメンを解け。

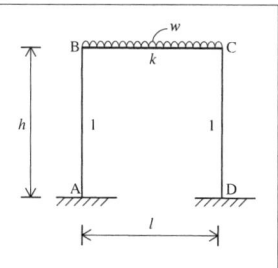

〈解答〉

① 未知量を選定する（図A）。

　　A, D は固定：$\varphi_A = \varphi_D = 0$

　　対称変形：$\varphi_C = -\varphi_B, \quad \psi_{AB} = \psi_{BC} = \psi_{CD} = 0$

よって未知量は $\varphi_B$ の1つ。

② 節点Bにおける各部材の材端モーメントを基本公式を用いてたわみ角で表す。

$$M_{BC} = k(2\varphi_B + \varphi_C) + C_{BC} = k\varphi_B + C_{BC}$$

$$M_{BA} = 1(2\varphi_B + \varphi_A) = 2\varphi_B$$

$$C_{BC} = -\frac{wl^2}{12}$$

③ 節点Bにおける節点方程式をたてる。

$$M_{BC} + M_{BA} = 0$$

$$k\varphi_B + 2\varphi_B - \frac{wl^2}{12} = 0 \quad \therefore \quad \varphi_B = \frac{wl^2}{12(k+2)}$$

層方程式は，節点の移動がないので不要。

④ 材端モーメントを求める（図B）。

$$M_{BC} = k\varphi_B - \frac{wl^2}{12} = -\frac{wl^2}{6(k+2)}$$

$$M_{BA} = 2\varphi_B = \frac{wl^2}{6(k+2)}$$

$$M_{AB} = 2\varphi_A + \varphi_B = \varphi_B = \frac{wl^2}{12(k+2)}$$

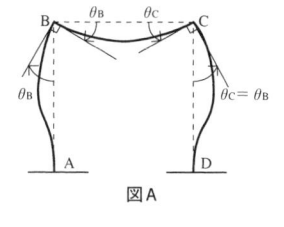

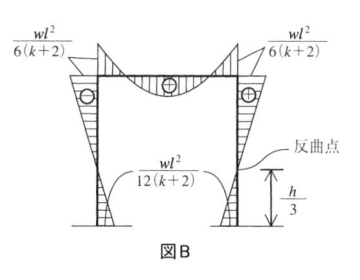

（補足） 反曲点高 $h_0$ の検討

$$h_0 = \frac{M_{AB}}{M_{AB}+M_{BA}} h = \frac{h}{3}$$

したがって，固定端の場合の反曲点高はつねに $\dfrac{h}{3}$ となる．

---

【基本問題 7.1.5】図のように水平荷重 $P$ を受けるラーメンを解け．

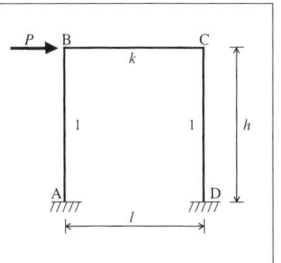

〈解答〉

① 未知量を選定する（図A）．

　　固定端：$\varphi_A = \varphi_D = 0$

　　逆対称変形：$\varphi_B = \varphi_C$，部材角 $\psi_{AB} = \psi_{DC} = \psi$，$\psi_{BC} = 0$

よって未知量は $\varphi_B$ と $\psi$ の2つ．

② 材端モーメントを基本公式を用いてたわみ角および部材角で表す．

　　$M_{BC} = k(2\varphi_B + \varphi_C) = k \cdot 3\varphi_B$

　　$M_{BA} = 1(2\varphi_B + \varphi_A + \psi) = 2\varphi_B + \psi$

　　$M_{AB} = 1(2\varphi_A + \varphi_B + \psi) = \varphi_B + \psi$

③ 節点Bにおける節点方程式をたてる．

　　$M_{BC} + M_{BA} = 0$

　　$k \cdot 3\varphi_B + 2\varphi_B + \psi = 0 \quad \therefore \quad (3k+2)\varphi_B + \psi = 0$

④ 層方程式をたてる．

　　$\dfrac{M_{BA}+M_{AB}}{h} + \dfrac{M_{CD}+M_{DC}}{h} + P = 0$

　　$2 \cdot \dfrac{2\varphi_B + \psi + \varphi_B + \psi}{h} + P = 0 \quad \therefore \quad 2(3\varphi_B + 2\psi) + Ph = 0$

⑤ ③と④を連立させて $\varphi_B$，$\psi$ を求める．

　　$\varphi_B = \dfrac{Ph}{2(6k+1)}, \quad \psi = -\dfrac{3k+2}{2(6k+1)} Ph$

⑥ 材端モーメントを求める．

　　$M_{BC} = k \cdot 3\varphi_B = \dfrac{3k}{2(6k+1)} Ph, \quad M_{BA} = 2\varphi_B + \psi = -\dfrac{3k}{2(6k+1)} Ph,$

$$M_{AB} = \varphi_B + \psi = -\frac{3k+1}{2(6k+1)}Ph$$

⑦ 曲げモーメント図を求める（図B）。

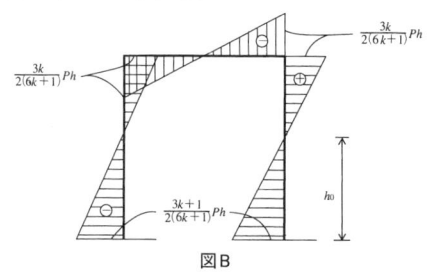

図B

（補足）反曲点高 $h_0$ の検討

$$h_0 = \frac{M_{AB}}{M_{AB}+M_{BA}}h = \frac{3k+1}{6k+1}h$$

$k=0$ のとき $h_0 = h$ （図C(a)）

$k \to \infty$ のとき $h_0 = \dfrac{h}{2}$ （図C(b)）

したがって，一般に反曲点は中央より上にあり，$k$ が小さいほど反曲点は上にくる。

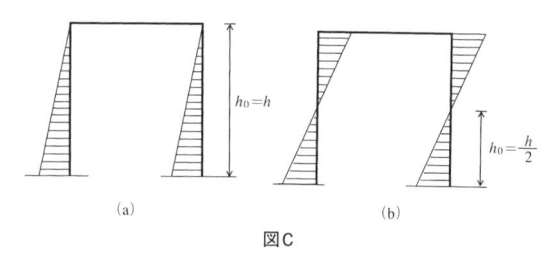

図C

【基本問題 7.1.6】図に示す不静定ラーメンの応力を求めるのに必要な節点方程式と層方程式を導け。

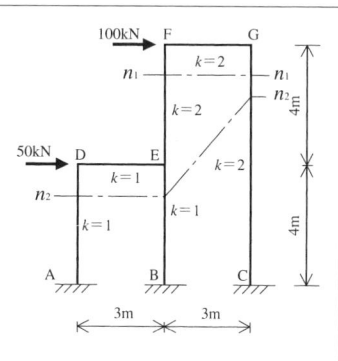

〈解答〉

① 未知量を選定する。変形架構は図Aのようになる。節点Fの移動量 $\delta_2$ は，ラーメンの変形図から $\delta_1$ と $\delta_3$ の和であるので

$$R_3 = \frac{\delta_3}{h_3} = \frac{\delta_2 - \delta_1}{h_3} = \frac{1}{h_3}(h_2 R_2 - h_1 R_1)$$

$$\therefore \quad \psi_3 = \frac{h_2}{h_3}\psi_2 - \frac{h_1}{h_3}\psi_1 = 2\psi_2 - \psi_1$$

すなわち，$\psi_1$ と $\psi_2$ は独立部材角であるが，$\psi_3$ は従属部材角となる。したがって，未知量は，$\varphi_D$, $\varphi_E$, $\varphi_F$, $\varphi_G$, $\psi_1$, $\psi_2$ の6つである。

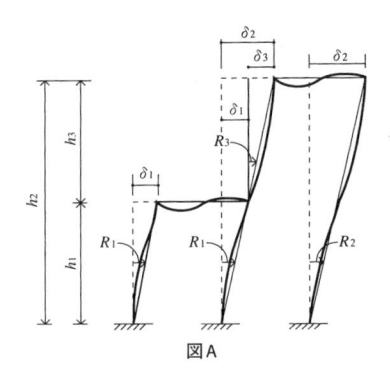

図A

② 節点A〜Gにおける各部材の材端モーメントを基本公式を用いて $\varphi$, $\psi$ で表す。

$M_{AD} = \varphi_D + \psi_1$              $M_{DA} = 2\varphi_D + \psi_1$

$M_{DE} = 2\varphi_D + \varphi_E$          $M_{ED} = 2\varphi_E + \varphi_D$

$M_{BE} = \varphi_E + \psi_1$              $M_{EB} = 2\varphi_E + \psi_1$

$M_{EF} = 2(2\varphi_E + \varphi_F + \psi_3)$   $M_{FE} = 2(2\varphi_F + \varphi_E + \psi_3)$

$M_{FG} = 2(2\varphi_F + \varphi_G)$        $M_{GF} = 2(2\varphi_G + \varphi_F)$

$M_{GC} = 2(2\varphi_G + \psi_2)$          $M_{CG} = 2(\varphi_G + \psi_2)$

③ 節点D〜Gの節点方程式をたてる。

節点D：$M_{DA} + M_{DE} = 0$     $4\varphi_D + \varphi_E + \psi_1 = 0$

節点E：$M_{ED} + M_{EB} + M_{EF} = 0$    $\varphi_D + 8\varphi_E + 2\varphi_F + \psi_1 + 2\psi_3 = 0$

節点F：$M_{FE} + M_{FG} = 0$     $\varphi_E + 4\varphi_F + \varphi_G + \psi_3 = 0$

節点G：$M_{GF} + M_{GC} = 0$     $\varphi_F + 4\varphi_G + \psi_2 = 0$

④ $n_1 - n_1$ 切断と $n_2 - n_2$ 切断の2断面について層方程式をたてる。

$$n_1 - n_1: \frac{M_{EF} + M_{FE}}{4} + \frac{M_{GC} + M_{CG}}{8} = -100$$

$$n_2 - n_2: \frac{M_{AD} + M_{DA}}{4} + \frac{M_{EB} + M_{BE}}{4} + \frac{M_{GC} + M_{CG}}{8} = -150$$

⑤ 求める節点方程式と層方程式は最終的に以下のようになる。

節点方程式

節点D：$4\varphi_D + \varphi_E + \psi_1 = 0$

節点E：$\varphi_D + 8\varphi_E + 2\varphi_F - \psi_1 + 4\psi_2 = 0$

節点F：$\varphi_E + 4\varphi_F + \varphi_G - \psi_1 + 2\psi_2 = 0$

節点G：$\varphi_F + 4\varphi_G + \psi_2 = 0$

**層方程式**

$n_1 - n_1 : 6\varphi_E + 6\varphi_F + 3\varphi_G - 4\psi_1 + 10\psi_2 + 400 = 0$

$n_2 - n_2 : 3\varphi_D + 3\varphi_E + 3\varphi_G + 4\psi_1 + 2\psi_2 + 600 = 0$

【練習問題 7.1.1】図の不静定梁をたわみ角法で解け。

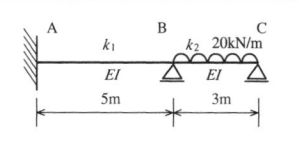

〈解答〉

① 未知量を選定する。未知量は $\varphi_B$ と $\varphi_C$ の 2 つ。
② 各節点における各部材の材端モーメントを基本公式を用いてたわみ角で表す。
$k_1 = 3$, $k_2 = 5$ とおけるので、

$M_{AB} = 3\varphi_B$, $M_{BA} = 3(2\varphi_B)$,

$M_{BC} = 5(2\varphi_B + \varphi_C) - 15$, $M_{CB} = 5(2\varphi_C + \varphi_B) + 15$

③ 節点 C で $M_{CB} = 0$ となるので、$\varphi_C = -0.5\varphi_B - 1.5$
節点 B での節点方程式をたてる。

$M_{BA} + M_{BC} = 0 \quad 16\varphi_B + 5\varphi_C - 15 = 0$

$\therefore \varphi_B = \dfrac{5}{3}, \quad \varphi_C = -\dfrac{7}{3}$

④ 材端モーメントを求める。

$M_{BC} = 10 \times \dfrac{5}{3} + 5 \times \left(-\dfrac{7}{3}\right) - 15 = -10 \text{ kNm}$

$M_{BA} = 6 \times \dfrac{5}{3} = 10 \text{ kNm} \qquad M_{AB} = 3 \times \dfrac{5}{3} = 5 \text{ kNm}$

⑤ 曲げモーメント図とせん断力図を描く（図A）。

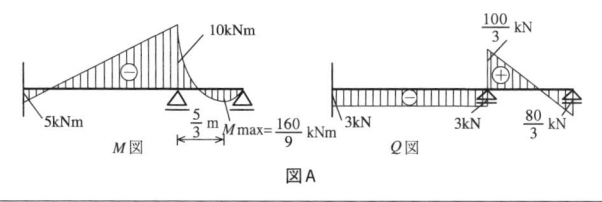

図A

【練習問題 7.1.2】図の連続梁をたわみ角法で解け。

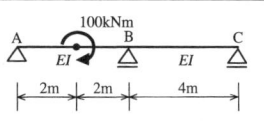

〈解答〉

① 未知量を選定する。$\varphi_A$, $\varphi_B$, $\varphi_C$ の3つ。
② 各節点における各部材の材端モーメントを基本公式を用いてたわみ角で表す。

$M_{AB} = 2\varphi_A + \varphi_B + C_{AB}$,　　　$M_{BA} = 2\varphi_B + \varphi_A + C_{BA}$　　ただし $C_{AB} = C_{BA} = 25$ kNm

$M_{BC} = 2\varphi_B + \varphi_C$,　　　$M_{CB} = 2\varphi_C + \varphi_B$

③ 節点A，B，Cの節点方程式をたてる。

節点A：$M_{AB} = 0$　　　　　$2\varphi_A + \varphi_B + 25 = 0$

節点B：$M_{BA} + M_{BC} = 0$　　$2\varphi_B + \varphi_A + 25 + 2\varphi_B + \varphi_C = 0$

節点C：$M_{CB} = 0$　　　　　$2\varphi_C + \varphi_B = 0$

∴　$\varphi_A = -10.42$,　$\varphi_B = -4.17$,　$\varphi_C = 2.08$

④ 材端モーメントを求める。

$M_{AB} = 0$,　$M_{BA} = 6.25$ kNm,

$M_{BC} = -6.25$ kNm,　$M_{CB} = 0$

⑤ 曲げモーメントとせん断力を描く（図A）。

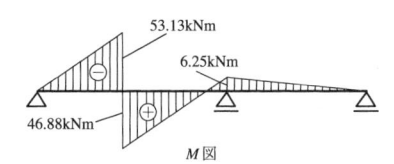

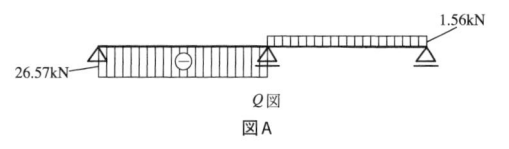

【練習問題 7.1.3】図の連続梁をたわみ角法で解け。

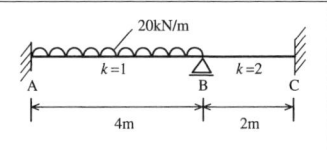

〈解答〉

① 未知量を選定する。$\varphi_B$ の1つ。
② 節点Bにおける各部材の材端モーメントを基本公式を用いてたわみ角で表す。

$M_{BC} = 2 \times 2\varphi_B = 4\varphi_B$　　　$M_{BA} = 1 \times 2\varphi_B + \dfrac{80}{3} = 2\varphi_B + \dfrac{80}{3}$

③ 節点Bでの節点方程式をたてる。

$M_{BC} + M_{BA} = 0$

$4\varphi_B + 2\varphi_B + \dfrac{80}{3} = 0$　　∴　$\varphi_B = -\dfrac{40}{9}$

④ 材端モーメントを求める。

$M_{BC} = -17.8$ kNm,　$M_{CB} = -8.9$ kNm,

$M_{BA} = 17.8$ kNm,　$M_{AB} = -31.1$ kNm

⑤ 曲げモーメント図とせん断力図を描く（図A）。

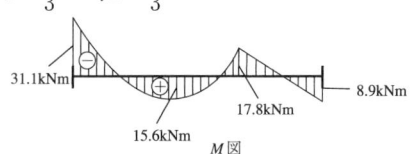

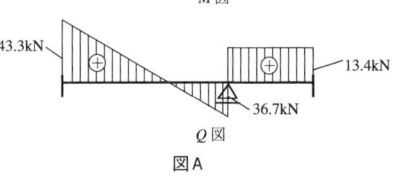

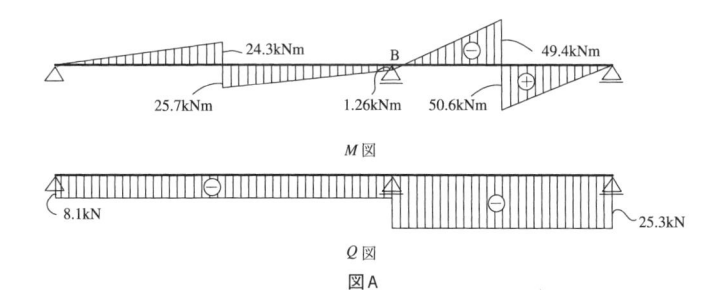

**【練習問題7.1.4】** 図の連続梁をたわみ角法で解け。

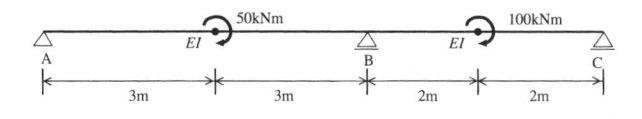

〈解答〉

① 未知量を選定する。$\varphi_A$, $\varphi_B$, $\varphi_C$ の3つ。

② 各節点における各部材の材端モーメントを基本公式を用いてたわみ角で表す。

$$M_{AB}=2(2\varphi_A+\varphi_B)+\frac{50}{4}, \qquad M_{BA}=2(2\varphi_B+\varphi_A)+\frac{50}{4}$$

$$M_{BC}=3(2\varphi_B+\varphi_C)+\frac{100}{4}, \qquad M_{CB}=3(2\varphi_C+\varphi_B)+\frac{100}{4}$$

③ 各節点での節点方程式をたてる。

節点B：$M_{BA}+M_{BC}=0$ 　　$2\varphi_A+10\varphi_B+3\varphi_C=-\frac{150}{4}$

節点A：$M_{AB}=0$ 　　$4\varphi_A+2\varphi_B=-\frac{50}{4}$

節点C：$M_{CB}=0$ 　　$3\varphi_B+6\varphi_C=-\frac{100}{4}$

∴ $\varphi_A=-1.88$, $\varphi_B=-2.50$, $\varphi_C=-2.92$

④ 材端モーメントを求める。

$M_{BC}=1.24$ kNm, $M_{BA}=-1.26$ kNm

⑤ 曲げモーメント図とせん断力図を描く（図A）。

図A

【練習問題7.1.5】図に示すラーメンをたわみ角法で解け。

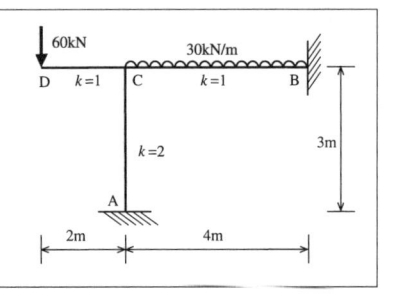

〈解答〉
① 未知量を選定する。$\varphi_A=\varphi_B=0$ より $\varphi_C$ の1つ。
② 各節点における各部材の材端モーメントを基本公式を用いてたわみ角で表す。
   $M_{AC}=2\varphi_C$, $M_{CA}=4\varphi_C$
   $M_{BC}=\varphi_C+C_{BC}$, $M_{CB}=2\varphi_C+C_{CB}$ ただし $C_{CB}=-C_{BC}=-40$
③ 節点Cの節点方程式をたてる。
   $M_{CB}+M_{CA}+120=0$   $2\varphi_C-40+4\varphi_C+120=0$   $\therefore \varphi_C=-\dfrac{40}{3}$
④ 材端モーメントを求める。
   $M_{AC}=-26.7$ kNm, $M_{CA}=-53.3$ kNm, $M_{BC}=26.7$ kNm, $M_{CB}=-66.7$ kNm
⑤ 曲げモーメント図とせん断力図を描く（図A）。

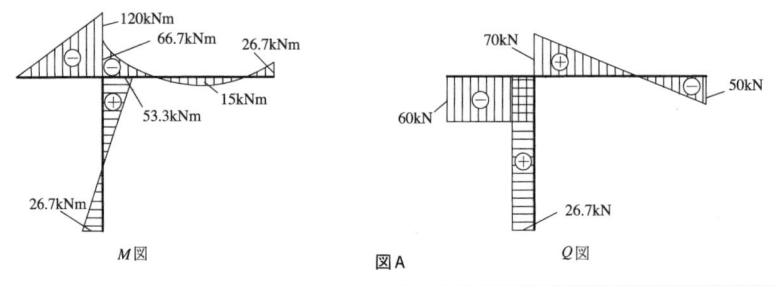

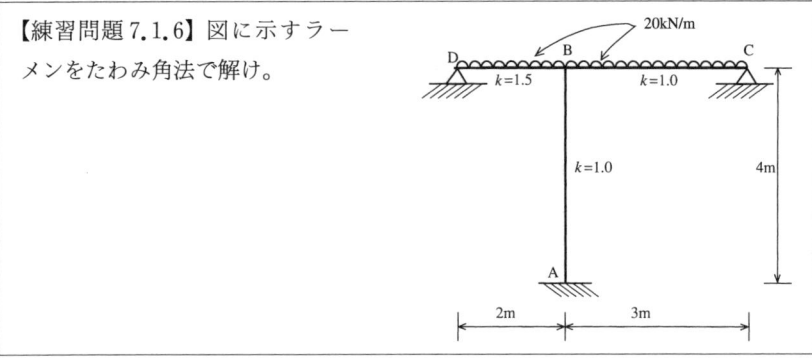

【練習問題7.1.6】図に示すラーメンをたわみ角法で解け。

〈解答〉

① 未知量を選定する。$\varphi_A=0$ より $\varphi_B$, $\varphi_C$, $\varphi_D$ の3つ。

② 各節点における各部材の材端モーメントを基本公式を用いてたわみ角で表す。

$M_{AB}=\varphi_B \qquad M_{BA}=2\varphi_B$

$M_{DB}=1.5(2\varphi_D+\varphi_B)+C_{DB} \qquad M_{BD}=1.5(2\varphi_B+\varphi_D)+C_{BD}$

ただし $C_{DB}=-C_{BD}=-\dfrac{20}{3}$

$M_{BC}=2\varphi_B+\varphi_C+C_{BC} \qquad M_{CB}=2\varphi_C+\varphi_B+C_{CB} \qquad$ ただし $C_{BC}=-C_{CB}=-15$

③ 節点B，C，Dでの節点方程式をたてる。

節点B：$M_{BA}+M_{BD}+M_{BC}=0 \qquad 2\varphi_B+1.5(2\varphi_B+\varphi_D)+\dfrac{20}{3}+2\varphi_B+\varphi_C-15=0$

節点C：$M_{CB}=0 \qquad\qquad\qquad 2\varphi_C+\varphi_B+15=0$

節点D：$M_{DB}=0 \qquad\qquad\qquad 1.5(2\varphi_D+\varphi_B)-\dfrac{20}{3}=0$

∴ $\varphi_B=2.17$, $\varphi_C=-8.59$, $\varphi_D=1.14$

④ 材端モーメントを求める。

$M_{AB}=2.17$ kNm, $M_{BA}=4.34$ kNm, $M_{BD}=14.89$ kNm, $M_{BC}=-19.25$ kNm

⑤ 曲げモーメント図とせん断力図を描く（図A）。

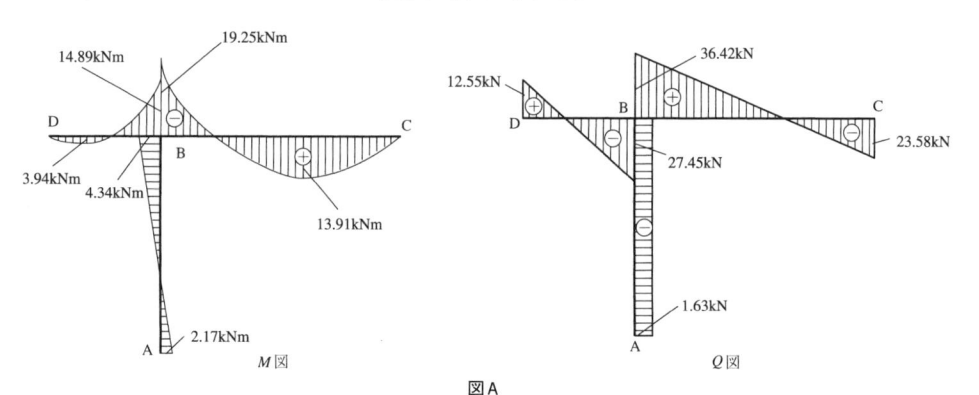

図A

**【練習問題 7.1.7】** 図に示すラーメンをたわみ角法で解け。

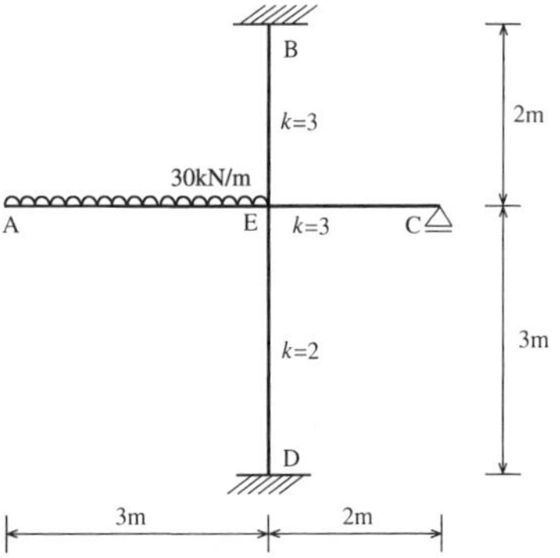

〈解答〉

① 未知量の選定。未知量は $\varphi_C$ と $\varphi_E$ の2つ。

② 各節点における各部材の材端モーメントを基本公式を用いてたわみ角で表す。

$M_{EB}=6\varphi_E$, $M_{BE}=3\varphi_E$, $M_{ED}=4\varphi_E$, $M_{DE}=2\varphi_E$

$M_{EC}=3\varphi_C+6\varphi_E$, $M_{CE}=6\varphi_C+3\varphi_E$, $M_{EA}=135$

③ 節点Cで $M_{CE}=0$ となるので, $6\varphi_C+3\varphi_E=0$

節点Eでの節点方程式をたてる。

$M_{EA}+M_{EB}+M_{EC}+M_{ED}=0$, $3\varphi_C+16\varphi_E=-135$  ∴ $\varphi_C=4.65$, $\varphi_E=-9.31$

④ 材端モーメントを求める。

$M_{EB}=-55.86\,\mathrm{kNm}$, $M_{ED}=-37.24\,\mathrm{kNm}$, $M_{EC}=-41.91\,\mathrm{kNm}$, $M_{EA}=135\,\mathrm{kNm}$,

$M_{BE}=-27.93\,\mathrm{kNm}$, $M_{DE}=-18.62\,\mathrm{kNm}$

⑤ 曲げモーメント図とせん断力図を描く（図A）。

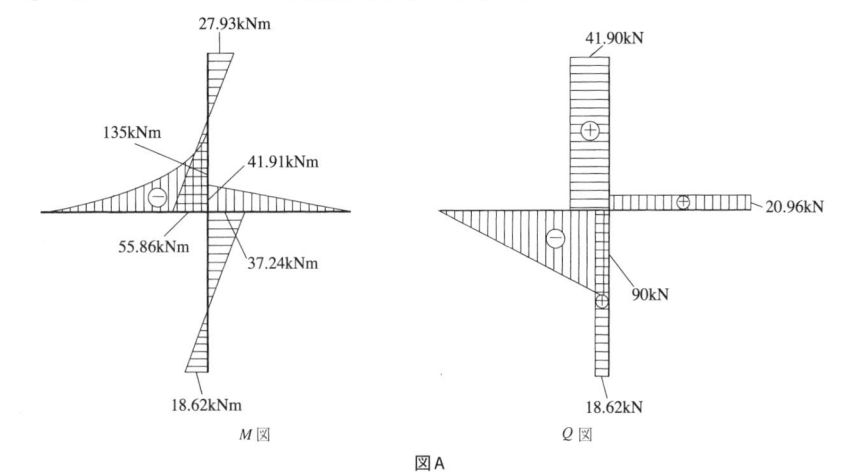

図A

【練習問題7.1.8】図に示すラーメンをたわみ角法で解け。

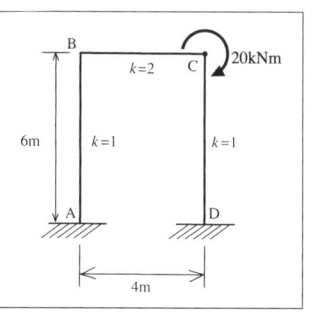

〈解答〉
① 未知量を選定する。節点B，Cが移動し，たわみ角が生じるので $\varphi_B$，$\varphi_C$，$\psi_{AB}$ ＝$\psi_{DC}$＝$\psi$ の3つが未知量。
② 各節点における各部材の材端モーメントを基本公式を用いて表す。

$M_{AB}=\varphi_B+\psi$, $\quad M_{BA}=2\varphi_B+\psi$

$M_{BC}=2(2\varphi_B+\varphi_C)$, $\quad M_{CB}=2(2\varphi_C+\varphi_B)$

$M_{CD}=2\varphi_C+\psi$, $\quad M_{DC}=\varphi_C+\psi$

③ 節点方程式と層方程式をたてる。

節点方程式

節点C：$M_{CD}+M_{CB}=20$ $\quad 6\varphi_C+2\varphi_B+\psi=20$

節点B：$M_{BA}+M_{BC}=0$ $\quad 6\varphi_B+2\varphi_C+\psi=0$

層方程式

$M_{BA}+M_{AB}+M_{CD}+M_{DC}=0$ $\quad 3\varphi_B+3\varphi_C+4\psi=0$

∴ $\varphi_B=-0.96$，$\varphi_C=4.04$，$\psi=-2.31$

④ 材端モーメントを求める。

$M_{AB}=-3.27$ kNm，$M_{BA}=-4.23$ kNm，

$M_{BC}=4.23$ kNm，$M_{CB}=14.23$ kNm，

$M_{CD}=5.77$ kNm，$M_{DC}=1.73$ kNm

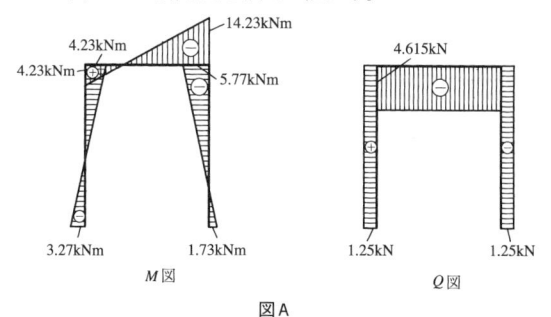

⑤ 曲げモーメント図とせん断力図を描く（図A）。

図A

【練習問題 7.1.9】図に示すラーメンをたわみ角法で解け。

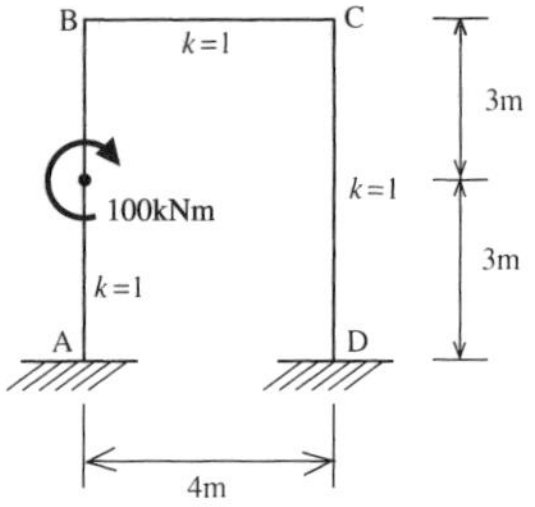

〈解答〉

① 未知量の選定。$\varphi_B$, $\varphi_C$, $\psi_{AB}=\psi_{DC}=\psi$ の3つ。

② 各節点における各部材端モーメントを基本公式を用いて表す。

$M_{AB}=(\varphi_B+\psi)+25$   $M_{CB}=2\varphi_C+\varphi_B$

$M_{BA}=(2\varphi_B+\psi)+25$   $M_{CD}=2\varphi_C+\psi$

$M_{BC}=2\varphi_B+\varphi_C$   $M_{DC}=\varphi_C+\psi$

③ 節点方程式と層方程式をたてる。

節点方程式

B節点：$M_{BA}+M_{BC}=0$     $4\varphi_B+\varphi_C+\psi+25=0$

C節点：$M_{CB}+M_{CD}=0$     $\varphi_B+4\varphi_C+\psi=0$

層方程式

$M_{BA}+M_{AB}+M_{CD}+M_{DC}=-100$     $3\varphi_B+3\varphi_C+4\psi+150=0$

∴ $\varphi_B=2.98$, $\varphi_C=11.31$, $\psi=-48.21$

④ 材端モーメントを求める。

$M_{AB}=-20.2$ kNm      $M_{CB}=25.6$ kNm

$M_{BA}=-17.3$ kNm      $M_{CD}=-25.6$ kNm

$M_{BC}=17.3$ kNm       $M_{DC}=-36.9$ kNm

⑤ 曲げモーメント図とせん断力図を描く（図A）。

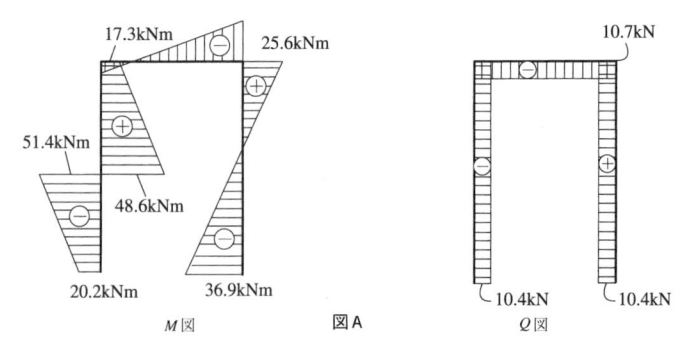

$M$図　　　　図A　　　　$Q$図

【練習問題 7.1.10】図に示すラーメンをたわみ角法で解け。

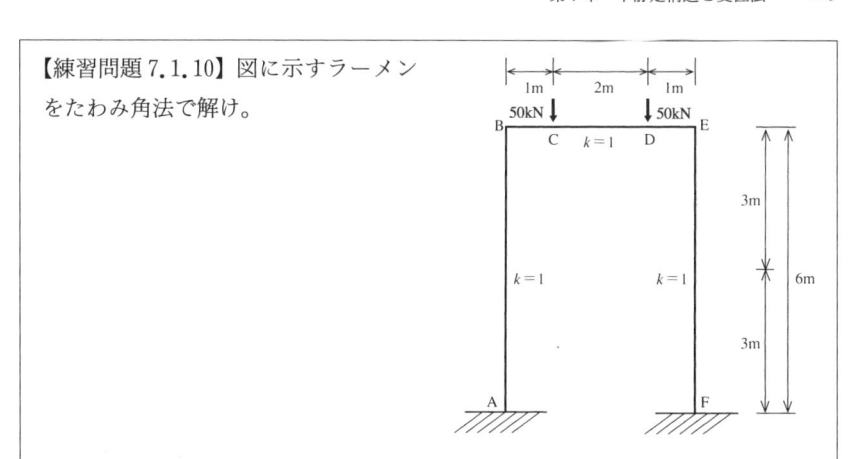

〈解答〉

① 未知量を選定する。$\varphi_B = -\varphi_E$ より $\varphi_B$ の1つ。

② 節点Bにおける各部材の材端モーメントを基本公式を用いてたわみ角で表す。

$$M_{BE} = 2\varphi_B + \varphi_E - \frac{150}{4} = \varphi_B - \frac{150}{4} \qquad M_{BA} = 2\varphi_B$$

③ 節点Bでの節点方程式をたてる。

$$M_{BE} + M_{BA} = 0 \qquad 3\varphi_B - \frac{150}{4} = 0 \qquad \therefore \quad \varphi_B = \frac{50}{4}$$

④ 材端モーメントを求める。

$$M_{BA} = 25 \text{ kNm}, \quad M_{BE} = -25 \text{ kNm}$$

⑤ 曲げモーメント図とせん断力図を描く（図A）。

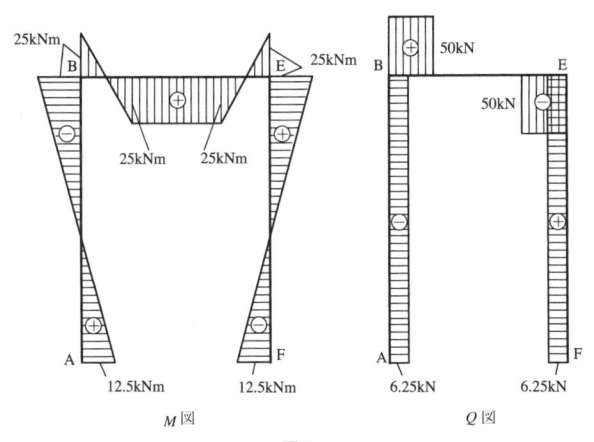

図A

【練習問題 7.1.11】図に示すラーメンをたわみ角法で解け。

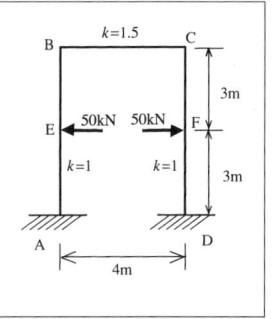

〈解答〉

① 未知量を選定する。$\varphi_B = -\varphi_C$ より未知量は $\varphi_B$ 1つ。
② 各節点における各部材の材端モーメントを基本公式を用いてたわみ角で表す。

$$M_{CD} = -2\varphi_B + \frac{75}{2}, \quad M_{DC} = -\varphi_B - \frac{75}{2}, \quad M_{CB} = -1.5\varphi_B$$

③ 節点Cでの節点方程式をたてる。

$$M_{CB} + M_{CD} = 0 \quad -1.5\varphi_B - 2\varphi_B + \frac{75}{2} = 0 \quad \therefore \quad \varphi_B = 10.71$$

④ 材端モーメントを求める。

$$M_{CD} = 16.07 \text{ kNm}, \quad M_{DC} = -48.21 \text{ kNm}, \quad M_{CB} = -16.07 \text{ kNm}$$

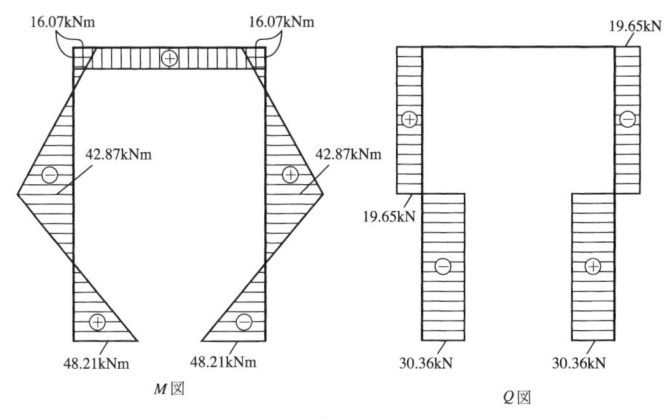

⑤ 曲げモーメント図とせん断力図を描く（図A）。

図A

【練習問題 7.1.12】図に示すラーメンをたわみ角法で解け。

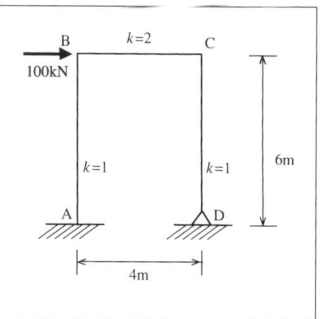

〈解答〉

① 未知量を選定する。$\varphi_B$, $\varphi_C$, $\varphi_D$, $\psi_{AB}=\psi_{DC}=\psi$ の4つ。

② 各節点における各部材の材端モーメントを基本公式を用いてたわみ角で表す。

$M_{AB}=\varphi_B+\psi$, 　　$M_{BA}=2\varphi_B+\psi$

$M_{BC}=2(2\varphi_B+\varphi_C)$, 　　$M_{CB}=2(2\varphi_C+\varphi_B)$,

$M_{CD}=2\varphi_C+\varphi_D+\psi$, 　　$M_{DC}=\varphi_C+2\varphi_D+\psi$

③ 節点方程式と層方程式をたてる。

節点方程式

　　B節点：$M_{BA}+M_{BC}=0$ 　　　$6\varphi_B+2\varphi_C+\psi=0$

　　C節点：$M_{CB}+M_{CD}=0$ 　　　$2\varphi_B+6\varphi_C+\varphi_D+\psi=0$

　　D節点：$M_{DC}=0$ 　　　　　　$\varphi_C+2\varphi_D+\psi=0$

層方程式

$$\frac{M_{BA}+M_{AB}}{6}+\frac{M_{CD}+M_{DC}}{6}=-100 \quad 3\varphi_B+3\varphi_C+3\varphi_D+4\psi+600=0$$

∴ 　$\varphi_B=46.96$, 　$\varphi_C=10.43$, 　$\varphi_D=146.09$, 　$\psi=-302.61$

④ 材端モーメントを求める。

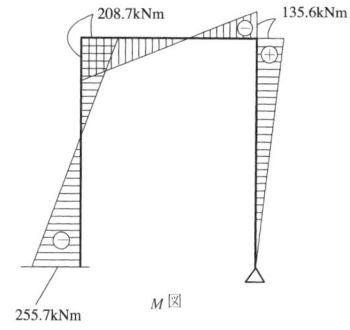

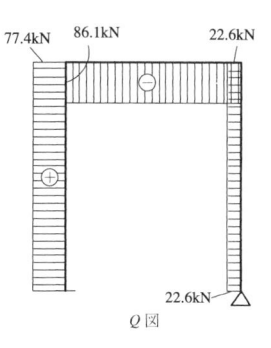

図A

$M_{AB}=-255.7$ kNm, $M_{BA}=-208.7$ kNm, $M_{BC}=208.7$ kNm, $M_{CB}=135.6$ kNm, $M_{CD}=-135.7$ kNm, $M_{DC}=0$

⑤ 曲げモーメント図とせん断力図を描く（図A）。

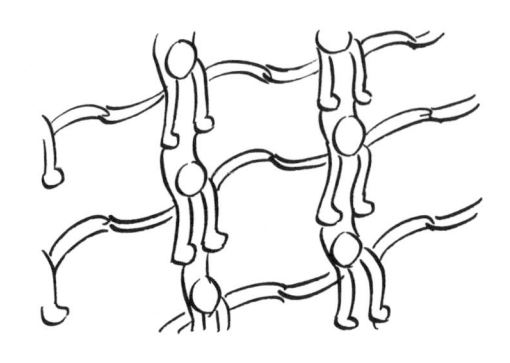

## 7.2 固定モーメント法

　固定モーメント法はたわみ角法と同様に，曲げが支配的な不静定梁や不静定ラーメンの応力を求める際に有効である．しかし，たわみ角法のように多元連立方程式を直接解くことなく，各節点ごとに順次決められた手順を繰り返すことにより徐々に正解に収束させる反復法である．たわみ角法では未知数の数が少ない場合のみ手計算が可能であるが，固定モーメント法では未知数の数が多くても手計算により解くことのできる実際的な方法といえる．

　固定モーメント法の基本的な考え方を理解するために，まず不静定梁を解いてみよう．

【基礎知識 7.2.1：不静定梁の解法】
　不静定梁を固定モーメント法により解く方法を要約する．
① 自由節点を拘束する．このとき拘束に要するモーメント荷重を拘束モーメントといい，中間荷重により部材の両端に生じる固定端モーメントに等しい．
② 拘束を解放する．拘束モーメントとは逆向きのモーメント荷重として解放モーメントをかける．解放モーメントは拘束モーメントと大きさが等しく符号が反対になる．
③ 解放モーメントを作用させることにより部材の他端に材端モーメントが生じる．これを伝達モーメントという．他端が固定端の場合，伝達モーメントの大きさは解放モーメントの1/2となる．このときの比率1/2を伝達率という．

④ 梁の各端部で①の結果と②および③の結果を加え合わせると，不静定梁の両端に生じる材端モーメントが求まる。
⑤ 材端モーメントと中間荷重を静定梁に作用させることにより，梁に生じる曲げモーメントを求める。

【基本問題 7.2.1】図に示す等分布荷重を受ける一端固定他端ローラー支持の1次不静定梁を解け。

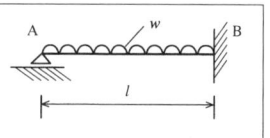

〈解答〉
① A点を拘束すると両端固定梁となる。このとき等分布荷重により両端に生じる固定端モーメントはそれぞれ，

$$M_{AB} = -\frac{wl^2}{12} \qquad M_{BA} = \frac{wl^2}{12}$$

となる（図A）。

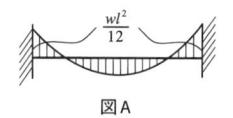

② A点の拘束を解放するために解放モーメント $wl^2/12$ を作用させる。B点には到達モーメントとして解放モーメントの1/2が生じる（図B）。
③ 図Aと図Bを重ね合わせることにより曲げモーメント図が得られる（図C）。なお，図Dは後述する図上計算である。

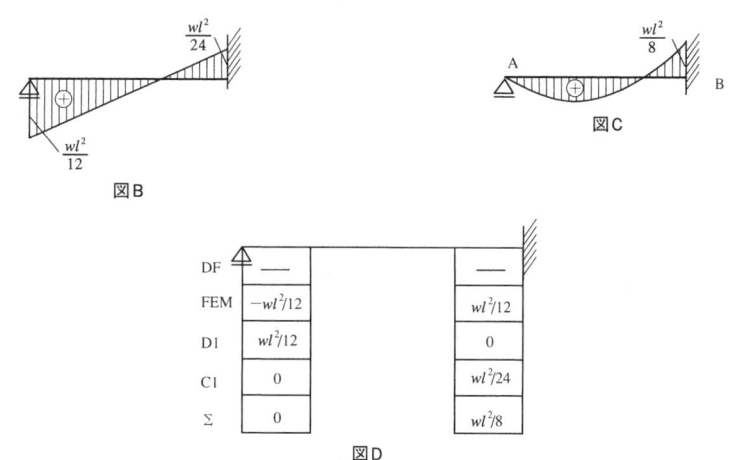

【基礎知識 7.2.2：節点が1つだけの場合】
連続梁あるいは単純なラーメンで自由節点をただ1つ有する場合，基礎知識 7.2.1で述べた方法の①および②でさらに以下の点を考慮しなければならない。

① 節点を拘束するには，その節点に集まる部材の材端モーメントの和を拘束モーメントとして作用させる必要がある。
② 拘束モーメントを解除する際には，その節点に集まる部材の剛比に比例して解放モーメントを分配する。解放モーメントを各部材に振り分ける比率のことを分配率といい，各部材に分配されたモーメントを分配モーメントという。

【基本問題7.2.2】図に示す等分布荷重$w$を受ける「型ラーメンを解け。

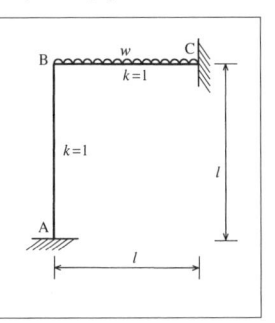

〈解答〉
① 自由節点Bの回転を拘束する。部材 AB と BC はともに両端固定梁となる。部材 BC に等分布荷重が作用しているのでB点とC点にはそれぞれ固定端モーメントが生じる。部材ABには荷重が作用していないので固定端モーメントは両端ともに0である。この段階ではB点におけるモーメントの釣合い，すなわち節点方程式は成立していない（図A）。B点の回転拘束に必要な拘束モーメントは部材 AB と BC のB点における固定端モーメントの和となる。
② 節点Bでの拘束を解放するために拘束モーメントと大きさが等しく逆向きの解放モーメントを加える。解放モーメントは節点Bにおける固定端モーメントの和の符号を変えたものになる。
③ B点に加えられた解放モーメントを，部材 AB と BC の節点Bでの分配モーメントとして各部材の剛比に比例して配分する（図B）。
④ 部材 AB と BC の節点Bでの分配モーメントの1/2の大きさの伝達モーメントが各部材の反対側の節点AとCに生じる（図B）。
⑤ 固定端モーメントと分配モーメントと伝達モーメントを重ね合わせることにより最終的な応力が得られる（図C）。

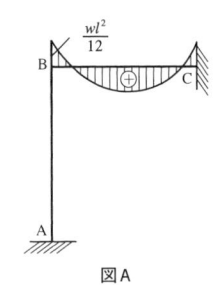

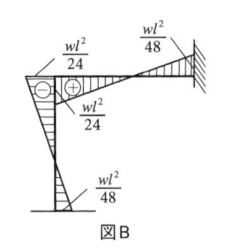

| DF | 1/2 | 1/2 | — |
|---|---|---|---|
| FEM | 0 | $-wl^2/12$ | $wl^2/12$ |
| D1 | $wl^2/24$ | $wl^2/24$ | 0 |
| C1 | 0 | 0 | $wl^2/48$ |
| Σ | $wl^2/24$ | $-wl^2/24$ | $5wl^2/48$ |

| — |
|---|
| 0 |
| 0 |
| $wl^2/48$ |
| $wl^2/48$ |

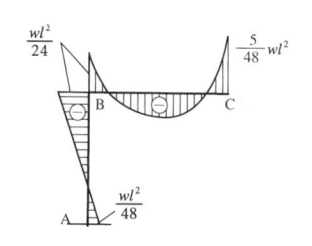

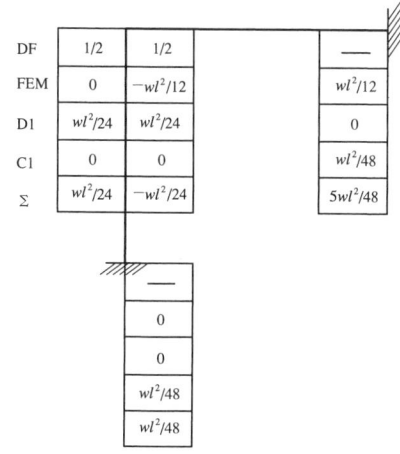

図C

【基礎知識7.2.3：節点が2つ以上の場合】
　節点の数が1の場合は拘束モーメントの解除を一度行うだけで解を求めることができ，繰り返し計算の必要がなかった。しかし，節点の数が2以上の場合には拘束モーメントの解除を繰り返し行って徐々に正解に近付けることになる。この場合，固定モーメント法の手順は以下のようになる。
① すべての節点の回転を拘束して各部材の固定端モーメントを求める。
② 拘束した節点を1つずつ解除しながら，その節点に関係する分配モーメントと到達モーメントを求める。
③ 各節点で解除すべきモーメントの値が十分小さくなるまで，その手順を何度も繰り返す。
④ 固定端モーメントと各解除ステップで得られた分配モーメントと到達モーメントを加え合わせることにより，各節点での材端モーメントを求める。
⑤ 材端モーメントと中間荷重を作用させ，各部材の曲げモーメントを求める。

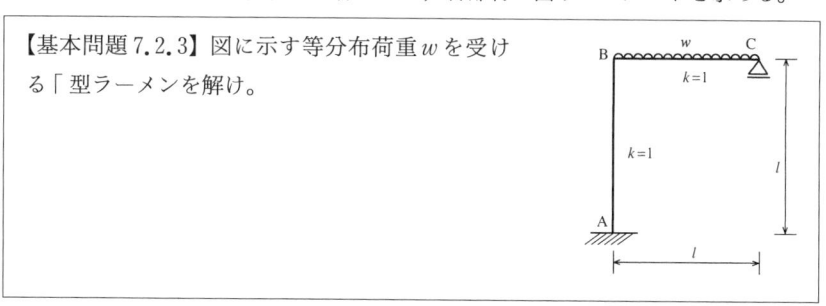

【基本問題7.2.3】図に示す等分布荷重$w$を受ける「型ラーメンを解け。

〈解答〉
① 自由節点Bと節点Cの回転を拘束する。部材 AB と BC はともに両端固定梁となる。部材 BC には等分布荷重が作用しているのでB点とC点にはそれぞれ固定端モーメントが生じる。部材 AB には荷重が作用していないので固定端モーメントは両端とも 0 である。この段階ではB点におけるモーメントの釣合い，すなわち節点方程式は成立していない（図A）。B点の回転拘束に必要な拘束モーメント $-wl^2/12$，C点を拘束するために必要なモーメント $wl^2/12$ を加える。
② 節点を解放するために，拘束モーメントと大きさが等しく，逆向きの解放モーメントを加える。B点に加えられた解

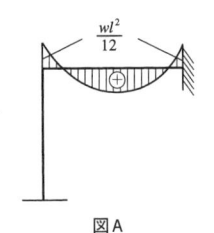

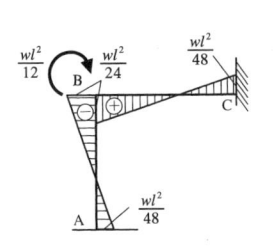

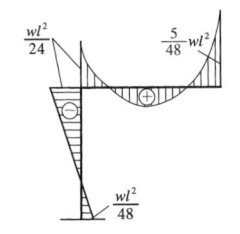

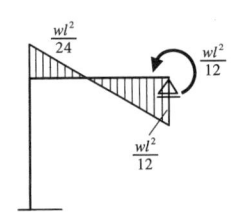

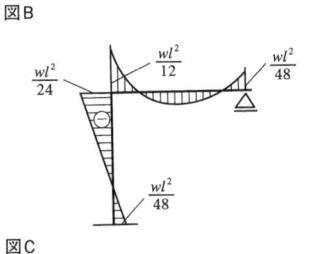

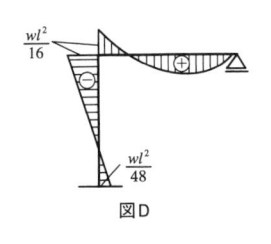

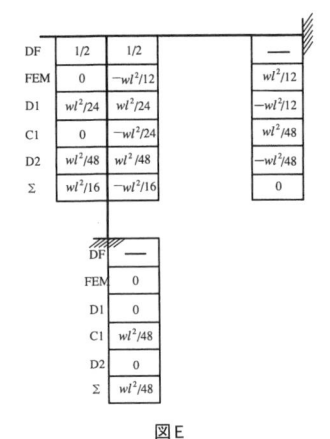

図A

図B

図C

図D

| | DF | 1/2 | 1/2 | | — | |
|---|---|---|---|---|---|---|
| | FEM | 0 | $-wl^2/12$ | | $wl^2/12$ | |
| | D1 | $wl^2/24$ | $wl^2/24$ | | $-wl^2/12$ | |
| | C1 | 0 | $-wl^2/24$ | | $wl^2/48$ | |
| | D2 | $wl^2/48$ | $wl^2/48$ | | $-wl^2/48$ | |
| | Σ | $wl^2/16$ | $-wl^2/16$ | | 0 | |

| | DF | — |
|---|---|---|
| | FEM | 0 |
| | D1 | 0 |
| | C1 | $wl^2/48$ |
| | D2 | 0 |
| | Σ | $wl^2/48$ |

図E

放モーメントを，部材 AB と BC の分配モーメントとして各部材の剛比に比例して分配する．
③ A点とC点には部材 AB と BC の節点Bでの分配モーメントの1/2の大きさの伝達モーメントが，B点には節点Cの解放モーメントの1/2の大きさの伝達モーメントが生じる．
④ C点を拘束したままB点を解放する（図B）．
⑤ B点を拘束したまま，C点を解放する（図C）．
⑥ 以上の手続きを収束するまで続けると図Dを得る．

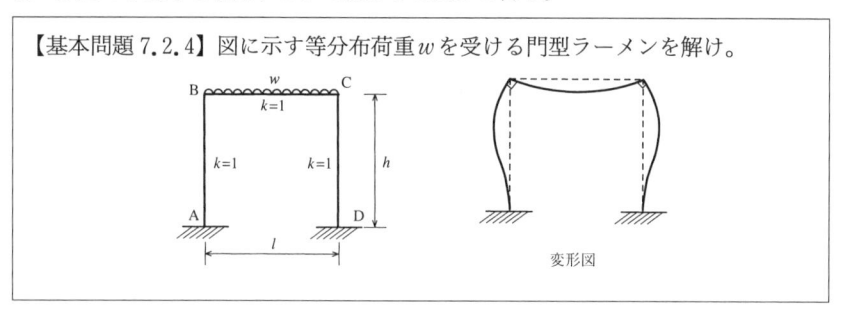

【基本問題 7.2.4】図に示す等分布荷重 $w$ を受ける門型ラーメンを解け．

〈解答〉
① B点とC点の回転を拘束し両点での固定端モーメントを求める（図A）．
② C点を拘束したままB点の拘束を解除し，部材 AB および BC の分配モーメントと到達モーメントを求める．このときB点には回転角 $\Delta\varphi_{B1}$ が生じる（図B，C）．

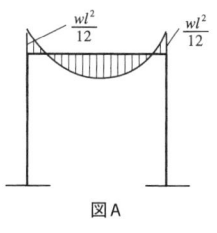

$$\Delta M_{BA} = \frac{1}{2}m_{B1} = \frac{wl^2}{24}, \quad \Delta M_{AB} = \frac{1}{2}\Delta M_{BA} = \frac{wl^2}{48}, \quad \Delta M_{BC} = \frac{1}{2}m_{B1} = \frac{wl^2}{24},$$

$$\Delta M_{CB} = \frac{1}{2}M_{BC} = \frac{wl^2}{48}, \quad \Delta M_{CD} = \Delta M_{DC} = 0$$

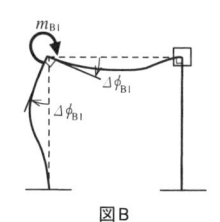

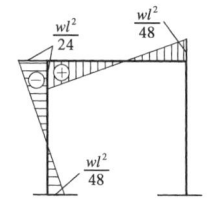

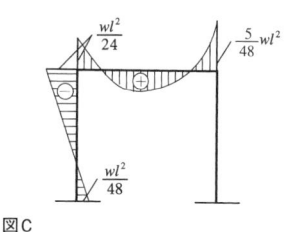

③ B点で生じた回転角のままB点を拘束してC点の拘束を解除し，部材 BC と CD の分配モーメントと到達モーメントを求める．このときC点には回転角 $\Delta\varphi_{C1}$

が生じる（図D，E）。

④　C点で生じた回転角 $\Delta\varphi_{C1}$ のままC点を拘束して，B点の拘束を解除し再び部

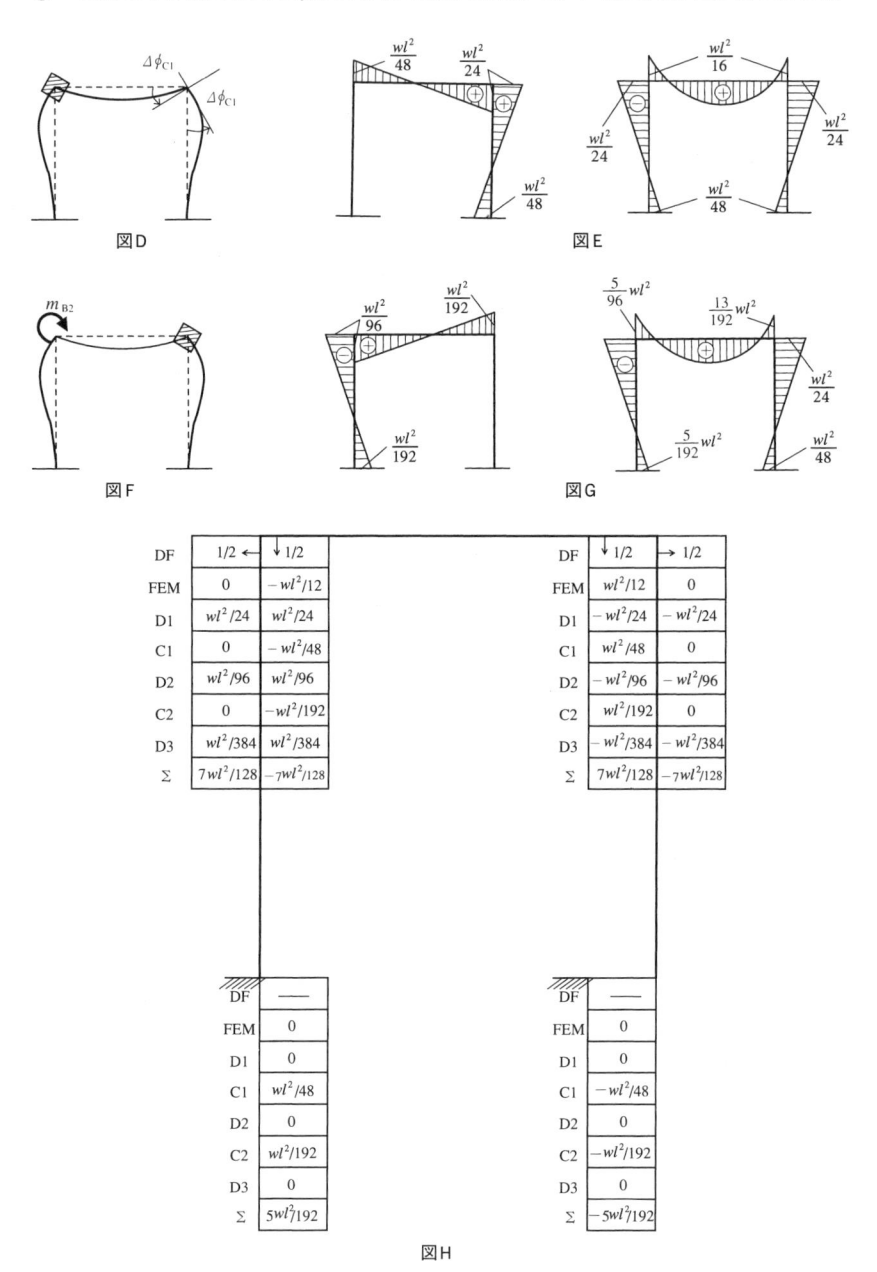

図D

図E

図F

図G

| | DF | 1/2 ← | ↓ 1/2 |
|---|---|---|---|
| | FEM | 0 | $-wl^2/12$ |
| | D1 | $wl^2/24$ | $wl^2/24$ |
| | C1 | 0 | $-wl^2/48$ |
| | D2 | $wl^2/96$ | $wl^2/96$ |
| | C2 | 0 | $-wl^2/192$ |
| | D3 | $wl^2/384$ | $wl^2/384$ |
| | Σ | $7wl^2/128$ | $-7wl^2/128$ |

| | DF | ↓ 1/2 | → 1/2 |
|---|---|---|---|
| | FEM | $wl^2/12$ | 0 |
| | D1 | $-wl^2/24$ | $-wl^2/24$ |
| | C1 | $wl^2/48$ | 0 |
| | D2 | $-wl^2/96$ | $-wl^2/96$ |
| | C2 | $wl^2/192$ | 0 |
| | D3 | $-wl^2/384$ | $-wl^2/384$ |
| | Σ | $7wl^2/128$ | $-7wl^2/128$ |

| | DF | — |
|---|---|---|
| | FEM | 0 |
| | D1 | 0 |
| | C1 | $wl^2/48$ |
| | D2 | 0 |
| | C2 | $wl^2/192$ |
| | D3 | 0 |
| | Σ | $5wl^2/192$ |

| | DF | — |
|---|---|---|
| | FEM | 0 |
| | D1 | 0 |
| | C1 | $-wl^2/48$ |
| | D2 | 0 |
| | C2 | $-wl^2/192$ |
| | D3 | 0 |
| | Σ | $-5wl^2/192$ |

図H

材 AB と BC の分配モーメントと到達モーメントを求める（図 F，G）。
⑤　以上の拘束と解除の手順を各節点での解放モーメントが十分小さくなるまで繰り返した後，各ステップで得られた応力分布を重ね合わせる（図 I）。

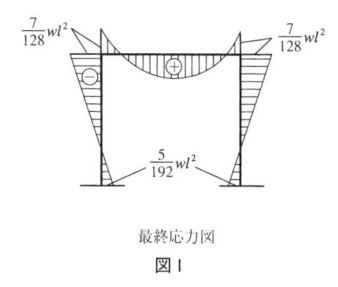

$$\frac{7}{128}wl^2 \qquad \frac{7}{128}wl^2$$

$$\frac{5}{192}wl^2$$

最終応力図
図 I

　これまで基本的な考え方に重点をおいてその手順を説明してきたが，固定モーメント法が実際の応力算定において偉力を発揮するのは，次に示す図上計算である。すでに，これまでの基本問題でも図上計算を付してきたが，以下の説明を読みながら図表を追ってみよう。

【基礎知識 7.2.4：図上計算】
　図上計算においては，まず各節点ごとに図 7.2.1 に示すような図表を作成する必要がある。図表中，DF は分配率，FEM は固定端モーメント，D は分配モーメント，C は伝達モーメント，$\Sigma$ は FEM とすべての D および C の総和をとることを表しており，D と C の後ろの数字はそれが何度目の繰り返し計算であるかを示している。ラーメンの節点には一般に 2 つの梁と 2 つの柱の計 4 つの部材が集まるが，この場合各節点ごとに，左から順に左の梁，下の柱，上の柱，右の梁の順に表を作

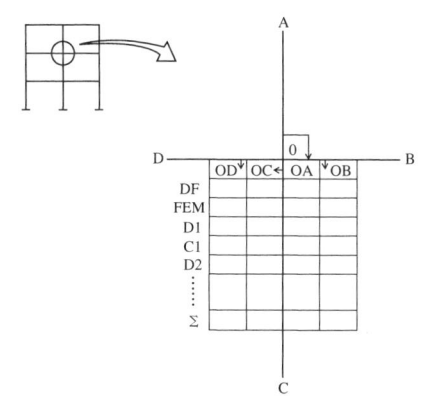

図 7.2.1　図上計算の図表

っておくと後の計算に便利である。

図上計算は以下の手順で行う。

① 各節点ごとに各部材の分配率を計算する。

② 各部材に作用している中間荷重を考えて，両端における固定端モーメントを計算する。

③ 固定端モーメントの符号を逆にして解放モーメントを求め，これを分配率に応じて各部材に振り分けることにより分配モーメントを計算し，その値をD1の欄に記入する。

④ 各分配モーメントに対応する他端での到達モーメントを求め，その値をC1の欄に記入する。

⑤ 各節点ごとに，その節点に集まる部材の到達モーメントの和をとり，再び符号を逆にして解放モーメントを求め，これを分配率に応じて各部材に振り分けて分配モーメントを計算し，その値をD2の欄に記入する。

⑥ 以下同様の手順を解放モーメントの値が十分小さくなるまで繰り返した後，FEMとすべての$D_i$および$C_i$の値を加え合わせて$\Sigma$の欄に記入する。

⑦ 各部材の$\Sigma$の欄の値から曲げモーメントを描き，さらにせん断力図および軸力図を描く。

【基本問題7.2.5】図に示す水平荷重を受ける門型ラーメンを固定モーメント法により解け。

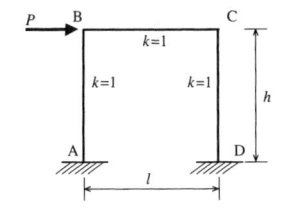

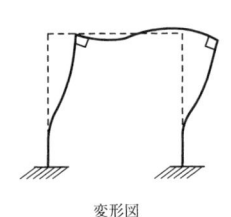

変形図

〈解答〉

① B点とC点の回転を拘束したまま単位の大きさ1の部材角$\psi$を与えた状態を考え，拘束モーメントを計算する。部材角によって生じた材端モーメントを固定端モーメントと考える。節点を拘束したまま単位の部材角$\psi=-1$を与える。このときの外力を$P_0$とする（図A）。

各部材の材端モーメントは以下のようになる。

$M_{AB}=M_{BA}=k_{AB}\psi_{AB}=-k_{AB}=-1 \qquad M_{CD}=M_{DC}=k_{CD}\psi_{CD}=-k_{CD}=-1$

$M_{BC}=M_{CB}=0$

図A

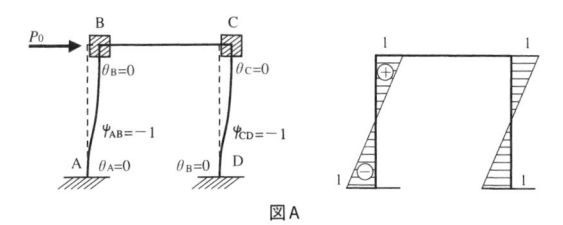

② B点，C点の拘束を解除するために解放モーメントを与える（図B）。

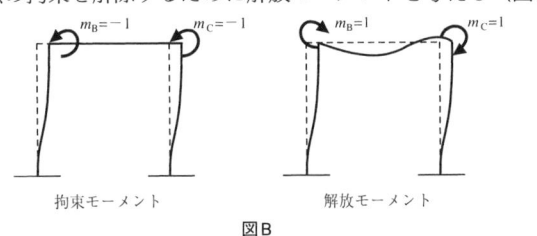

拘束モーメント　　解放モーメント

図B

③ 図上計算により単位の部材角を与えたときの曲げモーメント図を求める（図C〜E）。

図C

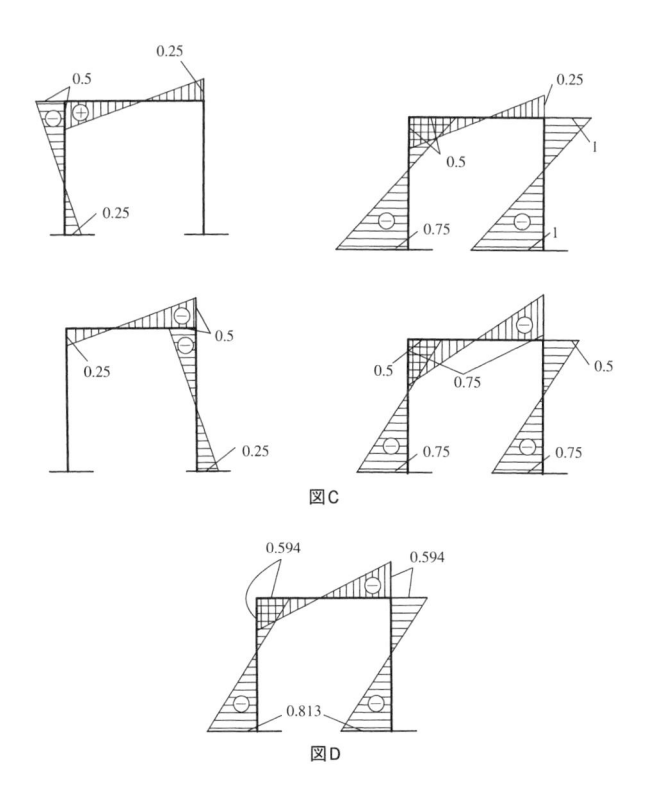

図D

図上計算：

| | DF | 1/2 ← | ↓ 1/2 |
|---|---|---|---|
| | FEM | −1 | 0 |
| | D1 | 1/2 | 1/2 |
| | C1 | 0 | 1/4 |
| | D2 | −1/8 | −1/8 |
| | C2 | 0 | −1/16 |
| | D3 | 1/32 | 1/32 |
| | Σ | −19/32 | 19/32 |

| | DF | ↓ 1/2 | → 1/2 |
|---|---|---|---|
| | FEM | 0 | −1 |
| | D1 | 1/2 | 1/2 |
| | C1 | 1/4 | 0 |
| | D2 | −1/8 | −1/8 |
| | C2 | −1/16 | 0 |
| | D3 | 1/32 | 1/32 |
| | Σ | 19/32 | −19/32 |

| | DF | — |
|---|---|---|
| | FEM | −1 |
| | D1 | 0 |
| | C1 | 1/4 |
| | D2 | 0 |
| | C2 | −1/16 |
| | D3 | 0 |
| | Σ | −13/16 |

| | DF | — |
|---|---|---|
| | FEM | −1 |
| | D1 | 0 |
| | C1 | 1/4 |
| | D2 | 0 |
| | C2 | −1/16 |
| | D3 | 0 |
| | Σ | −13/16 |

図 E

④ 節点の移動する方向の力の釣合いを考える（図 F）。

$$P_0 = Q_{BA} + Q_{CD}$$

$$Q_{BA} = \frac{M_{BA} + M_{AB}}{h}, \quad Q_{CD} = \frac{M_{CD} + M_{DC}}{h}$$

$$\therefore P_0 = \frac{2 \times (0.813 + 0.594)}{h} = \frac{2.814}{h}$$

$P = P_0 X$ より，$X = \dfrac{P}{P_0} = \dfrac{Ph}{2.814}$

⑤ 最終応力図を描く（図 G）。

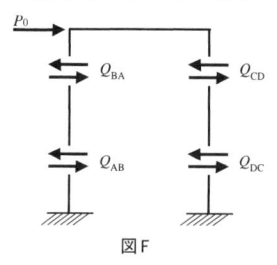

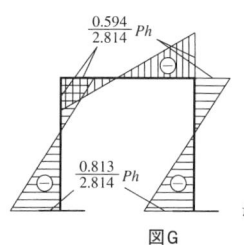

図 F

図 G　最終応力図

## 【基礎知識 7.2.5】

他端ピンの場合は，実際の剛比を 0.75 倍した有効剛比 $k_e$ を用いることにより他端固定の場合と同様に解くことができる。このとき，固定端モーメントとして (7.1.7 a, b) 式を用いる。

## 【基礎知識 7.2.6】

左右対称の変形状態になる場合には対称軸に交差する部材の実際の剛比を 0.5 倍した有効剛比，また左右非対称の変形状態になる場合には実際の剛比を 1.5 倍した有効剛比を用いることにより，構造物の左半分または右半分のみを解けばよい。

【練習問題 7.2.1】図の連続梁を解け。断面は一様とする。

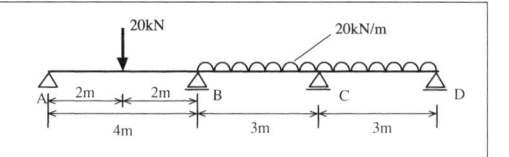

〈解答〉

① 剛比を求める。断面一様なので AB，BC，CD の剛比 $k_{AB}$，$k_{BC}$，$k_{CD}$ はそれぞれ 3，4，4 となる。$k_{AB}$ と $k_{CD}$ は有効剛比を考え 2.25，3 とする。

② 固定端モーメントの計算。

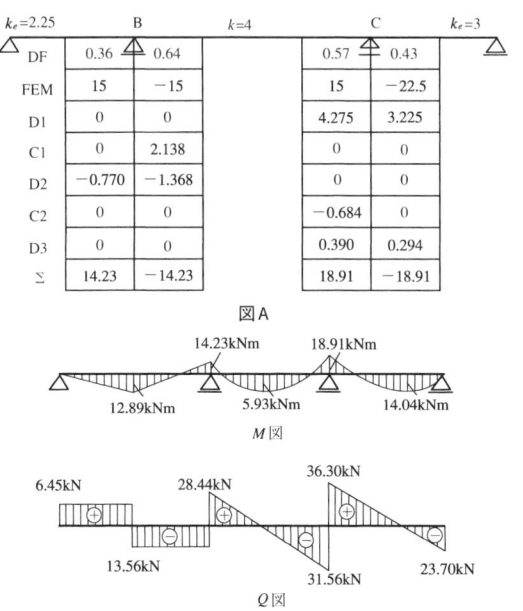

| | $k_e=2.25$ | B | $k=4$ | C | $k_e=3$ |
|---|---|---|---|---|---|
| DF | | 0.36 | 0.64 | 0.57 | 0.43 | |
| FEM | | 15 | −15 | 15 | −22.5 | |
| D1 | | 0 | 0 | 4.275 | 3.225 | |
| C1 | | 0 | 2.138 | 0 | 0 | |
| D2 | | −0.770 | −1.368 | 0 | 0 | |
| C2 | | 0 | 0 | −0.684 | 0 | |
| D3 | | 0 | 0 | 0.390 | 0.294 | |
| Σ | | 14.23 | −14.23 | 18.91 | −18.91 | |

図 A

$M$ 図

$Q$ 図

図 B

$H_{BA}=15$ kNm, $C_{BC}=-C_{CB}=-15$ kNm, $H_{CD}=-22.5$ kNm

③ 材端モーメントの計算（図A）。

④ 曲げモーメント図およびせん断力図は図Bのようになる。

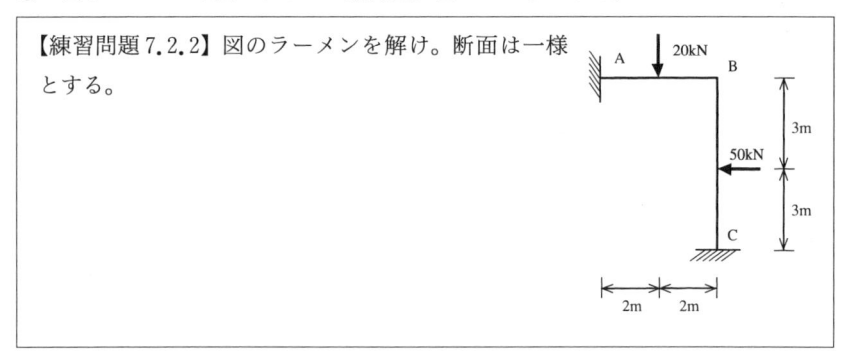

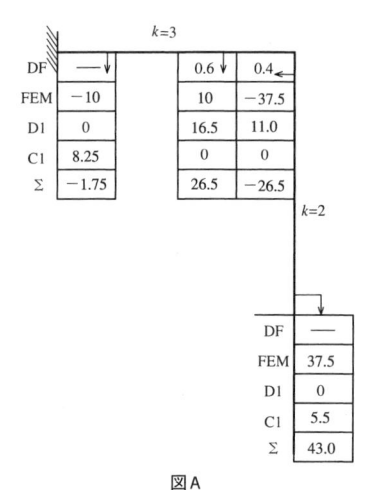

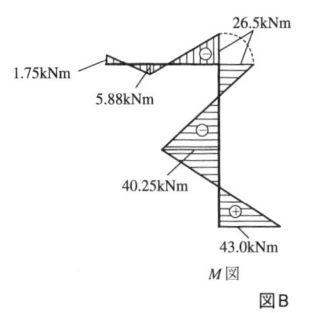

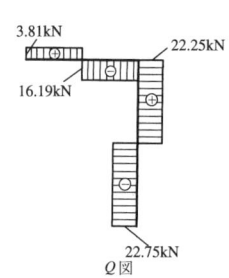

【練習問題7.2.2】図のラーメンを解け。断面は一様とする。

〈解答〉

① 剛比を求める。断面一様なので AB, BC の剛比 $k_{AB}$, $k_{BC}$ はそれぞれ 3, 2 である。

② 固定端モーメントの計算。

$C_{AB}=-C_{BA}=-10$ kNm

$C_{BC}=-C_{CB}=-37.5$ kNm

③ 材端モーメントの計算（図A）。

④ 曲げモーメント図およびせん断力図は図Bのようになる。

図A

図B

【練習問題7.2.3】図のラーメンを解け。対称性を利用せよ。

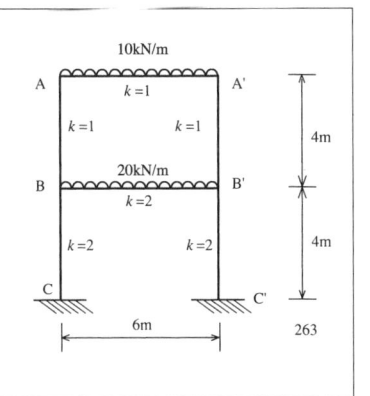

〈解答〉

① 剛比を求める。対称性を利用すると部材 AA′，BB′ の有効剛比はそれぞれ 0.5，1 である。

② 固定端モーメントの計算。
$C_{AA'} = -C_{A'A} = -30$ kNm
$C_{BB'} = -C_{B'B} = -60$ kNm

③ 材端モーメントの計算（図A）。

④ 曲げモーメント図，せん断力図は図Bのようになる。

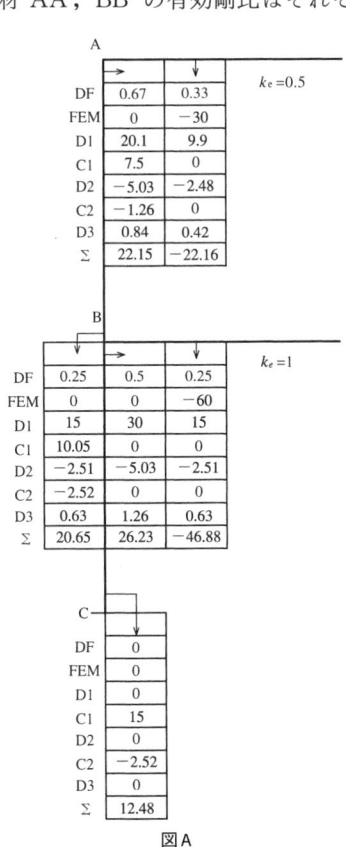

A ($k_e = 0.5$)

| | | |
|---|---|---|
| DF | 0.67 | 0.33 |
| FEM | 0 | −30 |
| D1 | 20.1 | 9.9 |
| C1 | 7.5 | 0 |
| D2 | −5.03 | −2.48 |
| C2 | −1.26 | 0 |
| D3 | 0.84 | 0.42 |
| Σ | 22.15 | −22.16 |

B ($k_e = 1$)

| | | | |
|---|---|---|---|
| DF | 0.25 | 0.5 | 0.25 |
| FEM | 0 | 0 | −60 |
| D1 | 15 | 30 | 15 |
| C1 | 10.05 | 0 | 0 |
| D2 | −2.51 | −5.03 | −2.51 |
| C2 | −2.52 | 0 | 0 |
| D3 | 0.63 | 1.26 | 0.63 |
| Σ | 20.65 | 26.23 | −46.88 |

C

| | |
|---|---|
| DF | 0 |
| FEM | 0 |
| D1 | 0 |
| C1 | 15 |
| D2 | 0 |
| C2 | −2.52 |
| D3 | 0 |
| Σ | 12.48 |

図A

22.2kNm　　　　　　　　22.2kNm　　30kN　　　　　　　　　10.7kN
　　　　　22.84kNm　　　　　　　　　10.7kN　　　　　　　　30kN

46.9kNm　　　　　　　46.9kNm　60kN
26.2kNm　　　　　　　26.2kNm
　　　20.7kNm　　20.7kNm　　　　　　　　　　　　　　　　60kN
　　　　43.12kNm

　　　　　　　　　　　　　　　　　　　9.68kN　　　　　　9.68kN
12.5kNm　　　　　　12.5kNm
　　　　　M図　　　　　　　　　　　　　　Q図

図B

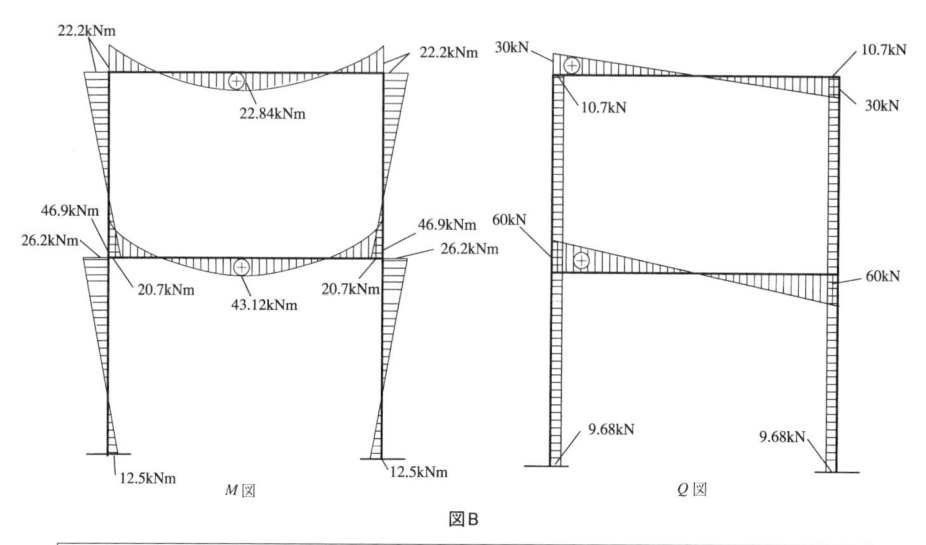

【練習問題 7.2.4】
図の連続梁を解け。部材断面は一様とする。

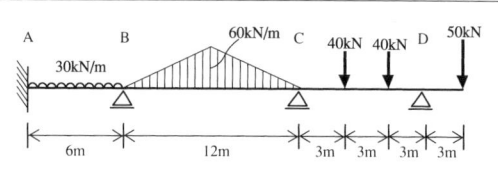

A　　B　　　　60kN/m　C　40kN 40kN　D　50kN
　　　30kN/m
　　6m　　　12m　　　3m　3m　3m　3m

〈解答〉
① 剛比を求める。部材断面一様のとき剛比は部材長に反比例する。したがって，部材 $\overline{AB}, \overline{BC}, \overline{CD}$ の剛比は 6，3，4 となる。
② 固定端モーメントの計算。

$$C_{BA} = -C_{AB} = \frac{30 \times 6^2}{12} = 90 \text{ kNm}$$

$C_{BC}$ と $C_{CB}$ および $C_{CD}$ と $C_{DC}$ は基礎知識 7.1.4 より求める。

$$M_x = 180x - \frac{10x^2}{2} \cdot \frac{x}{3} = -\frac{10x^3}{6} + 180x \quad (0 \leq x \leq 6)$$

$$F = 2\int_0^6 M_x dx = 2\int_0^6 \left(-\frac{10x^3}{6} + 180x\right)dx = 5400$$

$$C_{BC} = -\frac{2 \times 5400 \times (2 \times 12 - 3 \times 6)}{12 \times 12} = -450 \text{ kNm}$$

$$C_{CB} = \frac{2 \times 5400 \times (3 \times 6 - 12)}{12 \times 12} = 450 \text{ kNm}$$

$$M_x = 40x \quad (0 \leq x \leq 3)$$

$$M_x = 120 \quad (3 \leq x \leq 6)$$

$$F = 2\int_0^3 M_x dx + \int_3^6 M_x dx = 2\int_0^3 40x\,dx + \int_3^6 120\,dx = 720$$

$$C_{CD} = -\frac{2\times 720\times(2\times 9 - 3\times 4.5)}{9\times 9} = -80 \text{ kNm}$$

$$C_{DC} = \frac{2\times 720\times(3\times 4.5 - 9)}{9\times 9} = 80 \text{ kNm}$$

③ 材端モーメントの計算（図A）。

|  | A | B |  | C |  | D |  |
|---|---|---|---|---|---|---|---|
| DF | − | 0.67 | 0.33 | 0.43 | 0.57 | 1 | − |
| FEM | −90 | 90 | −450 | 450 | −80 | 80 | −150 |
| D1 | 0 | 241.2 | 118.8 | −159.1 | −210.9 | 70 | 0 |
| C1 | 120.6 | 0 | −79.55 | 59.4 | 35 | −105.45 | 0 |
| D2 | 0 | 53.30 | 26.25 | −40.59 | −53.81 | 105.45 | 0 |
| C2 | 26.65 | 0 | −20.30 | 13.13 | 52.73 | −26.91 | 0 |
| D3 | 0 | 13.60 | 6.70 | −28.32 | −37.54 | 26.91 | 0 |
| Σ | 57.25 | 398.1 | −398.1 | 294.52 | −294.52 | 150 | −150 |

図A

④ 曲げモーメント図，せん断力図は図Bのようになる。

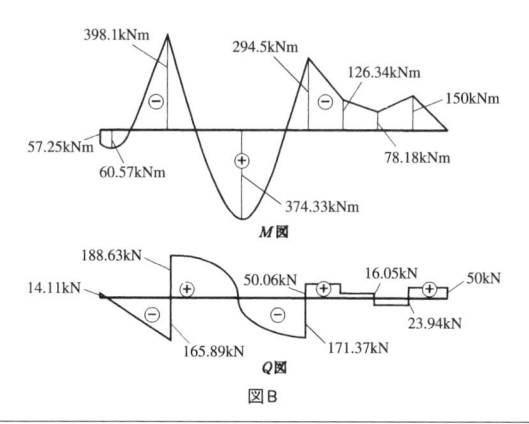

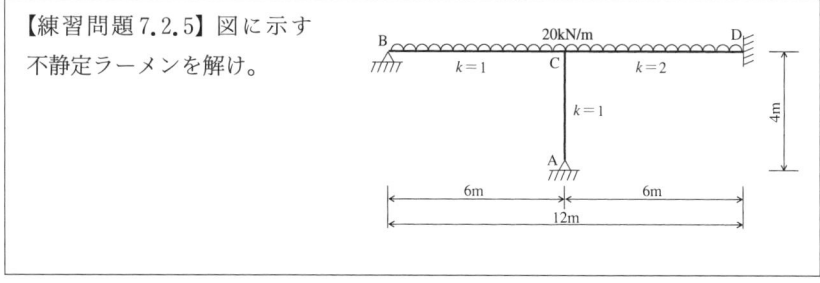

M図：398.1kNm，294.5kNm，126.34kNm，150kNm，57.25kNm，60.57kNm，374.33kNm，78.18kNm

Q図：188.63kN，14.11kN，50.06kN，16.05kN，50kN，165.89kN，171.37kN，23.94kN

図B

【練習問題7.2.5】図に示す不静定ラーメンを解け。

（図：Bから20kN/mの等分布荷重がかかる水平材（k=1とk=2，各6m），中央Cから下方へ柱AC（k=1, 4m），Aは固定，Dは固定，Bはピン支持）

〈解答〉

① 剛比を求める。CB材とCA材は他端ピンなので有効剛比 $k_e=0.75$ を用いる。

② 固定端モーメントの計算。
$$C_{CB}=-C_{CD}=\frac{20\times 6^2}{12}=60 \text{ kNm}, \quad H_{CB}=C_{CB}-\frac{1}{2}C_{BC}=90 \text{ kNm}$$

③ 材端モーメントの計算（図A）。

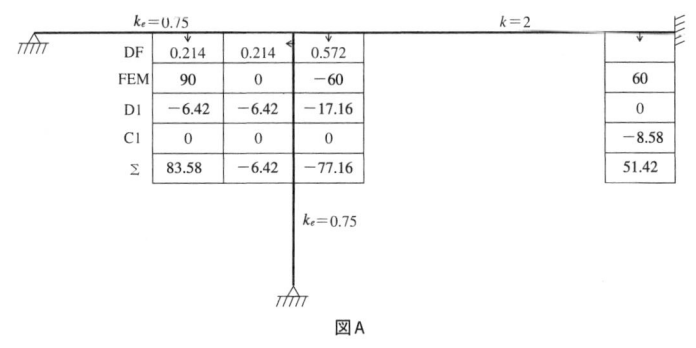

| | $k_e=0.75$ | | | $k=2$ | |
|---|---|---|---|---|---|
| DF | 0.214 | 0.214 | 0.572 | | |
| FEM | 90 | 0 | −60 | | 60 |
| D1 | −6.42 | −6.42 | −17.16 | | 0 |
| C1 | 0 | 0 | 0 | | −8.58 |
| Σ | 83.58 | −6.42 | −77.16 | | 51.42 |

$k_e=0.75$

図A

④ 曲げモーメント図，せん断力図は図Bのようになる。

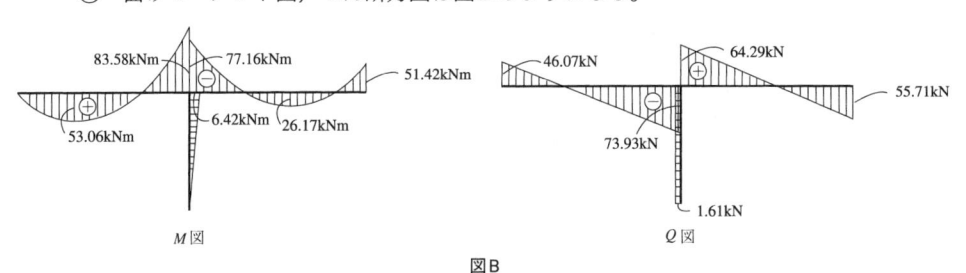

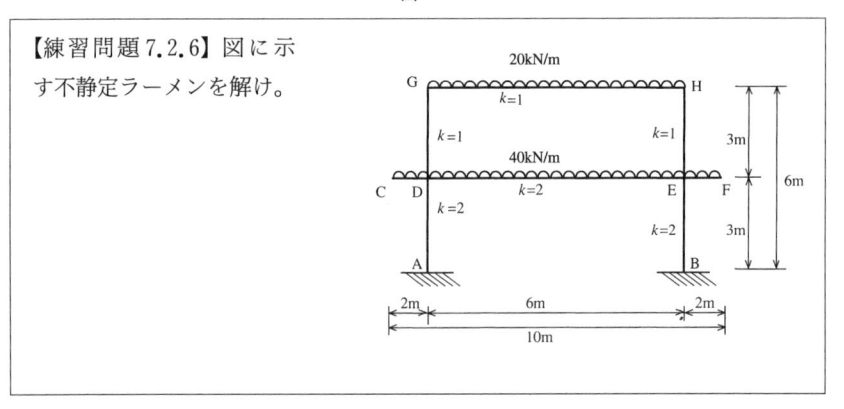

M図：83.58kNm，77.16kNm，51.42kNm，53.06kNm，6.42kNm，26.17kNm

Q図：46.07kN，64.29kN，55.71kN，73.93kN，1.61kN

図B

【練習問題7.2.6】図に示す不静定ラーメンを解け。

（図：ラーメン構造。上端GH間に20kN/m、$k=1$。DE間に40kN/m、$k=2$。GD、HE部材 $k=1$。DA、EB部材 $k=2$。寸法：2m + 6m + 2m = 10m、高さ3m + 3m = 6m。A、B点は固定。）

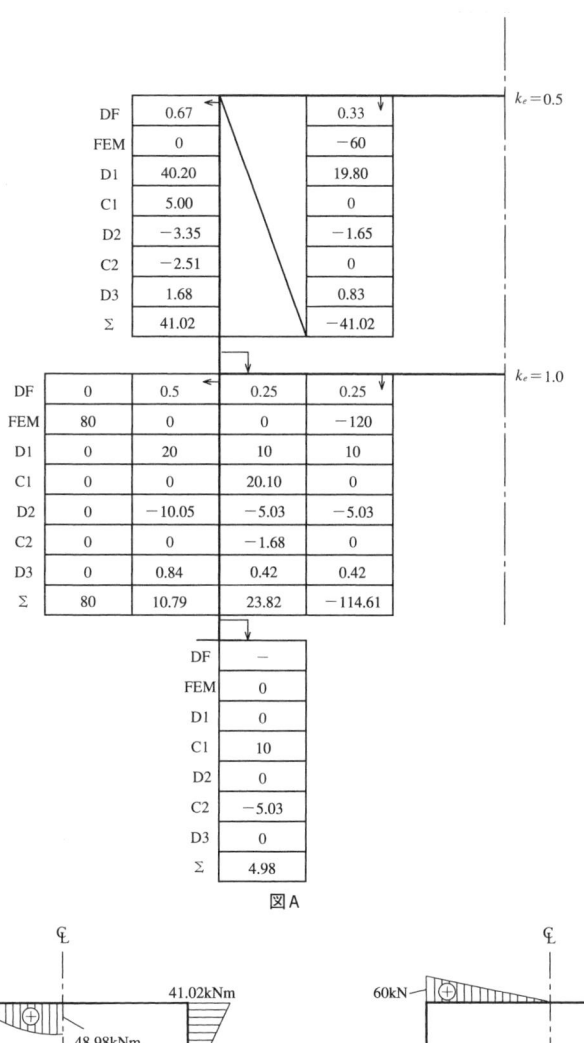

第 7 章 不静定構造と変位法　233

$k_e = 0.5$

| | | |
|---|---|---|
| DF | 0.67 | 0.33 |
| FEM | 0 | −60 |
| D1 | 40.20 | 19.80 |
| C1 | 5.00 | 0 |
| D2 | −3.35 | −1.65 |
| C2 | −2.51 | 0 |
| D3 | 1.68 | 0.83 |
| Σ | 41.02 | −41.02 |

$k_e = 1.0$

| | | | | |
|---|---|---|---|---|
| DF | 0 | 0.5 | 0.25 | 0.25 |
| FEM | 80 | 0 | 0 | −120 |
| D1 | 0 | 20 | 10 | 10 |
| C1 | 0 | 0 | 20.10 | 0 |
| D2 | 0 | −10.05 | −5.03 | −5.03 |
| C2 | 0 | 0 | −1.68 | 0 |
| D3 | 0 | 0.84 | 0.42 | 0.42 |
| Σ | 80 | 10.79 | 23.82 | −114.61 |

| | |
|---|---|
| DF | − |
| FEM | 0 |
| D1 | 0 |
| C1 | 10 |
| D2 | 0 |
| C2 | −5.03 |
| D3 | 0 |
| Σ | 4.98 |

図A

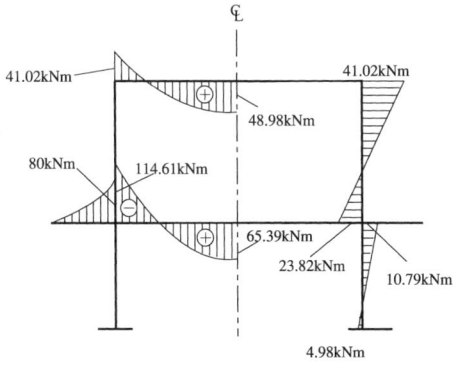

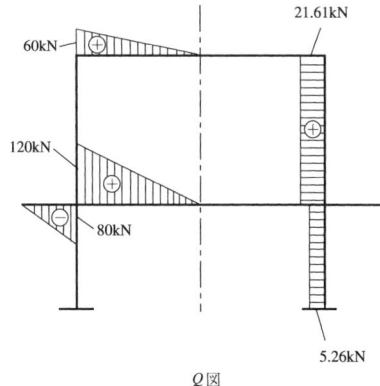

$M$ 図　　　図B　　　$Q$ 図

〈解答〉

① 剛比を求める。この不静定ラーメンは対称架構なので，GH 材と DE 材の有効剛比としてそれぞれ 0.5，1.0 をとる。

② 固定端モーメントの計算。

$$C_{GH}=-\frac{20\times 6^2}{12}=-60 \text{ kNm}, \quad C_{DE}=-\frac{40\times 6^2}{12}=-120 \text{ kNm}$$

③ 材端モーメントの計算（図A）。

④ 曲げモーメント図とせん断力図は図Bのようになる。

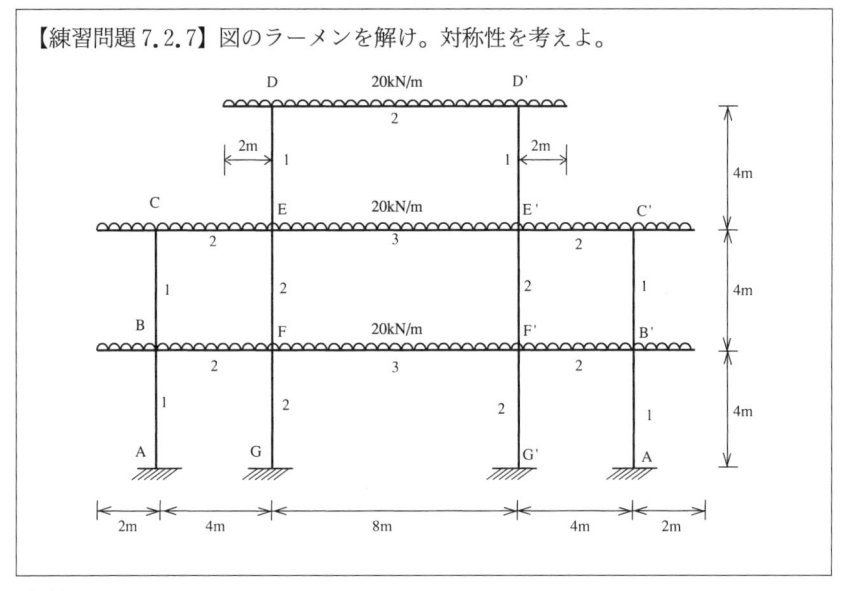

【練習問題 7.2.7】図のラーメンを解け。対称性を考えよ。

〈解答〉

① 固定端モーメントの計算。

$$C_B=C_C=C_D=20\times 2\times 1=40 \text{ kNm}$$

$$C_{BF}=-C_{FB}=C_{CE}=-C_{EC}=-\frac{20\times 4^2}{12}\fallingdotseq -26.67 \text{ kNm}$$

$$C_{FF'}=-C_{F'F}=C_{EE'}=-C_{E'E}=C_{DD'}=-C_{D'D}=-\frac{20\times 8^2}{12}\fallingdotseq -106.67 \text{ kNm}$$

② 材端モーメントの計算（図A）。

③ 曲げモーメント図およびせん断力図は図Bのようになる。

$$D\sim D' \text{ 間}: M_{\max}=M_0-\frac{76.34+76.34}{2}=\frac{20\times 8^2}{8}-76.34=83.66 \text{ kNm}$$

$$E\sim E' \text{ 間}: M_{\max}=160-93.47=66.53 \text{ kNm}$$

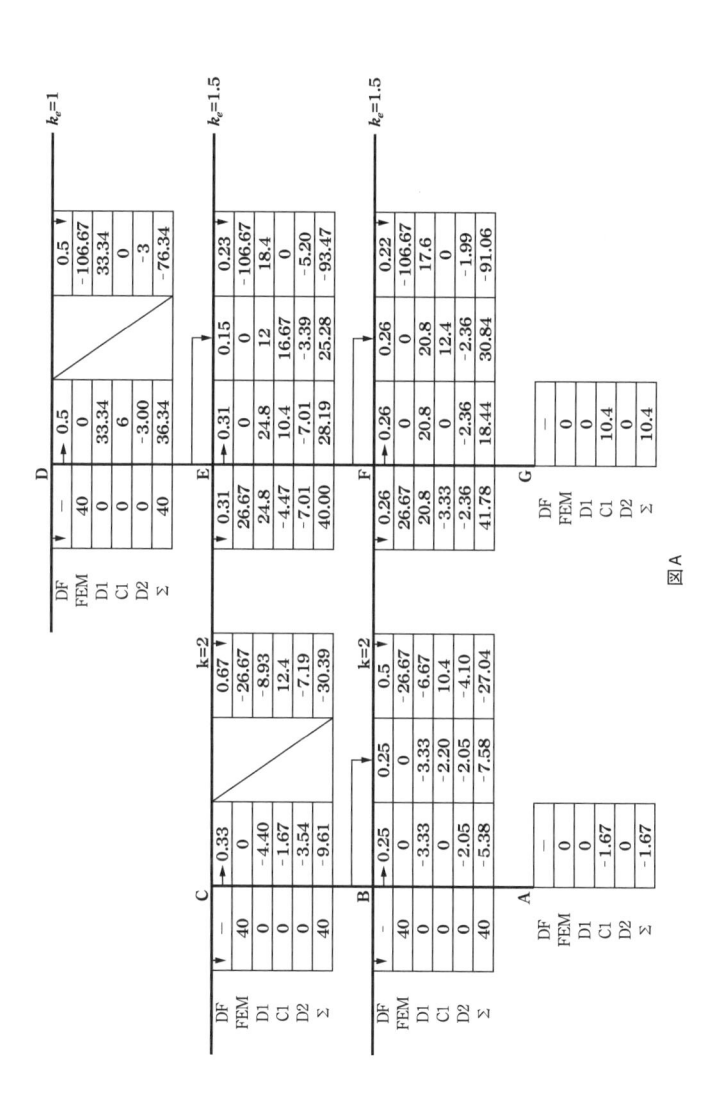

図A

F〜F′ 間：$M_{max} = 160 - 91.06 = 68.94$ kNm

C〜E 間：$M_{max} = \dfrac{20 \times 4^2}{8} - \dfrac{30.39 + 40}{2} = 48.05$ kNm

B〜F 間：$M_{max} = \dfrac{20 \times 4^2}{8} - \dfrac{27.04 + 41.78}{2} = 5.59$ kNm

$M$ 図　　　　　　$Q$ 図

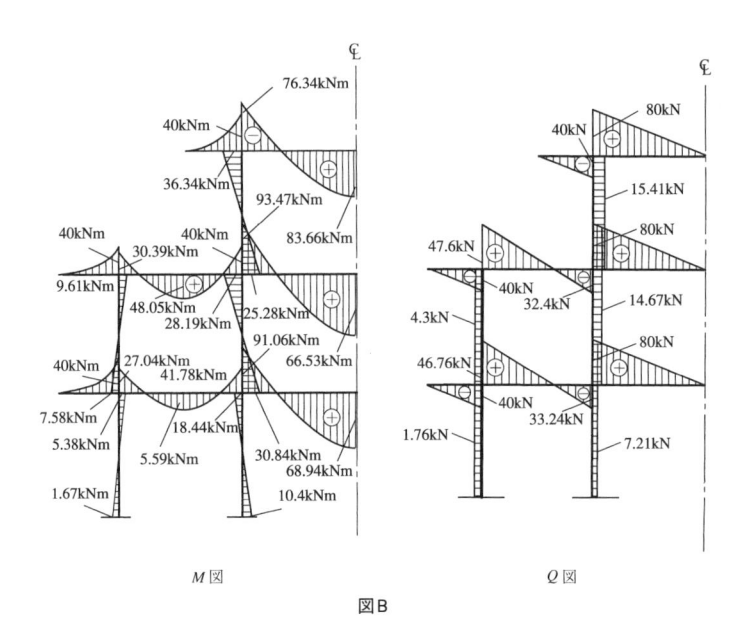

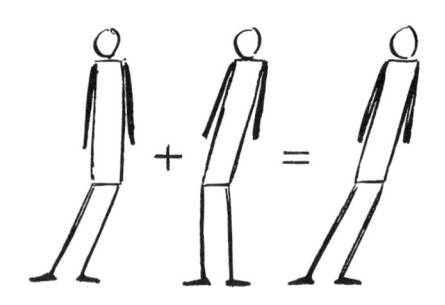

図B

# 第8章　応用問題

## 8.1 構造計画のための応用問題

【応用問題8.1.1（関連章・節：3.1支点反力）】図8.1.1は，ゴシック建築の象徴ともいわれる，ボーヴェの大寺院の外観である。この教会の構造的特長を述べよ。とくに身廊と側廊との関係を述べよ。

〈解説〉

ロマネスクの大寺院がどっしりとした暗い構造であったのに対して，反対にゴシックの大寺院は，外界の光に自身を開放しながら，大寺院の内部には幻想的な雰囲気をただよわせている。こうしたゴシックの大寺院は，尖頭アーチとフライング・バトレスに象徴される，建築史上の石造建築で最もすばらしい成果であることに異論をはさむ人はいない（図8.1.1）。

図8.1.1

ゴシックの大寺院は，梁間はそれほど大きくなく，また高さにおいても，何世紀も前に建てられた建物を超えるものでもない。そして構造的に正しい解決の表現というには躊躇があろう。しかしながら，光と高さを求める建築上の目的と，石材による重量という構造上の制約のもとで，打ち勝った建築の勝利である。

ゴシックの大寺院の構造的特長には，次の2つが挙げられる。①穹稜のあるリブ付きヴォールト，②フライング・バトレスである。

図8.1.2は，ボーヴェの大寺院の断面である。ロマネスクの教会には，窓開口の

ないトラス構造の木造屋根か石造のたる形ヴォールトで天井がつくられていた。それに対して，ゴシックの大寺院では，身廊，側廊の天井は，図8.1.2に示すような穹稜のあるリブ付きのヴォールトで覆われている。これは，天井の四辺に半円形のアーチができるので，採光に優れるという建築上の目的にかなっているのである。同時に，ゴシック建築の構造の見逃せない問題となる。すなわち，ヴォールトの2個の筒型の交線が，2本の対角線方向のアーチ状の穹稜を構成する。穹稜はヴォールトの剛性を高め，ヴォールトの重量を，ピアによって下で支持されているヴォールトの四隅に伝達する。しかし，穹稜がアーチを形成している限り，支点に外向きのスラストを起こし，ピアを外側に押し広げようとする。このスラストに抵抗するには，2つの方法が考えられる。第1はヴォールトの四隅をタイで結ぶことである。それは，天井の四辺に沿ってか，四隅の対角線方向かとなろう。第2はピアを外側から押さえる支持をすることである。第1のタイは天井の空間を壊し

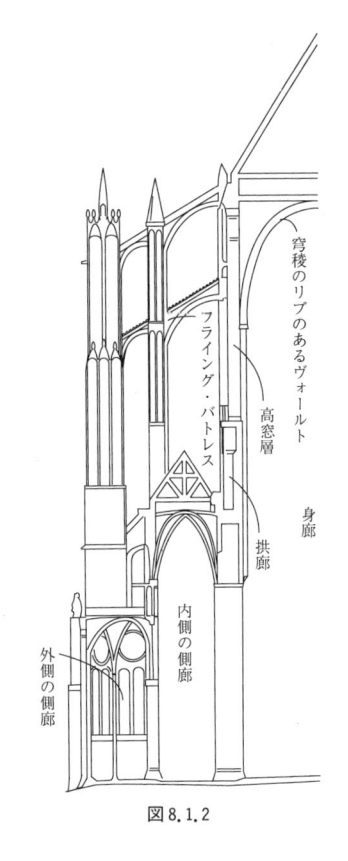

図8.1.2

てしまう点から，建築計画上からいれられないことは自明である。もちろん，この尖頭アーチは，ロマネスクのラウンドアーチに比較すれば，スラストを大きく減じる構造ではある。したがって，ピアがそれほど高くなく，また細くなければ，ピアを含んだ架構で十分抵抗できるはずである。しかし，これは美的要求からできない相談である。そこで，第2の方法が考えられなければならない。

　第2の方法として，最初はヴォールトを支持しているピアの外側に，壁のようなピアを取り付ける方法がとられたが，後に，この壁のようなピアを離して，傾斜したフライング・バトレスによってヴォールトを支持する方法がとられた。したがって，大寺院の内部は，細いピアとフライング・バトレスからなる木々と，そこからの木漏れ日が差し込む，壮大な森を思わせる空間ができた。

フライング・バトレスは，図8.1.3に示すように，上側が直線で下側が曲線になっている。フライング・バトレスの直線軸はヴォールトのスラストの方向に一致しており，曲線はアーチ状の形態のため，バトレスの固定荷重によって，引張応力が起こらないようになっている。ピアの寸法を細くするために，内側と外側の側廊を多梁間に，そしてフライング・バトレスは2層，3層と多層になった。図8.1.4に示すように，ヴォールトからの外向きのスラストは，小尖頭やピアの重量による鉛直方向の力によって，その作用線を水平方向から鉛直方向にその向きを変える。その結果，石造の場合に危険な引張を起こさないようになる。外側の側廊のピアが下にゆくほど太くなっていることは，引張を減ずる点でさらに有利となっている。小尖頭や教会の外側にある重い彫像でさえも，圧縮力の増加と引張力の減少に役立っている。

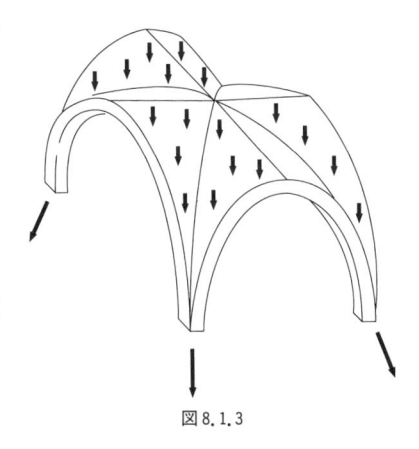

図8.1.3

　以上はゴシックの建築の構造的特長と空間との関連を述べたものであるが，歴史上の名建築は，それ自体が数十年，数百年といった年月をかけた，実験の結果である点に着目するならば，われわれにとってかけがえのない貴重な構造上の資料といえる。その意味で，植物や動物といった生物の構造は，数万年といった環境下での，最良の構造的解答でもあるといえる。これはゴシックの教会の構造的観点からの見方であるが，われわれは絶えずこうした観察をすることが必要である。

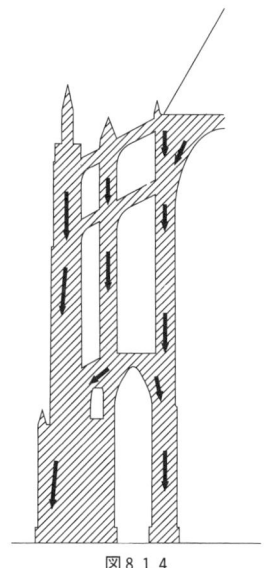

図8.1.4

【応用問題8.1.2（関連章・節：7.1たわみ角法）】図8.1.5に示すような，等しい柱と等しい梁からなる$n$層，1梁間の高層架構が水平荷重$P$を各層に受けたとき，水平変位を求める略算法をつくれ。

**〈解説〉**
架構の水平変位を求めるには，一般に，たわみ角法により，算定されるのであるが，ここでは，カンティレバー法といわれる，水平変位を直接算定する略算法を作成する。カンティレバー法では，水平荷重を受けるとき，反曲点は各梁中央と各柱中央に生ずるものとしている。また，水平荷重$P$の各柱の負担は，均等として$P/2$となる。

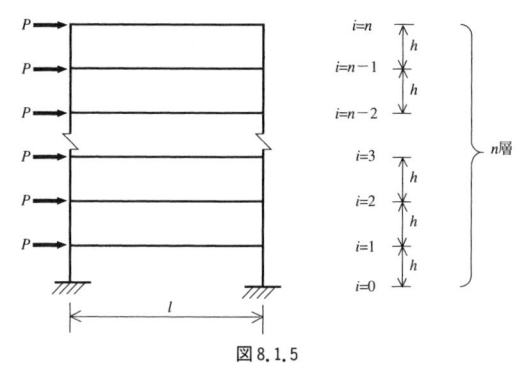

図8.1.5

$i$層の水平変位$\delta_i$は，各層の床剛性が剛としたときの柱の水平変位$\delta_i'$と，$i$層の梁回転角$\phi_i$による水平変位$\delta_i''$，および$i-1$層の梁回転角$\phi_{i-1}$による水平変位$\delta_{i-1}''$との和と考えられる。すなわち，

$$\delta_i = \delta_i' + \delta_i'' + \delta_{i-1}'' \tag{a}$$

$\delta_i'$は，図8.1.6(a)に示すようにせん断力$F_i$を受ける長さ$h/2$の2本の片持ち柱のたわみの合計である。

$$\delta_i' = 2 \times \frac{F_i(h/2)^3}{3EI_1} = \frac{F_i h^3}{12EI_1} \tag{b}$$

$\delta_i''$は，図8.1.6(b)よりわかるように，梁端部の回転角$\phi_i$と柱反曲点高さ$h/2$の積と考えられる。

$$\delta_i'' = \phi_i \times \frac{h}{2} = \frac{\phi_i h}{2} \tag{c}$$

梁端部の回転角$\phi_i$は，梁反曲点の鉛直せん断力$V_i$による曲げモーメント$M_i$が，梁間$l/2$の単純梁の一端に作用するものと等しいと考えられる。

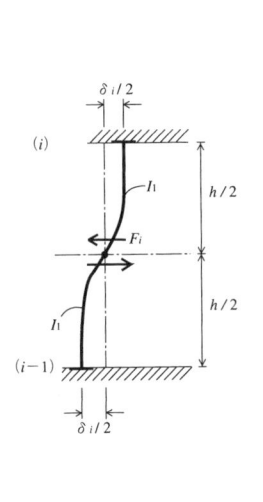

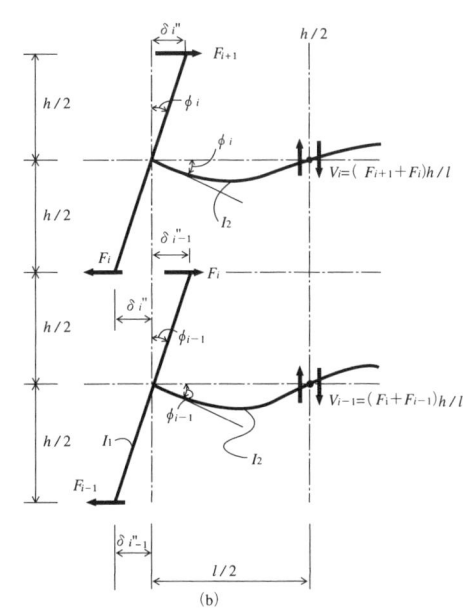

図 8.1.6

$$\phi_i = \frac{M_i \times l/2}{3EI_2} = \frac{M_i l}{6EI_2} \tag{d}$$

また,梁の鉛直せん断力 $V_i$ は,図 8.1.6(b)の釣合い条件から,

$$V_i = \frac{h}{l}(F_i + F_{i+1}) \approx 2\frac{h}{l}F_i \tag{e}$$

となる。

よって曲げモーメント $M_i$ は,

$$M_i = V_i \times \frac{l}{2} = F_i \times h \tag{f}$$

(f)式を考慮して,(d)式を(c)式に代入すると,

$$\delta_i'' = \frac{\phi_i h}{2} = \frac{1}{12}\frac{F_i h^2 l}{EI_2} = \left(\frac{l}{h} \cdot \frac{I_1}{I_2}\right)\frac{1}{12}\frac{F_i h^3}{EI_1} \equiv \beta\delta_i' \tag{g}$$

ここで,$\beta = \frac{l}{h}\frac{I_1}{I_2} = \frac{1}{k}$

同様に,$\delta_{i-1}'' = \left(\frac{l}{h} \cdot \frac{I_1}{I_2}\right)\frac{1}{12}\frac{F_{i-1}h^3}{EI_1} = \beta\delta_{i-1}' \tag{h}$

問題の $n$ 層 1 梁間の架構の場合の $\delta_i'$ は,各柱の水平力は $P/2$ であるから,

$$\delta_n' = \frac{1}{12EI_1} \times \frac{P}{2}h^3$$

$$\delta'_{n-1} = \frac{1}{12EI_1} \times \frac{2P}{2} h^3$$

$$\vdots$$

$$\delta'_2 = \frac{1}{12EI_1} \times \frac{(n-1)P}{2} h^3$$

$$\delta'_1 = \frac{1}{12EI_1} \times \frac{nP}{2} h^3$$

したがって $\delta_i$ は,

$$\delta_n = \frac{1}{12} \frac{P}{2} \frac{h^3}{EI_1}(1+\beta+2\beta)$$

$$\delta_{n-1} = \frac{1}{12} \frac{P}{2} \frac{h^3}{EI_1}(2+2\beta+3\beta)$$

$$\vdots$$

$$\delta_2 = \frac{1}{12} \frac{P}{2} \frac{h^3}{EI_1}\{(n-1)+(n-1)\beta+n\beta\}$$

$$\delta_1 = \frac{1}{12} \frac{P}{2} \frac{h^3}{EI_1}(n+n\beta)$$

架構の頂部の変位 $\delta$ は, 各層の変位 $\delta_i$ の合計 $\sum_{i=1}^{n}\delta_i$ であるから,

$$\begin{aligned}\delta &= \frac{Ph^3}{12\times 2EI_1}\{(1+2+3+\cdots+n-1+n)+(1+2+3+\cdots+n-1+n)\beta \\ &\qquad +(2+3+\cdots+n-1+n)\beta\} \\ &= \frac{Ph^3}{12\times 2EI_1}\left\{\frac{n(n+1)}{2}(1+\beta)+\frac{(n+2)(n-1)}{2}\beta\right\} \\ &= \frac{Ph^3}{12\times 2EI_1}\left\{\frac{n(n+1)}{2}+(n^2+n-1)\beta\right\} \quad\quad\quad\text{(i)}\end{aligned}$$

1層1梁間の架構の水平変位 $\delta_1$ は, 基本問題 7.1.5 より,

$$\psi = -\frac{3k+2}{2(6k+1)}Ph = 2EK(-3R) = 2E\frac{I_1}{h}\left(-3\frac{\delta_1}{h}\right)$$

$$\therefore\ \delta_1 = \frac{3k+2}{2(6k+1)} \times \frac{Ph^3}{6EI_1} = \frac{3k+2}{12EI_1(6k+1)}Ph^3$$

一方, カンティレバー法の仮定では, 反曲点は梁と柱の中央としている. 柱の反曲点が柱中央となるためには, 柱脚が固定であるので, 梁の剛比 $k$ を無限大としなければならない.

$$\delta_1 = \lim_{k\to\infty}\frac{3+\frac{2}{k}}{12EI_1\left(6+\frac{1}{k}\right)}Ph^3 = \frac{3}{12EI_1\times 6}Ph^3 = \frac{Ph^3}{24EI_1}$$

となる. 一方カンティレバー法の(i)式に, $n=1$ を代入すると,

$$\delta_1 = \lim_{k\to\infty} \frac{Ph^3}{12\times 2\times EI_1}\left[\frac{1\times 2}{2}+(1+1-1)\beta\right] = \lim_{k\to\infty}\frac{Ph^3}{24EI_1}\left(1+\frac{1}{k}\right) = \frac{Ph^3}{24EI_1}$$

となり一致する。

(i)式の解は，1 梁間の場合である。多梁間の場合に拡張するには，柱の両側に梁のある中柱が生じる。その場合，(e)式が $V_i = \dfrac{h}{l}F_i$ としなければならない。したがって，柱の片側にだけ梁のある側柱と，柱の両側に梁のある中柱で変位が違ってきて，建物の床スラブが剛であると各層の水平変位が等しくなるという，実際と矛盾することになる。これは，各柱のせん断力の負担を均一とすることに問題があり，逆に各柱の各層の水平変位が等しくなるように，各柱のせん断力の負担を決めなければならないといえる。この問題は応用問題 8.1.3 で考える。

【応用問題 8.1.3（関連章・節：7.1 たわみ角法）】応用問題 8.1.2 と同じ，等しい梁と等しい柱からなる，$n$ 層，$m$ 梁間の高層架構の柱の分布係数（単位の水平変位に必要なせん断力をいう）を算定せよ。

〈解説〉

応用問題 8.1.2 では，水平荷重 $P$ の柱の負担は等しく仮定できたが，多梁間の場合は，柱の剛度，上・下の梁の剛度，上・下の柱の高さ等によって柱の水平力の負担は異なることが考えられる。ここでは，柱の剛度，上・下の梁の剛度を考慮して，いわゆる $D$ 値といわれる柱の分布係数の算定式を導いてみる。カンティレバー法と同様に，水平荷重を受けるとき，反曲点は各梁中央と各柱中央に生ずるものとする。また仮定から等しい梁と等しい柱の一様な架構としているので，各節点のたわみ角は等しく $\theta_0$ となる。

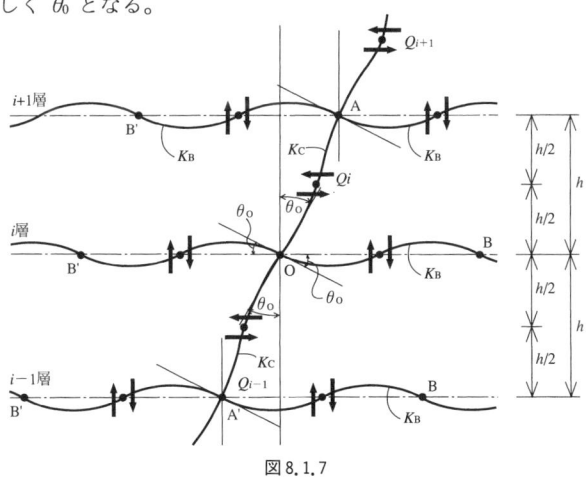

図 8.1.7

したがってたわみ角法の基本公式より，図8.1.7のO点に集まる部材 OA，OA′, OB, OB′ のO節点での節点モーメントは，

$$M_{OA}=M_{OA'}=2EK_C(2\theta_0+\theta_0-3R)=2EK_C(3\theta_0-3R) \tag{a}$$

$$M_{OB}=M_{OB'}=2EK_B(2\theta_0+\theta_0)=2EK_B(3\theta_0) \tag{b}$$

O節点での節点方程式および $i$ 層での層方程式をたてると，

$$2M_{OA}+2M_{OB}=0 \tag{c}$$

$$2M_{OA}=-Q_i h \tag{d}$$

(c)式および(d)式に(a)式と(b)式を代入して，$Q_i$ を求めると，

$$4EK_C(3\theta_0-3R)+4EK_B(3\theta_0)=0$$

$$12E\{(K_C+K_B)\theta_0-K_C R\}=0$$

$$\theta_0=\frac{K_C}{K_C+K_B}R$$

$$4EK_C(3\theta_0-3R)=4EK_C\left(\frac{3K_C}{K_C+K_B}-3\right)R=-12EK_C\frac{K_B}{K_C+K_B}R=-Q_i h$$

$$Q_i=\frac{12EK_C}{h}\left(\frac{K_B}{K_C+K_B}\right)R \tag{e}$$

ここで，$K_B=k_B K$, $K_C=k_C K$ とおくと，

$$Q_i=\frac{\overline{k}}{2+\overline{k}}k_C\left(\frac{12EK}{h^2}\right)\cdot\delta \tag{f}$$

$$\overline{k}=2\frac{k_B}{k_C} \tag{g}$$

分布係数 $D$ は単位の変位をするのに必要なせん断力 $Q$ と定義されるので，

$$D=\frac{Q}{\delta}=\frac{\overline{k}}{2+\overline{k}}k_C\left(\frac{12EK}{h^2}\right)=ak_C\left(\frac{12EK}{h^2}\right) \tag{h}$$

ここで，$a=\dfrac{\overline{k}}{2+\overline{k}}$；剛性係数

(h)式が武藤清博士の分布係数算定の $D$ 値法の骨子である。(h)式の一般的適用に当たっては，$k_1$, $k_2$ を上の梁の剛比，$k_3$, $k_4$ を下の梁の剛比として，$\overline{k}$ の(g)式を

$$\overline{k}=\frac{1}{2}\frac{k_1+k_2+k_3+k_4}{k_C} \tag{i}$$

とする。すなわち，$\overline{k}$ を柱の剛比に対する梁の平均剛比と考える。したがって柱の分布係数は，柱の剛比 $k_C$ と剛性係数 $a$ に比例するといえる。

なお，1階のように柱脚固定の場合，剛性係数には，(j)式が用いられる。

$$a=\frac{0.5+\overline{k}}{2+\overline{k}} \tag{j}$$

図 8.1.8 に示すラーメンの各柱の分布係数を求め，各柱の負担せん断力を算定せよ．

架構が対称であるから，水平力を受けると逆対称の応力が起こる．したがって，逆対称軸 $n-n$ に関して，半分解くと各層の各柱の分布係数は，図 8.1.9 のようになる．

各柱の層せん断力の負担は，分布係数に比例するので，各柱の負担せん断力は次のように算定される．

3層　外柱　$100 \times \dfrac{0.33}{2(0.33+0.57)} = 17.4 \text{ kN}$　内柱　$100 \times \dfrac{0.57}{2(0.33+0.57)} = 31.7 \text{ kN}$

2層　外柱　$200 \times \dfrac{0.35}{2(0.35+0.57)} = 38.0 \text{ kN}$　内柱　$200 \times \dfrac{0.57}{2(0.35+0.57)} = 62.0 \text{ kN}$

1層　外柱　$300 \times \dfrac{0.60}{2(0.60+0.78)} = 65.2 \text{ kN}$　内柱　$300 \times \dfrac{0.78}{2(0.60+0.78)} = 84.8 \text{ kN}$

図 8.1.8 の架構をたわみ角法で解いた精算値と $D$ 値法の略算値と比較したのが表 8.1.1 である．表 8.1.1 よりわかるように，精算値と略算値との誤差は 10% 未満で，略算法は工学的に十分な精度をもっているといえる．

本応用問題および応用問題 8.1.2 は，ともに反曲点位置を仮定することにより静定問題として略算したものであるといえる．不静定問題は複雑であるが，工学的判断によって，静定問題として略算することが多々行われる．こうした考えは実際設計では非常に重要である．

表 8.1.1　精算値と略算値の比較

| 3層 | | | | | | 2層 | | | | | | 1層 | | | | | |
|---|---|---|---|---|---|---|---|---|---|---|---|---|---|---|---|---|---|
| 外柱 | | | 内柱 | | | 外柱 | | | 内柱 | | | 外柱 | | | 内柱 | | |
| 精算 (kN) | 略算 (kN) | 精算/略算 | 精算 (kN) | 略算 (kN) | 精算/略算 | 精算 (kN) | 略算 (kN) | 精算/略算 | 精算 (kN) | 略算 (kN) | 精算/略算 | 精算 (kN) | 略算 (kN) | 精算/略算 | 精算 (kN) | 略算 (kN) | 精算/略算 |
| 16.1 | 17.4 | 0.93 | 33.8 | 31.4 | 1.08 | 36.0 | 38.0 | 0.95 | 65.2 | 62.0 | 1.05 | 64.8 | 65.2 | 0.99 | 86.0 | 84.8 | 1.01 |

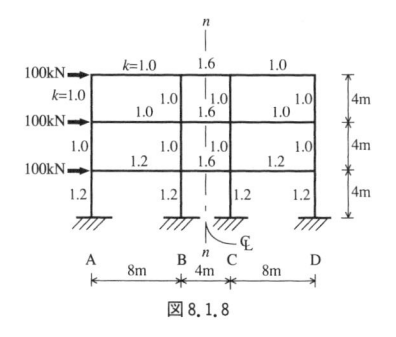

図 8.1.8

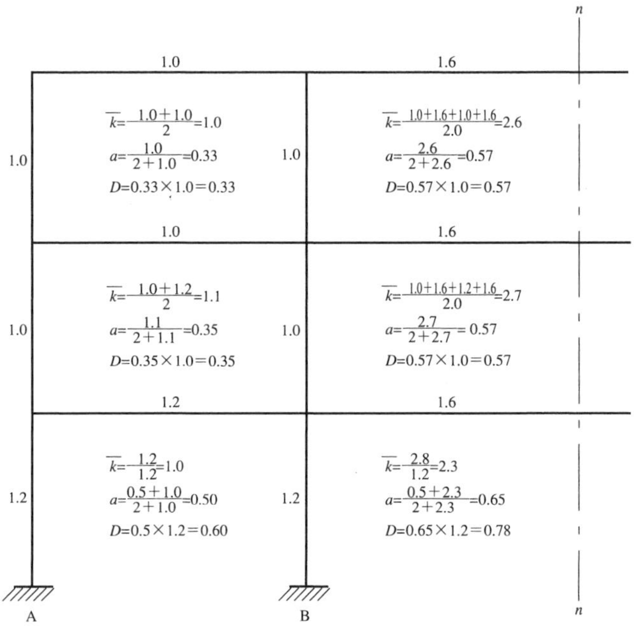

```
                1.0                           1.6
        ┌──────────────────┬──────────────────┐  n
        │ k̄ = (1.0+1.0)/2 =1.0│ k̄ = (1.0+1.6+1.0+1.6)/2.0 =2.6│
  1.0   │ a = 1.0/(2+1.0) =0.33 │ 1.0 │ a = 2.6/(2+2.6) =0.57 │
        │ D = 0.33×1.0 = 0.33│ D = 0.57×1.0 = 0.57│
        ├──────────────────┼──────────────────┤
                1.0                           1.6
        │ k̄ = (1.0+1.2)/2 =1.1│ k̄ = (1.0+1.6+1.2+1.6)/2.0 =2.7│
  1.0   │ a = 1.1/(2+1.1) =0.35 │ 1.0 │ a = 2.7/(2+2.7) =0.57 │
        │ D = 0.35×1.0 = 0.35│ D = 0.57×1.0 = 0.57│
        ├──────────────────┼──────────────────┤
                1.2                           1.6
        │ k̄ = 1.2/1.2 =1.0    │ k̄ = 2.8/1.2 =2.3 │
  1.2   │ a = (0.5+1.0)/(2+1.0) =0.50 │ 1.2 │ a = (0.5+2.3)/(2+2.3) =0.65 │
        │ D = 0.5×1.2 = 0.60 │ D = 0.65×1.2 = 0.78│
        └──────────────────┴──────────────────┘
            ////                ////                      n
             A                   B
```

図 8.1.9

【応用問題8.1.4（関連章・節：4.2断面特性）】図8.1.10のように，建物に地震力が作用したとき，地震力の作用点である重心と，抵抗要素の分布係数の重心ともいうべき剛心とが一致しないとき，建物に生ずるねじりによる，柱の付加せん断力を算定せよ．

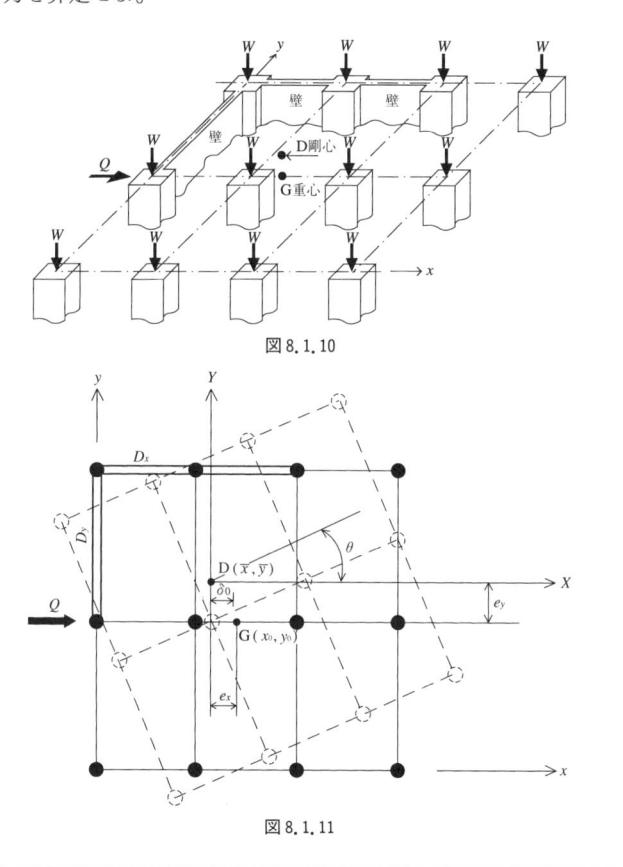

図8.1.10

図8.1.11

〈解説〉

まず重心Gの位置は，建物の重量が柱を通して作用するとすると，各柱の重量を$W$として，$x$，$y$軸より重心位置の座標（$x_0$, $y_0$）は，

$$x_0 = \frac{\sum(Wx)}{\sum W} \qquad y_0 = \frac{\sum(Wy)}{\sum W} \tag{a}$$

となることは，重心の定義より明らかである．(a)式の分子は断面1次モーメントである．重心と同様に，剛心Dは，分布係数$D$値の重心と考えられるから，(b)式のように表される．剛心位置の座標（$\overline{x}$, $\overline{y}$）は，$x$，$y$方向の$D$値を各々$D_x$, $D_y$と

すると，

$$\bar{x} = \frac{\sum(D_y \cdot x)}{\sum D_y} \qquad \bar{y} = \frac{\sum(D_x \cdot y)}{\sum D_x} \qquad \text{(b)}$$

と表される。図8.1.11 に示すように，床板が剛であると仮定すると，重心と剛心が一致しないことから，移動と回転が生ずる。今，地震力が $x$ 軸方向に作用したとすると，床板が全体に $\delta_0$ だけ，$x$ 軸方向に移動し，剛心を中心として $\theta$ だけ回転する。剛心Dを座標の原点とする。以後，$D_x$ を $D_X$，$D_y$ を $D_Y$ と表す。任意の点 $(X, Y)$ の移動 $\delta_X$，$\delta_Y$ は，

$$X\text{方向}: \delta_X = \delta_0 + \theta Y, \quad Y\text{方向}: \delta_Y = \theta X \qquad \text{(c)}$$

$X$方向の釣合い条件 $\sum X = 0$ より，

$$\sum X = Q - \sum D_X \cdot \delta_X = Q - \sum D_X \cdot \delta_0 + \sum D_X \theta \cdot Y = Q - \delta_0 \sum D_X + \theta \sum D_X \cdot Y = 0$$

となる。上式で $\sum D_X \cdot Y$ は，$Y$ が剛心を通る $X \cdot Y$ 座標からの距離であるから，剛心の定義から 0 となる。したがって，

$$Q = \delta_0 \sum D_X \qquad \therefore \quad \delta_0 = \frac{Q}{\sum D_X} \qquad \text{(d)}$$

また，モーメントの釣合い条件，$\sum M_D = 0$ より，

$$\sum M_D = Q \cdot e_y - \sum D_X \cdot \delta_X \cdot Y - \sum D_Y \cdot \delta_Y \cdot X = Q \cdot e_y - (\sum D_X \cdot \delta_0 \cdot Y$$
$$+ \sum D_X \cdot \theta \cdot Y^2 + \sum D_Y \cdot \theta \cdot X^2) = 0$$

$$Q \cdot e_y = \delta_0 \sum D_X \cdot Y + \theta(\sum D_X \cdot Y^2 + \sum D_Y \cdot X^2)$$

上式で，剛心の定義から $\sum D_X \cdot Y = 0$ であるから，

$$\theta = \frac{Q \cdot e_y}{(\sum D_X \cdot Y^2 + \sum D_Y \cdot X^2)} \qquad \text{(e)}$$

(e)式の $\sum D_X \cdot Y^2 + \sum D_Y \cdot X^2$ は，剛心まわりの分布係数 $D$ の，各項が $X$ 軸，$Y$ 軸に関する断面2次モーメント，$J_X$，$J_Y$ と考えられるから，(e)式は，

$$\theta = \frac{Q \cdot e_y}{J_X + J_Y} \qquad \text{(f)}$$

となる。$Q$ に対する，距離 $Y$ の位置にある $D_X$ と，距離 $X$ の位置にある $D_Y$ の負担せん断力 $Q_X$，$Q_Y$ は，(c)式と(f)式より，

$$\left.\begin{array}{l} Q_X = \dfrac{D_X}{\sum D_X} \cdot Q + \dfrac{D_X \cdot Q \cdot e_y \cdot Y}{J_X + J_Y} = \alpha_X \cdot \dfrac{D_X}{\sum D_X} \cdot Q \\[2mm] Q_Y = -\left(\dfrac{D_Y \cdot Q \cdot e_y \cdot X}{J_X + J_Y}\right) = -\left(\dfrac{\sum D_X \cdot e_y \cdot X}{J_X + J_Y}\right) \cdot \dfrac{D_Y}{\sum D_X} \cdot Q \end{array}\right\} \qquad \text{(g)}$$

ただし，$\alpha_X = 1 + \dfrac{\sum D_X \cdot e_y \cdot Y}{J_X + J_Y}$

となる。地震力 $Q$ が $Y$ 方向のときは，(g)式の $X$ を $Y$ に，$Y$ を $X$ にすればよいといえる。

今，図8.1.12に示すような分布係数が柱と耐震壁に与えられたとき，建物のねじりによる負担せん断力の割増しを算定する。

図8.1.12

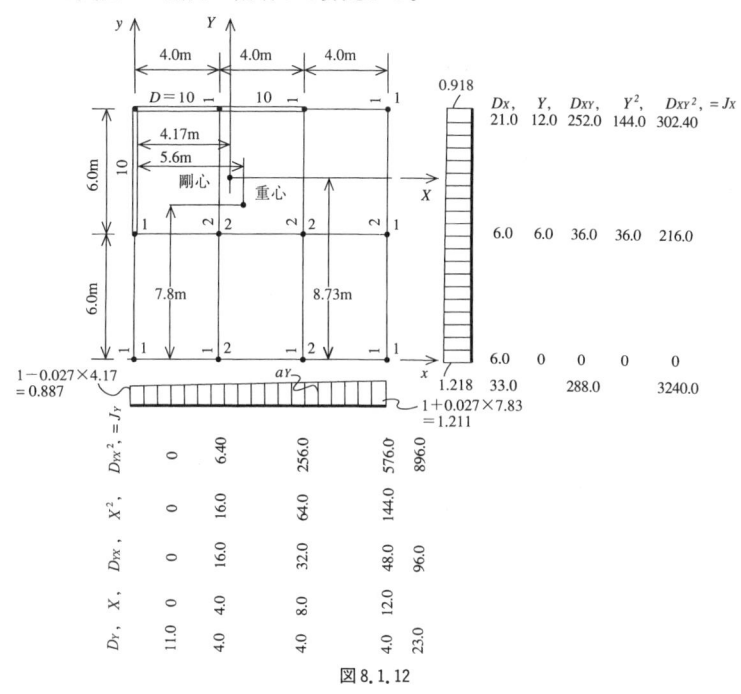

| | $D_X$, | $Y$, | $D_{XY}$, | $Y^2$, | $D_{XY}^2$, = $J_X$ |
|---|---|---|---|---|---|
| | 21.0 | 12.0 | 252.0 | 144.0 | 302.40 |
| | 6.0 | 6.0 | 36.0 | 36.0 | 216.0 |
| | 6.0 | 0 | 0 | 0 | 0 |
| | 1.218 | 33.0 | 288.0 | | 3240.0 |

| $D_Y$, | $X$, | $D_YX$, | $X^2$, | $D_YX^2$, = $J_Y$ |
|---|---|---|---|---|
| 11.0 | 0 | 0 | 0 | 0 |
| 4.0 | 4.0 | 16.0 | 16.0 | 6.40 |
| 4.0 | 8.0 | 32.0 | 64.0 | 256.0 |
| 4.0 | 12.0 | 48.0 | 144.0 | 576.0 |
| 23.0 | | 96.0 | | 896.0 |

図8.1.12の耐震壁の分布係数は，周辺柱の分布係数を含んだ値とする。重心位置Gは，算定して，与えられているとしている。

剛心位置：$\overline{x} = \dfrac{\sum(D_Y \cdot x)}{\sum D_Y} = \dfrac{96.0}{23.0} = 4.17$ m

$\overline{y} = \dfrac{\sum(D_X \cdot y)}{\sum D_X} = \dfrac{288.0}{33.0} = 8.73$ m

偏心距離：$e_x = 5.6 - 4.17 = 1.43$ m

$e_y = 8.73 - 7.8 = 0.93$ m

ここで，$J_X = J_X - \sum D_X \cdot \overline{y}^2$，$J_Y = J_Y - \sum D_Y \cdot \overline{x}^2$ であるから，$J_X$，$J_Y$ は，

$J_X = \sum(D_X \cdot y^2) - \sum D_X \cdot \overline{y}^2 = 3240 - 33 \times 8.73^2 = 3240 - 2515 = 725$

$J_Y = \sum(D_Y \cdot x^2) - \sum D_Y \cdot \overline{x}^2 = 896 - 23 \times 4.17^2 = 896 - 400 = 496$

∴ $J_X + J_Y = 725 + 496 = 1221$

$\alpha_X = 1 + \dfrac{\sum D_X \cdot e_y \cdot Y}{J_X + J_Y} = 1 + \dfrac{33 \times 0.93 \times Y}{1221} = 1 + 0.025\,Y$

$\alpha_Y = 1 + \dfrac{\sum D_Y \cdot e_x \cdot X}{J_X + J_Y} = 1 + \dfrac{23 \times 1.43 \times X}{1221} = 1 + 0.027\,X$

図8.1.12の $a_x$ からわかるように，せん断力の割増しは隅柱で22％となる。建物にとって偏心していることがいかに危険かということがわかる。以上は床板が剛という仮定に基づいているが，この仮定が成り立たないと，建物は非常に複雑な挙動を示し，解析が簡単には行えない。したがって，建物の設計ではできるだけねじりが生じないように構造計画することが重要である。

【応用問題8.1.5（関連章・節：4.1 応力度とひずみ度）】図8.1.13のように，左右の棒材がともにヤング係数 $E$ で，断面積と降伏応力がそれぞれ，左の棒材が $A_L$, $\sigma_L$, 右の棒材が $A_R$, $\sigma_R$ としたとき，両棒材が降伏するときの極限荷重を算定せよ。ただし，棒材の荷重—ひずみ関係は，図8.1.14に示すように，降伏荷重を折点とする，完全弾塑性のバイリニア型とする。

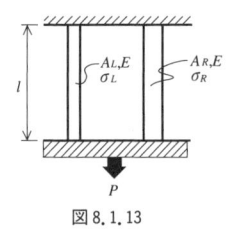

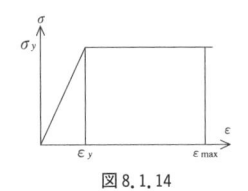

図8.1.13　　　図8.1.14

### 〈解説〉

　初等力学では，一般に，部材はフックの法則に従う。すなわち，完全弾性であると仮定しているが，実際には，この仮定は正しくない。例えば鋼材の応力度—ひずみ度の関係は，降伏後大きな靭性をもつことを示している。したがって1部材が降伏応力度に達したからといって，直ちに崩壊することはないといえる。まず，2本の棒材がともにそれぞれの降伏応力以下，すなわち，弾性範囲にある場合を考える。左・右の棒材の負担荷重 $T_L$, $T_R$ は，釣合い条件より，

$$T_L + T_R = P \tag{a}$$

また，左・右の棒材の伸び $\delta_L$, $\delta_R$ は等しくなければならない。

$$\delta_L = \frac{T_L l}{A_L E}, \quad \delta_R = \frac{T_R l}{A_R E}$$

$$\delta_L = \delta_R, \quad \therefore \quad \frac{T_L}{A_L} = \frac{T_R}{A_R} \tag{b}$$

(a)式と(b)式の関係から，

$$T_L = \frac{A_L}{A_L + A_R} P, \quad T_R = \frac{A_R}{A_L + A_R} P \tag{c}$$

となる。この状態は，どちらかの棒材が降伏応力に達するまで保持される。(c)式より，左・右の棒材が，各々降伏するときの荷重 $P_{L,Y}$, $P_{R,Y}$ は

$$P_{L,Y} = \frac{A_L + A_R}{A_L} \sigma_L A_L = \sigma_L (A_L + A_R), \quad P_{R,Y} = \frac{A_L + A_R}{A_R} \sigma_R A_R = \sigma_R (A_L + A_R) \tag{d}$$

と算定される。したがって，$\sigma_R > \sigma_L$ とすると，左の棒材が先に降伏する。そのときの荷重を $P_1$ とすると，

$$P_1 = \sigma_L (A_L + A_R) \tag{e}$$

となる。$P_1$ は弾性限界荷重といえる。弾性限界荷重を超えると，左の棒材はそれ以上の荷重負担はできないが，右の棒材はまだ負担能力をもっている。右の棒材の負担荷重 $T_R$ は，

$$T_R = P - \sigma_L A_L \tag{f}$$

である。ここで，右の棒材も降伏するときの荷重 $P_2$ は，

$$P_2 = \sigma_L A_L + \sigma_R A_R \tag{g}$$

となる。このときには，左・右の棒材がともに降伏して，無制限な塑性流れを起こすので，構造物は崩壊する。したがって，この荷重を崩壊荷重または極限荷重という。

　今，左・右の棒材の $2A_L = A_R = 2A$, $2\sigma_L = \sigma_R = 2\sigma$ と仮定すると，

$$P_1 = \sigma(A + 2A) = 3\sigma A$$

$$P_2 = \sigma A + 2\sigma(2A) = 5\sigma A$$

となる．一方，変位 $\delta = \dfrac{T_L l}{A_L E} = \dfrac{T_R l}{A_R E}$ であるから，荷重 $P_1$ までの変位 $\delta$ は，

$$\delta = \dfrac{l}{AE} \times \left(\dfrac{A}{A+2A}\right) P = \dfrac{Pl}{3AE} \quad \dfrac{\sigma l}{E}$$

となる．荷重 $P$ が $P_1$ から $P_2$ までの変位 $\delta$ は，

$$\delta = \dfrac{l}{2AE}(P - 3\sigma A) = \dfrac{(P - 3\sigma A)l}{2AE} \quad \dfrac{\sigma l}{E}$$

となる．図 8.1.15 は，荷重 $P$ と変位 $\delta$ の関係を描いたものである．直線 OA は弾性状態で，直線 AB は左の棒材が降伏し，右の棒材が弾性状態のまま，構造物としては制限塑性流れの状態で，直線 BC は，左・右の棒材が，すなわち，構造物全体が塑性流れを起こしている状態である．ちなみに，$P_2$ に対する $P_1$ の比は 5/3 であるから，構造物の崩壊荷重は，弾性限界荷重の約 1.7 倍となっていることがわかる．

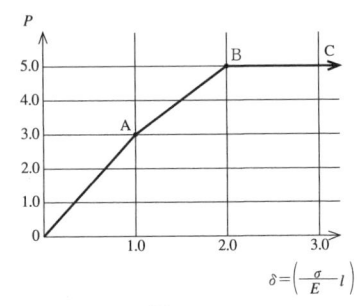

図 8.1.15

現在，弾性を前提とした許容応力度設計は，弾塑性挙動に基づく終極設計へと大きく変わろうとしている．その際，構造物の終極荷重を算定する方法として，極限解析が広く用いられている．極限解析は，Van den Broek が "Theory of Limit Design" を，アメリカ土木学会に発表したのが 1940 年であるから，設計法として定着するのに 50 年を経過したことになる．

【応用問題 8.1.6（関連章・節：7.1 たわみ角法）】図 8.1.16 のように，1 層 1 梁間の架構が等分布荷重 $w$ を受けるとき，柱脚の一方が不動沈下 $\delta$ を起こしたときの梁応力の挙動を，柱脚をピンと固定とした 2 つの場合について論ぜよ．

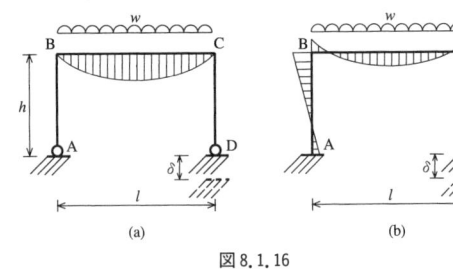

図 8.1.16

〈解説〉

図8.1.16に示した曲げモーメント図に示すように，柱脚ピンの場合の梁は単純支持梁と同じ曲げモーメント図となり柱脚固定の場合の梁は，半固定梁の曲げモーメント図となる。問題を簡単にするために，図8.1.17に示すように両端ピンの単純梁と両端固定梁の不動沈下の問題とする。これによって本質的には差違はないといえる。図8.1.17(a)の単純支持梁の場合はA，B両端の接線角 $\tau_A$, $\tau_B$ は，不動沈下しない場合のたわみ角 $\theta_A'$, $\theta_B'$ と各々等しい。

すなわち，$\theta_A' = \tau_A$, $\theta_B' = \tau_B$ である。

図8.1.17

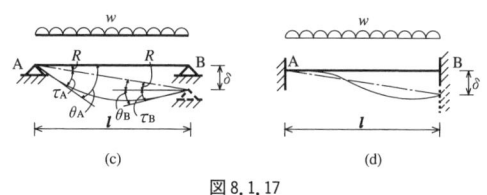

したがって，不動沈下によって曲げモーメントに変化はない。一方，両端固定梁の場合，図8.1.17(b)よりわかるように，両端A，Bの接線角 $\tau_A$, $\tau_B$ は部材角 $\dfrac{\delta}{l}$ に等しいのに対して，不動沈下しない場合のたわみ角 $\theta_A'$, $\theta_B'$ はともに0であって，$\tau_A$, $\tau_B$ とは各々一致しない。すなわち $\theta_A' \neq \tau_A$, $\theta_B' \neq \tau_B$ である。したがって不動沈下によって曲げモーメントが変化する。たわみ角法の一般公式より，

$\theta_A = \theta_B = 0$, ∴ $\varphi_A = \varphi_B = 0$

$R = \dfrac{\delta}{l}$, ∴ $\psi = -6EK\dfrac{\delta}{l}$

$M_{AB} = \psi + C_{AB} = -6EK\dfrac{\delta}{l} - \dfrac{wl^2}{12}$ \hfill (a)

$M_{BA} = \psi + C_{BA} = -6EK\dfrac{\delta}{l} + \dfrac{wl^2}{12}$ \hfill (b)

となる。図8.1.18は，不動沈下前と後の曲げモーメント図を示したものである。

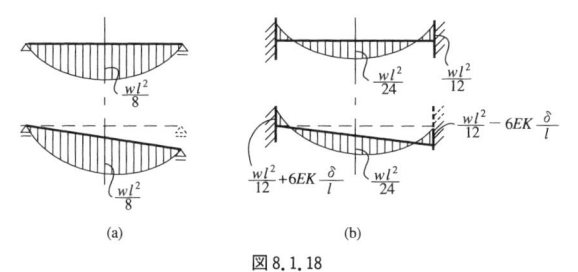

図8.1.18

今，両端固定梁の支点の不動沈下前の端モーメント $M'_{END}$ と不動沈下後の端モーメント $M_{END}$ とを比較すると，

$$\frac{M_{END}}{M'_{END}} = \frac{\pm\frac{wl^2}{12} - 6EK\frac{\delta}{l}}{\pm\frac{wl^2}{12}} = 1 \pm \frac{6E\frac{I}{l}\frac{\delta}{l}\times\frac{h}{2}}{\frac{wl^2}{12}\times\frac{h}{2}} = 1 \pm 3\left(\frac{E}{\sigma_b}\right)\left(\frac{h}{l}\right)\left(\frac{\delta}{l}\right) \quad (c)$$

ここで，$\sigma_b = \frac{wl^2}{12}\cdot\frac{1}{Z}$：梁の最大曲げ応力度，$Z = \frac{I}{\frac{h}{2}}$：梁の断面係数

$h$ = 梁せい

鉄骨梁を考えて，

$E = 2.1 \times 10^5$ N/mm², $\sigma_b = 160$ N/mm², $\frac{l}{h} = 15$ と仮定すると，

$$\frac{M_{END}}{M'_{END}} = 1 \pm 3\left(\frac{2.1\times 10^5}{160}\right)\left(\frac{1}{15}\right)\left(\frac{\delta}{l}\right) = 1 \pm 263\delta/l \quad (d)$$

(d)式から，不動沈下量 $\delta$ が梁間の $\frac{1}{200} \sim \frac{1}{300}$ 程度で，荷重による端モーメントの約2倍となることから，梁の固定度が高くなると，剛性が高まり，そして曲げモーメントが均一化するといった長所があるが，不動沈下による敏感度によって，割り引かれるといえる。梁間が 10 m で，2 cm の相対沈下は 1/500 に相当し，$M_{END} = 1 + 263 \times \frac{1}{500} \times M'_{END} = 1.53 M'_{END}$ となる。すなわち，沈下により端モーメントが，53％増となる。いかに沈下が危険であるかがわかる。こうした沈下は，建築物の場合，主に基礎を支持する土質の評価の誤りによる。したがって，何事も基礎が重要である。

【応用問題 8.1.7 (関連章・節：6.3 不静定ラーメン)】図 8.1.19 は，両端ピン支持で，頂点に集中荷重 $P$ を受ける山形架構である。一定の梁間でライズを変化させたとき，架構の軸力および曲げモーメントの変化を論ぜよ。

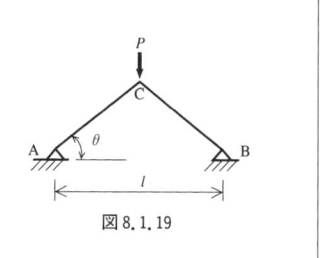

図 8.1.19

〈解説〉

曲げモーメントと軸方向力による変形を考えるために，応力法を用いて解く。不静定次数は 1 次の不静定である。B 点の水平反力を不静定力とする。したがって，静定基本構は図 8.1.20 となる。

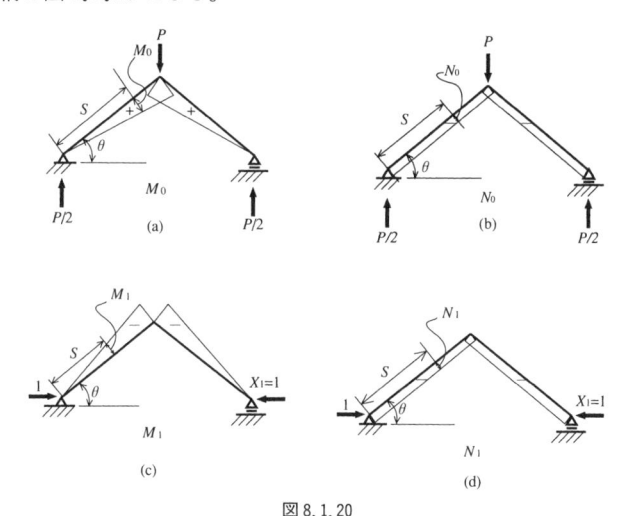

図 8.1.20

荷重項および性状係数を算定する。

$$\left.\begin{array}{ll} M_0 = \dfrac{P}{2}\cos\theta \cdot s & M_1 = -\sin\theta \cdot s \\[2mm] N_0 = -\dfrac{P}{2}\sin\theta & N_1 = -\cos\theta \end{array}\right\} \quad (a)$$

$$\begin{aligned}
\delta_{10} &= 2\int_0^{\frac{l}{2\cos\theta}} \frac{M_0 M_1}{EI}ds + 2\int_0^{\frac{l}{2\cos\theta}} \frac{N_0 N_1}{EA}ds \\
&= -2\int_0^{\frac{l}{2\cos\theta}} \frac{P}{2EI}\cos\theta\sin\theta\, s^2 ds + 2\int_0^{\frac{l}{2\cos\theta}} \frac{P}{2EA}\cos\theta\sin\theta\, ds \\
&= -\frac{P\cos\theta\sin\theta}{EI}\int_0^{\frac{l}{2\cos\theta}} s^2 ds + \frac{P\cos\theta\sin\theta}{EA}\int_0^{\frac{l}{2\cos\theta}} ds
\end{aligned}$$

$$= -\frac{P\cos\theta\sin\theta}{EI}\left[\frac{s^3}{3}\right]_0^{\frac{l}{2\cos\theta}} + \frac{P\cos\theta\sin\theta}{EA}\left[s\right]_0^{\frac{l}{2\cos\theta}}$$

$$= \left(-\frac{l^2}{12EI\cos^2\theta} + \frac{1}{EA}\right)\frac{Pl}{2}\sin\theta \tag{b}$$

$$\delta_{11} = 2\int_0^{\frac{l}{2\cos\theta}}\frac{M_1 M_1}{EI}ds + 2\int_0^{\frac{l}{2\cos\theta}}\frac{N_1 N_1}{EA}ds$$

$$= 2\int_0^{\frac{l}{2\cos\theta}}\frac{\sin^2\theta}{EI}s^2 ds + 2\int_0^{\frac{l}{2\cos\theta}}\frac{\cos^2\theta}{EA}ds$$

$$= \frac{2\sin^2\theta}{EI}\int_0^{\frac{l}{2\cos\theta}}s^2 ds + \frac{2\cos^2\theta}{EA}\int_0^{\frac{l}{2\cos\theta}}ds$$

$$= \frac{2\sin^2\theta}{EI}\left[\frac{s^3}{3}\right]_0^{\frac{l}{2\cos\theta}} + \frac{2\cos^2\theta}{EA}\left[s\right]_0^{\frac{l}{2\cos\theta}}$$

$$= \frac{\sin^2\theta}{12EI}\frac{l^3}{\cos^3\theta} + \frac{\cos^2\theta}{EA}\frac{l}{\cos\theta}$$

$$= \left(\frac{\sin^2\theta l^2}{12EI\cos^3\theta} + \frac{\cos\theta}{EA}\right)l \tag{c}$$

弾性方程式:

$$\delta_{10} + \delta_{11}X_1 = 0 \tag{d}$$

よって,

$$X_1 = -\frac{\delta_{10}}{\delta_{11}} = -\frac{\left(\dfrac{l^2}{12EI\cos^2\theta} - \dfrac{1}{EA}\right)\dfrac{Pl}{2}\sin\theta}{\left(\dfrac{\sin^2\theta l^2}{12EI\cos^3\theta} + \dfrac{\cos\theta}{EA}\right)l}$$

$$= \frac{P}{2}\sin\theta\cos\theta\frac{EAl^2 - 12EI\cos^2\theta}{EAl^2\sin^2\theta + 12EI\cos^4\theta}$$

$$= \frac{P}{2}\frac{\sin(2\theta)}{2}\left(\frac{l^2 - 12\cos^2\theta\dfrac{I}{A}}{\sin^2\theta l^2 + 12\cos^4\theta\dfrac{I}{A}}\right) \tag{e}$$

断面力である,曲げモーメント$M$,軸力$N$,せん断力$Q$は,

$$\left.\begin{aligned} M &= \frac{P}{2}\left\{\cos\theta - \sin^2\theta\cos\theta\left(\frac{l^2 - 12\cos^2\theta\dfrac{I}{A}}{\sin^2\theta l^2 + 12\cos^4\theta\dfrac{I}{A}}\right)\right\}\cdot s \\[6pt] N &= -\frac{P}{2}\left\{\sin\theta + \sin\theta\cos^2\theta\left(\frac{l^2 - 12\cos^2\theta\dfrac{I}{A}}{\sin^2\theta l^2 + 12\cos^4\theta\dfrac{I}{A}}\right)\right\} \\[6pt] Q &= \frac{P}{2}\left\{\cos\theta - \sin^2\theta\cos\theta\left(\frac{l^2 - 12\cos^2\theta\dfrac{I}{A}}{\sin^2\theta l^2 + 12\cos^4\theta\dfrac{I}{A}}\right)\right\} \end{aligned}\right\} \tag{f}$$

(f)式よりわかるように，$\theta=0$，すなわち単純支持梁では，$M$, $N$, $Q$は各々，$\frac{P}{2}s$, 0, $\frac{P}{2}$ となり，$\theta=\frac{\pi}{2}$，すなわちライズが無限大に近いトラス架構では，$M$, $N$, $Q$は各々 0, $-\frac{P}{2}$, 0 となる。

図 8.1.21 は，下記の条件で $\theta=0$，$\theta=\pi/4$，$\theta=\pi/2$ の場合に求めた，曲げモーメント図，軸力図およびせん断力図である。

$$P=100 \text{ kN}, \quad l=10 \text{ m}, \quad A=100\times100 \text{ mm}^2, \quad I=\frac{100\times100^3}{12}=8.33\times10^6 \text{ mm}^4$$

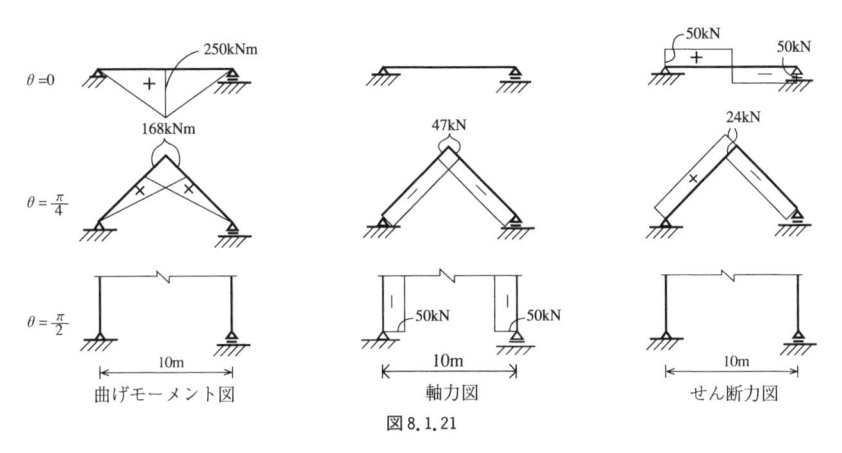

図 8.1.21

図 8.1.21 を見てわかるように，$\theta=0$ の単純梁から，$\theta=\pi/4$ を経て，$\theta=\pi/2$ でトラスに変化している。したがって，切妻の屋根構造は傾斜角をパラメーターとして，梁から，架構，さらにトラスと連続的に変わるといえる。

【応用問題 8.1.8 (関連章・節：6.3 不静定ラーメン)】 図 8.1.22 (a)のような単純支持半円形アーチが，等分布荷重 $w$ を受ける場合を解き，略算法を求めよ．

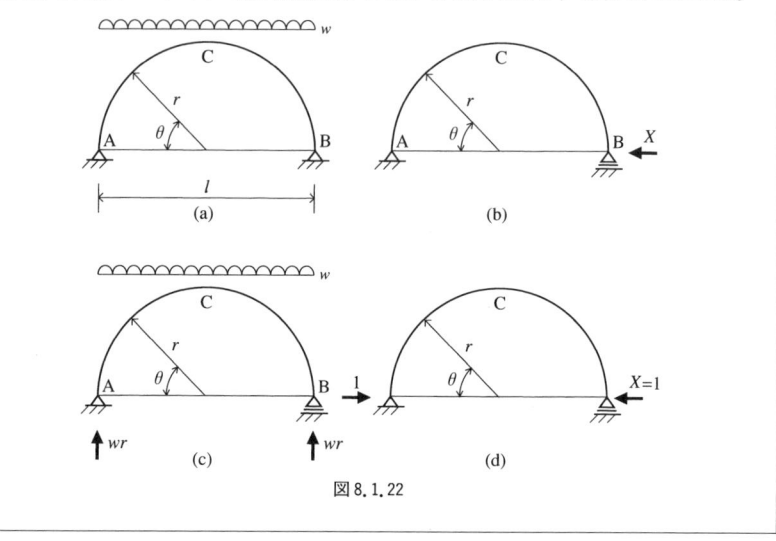

図 8.1.22

〈解説〉

この構造は，両端がピン支持であるから 1 次の不静定構造である．静定基本構として，B 端の水平反力を不静定力 $X$ とした，図 8.1.22 (b)のような静定構造を考える．静定基本構に，荷重がかかったときおよび単位の不静定力が作用したときの曲げモーメントを各々 $M_0$，$M_1$ とすると，

$$M_0 = wr^2(1-\cos\theta) - \frac{wr^2}{2}(1-\cos\theta)^2 \tag{a}$$

$$M_1 = -r\sin\theta \tag{b}$$

荷重項 $\delta_{10}$ および性状係数 $\delta_{11}$ は，

$$\begin{aligned}
EI\delta_{10} &= 2\int_0^{\pi/2} M_1 M_0 \, ds = -2\int_0^{\pi/2} wr^3(1-\cos\theta)\sin\theta \cdot r d\theta + \int_0^{\pi/2} wr^3 \\
&\quad \times (1-\cos\theta)^2 \sin\theta \cdot r d\theta = -2wr^4 \int_0^{\pi/2} (\sin\theta - \sin\theta\cos\theta) \, d\theta \\
&\quad + wr^4 \int_0^{\pi/2} (\sin\theta - 2\cos\theta\sin\theta + \cos^2\theta\sin\theta) \, d\theta \\
&= -2wr^4 \int_0^{\pi/2} \left(\sin\theta - \frac{1}{2}\sin 2\theta\right) d\theta + wr^4 \int_0^{\pi/2} (2\sin\theta - \sin 2\theta - \sin^3\theta) \, d\theta \\
&= -wr^4 \int_0^{\pi/2} \sin^3\theta \, d\theta = -wr^4 \times \frac{2}{3} = -\frac{2}{3}wr^4 \tag{c}
\end{aligned}$$

ここで，$\int_0^{\pi/2} \sin^3\theta = \dfrac{2}{3}$ である。

$$EI\delta_{11} = \int_0^\pi M_1 M_1 ds = \int_0^\pi r^2 \sin^2\theta\, r d\theta = r^3 \int_0^\pi \sin^2\theta\, d\theta$$

$$= \dfrac{r^3}{2}\int_0^\pi (1-\cos 2\theta)\, d\theta = \dfrac{r^3}{2}\left[\theta - \dfrac{1}{2}\sin 2\theta\right]_0^\pi = \dfrac{\pi r^3}{2} \qquad (d)$$

したがって，不静定 $X$ は，

$$\delta_{10} + \delta_{11} X = 0 \qquad (e)$$

$$X = -\dfrac{\delta_{10}}{\delta_{11}} = \dfrac{2}{3} wr^4 \cdot \dfrac{2}{\pi r^3} = \dfrac{4}{3\pi}\cdot wr = \dfrac{8}{3\pi}\dfrac{\dfrac{w(2r)^2}{8}}{r}$$

$$= 0.85 \dfrac{wl^2}{8r} \qquad (f)$$

曲げモーメント $M$ は，

$$M = wr^2(1-\cos\theta) - \dfrac{wr^2}{2}(1-\cos\theta)^2 - \dfrac{4}{3\pi} wr^2 \sin\theta$$

$$= wr^2\left\{(1-\cos\theta) - \dfrac{1}{2}(1-\cos\theta)^2 - \dfrac{4}{3\pi}\sin\theta\right\} \qquad (g)$$

$$M_{\theta=\frac{\pi}{2}} = wr^2\left(1 - \dfrac{1}{2} - \dfrac{4}{3\pi}\right) = 2\left(\dfrac{1}{2} - \dfrac{4}{3\pi}\right)\dfrac{wl^2}{8} \fallingdotseq 0.15\dfrac{wl^2}{8} \qquad (h)$$

アーチの頂点 C の曲げモーメントは，梁間 $l=2r$ の等分布荷重を受ける場合の梁中央の最大曲げモーメント $\dfrac{wl^2}{8}$ の 15％ にすぎないことがわかる。これはアーチのライズ $r$ によって生ずる，A，B 点のスラストにより，アーチの曲げモーメントが大幅に減少することを意味している。

今，アーチの両端 A，B のスラストを求める。図 8.1.23 の 1/4 球形アーチの釣合いを考えてみる。C 端でのモーメントをとると，

$$-X\cdot\dfrac{l}{2} + \dfrac{wl}{2}\cdot\dfrac{l}{2} - w\dfrac{l}{2}\cdot\dfrac{l}{4} + M_C = 0$$

$$X = \dfrac{wl^2}{8r}\left(1 - \dfrac{M_C}{wl^2/8}\right) \qquad (i)$$

となる。(i)式の $M_C$ にすでに求めた頂点 C の曲げモーメント $M_{\theta=\frac{\pi}{2}} = 0.15\dfrac{wl^2}{8}$ を代入すると，$X = 0.85\dfrac{wl^2}{8r}$ となって，精解(f)式と一致する。すでに述べたように，$M_C$ は一般に $\dfrac{wl^2}{8}$ に比して十分小さいので，$\dfrac{M_C}{wl^2/8}$ を無視することができる。したがって，2 ヒンジ・アーチが等分布荷重を受

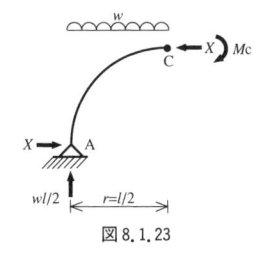

図 8.1.23

ける場合，単純支持梁の最大曲げモーメントをライズで除した値を，支持点のスラストとすることができる。このことは，2 ヒンジ・アーチのスラストは，3 ヒン

ジ・アーチのスラストと大きな差はないことを意味している。さらに，アーチの長所は曲げをできるだけ生じさせないで，軸力で抵抗することであり，構造設計者もそれを意図して設計する点を考慮するならば，実際設計の略算では，アーチの頂点Cの曲げモーメント $M_C$ は十分小さいと仮定することができる。

【応用問題 8.1.9（関連章・節：2.3 力の数学的表現）】図 8.1.24 のような，半径 $r$，長さ $l$，厚さ $t$ の円筒形膜と半径 $r$，厚さ $t$ の球形膜が内圧 $p$ を受けたときの応力を算定せよ。

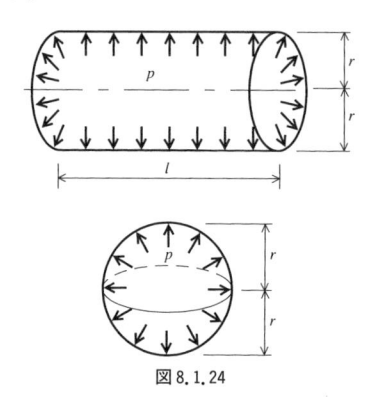

図 8.1.24

〈解説〉

膜は非常に薄くて，曲げや圧縮応力は起こさないで，引張でだけ抵抗する。円筒形膜の場合，軸方向応力 $f_1$ と円周方向応力 $f_2$ とが考えられる。円筒の端面に作用する力 $P_1$ は，

$$P_1 = p(\pi r^2)$$

となる。図 8.1.25(a)に示すように，$P_1$ は円筒形膜の任意位置 $x$ での軸方向応力 $f_1$ の合力 $T_1$ と釣り合っている。

$$T_1 = f_1(2\pi r) \times t$$

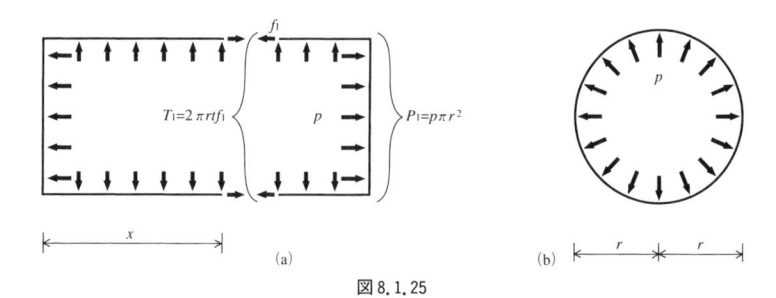

図 8.1.25

図8.1.26

$$2\pi r t f_1 = p\pi r^2$$
$$\therefore \quad f_1 = \frac{1}{2} p\left(\frac{r}{t}\right) \tag{a}$$

円周方向引張応力 $f_2$ は，図8.1.26(a)のように，円筒形膜から単位長さの円リングを切り取り，円リングの半分に当たる半円リングの釣合いを図8.1.26(b)のように考える。円周方向引張応力 $f_2$ の合力 $T_2 = f_2 \times 1 \times t$ は，半円リングに作用する圧力 $p$ の合力 $P_2$ と釣り合わねばならない。半円リング上の微小要素 $rd\theta$ に作用する圧力 $prd\theta$ の鉛直成分は，$prd\theta\cos\theta$ であるから，$P_2$ は，

$$P_2 = 2\int_0^{\pi/2} prd\theta\cos\theta = 2pr\left[\sin\theta\right]_0^{\pi/2} = 2pr$$

となる。$P_2$ は $2T_2$ と釣り合わねばならないから，

$$P_2 = 2pr = 2T_2 = 2f_2 t$$
$$\therefore \quad f_2 = p\left(\frac{r}{t}\right) \tag{b}$$

(a)式と(b)式より，軸方向応力も円周方向応力もともに，厚さに反比例し，曲率半径に比例するといえる。また軸方向応力は円周方向応力の半分となる。

図8.1.27のように，半径 $r$，厚さ $t$ の球形膜が圧力 $p$ を受ける場合の引張応力 $f$ を算定するには，球形の対称性から，半球形膜の釣合いを考える。境界に作用する引張応力 $f$ の合力 $T$ は，

$$T = f \times 2\pi r \times t$$

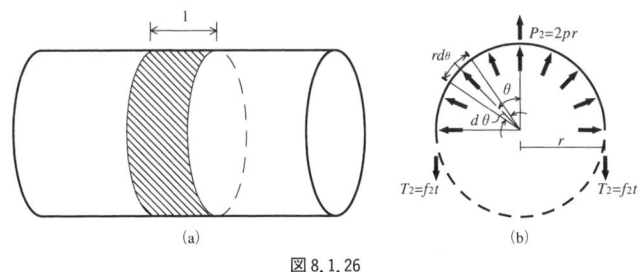

である。一方，半球形膜に作用する $p$ の合力 $P$ は，圧力 $p$ に半球の境界面上への投影面積 $\pi r^2$ を乗じたものに等しいから，

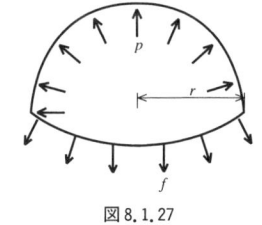

$$P = p(\pi r^2)$$

図8.1.27

$P$ と $T$ とは，境界面に直交する方向の釣合いから等しくなければならない。

$$T = 2\pi r f t = P = \pi r^2 p$$
$$\therefore \quad f = \frac{1}{2} p \left( \frac{r}{t} \right) \tag{c}$$

となる。(b)式と(c)式で，円筒形膜と球形膜が，半径と厚さがともに等しいとする場合，伝達できる圧力は，それぞれ $(t/r) f_2$，$2(t/r) f$ となる。許容応力度が等しければ，$f_2 = f$ となるから，円筒形膜と球形膜の伝達できる圧力は，それぞれ $(t/r) f$，$2(t/r) f$ となり，球形膜のそれは円筒形膜のそれの2倍である。それは，筒形が1方向にのみ曲がっているのに対して，球形が2方向に曲がっていることによる。すなわち，球形は2方向の筒形作用であるといえる。

【応用問題8.1.10（関連章・節：3.3静定トラス）】図8.1.28のような，3脚形の立体トラスが，頂点に鉛直荷重$W$を受けるとき，部材応力を求めよ。

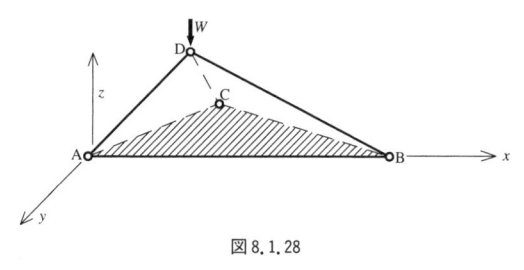

図8.1.28

〈解説〉
　3脚は最も基本的な立体トラスで，頂点Dに会する3本の斜め材と，斜め材の他端である脚部を結んだ水平材から構成される，ヒンジ4面体である。

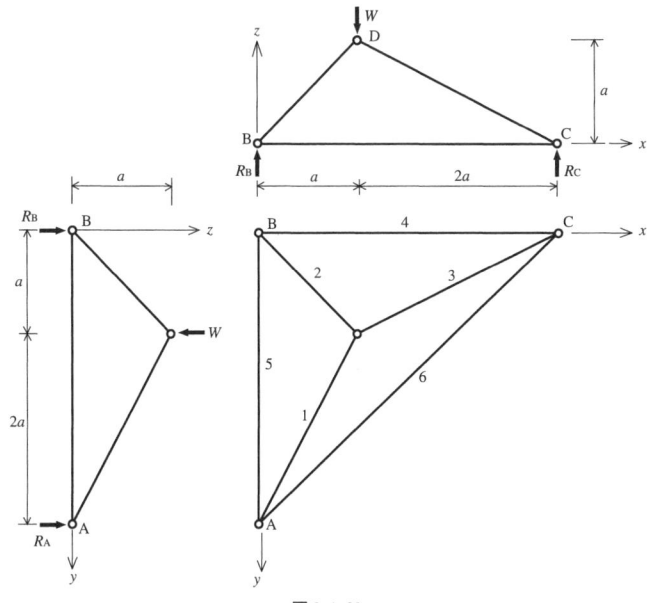

図 8.1.29

荷重 $W$ が鉛直方向であるから，反力 $R_A$，$R_B$，$R_C$ も鉛直方向である。したがって，図 8.1.29 より，反力は，

$$-R_C(3a) + Wa = 0 \quad \therefore \quad R_C = \frac{W}{3}$$

$$-R_A(3a) + Wa = 0 \quad \therefore \quad R_A = \frac{W}{3}$$

$$R_A + R_B + R_C - W = 0 \quad \therefore \quad R_B = W - \frac{2}{3}W = \frac{W}{3}$$

となる。部材の応力は，3次元の釣合い条件式より求められる。その前に，部材長さと，$x$, $y$, $z$ 軸への投影長さ $X$, $Y$, $Z$ を求める。この場合，材長 $L = \sqrt{X^2 + Y^2 + Z^2}$ である。

表 8.1.2

| 材 | $X/a$ | $Y/a$ | $Z/a$ | $L/a$ | $X/L$ | $Y/L$ | $Z/L$ |
|---|---|---|---|---|---|---|---|
| 1 | 1 | 2 | 1 | $\sqrt{6}$ | $1/\sqrt{6}$ | $2/\sqrt{6}$ | $1/\sqrt{6}$ |
| 2 | 1 | 1 | 1 | $\sqrt{3}$ | $1/\sqrt{3}$ | $1/\sqrt{3}$ | $1/\sqrt{3}$ |
| 3 | 2 | 1 | 1 | $\sqrt{6}$ | $2/\sqrt{6}$ | $1/\sqrt{6}$ | $1/\sqrt{6}$ |
| 4 | 3 | 0 | 0 | 3 | 1 | 0 | 0 |
| 5 | 0 | 3 | 0 | 3 | 0 | 1 | 0 |
| 6 | 3 | 3 | 0 | $3\sqrt{2}$ | $1/\sqrt{2}$ | $1/\sqrt{2}$ | 0 |

部材応力 $F_1$，$F_2$，$F_3$ は，節点 A，B，C の $z$ 軸の釣合い条件より求める。各部

材応力は圧縮と仮定する。

節点A：$R_A - F_{1z} = 0$, $\dfrac{W}{3} - \dfrac{1}{\sqrt{6}}F_1 = 0$ ∴ $F_1 = \sqrt{\dfrac{2}{3}}W$

節点B：$R_B - F_{2z} = 0$, $\dfrac{W}{3} - \dfrac{1}{\sqrt{3}}F_2 = 0$ ∴ $F_2 = \dfrac{1}{\sqrt{3}}W$

節点C：$R_C - F_{3z} = 0$, $\dfrac{W}{3} - \dfrac{1}{\sqrt{6}}F_3 = 0$ ∴ $F_3 = \sqrt{\dfrac{2}{3}}W$

部材応力 $F_4$, $F_5$, $F_6$ は，節点A，Bの$x$と$y$方向の釣合いを考える。各部材応力は引張と仮定する。

節点A：$-F_{1x} + F_{6x} + F_{5x} = 0$, $-\sqrt{\dfrac{2}{3}}W \times \dfrac{1}{\sqrt{6}} + F_6 \times \dfrac{1}{\sqrt{2}} + 0 = 0$

∴ $F_6 = \dfrac{\sqrt{2}}{3}W$

節点B：$-F_{2x} + F_{4x} + F_{5x} = 0$, $-\dfrac{1}{\sqrt{3}}W \times \dfrac{1}{\sqrt{3}} + F_4 \times 1 + 0 = 0$

∴ $F_4 = \dfrac{1}{3}W$

$-F_{2y} + F_{5y} + F_{4y} = 0$, $-\dfrac{1}{\sqrt{3}}W \times \dfrac{1}{\sqrt{3}} + F_5 \times 1 + 0 = 0$

∴ $F_5 = \dfrac{1}{3}W$

となる。

　静定立体トラスの問題は，静定平面トラスの問題と本質的には変わるところがない。事実，実際の建物で純粋の平面トラスはほとんどなく，立体的トラスを構造設

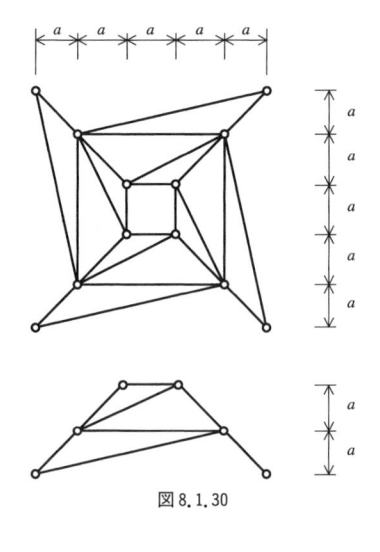

図 8.1.30

計の上で平面トラスの組合せとして考えているにすぎない。図 8.1.30 はシュヴェットラードームの一例を示したものであるが，これも立体の節点法で解くことができる。

【応用問題 8.1.11（関連章・節：5.1 弾性曲線法）】図 8.1.31 のような，円筒形鉄筋コンクリート水槽は，高さが 10 m，半径が 5 m，厚さが 20 cm である。水槽の脚部が基礎に固定されているとき，変位の不適合によるシェル脚部の最大モーメントを計算せよ。

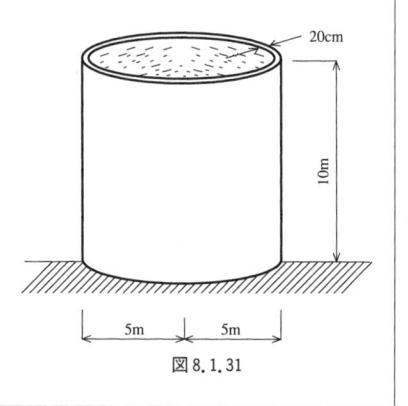

図 8.1.31

〈解説〉

水槽は満塔となると半径方向に広がろうとするが，脚部が固定されているので，変位が拘束され，その結果，シェル脚部に曲げモーメントが生ずることになる。この問題は，曲率をもつ板の問題であるが，以下により，弾性基礎上の梁の問題と考えることができる。

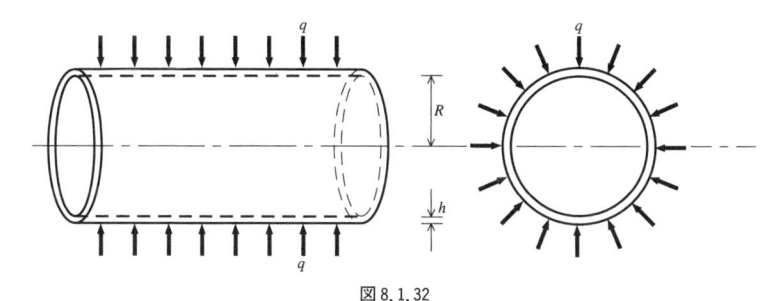

図 8.1.32

図 8.1.32 に示すように，一定の半径方向圧力 $q$ を受ける，半径 $R$，厚さ $h$ の無限に長い円筒形は，任意の半円の釣合い条件から，円周方向圧縮力 $N\varphi$ は（応用問題 8.1.9(b)式参照），

$$2N\varphi = 2\int_0^{\pi/2} Rd\theta \cdot q\sin\theta = 2qR\Bigl[-\cos\theta\Bigr]_0^{\pi/2} = 2qR \qquad \therefore \quad N\varphi = qR$$

となる。半径方向の変位 $\delta$ は，円周方向歪度 $\varepsilon_\varphi$ が，

$$\varepsilon_\varphi = \frac{2\pi(R+\delta) - 2\pi R}{2\pi R} = \frac{\delta}{R}$$

となるので，

$$\delta = \varepsilon_\varphi R = \frac{\sigma_\varphi}{E} R = \frac{N\varphi}{Eh} R = \frac{qR^2}{Eh}$$

となる．したがって，半径方向の単位の変位をするのに必要な力をばね定数 $k$ とすると，

$$k = \frac{q}{\delta} = \frac{Eh}{R^2} \tag{a}$$

となる．すなわち，単位幅のシェル軸方向帯は，図 8.1.33 のように，ばね定数 $k = \frac{Eh}{R^2}$ の弾性基礎で支持されている梁と考えることができる．このとき，$R$ が大きくなると $k$ は減少し，$R$ が無限大，すなわち，曲率がなくなり平板となると，$k$ は 0 となる．したがって，平板にはこうした拘束効果はないといえる．

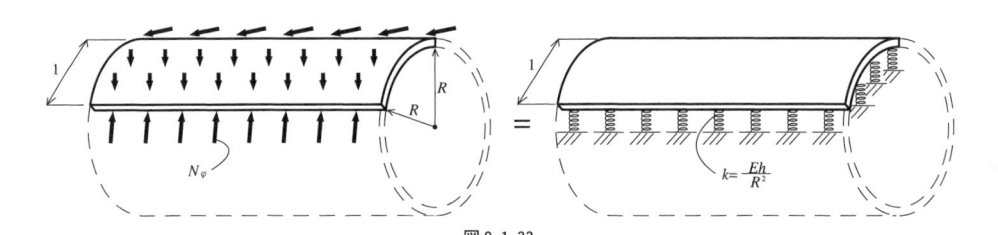

図 8.1.33

一方，弾性曲線法の基礎式 $\frac{d^2 y}{dx^2} = -\frac{M}{EI}$，したがって，$\frac{d^3 y}{dx^3} = -\frac{Q}{EI}$，$\frac{d^4 y}{dx^4} = \frac{p}{EI}$

となる．すなわち，変位 $y$ と弾性基礎反力 $p$ とは，$p = -ky$ であるから，次の関係を得る．

$$\frac{Eh^3}{12} \frac{d^4 y}{dx^4} = -ky = -\frac{Eh}{R^2} y \quad \therefore \quad \frac{d^4 y}{dx^4} + 4 \frac{3}{R^2 h^2} y = 0 \tag{b}$$

ここで，$c^4 = \frac{R^2 h^2}{3}$，$c = \frac{1}{\sqrt[4]{3}} \sqrt{Rh} = 0.76 \sqrt{Rh}$ とおくと，

$$\frac{d^4 y}{dx^4} + \frac{4}{c^4} y = 0 \tag{c}$$

(d)式の変位が(c)式の解であることは，(d)式が(c)式を満足することから明らかである．

$$y = A e^{-x/c} \sin\left(\frac{x}{c} + \psi\right) \tag{d}$$

ここで，$A$ および $\psi$ は定数である．

(d)式を $x$ で微分すると，

$$\frac{dy}{dx} = Ae^{-x/c}\left[-\left(\frac{1}{c}\right)\sin\left(\frac{x}{c}+\psi\right)+\left(\frac{1}{c}\right)\cos\left(\frac{x}{c}+\psi\right)\right]$$

上式の右辺に $-\dfrac{1}{\sqrt{2}} = -\sin\left(\dfrac{\pi}{4}\right) = \cos\left(\dfrac{\pi}{4}\right)$ を乗除すると，

$$\frac{dy}{dx} = -\sqrt{2}\left(\frac{1}{c}\right)Ae^{-x/c}\left[\sin\left(\frac{x}{c}+\psi\right)\left(\frac{1}{\sqrt{2}}\right)-\frac{1}{\sqrt{2}}\cos\left(\frac{x}{c}+\psi\right)\right]$$

$$= -\sqrt{2}\left(\frac{1}{c}\right)Ae^{-x/c}\left[\sin\left(\frac{x}{c}+\psi\right)\cos\frac{\pi}{4}-\sin\frac{\pi}{4}\cos\left(\frac{x}{c}+\psi\right)\right]$$

$$= -\left(\frac{\sqrt{2}}{c}\right)Ae^{-x/c}\sin\left(\frac{x}{c}+\psi-\frac{\pi}{4}\right)$$

$$\frac{d^2y}{dx^2} = \frac{2}{c^2}Ae^{-x/c}\sin\left(\frac{x}{c}+\psi-\frac{\pi}{2}\right) \tag{e}$$

シェルの単位幅当りの曲げモーメント $M$ は，(e)式より，

$$M(x) = -EI\frac{d^2y}{dx^2} = -\frac{Eh^3}{12}\frac{2}{c^2}Ae^{-x/c}\sin\left(\frac{x}{c}+\psi-\frac{\pi}{2}\right)$$

$$= -\frac{1}{2\sqrt{3}}\frac{Eh^2}{R}Ae^{-x/c}\sin\left(\frac{x}{c}+\psi-\frac{\pi}{2}\right) \tag{f}$$

となる。

境界条件より，$x=0$ で，勾配 $\dfrac{dy}{dx}=0$，変位 $y=\delta_0$ とすると，

$$\frac{dy}{dx}\bigg|_{x=0} = -\frac{\sqrt{2}}{c}A\sin\left(\psi-\frac{\pi}{4}\right)=0, \qquad \therefore\ \psi=\frac{\pi}{4}$$

$$y_{x=0} = \delta_0 = A\sin\frac{\pi}{4} = \frac{A}{\sqrt{2}} \qquad \therefore\ A=\sqrt{2}\,\delta_0$$

よって，

$$y = \sqrt{2}\,\delta_0 e^{-x/c}\sin\left(\frac{x}{c}+\frac{\pi}{4}\right),\quad y_{x=0}=\delta_0 \tag{g}$$

$$M = -\frac{Eh^2}{\sqrt{6}}\frac{\delta_0}{R}e^{-x/c}\sin\left(\frac{x}{c}-\frac{\pi}{4}\right) \tag{h}$$

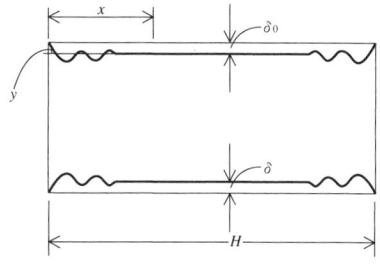

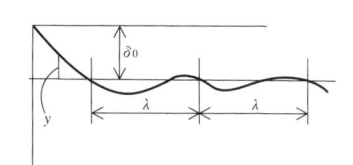

図 8.1.34

$$M_0 = \left(\frac{Eh^2}{2\sqrt{3}}\right)\left(\frac{\delta_0}{R}\right) = 0.29 Eh^2\left(\frac{\delta_0}{R}\right) \tag{i}$$

となる。(g)式よりわかるように、変位 $y$ および曲げモーメント $M$ は、$\frac{\lambda}{c} = 2\pi$、すなわち $\lambda = 2\pi c = 2\pi \times 0.76\sqrt{Rh} = 4.78\sqrt{Rh}$ の波長で振動しながら、全体としては $e^{-x/c}$ で減衰していることがわかる。図 8.1.34 は変位 $y$ の(g)式の関係を示したものである。(h)式についても同様である。

題意より、水槽脚部の圧力 $q$ は、

$$q = -\gamma H = -10 \times 10 = -100 \text{ kN/m}^2$$

となる。またシェルの引張力 $N\varphi$ は、

$$N\varphi = qR = -100 \times 5 = -500 \text{ kN/m}$$

となる。外向の半径方向の変位 $\delta$ は、

$$\delta = \frac{qR^2}{Eh} = \frac{-100 \times 5^2}{2 \times 10^7 \times 0.2} = 6.25 \times 10^{-4} \text{ m}$$

$$M_0 = \frac{Eh^2}{2\sqrt{3}} \times \frac{\delta}{R} = \frac{2 \times 10^7 \times (0.2)^2}{2\sqrt{3}} \times \frac{6.25 \times 10^{-4}}{5} = \frac{1}{\sqrt{3}} \times 50 \text{ kNm/m}$$

$$= 28.87 \text{ kNm/m}$$

ちなみに、円筒曲板の曲げ理論式に基づく、円筒タンクのシェル脚固定の場合の精解 (日置興一郎；「構造力学II」p.177, 朝倉書店) は、

$$M_0 = \frac{\gamma H R h}{\sqrt{12(1-\nu^2)}}\left(1 - \frac{\sqrt{Rh^4}}{H}\sqrt{\frac{1}{3(1-\nu^2)}}\right) \tag{j}$$

ここで、$\gamma$：液体の比重、$\nu$：ポアソン比
である。(j)式で、$\nu = 0$, $H \gg \sqrt{Rh}$ とすると、$\gamma H = q$ であるから、

$$M_0 = \frac{qRh}{2\sqrt{3}}$$

となり、(i)式と一致する。

精解(j)式は、すでに述べたように、曲面板の曲げ理論解より得られるのであるが、曲面板の曲げ理論は高度な数学的手法が必要である。それにひきかえ、(i)式は、弾性支持上の梁の解である。3次元の問題を1次元の問題としている点で巧妙である。もちろん、略算式は、仮定された適用範囲での解であるが、工学的に十分であり、物理的説明は明快であるといえる。

## 8.2 部材設計のための応用問題

【応用問題 8.2.1（関連章・節：2.2 荷重の扱い方，4.3 曲げ材の応力度）】梁間 $l=360\,\mathrm{cm}$，梁間隔 $l'=90\,\mathrm{cm}$ で，積載荷重 $w_l=1800\,\mathrm{N/m^2}$ を受ける木製梁を設計せよ。許容曲げ応力度，許容せん断応力度は，各々 $f_b=7\,\mathrm{N/mm^2}$，$f_s=0.7\,\mathrm{N/mm^2}$ とし，許容たわみ $\delta=\dfrac{1}{300}l$ とする。

〈解説〉

床仕上げと天井は図 8.2.1 に示すように仮定し，それらの各重量はマニュアルより算定する。梁断面は $10\times20\,\mathrm{cm^2}$ で，0.9 m 間隔と設計する。

| | |
|---|---|
| 床仕上げ，畳（厚 7.5 cm） | 180 N/m² |
| 床板（厚 1.5 cm） | 75 N/m² |
| 根太（平割り，$5\times11\,\mathrm{cm^2}$，0.45 m 間隔） | 87 N/m² |
| | 342 N/m² → 350 N/m² |
| 梁（$10\times20\,\mathrm{cm^2}$，0.9 m 間隔） | 100 N/m² |
| 天井，つり木 | 50 N/m² |
| 野縁（正割，$4\times4\,\mathrm{cm^2}$，0.45 m および 0.9 m 間隔） | 27 N/m² |
| 天井板（厚 1.5 cm） | 75 N/m² |
| | 152 N/m² → 160 N/m² |

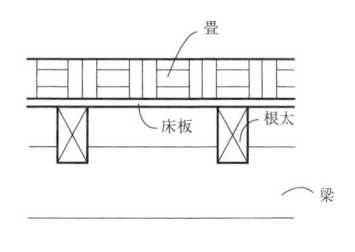

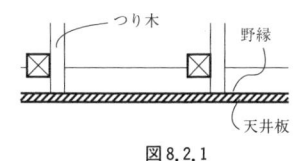

図 8.2.1

積載荷重と仕上荷重の和を $w_1$, 梁自重を $w_2$ とすると,
$w_1 = (350+160) + 1800 = 2310 \longrightarrow 2400 \text{ N/m}^2$
$w_2 = 100 \text{ N/m}^2$
全荷重 $w$ は,
$w = 0.9 \times 2400 + 100 = 2260 \text{ N/m} \longrightarrow 2.3 \text{ kN/m}$
最大曲げモーメント $M_{max}$, 最大せん断力 $Q_{max}$ は,
$$M_{max} = \frac{wl^2}{8} = \frac{2.3 \times 3.6^2}{8} = 3.73 \text{ kNm}$$
$$Q_{max} = \frac{wl}{2} = \frac{2.3 \times 3.6}{2} = 4.14 \text{ kN}$$
最大曲げ応力度 $\sigma_{max}$, 最大せん断応力度 $\tau_{max}$ は,
$$\sigma_{max} = \frac{M_{max}}{Z} = \frac{3.73 \times 10^6}{\frac{100 \times 200^2}{6}} = 5.6 \text{ N/mm}^2 < 7 \text{ N/mm}^2$$
$$\tau_{max} = \frac{3}{2} \frac{Q_{max}}{A} = \frac{3}{2} \times \frac{4.14 \times 10^3}{100 \times 200} = 0.31 \text{ N/mm}^2 < 0.7 \text{ N/mm}^2$$
となり, ともに各許容応力度以下となる。
最大たわみ $\delta_{max}$ は, 木材のヤング係数 $E = 8.0 \times 10^9 \text{ N/m}^2$ とすると,
$$\delta_{max} = \frac{5wl^4}{384EI} = \frac{5 \times 2300 \times 3.6^4}{384 \times 8.0 \times 10^9 \times \frac{0.1 \times 0.2^3}{12}} = 0.0094 < \frac{3.6}{300} = 0.012 \text{ m}$$
となり, これも許容たわみ内となる。

以上は梁の設計の問題であるが, 建物の設計の過程を考えてみる。部材を設計するには, 部材に作用する荷重が決められて, 応力算定により部材応力が決められねばならない。しかし, 部材に作用する荷重は, 部材の大きさが決められなければ算定されない。設計の過程は, 一意的でなく, 自家撞着な問題であるといえる。したがって, まず, 部材の大きさを仮定して, 荷重を算定し, その結果, 部材の応力が許容値の範囲内にあるか検討する形をとるのが, 設計の一般である。そのためには, 適切な部材の大きさを仮定するために, 経験と直観を背景とした, 工学的略算による検討が必要である。構造設計の要はここにあるといえる。その意味で, 荷重を拾うこと1つをとっても, 過度の精度は必要がないといえる。要は建物の安全性の観点から評価すべきである。

【応用問題 8.2.2（関連章・節：5.2 モールの定理）】図 8.2.2 の角ハンチを有する片持ち梁スラブの，自重による梁先端のたわみを算定せよ。ただし，コンクリートの質量密度は 2400 kg/m³ とし，ヤング係数は $2.0\times10^7$ kN/m² とする。

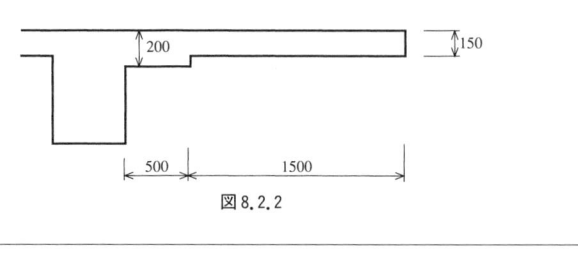

図 8.2.2

〈解説〉

モールの定理により，片持ち梁の先端たわみは，荷重によって生じた曲げモーメント $M$ を曲げ剛性 $EI$ で除した値を仮想荷重と考え，固定端と自由端を入れ替えたときの固定端の曲げモーメントとして算定される。したがって，一様でない梁断面のたわみは，曲げ剛性を一定として，曲げモーメントを剛性比で減少させて考えることができる。

図 8.2.3 は荷重状態を表したものであるが，その場合の曲げモーメント図が，図 8.2.4 である。モールの定理によれば，図 8.2.4 の曲げモーメント図を $EI_2$ で除して，仮想荷重と考え，自由端と固定端を入れ替えたのが図 8.2.5 の実線である。この場合，$I_1=kI_2$ としている。

設計条件より，1 m の単位幅当りの各値を求める。

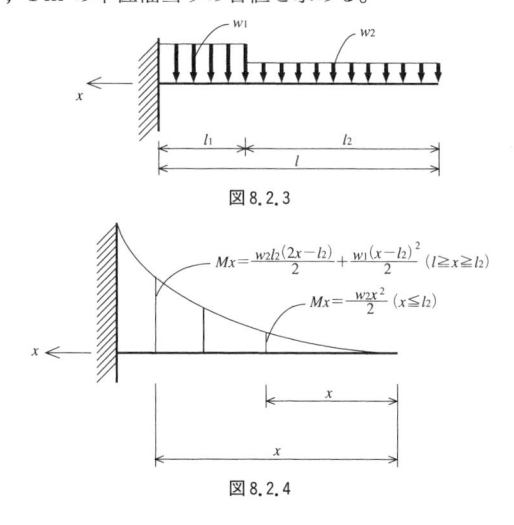

図 8.2.3

$$M_x=\frac{w_2l_2(2x-l_2)}{2}+\frac{w_1(x-l_2)^2}{2}\ (l\geqq x\geqq l_2)$$

$$M_x=\frac{w_2x^2}{2}\ (x\leqq l_2)$$

図 8.2.4

図 8.2.5

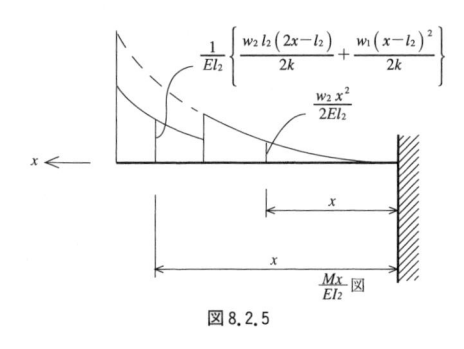

$w_1 = 9.8 \times 1 \times 0.2 \times 2400 = 4.704 \text{ kN/m}$

$w_2 = 9.8 \times 1 \times 0.15 \times 2400 = 3.528 \text{ kN/m}$

$l_1 = 0.5 \text{ m}, \quad l_2 = 1.5 \text{ m}$

$I_1 = \dfrac{1 \times 0.2^3}{12} = 6.67 \times 10^{-4} \text{ m}^4, \quad I_2 = \dfrac{1 \times 0.15^3}{12} = 2.81 \times 10^{-4} \text{ m}^4$

$I_1 = k I_2 = 2.37 \times I_2, \quad E = 2.0 \times 10^7 \text{ kN/m}^2$

$$\delta = \int_0^{1.5} \dfrac{3.528 \times x^2}{2EI_2} x\,dx + \int_{1.5}^{2.0} \dfrac{3.528 \times 1.5(2x-1.5)}{2EI_2 k} x\,dx + \int_{1.5}^{2.0} \dfrac{4.704(x-1.5)^2}{2EI_2 k} x\,dx$$

$$= \dfrac{3.528}{2EI_2} \int_0^{1.5} x^3\,dx + \dfrac{5.292}{2EI_2 k}\int_{1.5}^{2.0}(2x^2-1.5x)\,dx + \dfrac{4.704}{2EI_2 k}\int_{1.5}^{2.0}(x^3-3x^2+2.25x)\,dx$$

$$= \dfrac{1.764}{EI_2}\left[\dfrac{x^4}{4}\right]_0^{1.5} + \dfrac{1.116}{EI_2}\left[\dfrac{2x^3}{3}-\dfrac{1.5x^2}{2}\right]_{1.5}^{2.0} + \dfrac{0.992}{EI_2}\left[\dfrac{x^4}{4}-x^3+1.125x^2\right]_{1.5}^{2.0}$$

$$= \dfrac{1}{EI_2}\left[\dfrac{1.764 \times 5.06}{4} + 1.116\left(\dfrac{2\times 8}{3}-\dfrac{2\times 3.38}{3}-\dfrac{1.5\times 4}{2}+\dfrac{1.5\times 2.25}{2}\right)\right.$$

$$\left. + 0.992\left(\dfrac{16}{4}-\dfrac{5.06}{4}-8+3.38+1.125\times 4-1.125\times 2.25\right)\right]$$

$$= \dfrac{4.288}{EI_2} \text{ kNm}^3$$

$$= \dfrac{4.288}{2.0\times 10^7 \times 2.81 \times 10^{-4}}$$

$$= 7.63 \times 10^{-4} \text{ m} = 0.763 \text{ mm}$$

となる。比較のためハンチのない、すなわち、全断面がスラブ厚 15 cm の場合のたわみを計算すると、$w = 3.528$ kN/m, $l = 2.0$ m, $E = 2.0 \times 10^7$ kN/m$^2$, $I = 2.81 \times 10^{-4}$ m$^4$ となる。したがって、たわみ $\delta$ は、

$$\delta = \int_0^l \dfrac{wx^2}{2EI} \cdot x\,dx = \dfrac{wl^4}{8EI} = \dfrac{3.528 \times 2^4}{8 \times 2.0 \times 10^7 \times 2.81 \times 10^{-4}}$$

$$= 1.25 \times 10^{-3} \text{ m} = 1.26 \text{ mm}$$

となり，ハンチ付きのスラブのたわみは，ハンチなしのスラブのたわみの $\frac{0.76}{1.26}=0.60$ で，6 割となる。

　この問題の解の妙味は，モールの定理における「荷重によって生じた曲げモーメント $M$ を曲げ剛性 $EI$ で除した値を仮想荷重」で，曲げ剛性 $EI$ の違いを曲げモーメント $M$ の違いに置き換えた点である。こうした置き換えの考え方は，工学の解析ではしばしば用いられる定石である。置き換えの考えの，最も体系的な手法として差分法と有限要素法がある。前者が数学的置き換えであり，後者が物理的置き換えといえる。

【応用問題 8.2.3(関連章・節：7.1 たわみ角法)】図 8.2.6 のような，変断面固定梁が等分布荷重を受ける場合を解き，端部と中央部の剛比の変化と節点モーメントの関係を論ぜよ。

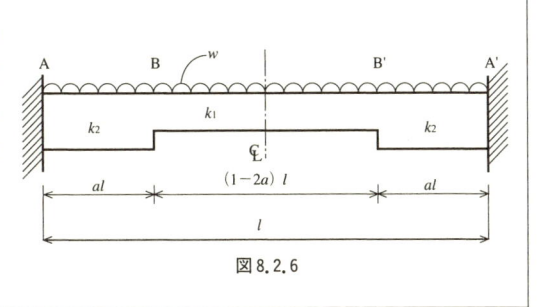

図 8.2.6

〈解説〉

　中央部の剛比を $k_1$，端部の剛比を $k_2$ とすると，たわみ角法で解く場合の未知量は，対称荷重で対称梁であるから，左半分についていえば，節点 B の節点角 $\varphi_B$ と AB 材の部材角 $\psi$ である。たわみ角法の一般公式より，

$$\left.\begin{array}{l} M_{AB}=k_2(\varphi_B+\psi)-\dfrac{w(al)^2}{12} \\[2mm] M_{BA}=k_2(2\varphi_B+\psi)+\dfrac{w(al)^2}{12} \\[2mm] M_{BB'}=k_1\varphi_B-\dfrac{wl^2}{12}(1-2a)^2 \end{array}\right\} \quad\text{(a)}$$

節点方程式

$$M_{BA}+M_{BB'}=0$$

$$k_2(2\varphi_B+\psi)+k_1\varphi_B+\dfrac{wl^2}{12}\{a^2-(1-2a)^2\}=0$$

$$\therefore\quad \varphi_B(2k_2+k_1)+k_2\psi+\dfrac{wl^2}{12}\{a^2-(1-2a)^2\}=0 \quad\text{(b)}$$

せん断力方程式

$$\dfrac{wl}{2}-Q_A=0,\quad Q_A=-\dfrac{M_{AB}+M_{BA}}{al}+\dfrac{w\cdot al}{2}$$

$$\dfrac{wl}{2}+\dfrac{k_2(\varphi_B+\psi)-\dfrac{w(al)^2}{12}+k_2(2\varphi_B+\psi)+\dfrac{w(al)^2}{12}}{al}-\dfrac{w\cdot al}{2}=0$$

$$\therefore\quad \dfrac{wl}{2}(1-a)\,al+k_2\varphi_B+2k_2\psi=0 \quad\text{(c)}$$

(b)式と(c)式より,

$$\varphi_B=\dfrac{wl^2}{12}(1-a)\left(\dfrac{2}{2k_1+k_2}\right) \quad\text{(d)}$$

$$\psi=-\dfrac{wl^2}{12}(1-a)\left(\dfrac{3a}{k_2}+\dfrac{3}{2k_1+k_2}\right) \quad\text{(e)}$$

(d)式および(e)式を(a)式に代入すると,

$$M_{AB}=-\dfrac{wl^2}{12}\left\{(1-a)\left(3a+\dfrac{1}{2\dfrac{k_1}{k_2}+1}\right)+a^2\right\}$$

$$M_{BA}=\dfrac{wl^2}{12}\left\{(1-a)\left(-3a+\dfrac{1}{2\dfrac{k_1}{k_2}+1}\right)+a^2\right\}$$

$$M_{BB'}=-\dfrac{wl^2}{12}\left\{-(1-a)\dfrac{2\dfrac{k_1}{k_2}}{2\dfrac{k_1}{k_2}+1}+(1-2a)^2\right\}$$

$$=-\dfrac{wl^2}{12}\left\{(1-a)\left(-3a+\dfrac{1}{2\dfrac{k_1}{k_2}+1}\right)+a^2\right\}$$

今, $k_1$ に対する $k_2$ の比が無限大, すなわち, 剛であるとすると,

$$\lim_{k_2 \to \infty} M_{BA} = \frac{wl^2}{12}(1-2a)^2$$

$$\lim_{k_2 \to \infty} M_{BB'} = -\frac{wl^2}{12}(1-2a)^2$$

となり，一様荷重 $w$ を受ける，梁間 $(1-2a)l$ の固定端モーメントとなる。これは B, B' が固定と考えられる。

また，$k_2 = \infty$ として，$a=0$ とすると，

$$M_{AB} = -\frac{wl^2}{12}$$

となり，一様荷重 $w$ を受ける，スパン $l$ の梁の固定端モーメントと等しくなる。

図 8.2.7 は，$k_2$ の剛比を無限大としたときの，横座標に端部長さ $al$ の梁間 $l$ との比 $a$ を，縦座標に端モーメント $M_{AB}$ の固定端モーメント $-\dfrac{wl^2}{12}$ との比の関係を示したものである。図 8.2.7 より，端部剛比が無限大となると，端モーメントは $a$ の 2 次関数で増大することがわかる。

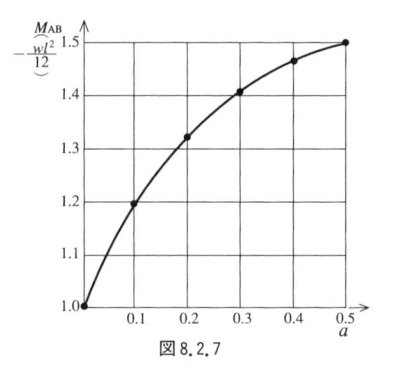

図 8.2.7

以上の関係は，図 8.2.8 のように，壁柱の間の梁の状態に対応している。壁柱と梁の接合部の剛性は，梁の剛性に比して非常に大きいと判断できる。こうした部材は「材端に剛域をもつ部材」(日本建築学会「鉄筋コンクリート構造計算規準・同解説」) として，鉄筋コンクリート構造では取り扱われている。板のような 2 次元的部材を，1 次元の線材として取り扱うには，こうした力学的等価な便法が使われる。

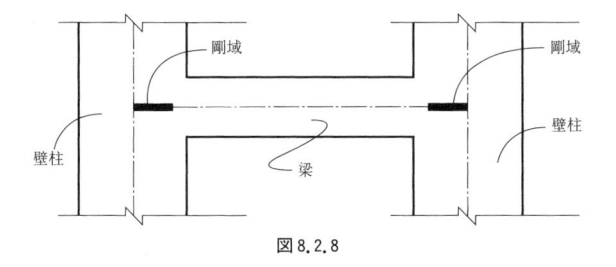

図 8.2.8

【応用問題8.2.4（関連章・節：4.3曲げ材の応力度）】図8.2.9の単純支持鉄板付き合成木造梁が，梁間 $l=4$ m で，等分布荷重 $w=10$ kN/m の荷重を受けるときの最大曲げ応力度を求めよ．ただし，曲げを受けたとき，鉄板と木部との間には滑りはないものとする．

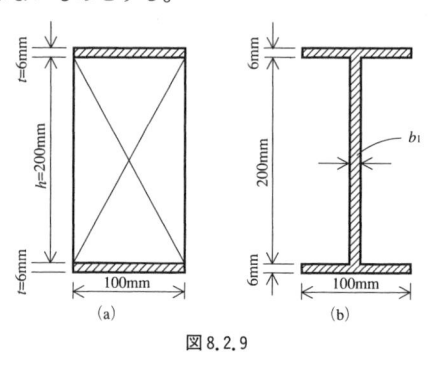

図8.2.9

〈解説〉

鉄板と木部との間に，滑りが生じないと仮定しているから，単一材料としての，梁の理論をそのまま応用できる．その場合，木部を図8.2.9(b)のように，$b_1$ の幅の鉄板ウェブに置き換えて考える．$b_1$ は，図8.2.9(a)と(b)の梁が任意の曲げモーメントを受けた場合，曲率 $k=\dfrac{M}{EI}$ が等しくなるためには，図8.2.9(a)と(b)の梁の $EI$ が等しくならなければならない．今，木部と鉄板のヤング係数が各々 $E_W$，$E_S$，図8.2.9(a)と(b)の梁のウェブ部分の幅を各々 $b$，$b_1$，鉄板厚を $t$ とすると，

$$E_S\left\{\frac{bt^3}{12}\times 2 + bt\left(\frac{t}{2}+\frac{h}{2}\right)^2\times 2\right\} + E_W\cdot\frac{bh^3}{12}$$
$$= E_S\left\{\frac{bt^3}{12}\times 2 + bt\left(\frac{t}{2}+\frac{h}{2}\right)^2\times 2\right\} + E_S\cdot\frac{b_1 h^3}{12} \quad \therefore\ b_1=\frac{bE_W}{E_S}$$

設計条件：$E_S=2.0\times 10^8$ kN/m²，$E_W=1.0\times 10^5$ kN/m²

よって，$b_1=0.1\times\dfrac{1\times 10^5}{2.0\times 10^8}=5.0\times 10^{-5}$ m

$M_{\max}=\dfrac{wl^2}{8}=\dfrac{10\times 4^2}{8}=20$ kNm

$\sigma_{\max}=\dfrac{M_{\max}}{Z}=\dfrac{20000}{1.24\times 10^{-4}}=16129$ kN/m² $=161.3$ N/mm²

ただし，$Z=\dfrac{\dfrac{0.1\times 0.006^3}{12}\times 2 + 0.006\times 0.1\times(0.1+0.003)^2\times 2 + \dfrac{5.0\times 10^{-5}\times 0.2^3}{12}}{(0.1+0.003)}$

$\fallingdotseq 1.24\times 10^{-4}$ m³

この問題の梁は，木材と鋼材との合成部材である．最近，資材の多様化と高度の構造特性の要求から，いろいろな材料での合成部材が開発されてきている．例えば，鋼材とコンクリート，コンクリートと連続繊維補強材との合成である．本問題では，木材と鋼材との間の接合は滑りのない剛接であるが，将来を考えると，異種材との間の接合が，必ずしも剛接とならない，軟接合も考えられる．これからの構造材として，合成部材は少なくとも1つの柱であることは間違いない．

【応用問題 8.2.5（関連章・節：5.1 弾性曲線法，5.2 モールの定理）】図 8.2.10 のように，大梁で支持された等分布荷重 $w$ を受ける小梁の曲げモーメントを，小梁の支点の大梁のねじり剛性を考慮して算定せよ．

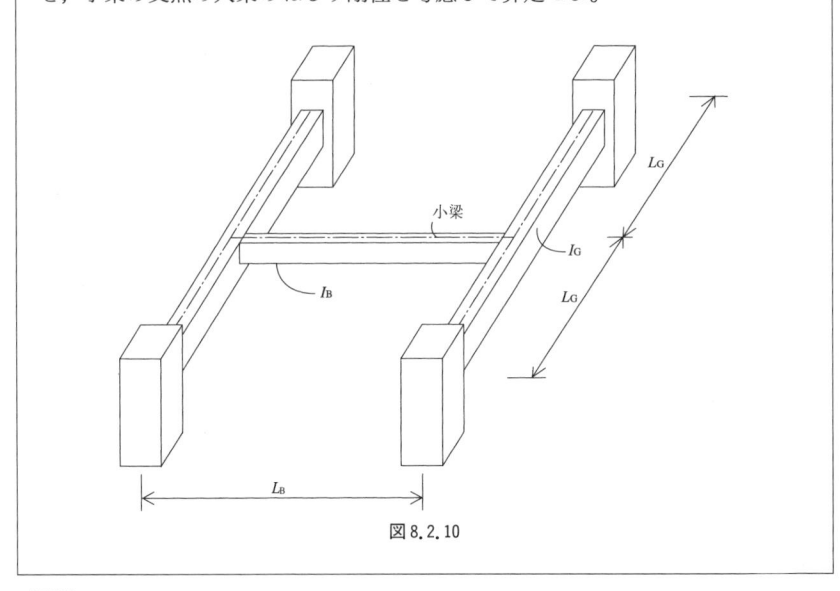

図 8.2.10

⟨解説⟩

小梁の両端のモーメントを $M_t$ とすると，図 8.2.11 よりわかるように，大梁は $M_t/2$ のねじりモーメントを受ける．

今，小梁の支点では，小梁と大梁が剛に接合されている．したがって，小梁端 A，A′ の等分布荷重 $w$ によるたわみ角 $\varphi_1$ と，端部モーメント $M_t$ によるたわみ角 $\varphi_2$ と，小梁支持点 A，A′ でのねじりモーメント $M_t/2$ によるねじり角 $\varphi_3$ とには，次の関係がなければならない．

$$\varphi_1 + \varphi_2 = \varphi_3 \tag{a}$$

等分布荷重 $w$ による，たわみ角 $\varphi_1$ は，

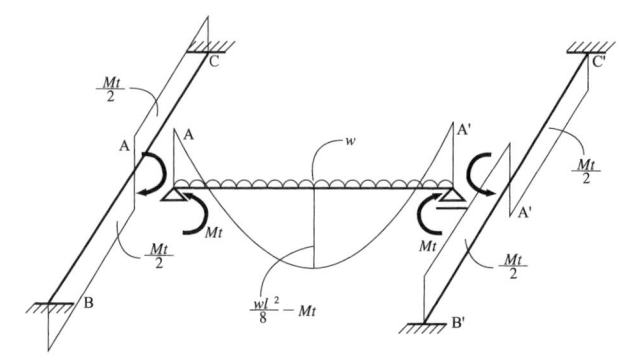

図8.2.11

$$\varphi_1 = \frac{wL_B^3}{24EI_B} \tag{b}$$

端部モーメント $M_t$ による，たわみ角 $\varphi_2$ は，

$$\varphi_2 = -\frac{M_t L_B}{2EI_B} \tag{c}$$

ねじりモーメント $M_t/2$ による，直方形梁のねじり角 $\varphi_3$ ((d)式は S. Timoshenko and J. N. Goodier ; Theory of Elasticity, Maple Press Co. (1951)) は，

$$\varphi_3 = \frac{M_t L_G}{2GC} \qquad (C = \beta h b^3) \tag{d}$$

(b), (c), (d)式を(a)式に代入すると，

$$\frac{wL_B^3}{24EI_B} - \frac{M_t L_B}{2EI_B} = \frac{M_t L_G}{2GC}$$

となる。これより，

$$M_t = \frac{\dfrac{wL_B^3}{24EI_B}}{\left(\dfrac{L_B}{2EI_B} + \dfrac{L_G}{2GC}\right)} = \frac{\dfrac{wL_B^2}{12} \times \dfrac{1}{K_{B,e}}}{\dfrac{1}{K_{B,e}} + \dfrac{1}{K_G}} = \frac{wL_B^2}{12} \times \frac{K_G}{K_{B,e} + K_G} \tag{e}$$

ここで，$K_B = \dfrac{EI_B}{L_B}$，$K_{B,e} = \dfrac{1}{2}K_B$，$K_G = \dfrac{GC}{2L_G}$ \hfill (f)

$EI_B$：小梁の曲げ剛性　　$GC$：大梁のねじり剛性
$L_B$：小梁の材長　　　　$2L_G$：大梁の材長
　$h$：大梁断面の長辺　　$b$：大梁断面の短辺

となる。(e)式よりわかるように，大梁のねじり剛性による小梁端に生ずる曲げモーメント $M_t$ は，等分布荷重による固定端モーメント $\dfrac{wL_B^2}{12}$ と $\dfrac{K_G}{K_{B,e}+K_G}$ の積となっている。(f)式より，$K_{B,e}$ は小梁の有効剛度で，$K_G$ は大梁を仮想梁と考えたときの剛度と考えることができる。

第 8 章 応用問題　279

ちなみに，上記の問題を(f)式の仮想梁剛度を用いて，固定モーメント法で解くと，図 8.2.12 となり，当然ながら一致する。したがって，一般的にいって，大梁を $K_G$ の剛度をもつ仮想梁と考えることにより，固定モーメント法を用いて解くことができるといえる。図 8.2.12 の算定は，小梁が対称材であるので，左半分について解いている。したがって小梁の剛度は有効剛度 $K_{B,e}=\dfrac{1}{2}K_B$ を採用している。

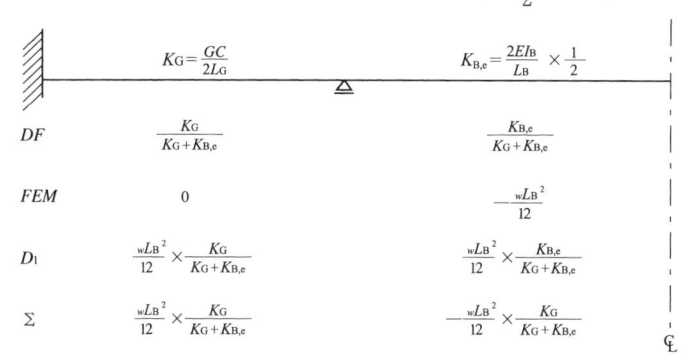

|  |  |  |
|---|---|---|
| | $K_G=\dfrac{GC}{2L_G}$ | $K_{B,e}=\dfrac{2EI_B}{L_B}\times\dfrac{1}{2}$ |
| DF | $\dfrac{K_G}{K_G+K_{B,e}}$ | $\dfrac{K_{B,e}}{K_G+K_{B,e}}$ |
| FEM | 0 | $-\dfrac{wL_B^2}{12}$ |
| $D_1$ | $\dfrac{wL_B^2}{12}\times\dfrac{K_G}{K_G+K_{B,e}}$ | $\dfrac{wL_B^2}{12}\times\dfrac{K_{B,e}}{K_G+K_{B,e}}$ |
| $\Sigma$ | $\dfrac{wL_B^2}{12}\times\dfrac{K_G}{K_G+K_{B,e}}$ | $-\dfrac{wL_B^2}{12}\times\dfrac{K_G}{K_G+K_{B,e}}$ |

図 8.2.12

今，大梁寸法 $bh=40\times 80\,\text{cm}^2$，小梁寸法 $bh=30\times 60\,\text{cm}^2$，等分布荷重 $w=20$ kN/m，大梁材長 $2L_G=600\,\text{cm}$，小梁材長 $L_B=500\,\text{cm}$，$G=1.0\times 10^7\,\text{kN/m}^2$，$E=2.0\times 10^7\,\text{kN/m}^2$ としたときの小梁の曲げモーメント図を求める。ただし $\beta$ は $\dfrac{h}{b}=2.0$ のとき，0.229 とする。

$$C=\beta\cdot h\cdot b^3=0.229\times 0.8\times 0.4^3=1.17\times 10^{-2}$$

$$EI_B=2.0\times 10^7\times\frac{0.3\times 0.6^3}{12}=1.08\times 10^5$$

$$CG=1.17\times 10^{-2}\times 1.0\times 10^7=1.17\times 10^5$$

$$K_{B,e}=\frac{2\times 1.08\times 10^5}{2\times 5}=2.16\times 10^4,\quad K_G=\frac{1.17\times 10^5}{6}=1.95\times 10^4$$

$$\frac{wL_B^2}{12}=\frac{20\times 5.0^2}{12}=41.7\,\text{kNm}$$

$$M_t=\frac{wL_B^2}{12}\times\frac{K_G}{K_{B,e}+K_G}=41.7\times\frac{1.95\times 10^4}{(2.16+1.95)\times 10^4}=19.78\,\text{kNm}$$

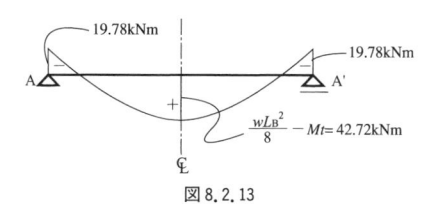

図 8.2.13

$$0.6C = 0.6 \times \frac{wL_B{}^2}{12}$$
$$= 0.6 \times 41.7 = 25 \text{kNm}$$

$$M_0 - 0.35C = \frac{wL_B{}^2}{8} - 0.35C = \frac{wL_B{}^2}{12}$$
$$= 62.5 - 0.35 \times 41.7 = 47.9 \text{kNm}$$

図 8.2.14

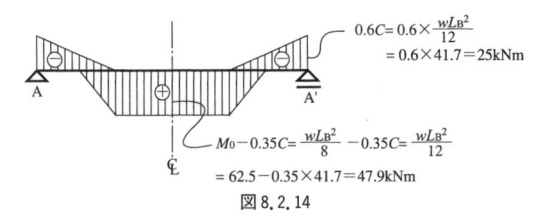

図 8.2.13 は小梁の曲げモーメント図である。図 8.2.14 は，日本建築学会「鉄筋コンクリート構造計算規準」の略算式による算定結果である。略算式の値は，ほぼ，安全側の結果をそなえていることがわかる。

この問題では，各梁は，長方形としているが，実際は鉄筋コンクリート造では，梁と床板とは一体に打設されるので，T形梁または逆L形梁であるといえる。したがって，小梁の曲げ剛性および大梁のねじり剛性の算定には，T形梁および逆L形梁として評価する必要がある。

【応用問題 8.2.6（関連章・節：4.3 曲げ材の応力度）】図 8.2.15 に示すように，材軸方向に一様な引張応力 $\sigma_x$ を受ける，一様な断面の板を溶接する場合，溶接量を最小とする溶接角度 $\theta$ を算定せよ。溶接量は，せん断弾性ひずみエネルギー説である，Von Mises の降伏条件の値に比例するものとする。

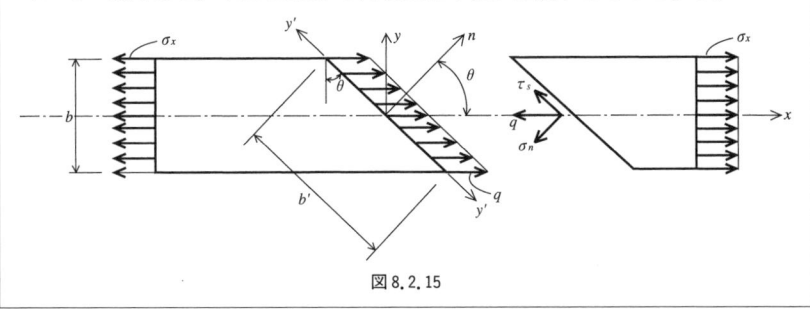

図 8.2.15

〈解説〉

材軸と角度 $\theta$ をなす面に作用する応力 $q$ は，$y$ 軸での断面積が $A$ とすると，$y'$ 軸での断面積，

$$A' = \frac{A}{\cos\theta}$$ となるので，

$$q = \frac{\sigma_x A}{A'} = \sigma_x \cos\theta$$

となる。したがって，$y'$–$y'$ 面の垂直応力成分 $\sigma_n$ と接線応力成分 $\tau_s$ は，

$$\sigma_n = q\cos\theta = \sigma_x \cos^2\theta \tag{a}$$

$$\tau_s = q\sin\theta = \sigma_x \cos\theta \cdot \sin\theta = \frac{\sigma_x}{2}\sin 2\theta \tag{b}$$

(a), (b)式の関係を図式表示したのが, 図8.2.16 で, これを Mohr の応力円という。点Oを原点として, 横軸を $\sigma$, 縦軸を $\tau$ とする直交座標を考える。横軸上に $\sigma_x$ をとり, $\sigma_x$ を直径とする円を描く。その中心をCとして, CA を基線として, 反時計方向に角 $2\theta$ をとると, 円周上のD点の $x$, $y$ 座標の値が各々, $\sigma_n$, $\tau_s$ に対応する。

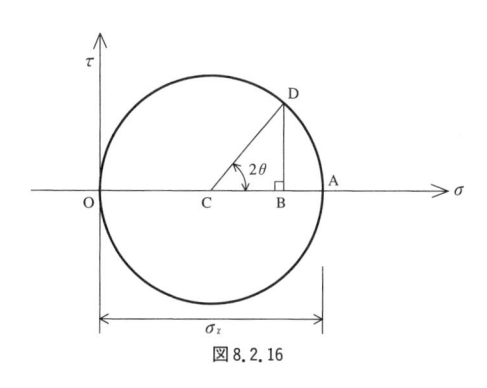

図8.2.16

すなわち,

$$\text{D点の } x \text{ 座標} = \overline{\text{OB}} = \overline{\text{OC}} + \overline{\text{CB}} = \frac{\sigma_x}{2} + \frac{\sigma_x}{2}\cos 2\theta$$

$$= \frac{\sigma_x}{2}(1+\cos 2\theta) = \sigma_x \cos^2\theta = \sigma_n$$

$$\text{D点の } y \text{ 座標} = \overline{\text{DB}} = \frac{\sigma_x}{2}\sin 2\theta = \tau_s$$

一方 Von Mises の降伏条件 (望月重, 谷資信, 田中彌寿雄, 望月洵, 片岡靖夫「板構造」p.248, 建築構造学3, 鹿島出版会) は, 単純引張のときの降伏応力を $\sigma_0$ とすると,

$$\sigma_0^2 = \sigma_n^2 + 3\tau_s^2 \tag{c}$$

と表される。したがって, 溶接量$W$は,

$$W = \sigma_0 b' = \sqrt{\sigma_n^2 + 3\tau_s^2} \times \frac{b}{\cos\theta} = \sqrt{\sigma_x^2 \cos^4\theta + 3\sigma_x^2 \cos^2\theta \sin^2\theta} \times \frac{b}{\cos\theta}$$

$$= b\sigma_x \sqrt{\cos^2\theta + 3\sin^2\theta} = b \cdot \sigma_x (1+2\sin^2\theta)^{1/2} \tag{d}$$

$$\frac{\partial W}{\partial \theta} = b \cdot \sigma_x \frac{1}{2}(1+2\sin^2\theta)^{-\frac{1}{2}} \times 4\sin\theta\cos\theta = b \cdot \sigma_x (1+2\sin^2\theta)^{-\frac{1}{2}} \times \sin 2\theta = 0$$

$$\therefore \quad \sin 2\theta = 0, \quad 2\theta = 0, \pi, \quad \theta = 0, \frac{\pi}{2}$$

よって, 最も経済的な溶接面は, 材軸に直交する方向であるといえる。

この問題では, 溶接量が Von Mises の降伏条件の値に比例するとしているが, この点は問題であり, これをどう考えるかによって, 解は変わるはずである。また, 最適設計の考えは, こうした理論だけで決まるものでなく, 理論にのらない多

くの点，例えば，溶接作業の難易度といったものが大きく影響することに注意が必要である。

【応用問題 8.2.7（関連章・節：5.1 弾性曲線法，5.2 モールの定理）】図 8.2.17 のように，等分布荷重 $w=50\,\mathrm{kN/m}$ を受ける，梁間 20 m，幅 5 m，厚さ 30 cm のコンクリート橋の中央支持柱と両端支持柱が，ともに辺長 30 cm 正方形コンクリート柱であるが，材長は各々，10 m, 2 m であるとき，支持柱の軸変形を考慮して応力を求めよ。

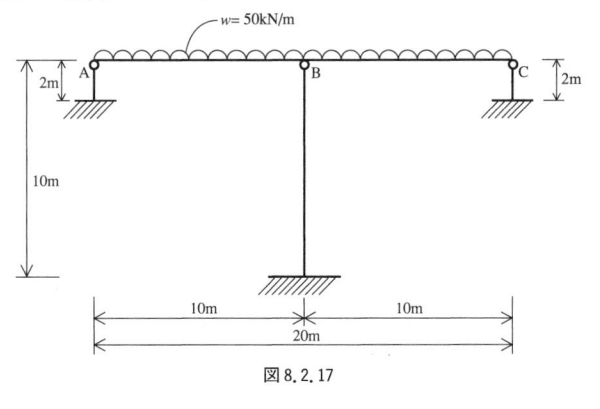

図 8.2.17

〈解説〉

A，C 点支持柱のばね定数を $k_1$，B 点支持柱のばね定数を $k_2$ とする。A，C 点反力を $R_1$，B 点反力を $R_2$，A，C 点支持柱の面積，材長，ヤング係数を $A$, $l_1$, $E$，B 点支持柱の面積，材長，ヤング係数を $A$, $l_2$, $E$ とすると，

$$k_1 = \frac{EA}{l_1}, \quad k_2 = \frac{EA}{l_2}$$

図 8.2.18 で，$y$ 軸方向の力の釣合い条件から，

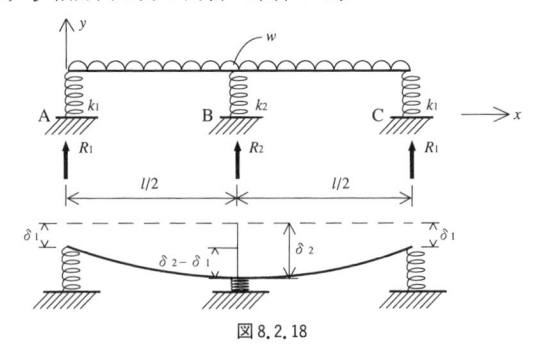

図 8.2.18

$\Sigma y = 0$

$$2R_1 + R_2 - wl = 0, \quad R_1 = \frac{wl - R_2}{2} \tag{a}$$

図 8.2.18 において，$\delta_1$, $\delta_2$ は，

$$\delta_1 = \frac{R_1}{k_1}, \quad \delta_2 = \frac{R_2}{k_2} \tag{b}$$

$$\delta = \delta_2 - \delta_1 = \frac{R_2 k_1 - R_1 k_2}{k_1 k_2} = \frac{R_2 - R_1 \left(\frac{k_2}{k_1}\right)}{k_2} \tag{c}$$

一方，たわみ $\delta$ は，単純支持梁が等分布荷重 $w$ を受ける，梁間 $l$ の中央たわみ $\frac{5}{384}\frac{wl^4}{EI}$ と，単純支持梁が中央集中荷重 $R_2$ を受ける，梁間 $l$ の中央たわみ $\frac{1}{48}\frac{R_2 l^3}{EI}$ との差と考えられる。

$$\delta = \frac{1}{384 EI}(5wl^4 - 8R_2 l^3)$$

$$= \frac{l^3}{384 EI}(5wl - 8R_2) = \frac{W}{K_B} - \frac{R_2}{\frac{5}{8}K_B} \tag{d}$$

ただし，$K_B = \frac{384}{5}(EI/l^3)$, $W = wl$

(a)式の関係を考慮して，(c)式と(d)式を等しくおくと，

$$\frac{R_2 - \frac{W - R_2}{2}\left(\frac{k_2}{k_1}\right)}{k_2} = \frac{W}{K_B} - \frac{R_2}{\frac{5}{8}K_B}$$

$$R_2\left(\frac{1}{k_2} + \frac{1}{2k_1} + \frac{1}{\frac{5}{8}K_B}\right) = W\left(\frac{1}{K_B} + \frac{1}{2k_1}\right)$$

$$R_2 = W\left(\frac{2k_1 + K_B}{2k_1 K_B}\right) \times \left(\frac{\frac{5}{4}k_1 k_2 K_B}{\frac{5}{4}k_1 K_B + \frac{5}{8}k_2 K_B + 2k_1 k_2}\right)$$

$$= \frac{5W}{8}\left(\frac{2}{K_B} + \frac{1}{k_1}\right) \times \left\{\frac{1}{\frac{5}{4}\left(\frac{1}{k_2}\right) + \frac{5}{8}\left(\frac{1}{k_1}\right) + 2\left(\frac{1}{K_B}\right)}\right\} \tag{e}$$

$$R_1 = \frac{W - R_2}{2}$$

(e)式で $k_1$, $k_2$ が無限大に近づくと，$R_2 = \frac{5}{8}W$, $R_1 = \frac{3}{16}W$ で，3点支持の連続梁の値となる。設計条件より，$W = wl = 50 \times 20 = 1000$ kN，

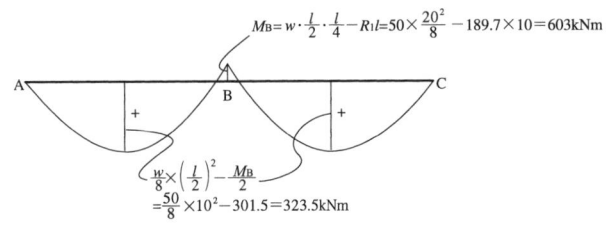

$$M_B = w \cdot \frac{l}{2} \cdot \frac{l}{4} - R_1 l = 50 \times \frac{20^2}{8} - 189.7 \times 10 = 603 \text{kNm}$$

$$\frac{w}{8} \times \left(\frac{l}{2}\right)^2 - \frac{M_B}{2} = \frac{50}{8} \times 10^2 - 301.5 = 323.5 \text{kNm}$$

図 8.2.19

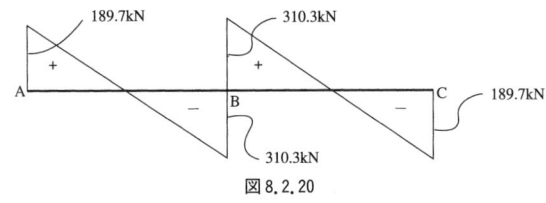

図 8.2.20

$$K_B = \frac{384}{5} \times \frac{1}{20^3} \times \frac{5 \times 0.3^3}{12} \times E = 1.08 \times 10^{-4} E$$

$$k_1 = \frac{E \times 0.3 \times 0.3}{2} = 0.045 E, \quad k_2 = \frac{E \times 0.3 \times 0.3}{10} = 0.009 E$$

$$R_2 = \frac{5 \times 1000}{8} \left( \frac{2}{1.08 \times 10^{-4}} + \frac{1}{0.045} \right) \times \left\{ \frac{1}{\frac{5}{4} \times \frac{1}{0.009} + \frac{5}{8} \times \frac{1}{0.045} + 2 \times \frac{1}{1.08 \times 10^{-4}}} \right\}$$

$$= 620.6 \text{ kN}$$

$$R_1 = \frac{1000 - 620.6}{2} = 189.7 \text{ kN}$$

曲げモーメント図およびせん断力図は図 8.2.19,図 8.2.20 のように表される.

　建築物の地上階では,柱の長さが異なることは少ないが,地中部の杭長さは地層の状況によっては大きく異なることがある.一般に地上階の応力解析では,1 階柱脚で固定または支持の仮定がなされている.しかしながら,この問題からわかるように,杭長の異なる場合には,杭長の軸変形が,地上階の架構応力に大きく影響することが考えられる.一般に,つなぎ梁の成を大きくとり,剛性を高めることは,杭長の違いによる軸方向変形の影響をできるだけ避けるためでもある.

【応用問題 8.2.8（関連章・節：4.4 圧縮材の座屈）】図 8.2.21 のように，両端ピン支持で，中心圧縮荷重を受ける材のせん断変形を考慮した座屈荷重を求めよ．

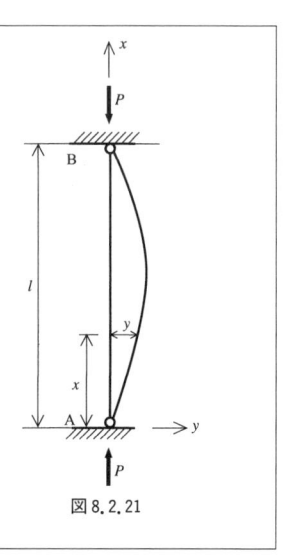

図 8.2.21

〈解説〉

基本問題 4.4.2 では，曲げ変形のみを考えていて，せん断変形を考慮していない．座屈した場合に，材にはせん断力が作用する．せん断力 $Q$ によるたわみ角を $\theta$ とすると，

$$\theta = k\frac{Q}{GA} \tag{a}$$

$GA$：せん断剛性

$k$：部材の平均せん断応力に対する図心位置でのせん断応力の比とする，形状係数

(a)式を $x$ に関して微分すると，

$$\frac{d\theta}{dx} = \frac{k}{GA} \cdot \frac{dQ}{dx} \tag{b}$$

図 8.2.21 より，$Q = \dfrac{dM}{dx} = P\dfrac{dy}{dx}$ であるから，

$$\frac{d\theta}{dx} = \frac{kP}{GA} \cdot \frac{d^2y}{dx^2} \tag{c}$$

となる．(c)式は曲率のせん断変形成分であるから，基本問題 4.4.2 に示すように，曲げ変形成分 $\dfrac{Py}{EI}$ を加えると，

$$\left(\frac{d\theta}{dx}\right)_{\text{total}} = -\frac{Py}{EI} + \frac{kP}{GA} \cdot \frac{d^2y}{dx^2} = \frac{d^2y}{dx^2}$$

$$\therefore \quad \frac{d^2y}{dx^2} + \frac{1}{\{1-(kP/GA)\}} \cdot \frac{Py}{EI} = 0 \tag{d}$$

(d)式の解は，

$$\frac{1}{\{1-(kP/GA)\}} \cdot \frac{P}{EI} = \frac{n^2\pi^2}{l^2} \tag{e}$$

(e)式の｛ ｝内がせん断力の影響を示す項といえる。実際の座屈は $n=1$ のときであるから，

$$P_{cr} = \frac{\pi^2 EI}{l^2} \cdot \frac{1}{1+(k/GA)(\pi^2 EI/l^2)} \tag{f}$$

$E/G = \gamma = 2(1+\mu)$ の関係を，(f)式に入れると，

$$P_{cr} = \pi^2 EI/\{1+\pi^2 k\gamma(i/l)^2\}l^2 = \pi^2 EI/(\alpha_1 l)^2 \tag{g}$$

$$\alpha_1^2 = 1 + \pi^2 k\gamma(i/l)^2$$

となる。さらに $\dfrac{P_{cr}}{A} = \sigma_{cr}$ であるから，

$$\sigma_{cr} = \frac{\pi^2 EI}{(\alpha_1 l)^2 A} = \frac{\pi^2 E i^2}{(\alpha_1 l)^2} = \frac{\pi^2 E}{\alpha_1^2 \left(\dfrac{l}{i}\right)^2} = \frac{\pi^2 E}{(\alpha_1 \lambda_y)^2} = \frac{\pi^2 E}{\lambda_{ye}^2}$$

(h)

$$\lambda_{ye} = \alpha_1 \lambda_y \tag{i}$$

となる。(h)式における一種の有効細長比 $\lambda_{ye}$ は，せん断変形を考慮する場合の細長比である。細長比 $\lambda_y$ の代わりに $\alpha_1 \lambda_y$ と修正することにより，せん断変形も考慮した座屈応力度は，曲げ変形のみの座屈応力度と同様に算定されることを示している。

せん断変形を考慮した座屈応力度は，一般に圧延形鋼のようにフルウェブの場合は必要ないが，ラチス形式，帯板形式，はさみ板の組立圧縮材の場合には，せん断変形の考慮が必要である。例えば，図8.2.22のような，帯板形式の組立圧縮材の場合，日本建築学会「鋼構造計算規準・同解説」では，有効細長比を，(j)式のように規定している。

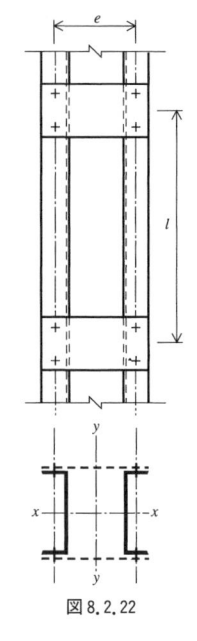

図8.2.22

$$\left. \begin{array}{l} \lambda_{ye} = \sqrt{\lambda_y^2 + \dfrac{m}{2}\lambda_1^2} \\ \quad \text{ただし，} \lambda_1 \leqq 20 \text{ のときは } \lambda_{ye} = \lambda_y \\ \lambda_1 = \dfrac{l_1}{i_1} \end{array} \right\} \tag{j}$$

ここで，

$\lambda_{ye}$：組立材の有効細長比

$m$：素材または素材群の数

$l_1$：区間長，$i_1$：柱素材の最小断面2次半径

【応用問題 8.2.9（関連章・節：4.2 断面特性，4.3 曲げ材の応力度）】図 8.2.23 に示すように，単純支持鉄筋コンクリート北側採光シェルが，開角 90°をもち，2 つの等しい縁梁によって剛な円弧となっている。梁間 15 m として，固定荷重による最大曲げ応力度を算定せよ。

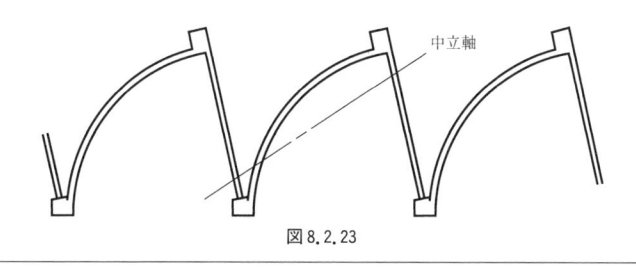

図 8.2.23

⟨解説⟩

シェルの厳密な計算は，初等力学の範囲を超えるものであるが，長形シェルの近似計算は梁理論で解くことが可能である。この場合，中立軸が水平線に対して傾いているので，曲げ応力度は，中立軸およびそれに直交の両方向に関して考慮することが必要である。

対称性から，図 8.2.24 に示すように，中立軸 $y{-}y$ は水平に対して 45°をなす。図心 G は中心 O を通り，$y{-}y$ 軸に直交する直線上にある。その縦座標 C は，図 8.2.24 よりわかるように，$x$ 軸に関する円弧シェルの断面 1 次モーメント $S_x$ と断面積 $A$ との比で算定される。

$$A = \frac{\pi}{2} \times 1.6 \times 0.1 + 2 \times (0.3 \times 0.2) = 0.371 \text{ m}^2$$

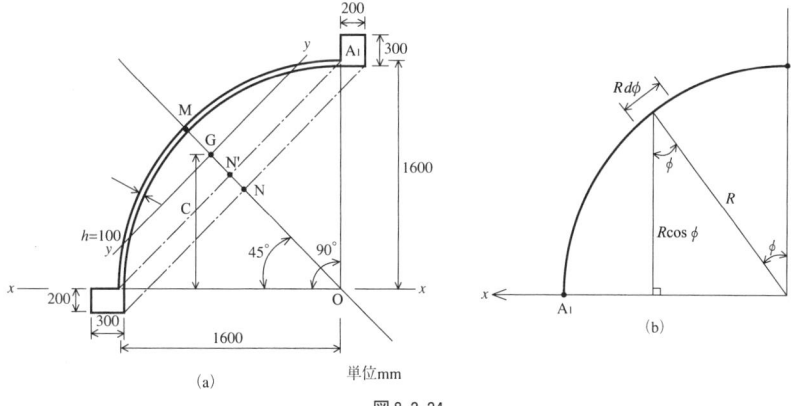

図 8.2.24

$$S_x = \int_0^{\pi/2} (hRd\varphi) R\cos\varphi + A_1 R$$

$$= R^2 h \int_0^{\pi/2} \cos\varphi d\varphi + A_1 R$$

$$= R^2 h + A_1 R = 1.6^2 \times 0.1 + 0.3 \times 0.2 \times 1.6$$

$$= 0.352 \text{ m}^3$$

$$C = \frac{S_x}{A} = \frac{0.352}{0.371} = 0.949 \text{ m}$$

よって,

$$OG = \frac{C}{\cos 45°} = \frac{0.949}{\frac{1}{1.41}} = 1.338 \text{ m}$$

$$GM = 1.6 - 1.338 = 0.262 \text{ m}$$

$$ON' = \frac{1.6}{\sqrt{2}} = \frac{1.6}{1.41} = 1.135 \text{ m}$$

$$GN' = OG - ON' = 1.338 - 1.135 = 0.203 \text{ m}$$

$$GN = GN' + N'N = 0.203 + 0.2 \times \cos 45° = 0.345 \text{ m}$$

断面2次モーメント $I_y$ は,

$$I_y = I_{y1} - A\overline{GN'}^2 = 2\int_0^{\pi/4} hRd\varphi [R(\cos 45° - \cos\varphi)]^2 - A\overline{GN'}^2$$

$$= 2hR^3 \left(\frac{\pi}{8} - 1 + \frac{\pi}{8} + \frac{1}{4}\right) - A\overline{GN'}^2$$

$$= 0.01371 \text{ m}^4$$

単位長さ当りのシェル重量 $w$ は,質量密度 2400 kg/m³ として,

$$w = 0.371 \times 1 \times 2400 \times 9.8 = 8726 \text{ N/m}$$

$y$-$y$ 軸に垂直な重量成分 $w_y$ は $\frac{8726}{\sqrt{2}} = 6170$ kN/m であるから,最大曲げモーメント $M_{y,\max}$ は,

$$M_{y,\max} = \frac{w_y \cdot l^2}{8} = \frac{6170 \times 15^2}{8} = 173.5 \text{ kNm}$$

したがって,最大曲げ応力度 $\sigma_{\max}$ は,

$$\sigma_{\max} = \frac{0.1735 \times 10^9 \times 345}{0.01371 \times 10^{12}} = 4.37 \text{ N/mm}^2$$

となる。

問題では最大曲げ応力度だけで,せん断応力度について言及していない。曲げモーメントは,主として円弧の両端の梁で抵抗されているのに対し,せん断力は,円弧シェルにより抵抗される。こうした性質は梁の場合と全く同様である。この問題では,円弧シェルがとりあげられているが,折板屋根も全く同じように設計される。なお,短形シェルの場合には,梁理論の適用はできないので注意が必要である。

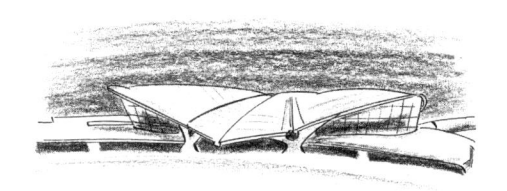

【応用問題 8.2.10（関連章・節：5.1 弾性曲線法，5.2 モールの定理）】図 8.2.25 に示すような，短辺方向梁間 $l_1=15$ m，長辺方向梁間 $l_2=21$ m の単純支持長方形格子板が，各梁間の 1/3 の点で 2 本の梁が交差している。各交点に荷重 $P=6\text{ kN/m}^2\times 5\text{ m}\times 7\text{ m}=210$ kN が作用したときの梁を設計せよ。

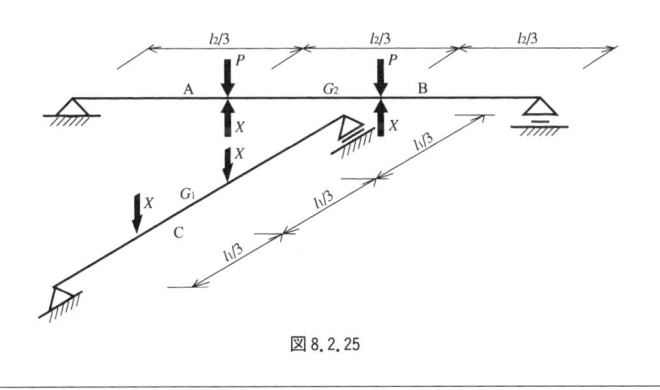

図 8.2.25

〈解説〉

図 8.2.26 のように，単純支持梁が集中荷重 $P$ を受けるときの梁のたわみ式は，基本問題 5.1.4 より，

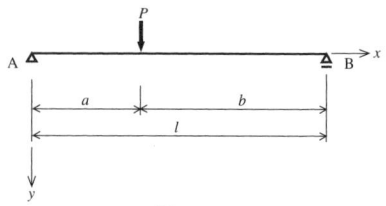

図 8.2.26

$$y = \frac{P}{EI}\frac{bx}{6l}(l^2-b^2-x^2) \qquad (0 \leq x \leq a)$$

$$y = \frac{P}{EI}\frac{bx}{6l}(l^2-b^2-x^2) + \frac{P}{EI}\frac{1}{6}(x-a)^3 \qquad (a \leq x \leq l)$$

である。したがって，$a=\frac{l}{3}$，$b=\frac{2l}{3}$ のとき，$x=\frac{l}{3}$，$\frac{2l}{3}$ のたわみ $y$ は，

$$y_{(x=\frac{l}{3})} = \frac{P}{EI}\frac{b}{6l}\cdot\frac{2l}{3}\frac{l}{3}\left(l^2-\frac{4}{9}l^2-\frac{1}{9}l^2\right) = \frac{Pl}{27EI}\times\frac{4}{9}l^2$$

$$= \frac{8Pl^3}{486EI}$$

$$y_{(x=\frac{2}{3}l)} = \frac{P}{EI}\frac{1}{6l}\cdot\frac{2l}{3}\frac{2}{3}l\left(l^2-\frac{4}{9}l^2-\frac{4}{9}l^2\right) + \frac{P}{EI}\frac{1}{6}\left(\frac{1}{3}l\right)^3$$

$$= \frac{4Pl^3}{486EI} + \frac{3Pl^3}{486EI} = \frac{7Pl^3}{486EI}$$

図 8.2.27 よりわかるように，A，B，C，D の各点は全く同じ荷重条件にあるので，点 A について考えてみる。図 8.2.25 に示すように，点 A に作用する荷重 $P$ は，$G_1$ と $G_2$ の 2 本の梁で負担されるのであるが，$G_1$ の負担力を $X$ とすると，$G_2$

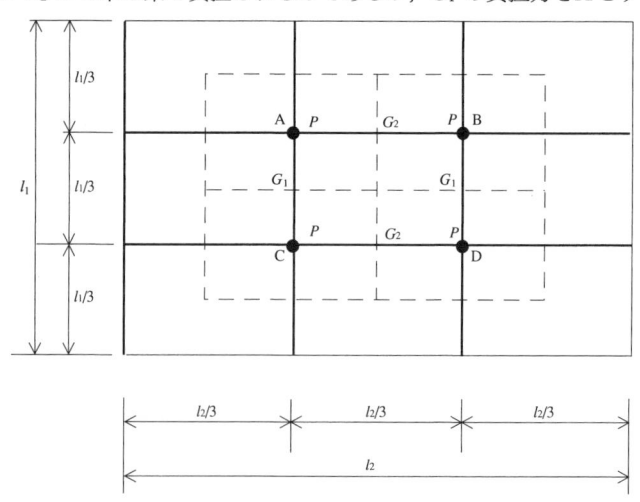

図 8.2.27

の負担力は $P-X$ である。$X$ を求めるには，点Aでの $G_1$ と $G_2$ のたわみは同じであることに着目する。点Aの $G_1$ のたわみ $\delta_1$ を考えると，点Aの $X$ によるたわみは $\dfrac{8Xl_1^3}{486EI_1}$，点Cの $X$ によるたわみは $\dfrac{7Xl_1^3}{486EI_1}$ となり，合計で $\delta_1 = \dfrac{(8+7)Xl_1^3}{486EI_1}$ となる。一方，点Aの $G_2$ のたわみ $\delta_2$ を考えると，点Aの $P-X$ によるたわみは $\dfrac{8(P-X)l_2^3}{486EI_2}$，点Bの $P-X$ によるたわみは $\dfrac{7(P-X)l_2^3}{486EI_2}$ となり，合計で $\delta_2 = \dfrac{(8+7)(P-X)l_2^3}{486EI_2}$ となる。点Aで $\delta_1$ と $\delta_2$ は等しくなければならないから，

$$\frac{15 \times l_1^3}{486EI_1} = \frac{15(P-X)l_2^3}{486EI_2}$$

$$\therefore \quad X = \frac{P}{1+(l_1/l_2)^3(I_2/I_1)}$$

となる。$P = 210$ kN, $l_1/l_2 = \dfrac{15 \text{ m}}{21 \text{ m}} = \dfrac{5}{7} = 0.71$ であり，$I_2/I_1 = 1$ とすると，

$$X = \frac{P}{1+(0.71)^3 \times 1} = \frac{P}{1+0.36 \times 1} = \frac{P}{1+0.36} = \frac{210}{1.36} = 154.4 \text{ kN}$$

$G_1$ および $G_2$ の最大モーメント $M_1$, $M_2$ は，

$$M_1 = X\left(\frac{l_1}{3}\right) = 154.4 \times 5 = 772 \text{ kNm}$$

$$M_2 = (P-X)\left(\frac{l_2}{3}\right) = (210-154.4) \times 7 = 389.2 \text{ kNm}$$

今，$f_b = 160$ N/mm$^2$ として，座屈は起こらないとすると，必要断面係数 $Z$ は，

$$Z_1 = \frac{772 \times 10^6}{160} = 4.825 \times 10^6 \text{ mm}^4$$

となる。したがって $H-700 \times 300 \times 13 (Z = 4980 \text{ cm}^3, I = 172000 \text{ cm}^4)$ とする。一方，

$$Z_2 = \frac{389.2 \times 10^6}{160} = 2.4325 \times 10^6 \text{ mm}^4$$

となる。したがって，$H = 700 \times 300 \times 13$ では余裕がありすぎるが，$I_2/I_1 = 1$ と仮定しているので，$G_1$, $G_2$ ともに $H-700 \times 300 \times 13$ と設計する。

　本問題では，節点での変位の適合条件では曲げ変形のみを考慮していて，直交材のねじり変形を考慮していない。格子梁が鉄筋コンクリート造の場合は，節点は一体に打設されているので剛接合と考えられ，曲げ変形と同時にねじり変形を考慮するのが正しいといえる。斜め格子梁も同様に解くことができる。問題は多元連立方程式の解法であるが，コンピュータを用いればこれはあまり問題とならなくなった。

【応用問題 8.2.11（関連章・節：3.3 静定トラス）】図 8.2.28 のように，3 角形片持ちトラスを，クレモナの図式解法で解く精算値と，片持ち梁として解く略算値を比較せよ。

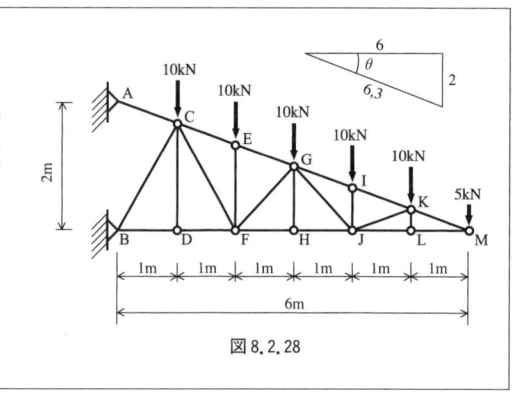

図 8.2.28

〈解説〉
複雑なトラスを図式解法で解くのは，高度な技能が必要である。一方，工学的に判断すれば，トラスの上・下弦材が曲げに抵抗し，斜め材および垂直材がせん断に主として抵抗することがわかっている。この点を考慮すれば，トラス全体を梁として応力を算出した，曲げモーメントとせん断力から，トラス部材の応力を算定できる。トラスでは，荷重を各節点での集中荷重として算定するのに対し，梁や架構では，必ずしも節点荷重としないで，分布荷重とすることも可能である。また，トラ

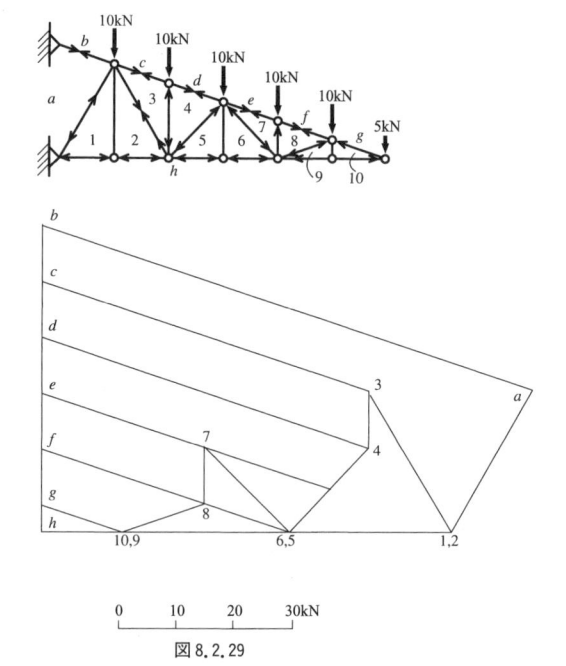

図 8.2.29

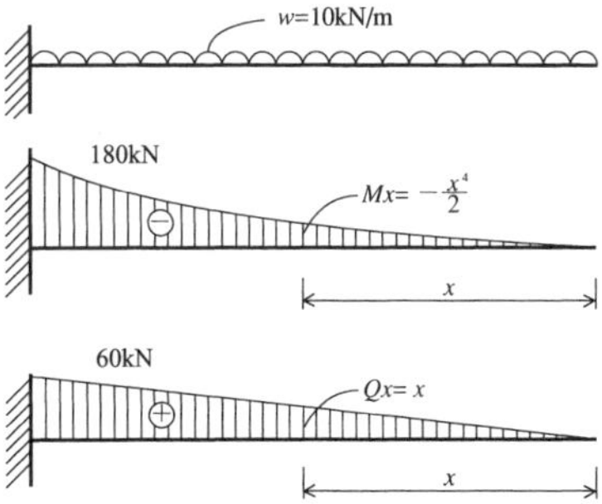

表8.2.1 精算値と略算値（単位：kN）

| 部材名 | 精算値 | 略算値 | 部材名 | 精算値 | 略算値 |
|---|---|---|---|---|---|
| AC | 93 | 88 | BD | −74 | −83 |
| CE | 62 | 72 | BC | −29 | −31 |
| EG | 62 | 56 | CD | 0 | − |
| GI | 30 | 40 | CF | 29 | 26 |
| IK | 30 | 26 | EF | −10 | −25 |
| KM | 15 | 8 | FG | −20 | −24 |
| LM | −13 | −8 | GH | 0 | − |
| JL | −13 | −25 | GJ | 20 | 17 |
| HJ | −43 | −38 | IJ | −10 | −14 |
| FH | −43 | −53 | JK | −15 | −22 |
| DF | −74 | −68 | KL | 0 | − |

図8.2.30

スでは節点で一般に不連続な応力を生ずるのに対して，梁や架構では一般に連続的である。したがって，巨視的に言って，トラスを梁や架構に置換できるためには，ある程度稠密な部材構成になっていなければならない。

図8.2.29は，クレモナの図式解である。表8.2.1の精算値は，クレモナの図式解から算定した部材応力である。

一方，片持ち梁としての曲げモーメント図およびせん断力図を描いたのが，図8.2.30である。略算値の部材応力は，各部材中央部の値とする。例えば，AC材の中央部の曲げモーメントは，先端から5.5 mであるから，その点の曲げモーメント $M_{5.5}$ は，

$$M_{5.5} = \frac{10 \times 5.5^2}{2} = 151.3 \text{ kNm}$$

である。AC材中央値でのトラスせいは，$5.5 \times \tan\theta = 1.81$ mとなり，AC材の応力 $T_{AC}$ の水平成分 $_xT_{AC}$ は，

$$_xT_{AC} = \frac{151.3}{1.81} = 83.6 \text{ kN}$$

となる。
したがって，AC材の応力 $T_{AC}$ は，

$$T_{AC} = {_xT_{AC}} \times \frac{1}{\cos\theta} = \frac{83.6}{0.95} = 88 \text{ kN}$$

となる。
一方，せん断力に抵抗するBC材についてみると，BC材の中央部は，先端から5.5 mであるから，その点のせん断力 $Q_{5.5}$ は，

$$Q_{5.5} = 10 \times 5.5 = 55 \text{ kN}$$

である。55 kNがBC材応力の鉛直成分と，AC材応力の鉛直成分の和と考え

られる。したがって，55 kN から AC 材応力の鉛直成分 ${}_yT_{AC}=88\times\sin\theta=88\times 0.316=28$ kN を差し引いたものが，BC 材応力の鉛直成分 ${}_yD_{BC}$ と考えられる。

$${}_yD_{BC}=55-28=27 \text{ kN}$$

よって，

BC 材応力 $D_{a-1}$ は，

$$D_{BC}=27\times\frac{\sqrt{1^2+1.81^2}}{1.81}=27\times 1.14=31 \text{ kN}$$

となる。

　表8.2.1の結果よりわかるごとく，EF 材と JL 材の応力を除けば，精算値と略算値の誤差は，10 kN 以内となり，十分工学的には略算法の適用は考えられる。CD, GH, KL 材は，ともに垂直材で，0応力部材となり，問題の荷重下では不必要材となる。したがって，略算法との比較から除いてある。

　一般に，2次元部材を1次元部材に，連続荷重を集中荷重にといったように，より低次にするのが略算法である。しかしながら，その逆の場合もある。問題はより簡便に利用できる手段が，どちらかによって決まる。この問題は，トラスという離散的な構造を梁という連続的構造に置き換えて解いたことになる。

【応用問題 8.2.12 (関連章・節：3.3 静定トラス)】図 8.2.31 のように，ピン接合と剛接合とが混合している，合成骨組を解け．ただし，柱脚支点の水平力は等しい，すなわち $H_A = H_B = 2P$ とする．

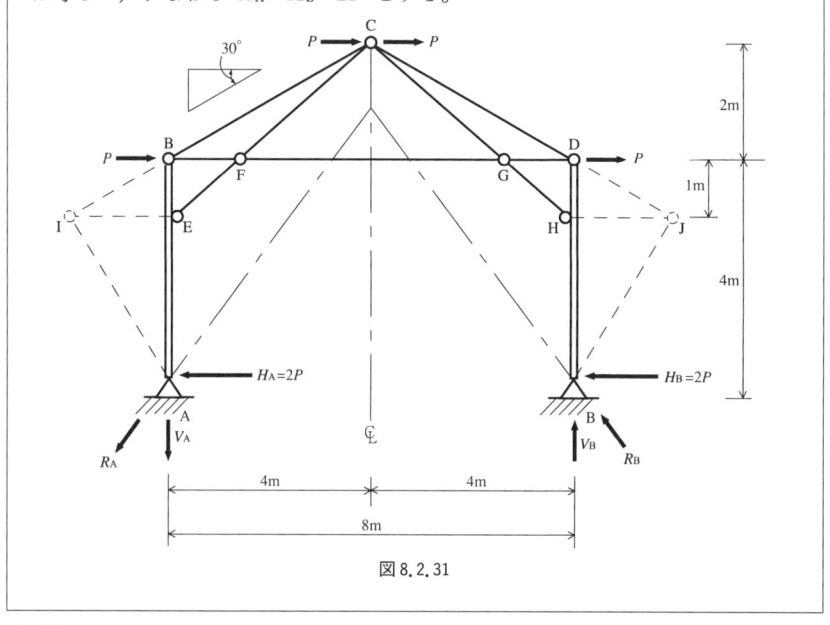

図 8.2.31

〈解説〉

　図 8.2.31 のダブル表示した柱は，曲げ材である．そうした場合，柱を点線で示すような，3 角形トラスに置換する．柱の応力は直接求められないが，柱以外の応力には影響ないので，まず柱以外のトラス応力を算定する．その後，柱の応力は，トラス応力がわかっているので，その結果を用いて算定することができる．

　この場合，外力の作用点はトラスのライズの中央に作用し，鉛直分力がないので，支点反力の鉛直分力はお互いに等しく，向きが反対となる．すなわち，$V_A = V_B$ となる．図 8.2.32 はクレモナの図式解法の結果である．当然ながら，対称トラスに，逆対称荷重の問題であるので，トラス応力は対称軸に対して，逆対称応力となる．

　図 8.2.33 は，置換トラスの解であって，柱の応力は，左側の柱に関していえば BC 材，BF 材，EF 材 の各応力と節点 B に作用する荷重，節点 A における反力から算定される．図 8.2.33, (b), (c), (d)は柱部材応力である．

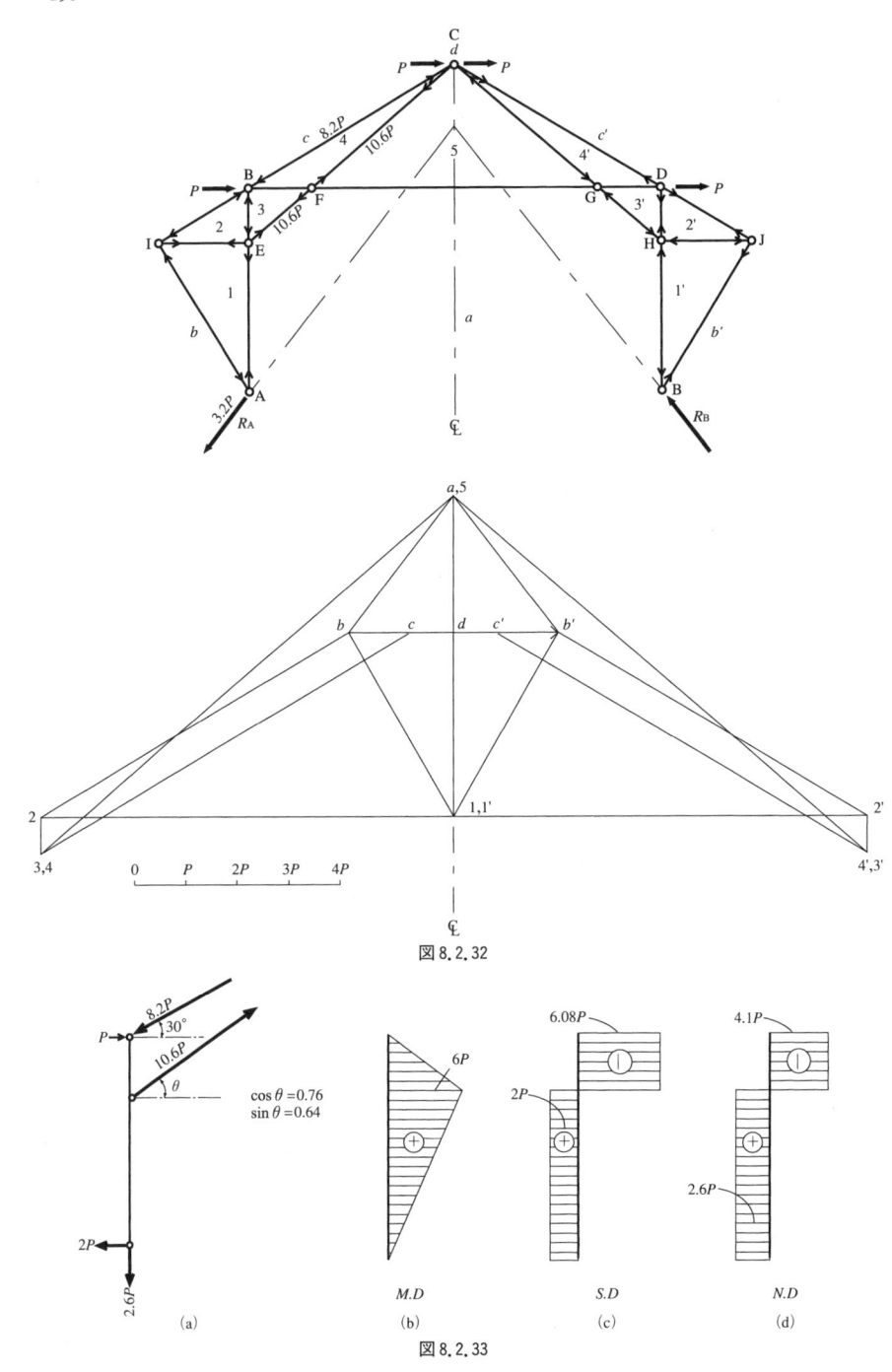

図 8.2.32

図 8.2.33

【応用問題 8.2.13（関連章・節：6.3 不静定ラーメン）】図 8.2.34 のような，屈折スラブ形式の階段の曲げモーメントを求めよ．

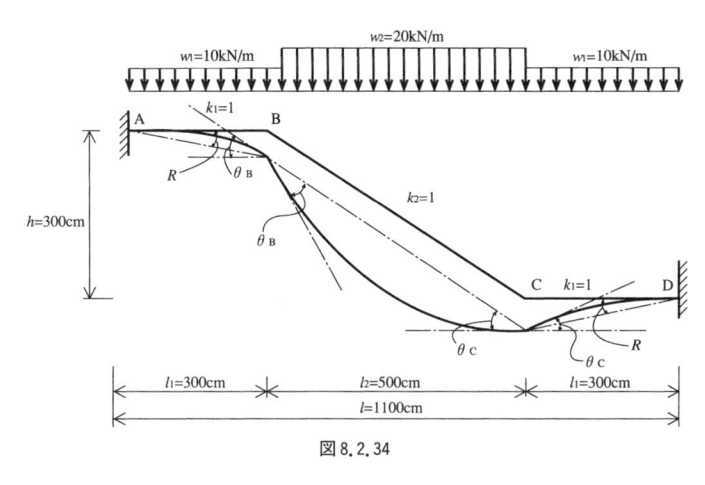

図 8.2.34

〈解説〉

屈折階段は複雑に見えるが，図 8.2.34 の変形図に見るように，点対称であって，B, C 点が鉛直方向に移動して，踊場部に部材角が起こるが，階段部には部材角は起こらない．したがって，未知量は，

$\varphi_A = \varphi_D = 0$

$\varphi_B = -\varphi_C$

$\psi_{AB} = -\psi_{DC}$

たわみ角法の一般公式から，

$$M_{AB} = k_1(\varphi_B + \psi_{AB}) + C_{AB} = k_1(\varphi_B + \psi_{AB}) - \frac{w_1 l_1^2}{12}$$

$$M_{BA} = k_1(2\varphi_B + \psi_{AB}) + C_{BA} = k_1(2\varphi_B + \psi_{AB}) + \frac{w_1 l_1^2}{12}$$

$$M_{BC} = k_2(2\varphi_B + \varphi_C) + C_{BC} = k_2\varphi_B - \frac{w_2 l_2^2}{12}$$

節点方程式

$\sum_B M = 0$

$$M_{BA} + M_{BC} = k_1(2\varphi_B + \psi_{AB}) + k_2\varphi_B + \frac{w_1 l_1^2}{12} - \frac{w_2 l_2^2}{12}$$

$$= \varphi_B(2k_1 + k_2) + k_1\psi_{AB} + \frac{1}{12}(w_1 l_1^2 - w_2 l_2^2)$$

$$= 0 \tag{a}$$

せん断力方程式

$$-Q_{AB} + Q_{DC} + 2w_1 l_1 + w_2 l_2 = 0$$

$$Q_{AB} = -\frac{1}{l_1}(M_{AB} + M_{BA}) + \frac{w_1 l_1}{2}$$

$$Q_{DC} = -\frac{1}{l_1}(M_{DC} + M_{CD}) - \frac{w_1 l_1}{2} = \frac{1}{l_1}(M_{AB} + M_{BA}) - \frac{w_1 l_1}{2}$$

$$\therefore \quad \frac{2}{l_1}(M_{AB} + M_{BA}) - w_1 l_1 + 2w_1 l_1 + w_2 l_2 = 0$$

$$\frac{2}{l_1}(M_{AB} + M_{BA}) + w_1 l_1 + w_2 l_2 = 0$$

$$\frac{2}{l_1}\left\{k_1(\varphi_B + \psi_{AB}) - \frac{w_1 l_1^2}{12} + k_1(2\varphi_B + \psi_{AB}) + \frac{w_1 l_1^2}{12}\right\} + w_1 l_1 + w_2 l_2 = 0$$

$$6k_1 \varphi_B + 4k_1 \psi_{AB} + w_1 l_1^2 + w_2 l_1 l_2 = 0 \tag{b}$$

題意より,

$$k_1 = k_2 = 1, \quad l_1 = 3 \text{ m}, \quad l_2 = 5 \text{ m},$$
$$w_1 = 10 \text{ kN/m}, \quad w_2 = 20 \text{ kN/m}$$

(a)式は,

$$3\varphi_B + \psi_{AB} + \frac{1}{12}(10 \times 3^2 - 20 \times 5^2) = 3\varphi_B + \psi_{AB} - \frac{410}{12} = 0 \tag{a'}$$

(b)式は,

$$6\varphi_B + 4\psi_{AB} + 10 \times 3^2 + 20 \times 3 \times 5$$
$$= 6\varphi_B + 4\psi_{AB} + 390 = 0 \tag{b'}$$

(a)'式と(b)'式より,

$$\psi_{AB} = -229 \qquad \varphi_B = 88$$

となる。したがって各節点モーメントは,

$$\left.\begin{aligned}
M_{AB} &= -M_{DC} = 88 - 229 - \frac{90}{12} = -148.5 \text{ kNm} \\
M_{BA} &= -M_{CD} = 2 \times 88 - 229 + \frac{90}{12} = 45.5 \text{ kNm} \\
M_{BC} &= M_{CB} = 88 - \frac{500}{12} = 46.3 \text{ kNm}
\end{aligned}\right\} \tag{c}$$

図 8.2.35 は曲げモーメント図である。こうした屈折階段に関しては,略算法が提案されている。そのうちの1例を紹介する(小倉弘一郎他:鉄筋コンクリート構造基礎構造,建築学大系 16 彰国社)。

中央正曲げモーメント,

図8.2.35

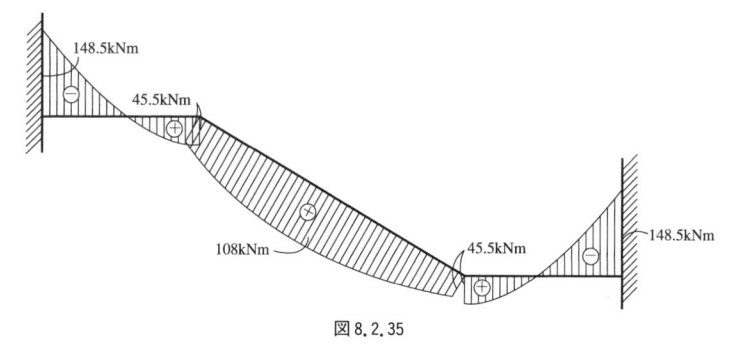

$$M = \frac{1}{17}Wl \tag{d}$$

両端負曲げモーメント，

$$M = -\alpha Wl \tag{e}$$

ここで，$W=$ スパンの全重量，$l=$ 全水平梁間

$\alpha = \dfrac{1}{14} \sim \dfrac{1}{20}$，$\dfrac{l_1}{l_2}=0.5$ のとき $\dfrac{1}{14}$，$\dfrac{l_1}{l_2}=1$ のとき $\dfrac{1}{20}$ として，中間は補間値。

この問題の場合，(d)と(e)式から略算値を算定すると，$\dfrac{l_1}{l_2}=0.6$ であるから，$\alpha \fallingdotseq 0.067$ となり，

中央正曲げモーメント $M = \dfrac{1}{17}(10 \times 3 \times 2 + 20 \times 5) \times 11.0 = 104$ kNm

両端負曲げモーメント $M = -0.067(10 \times 3 \times 2 + 20 \times 5) \times 11.0 = 118$ kNm

となる。精算値の誤差は，中央正曲げモーメントで $\dfrac{108-104}{108} \fallingdotseq 4\%$，両端負曲げモーメントで，$\dfrac{148-118}{148} \fallingdotseq 20\%$ となり，工学的には十分略算値として適用できるといえる。

より大胆な略算法としては，屈折階段全体を1本の直線梁に展開して，両端固定梁として解く方法が実際の設計で用いられることがある。すなわち，

中央正曲げモーメント，

$$M = 1.2 \times \frac{WL}{24}$$

両端負曲げモーメント，

$$M = -\frac{WL}{12}$$

ここで，$W$：スパンの全重量，$L$：屈折階段の全長，1.2：中央正曲げモーメントの割増し係数。

本問題に関して解くと，

中央正曲げモーメント，

$$M = 1.2 \times \frac{1}{24}(10 \times 3 \times 2 + 20 \times 5) \times (3 + \sqrt{5^2 + 3^2} + 3)$$

$$= 1.2 \times \frac{1}{24} \times 160 \times 11.8 = 94.4 \text{ kNm}$$

両端負曲げモーメント，

$$M = -\frac{WL}{12} = -\frac{1}{12} \times 160 \times 11.8 = -157 \text{ kNm}$$

となる。この結果も精算値とそれほど大きな差はない。

【応用問題 8.2.14（関連章・節：6.3 不静定ラーメン）】図 8.2.36 のようなトラス階段を解け。ただし段板および踊場の荷重は $10 \text{ kN/m}^2$ とする。

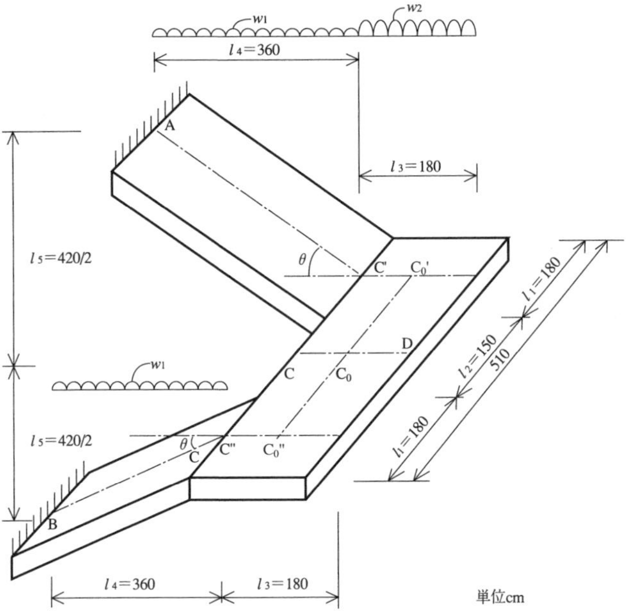

図 8.2.36

〈解説〉

　トラス階段は邪魔となる支柱がなく，開放的で，構造設計上最も興味のある階段といえる。

　階段の荷重

$$w_1 = w \times \frac{1}{\cos\theta} \times l_1 = 10 \times \frac{\sqrt{3.6^2 + 2.1^2}}{3.6} \times 1.8 = 20.8 \text{ kN/m}$$

$$w_2 = w \times \left(l_1 + \frac{l_2}{2}\right) = 10 \times \left(1.8 + \frac{1.5}{2}\right) = 25.5 \text{ kN/m}$$

トラス階段は，若干の誤差はあるが，踊場の中心 $C_0$ を C とおくと，図 8.2.37 に示すごとく，全体としては，ABC が降り階段の引張力と昇り階段の圧縮力からなる，3 角トラスを形成しているので，C 点はほとんど移動がないと考えられる。したがって，C 点はピン支持とし，部材角は 0 となる。図 8.2.37 のトラス架構をたわみ角法で解くと，

$$M_{AC} = k(2\varphi_A + \varphi_C) + C_{AC} = 1 \times \varphi_C - \frac{20.8 \times 3.6^2}{12} = \varphi_C - 22.5$$

$$M_{CA} = k(2\varphi_C + \varphi_A) + C_{CA} = 2 \times \varphi_C + \frac{20.8 \times 3.6^2}{12} = 2\varphi_C + 22.5$$

$$M_{BB} = k(2\varphi_B + \varphi_C) + C_{BC} = \varphi_C - 22.5$$

$$M_{CB} = k(2\varphi_C + \varphi_B) + C_{CB} = 2\varphi_C + 22.5$$

$$M_{CD} = -\frac{5.1 \times 1.8^2 \times 10}{2} = -82.6 \text{ kNm}$$

$$\sum M_C = M_{CA} + M_{CB} + M_{CD} = 0, \quad 4\varphi_C + 45 - 82.6 = 0, \quad \varphi_C = \frac{37.6}{4} = 9.4$$

$$M_{AC} = M_{BC} = 9.4 - 22.5 = -13.1 \text{ kNm}$$

$$M_{CA} = M_{CB} = 2 \times 9.4 + 22.5 = 41.3 \text{ kNm}$$

図 8.2.37 は曲げモーメント図を描いたものである。図 8.2.37 の曲げモーメント図より，段板に作用する軸力を算定する。段板の接合点 C は不動点であるから，点 C の反力 $R_C$ を分解して求める。反力 $R_C$ は，降り段板分と踊場の半分の点 A に関するモーメントの釣合いから，

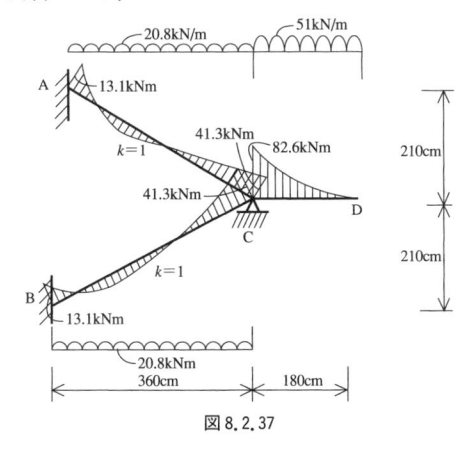

図 8.2.37

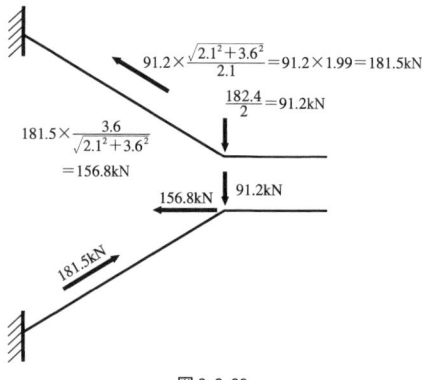

図 8.2.38

$$-13.1 + 20.8 \times 3.6 \times \frac{3.6}{2} + 25.5 \times 1.8 \times \left(3.6 + \frac{1.8}{2}\right) - 3.6 \times \frac{R_C}{2} = 0$$

$R_C = = 182.4 \text{ kN}$

となる。点Cの反力 $R_C$ は，段板の軸力による。この軸力 182.4 kN から，図 8.2.38 に示すように，昇・降両階段に作用する，点Cの水平分力と鉛直分力が算定される。この段板の軸力は，図 8.2.36 に示すように，$C_0'$，$C_0''$ と平面的に食い違っている。したがって，踊場に，軸力の水平分力によって面内曲げを，鉛直分力によ

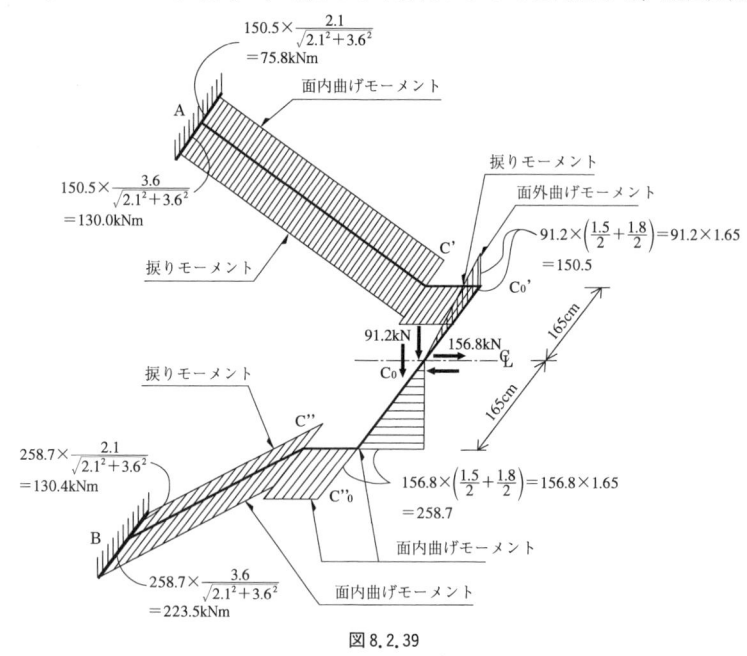

図 8.2.39

って面外曲げを起こす．さらにこれらの曲げは，図8.2.39に示すように，踊場から段板の方向に直交するとねじりモーメントといったように変化する．図8.2.39は段板の軸力による付加曲げモーメントと付加ねじりモーメントを描いたものである．したがって，トラス階段の応力は，図8.2.37および図8.2.39を総計したものになる．

【応用問題8.2.15（関連章・節：4.1応力度とひずみ度，4.2断面特性）】図8.2.40のような耐震壁を，せん断剛性および曲げ剛性が等しいブレース付き等価架構に置換したときの部材寸法を算定せよ．

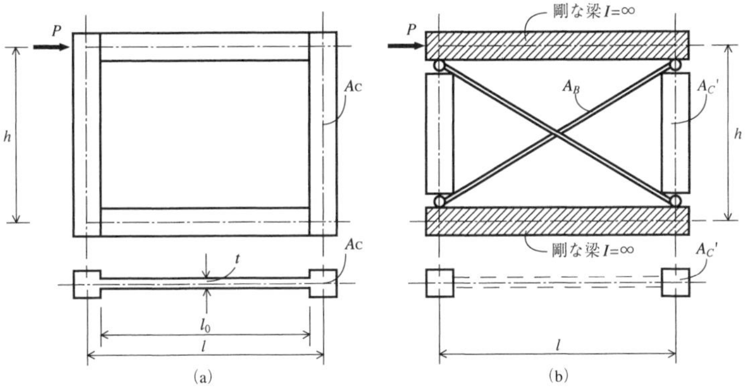

図8.2.40

〈解説〉
　耐震壁の変形を，壁板のせん断変形とI形梁としての曲げ変形からなると考える．図8.2.40(a)の耐震壁を，図8.2.40(b)のようなブレース付き等価架構と考えたとき，壁板のせん断剛性 $GA$ に対応するのがブレースとし，I形梁の曲げ剛性 $EI$ に対応するのが架構と考える．この場合，設定条件がせん断剛性と曲げ剛性の2条件であるから，梁の剛性は剛と仮定し，ブレースと柱の断面積を決めるものとする．

　壁板のせん断剛性は $GA$ で表されるのに対して，ブレースの剛性はブレースの伸縮 $EA$ で表されるので，剛性を直接評価することはできない．そこで，ブレース付き等価架構のせん断変形を求める．

　ブレース付き等価架構の梁を剛としていることから，図8.2.41(a)の等価架構は，図8.2.41(b)の等価架構と力学的に等しい．さらに図8.2.41(b)の等価架構のせん断

図8.2.41

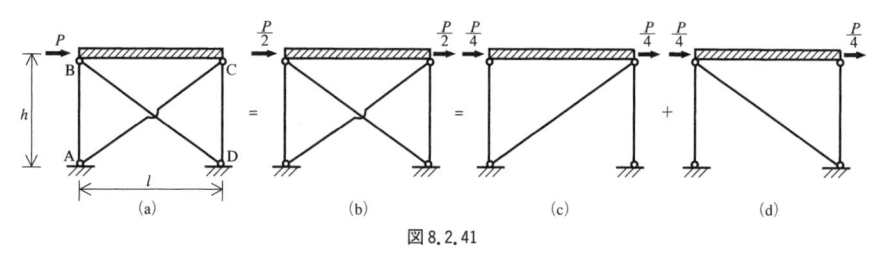

変形は，ブレースは座屈しないものとすれば，圧縮ブレースと引張ブレースは同じ軸方向剛性をもつので，(c)と(d)の変形の和と考えられる。

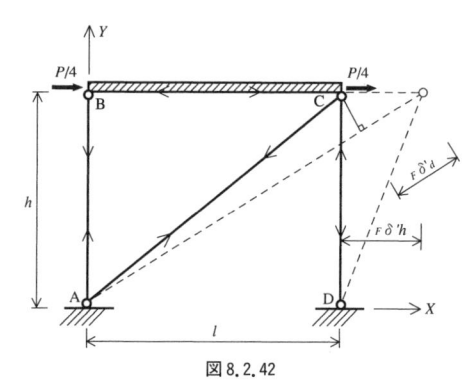

図8.2.42

図8.2.42のB節点の釣合い条件より，

$X$方向：$\dfrac{P}{4} - F_{BC} = 0 \quad \therefore \quad F_{BC} = \dfrac{P}{4}$

$Y$方向：$F_{AB} = 0$

C節点の釣合い条件より，

$X$方向：$F_{BC} + \dfrac{P}{4} - F_{AC} \times \dfrac{l}{\sqrt{l^2+h^2}} = 0 \quad \therefore \quad F_{AC} = \dfrac{\sqrt{l^2+h^2}}{l} \dfrac{P}{2}$

$Y$方向：$-F_{AC} \times \dfrac{h}{\sqrt{l^2+h^2}} + F_{CD} = 0 \quad \therefore \quad F_{CD} = \dfrac{h}{l} \dfrac{P}{4}$

ブレースの伸び ${}_F\delta'_d$ は，ブレースの断面積を $A_B$，ヤング係数を$E$とすると，

$${}_F\delta'_d = \dfrac{1}{A_B E} \times \dfrac{\sqrt{l^2+h^2}}{l} \cdot \dfrac{P}{4} \times \sqrt{l^2+h^2} = \dfrac{(l^2+h^2)P}{4A_B E l}$$

となる。したがって，水平変位 ${}_F\delta'_h$ は，

$${}_F\delta'_h = {}_F\delta'_d \times \dfrac{\sqrt{l^2+h^2}}{l} = \dfrac{(l^2+h^2)^{3/2}}{4A_B E l^2} P \qquad \text{(a)}$$

図8.2.41(d)のブレース付き架構の水平変位 $\delta'_h$ は，図8.2.41(c)のそれと同じで

あるから，図8.2.41(a)の等価架構の水平変位 $_F\delta_h$ は，

$$_F\delta_h = 2_F\delta'_h = \frac{(l^2+h^2)}{2A_B E l^2} P \tag{b}$$

となる。

一方，壁板のせん断変位 $_W\delta_h$ は，壁板の厚さを $t$，せん断係数を $G$，形状係数を $k$ とすると，

$$_W\delta_h = \frac{kQh}{t \cdot lG} \tag{c}$$

と表される。(b)式と(c)式を等しくおくと，

$$A_B = \frac{G}{E} \cdot \frac{t(l^2+h^2)^{3/2}}{2klh} \tag{d}$$

となる。

曲げ剛性の問題は，耐震壁もブレース付き等価架構もともに，曲げ剛性そのもので評価できるので，両者の断面2次モーメントを等しくする。

耐震壁の断面をI形としたときの断面2次モーメント $_WI$ は，図8.2.43 より，

$$_WI = \frac{B(l+D)^3}{12} - \frac{(B-t)(l-D)^3}{12}$$

$$= \frac{B(l^3+3l^2D+3lD^2+D^3)-(B-t)(l^3-3l^2D+3lD^2-D^3)}{12}$$

$$= \frac{1}{12}\{6Bl^2D + 2BD^3 + t(l^3 - 3l^2D + 3lD^2 - D^3)\}$$

$$= \frac{l^2}{4}\left[2BD + 2B\frac{l}{3}\left(\frac{D}{l}\right)^3 + t\left(\frac{l}{3} - D\right) + tl\left\{\left(\frac{D}{l}\right)^2 - \frac{1}{3}\left(\frac{D}{l}\right)^3\right\}\right]$$

$$= \frac{l^2}{4}\left[BD + t\left(\frac{l}{6} - \frac{D}{2}\right) + BD + t\left(\frac{l}{6} - \frac{D}{2}\right) + 2B\frac{l}{3}\left(\frac{D}{l}\right)^3 + tl\left\{\left(\frac{D}{l}\right)^2 - \frac{1}{3}\left(\frac{D}{l}\right)^3\right\}\right]$$

ここで，$\frac{D}{l}$ の1次以上の項を無視すると，

$$_WI = \frac{l^2}{4}\left[\left\{BD + t\left(\frac{l}{6} - \frac{D}{2}\right)\right\} + \left\{BD + t\left(\frac{l}{6} - \frac{D}{2}\right)\right\}\right] \tag{e}$$

ここで，$B(D)$：耐震壁の柱幅（柱成）

$t$：壁板の厚さ

$l$：柱心間距離の梁間

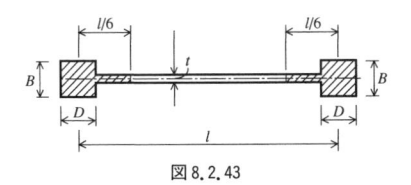

図8.2.43

図8.2.44

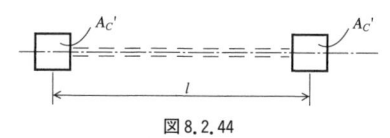

となる。(e)式の [ ] は図8.2.43の斜線部分の面積に相当していることがわかる。

一方，ブレース付き等価架構の断面2次モーメント $_FI$ は，図8.2.44より，

$$_FI = 2A_c' \times \left(\frac{l}{2}\right)^2 + 2I_c' \tag{f}$$

ここで $A_c'$：等価架構の柱の断面積

$I_c'$：等価架構の柱の断面2次モーメント

耐震壁とブレース付き等価架構が，同じ断面2次モーメントをもつための，ブレース付き等価架構の柱の断面積 $A_c'$ は，(e)式と(f)式を等置して，$A_c'$ について解く。

$$A_c' = A_c + t\left(\frac{l}{6} - \frac{D}{2}\right) - \frac{4I_c'}{l^2} \tag{g}$$

となる。(g)式において，$\frac{4I_c'}{l^2}$ の $I_c'$ を0と仮定するならば，

$$A_c' = A_c + t\left(\frac{l}{6} - \frac{D}{2}\right) \tag{h}$$

と表される。ブレース付き等価架構の柱断面は，耐震壁の柱の断面積と，柱心からスパンの1/6までの壁板断面積の和，すなわち，図8.2.43の斜線部分の面積として求められることになる。

耐震壁をブレース付き架構に置換する方法は，マトリックス構造解析に適したモデル化であって，広く用いられている。例えば，ブレース付き等価架構の柱の断面2次モーメント $I_c'$ は0でありながら，断面積 $A_c'$ があるといった点は，マトリックス構造解析であるから可能といえる。こうした置換モデルが必ずしも正確なものでないことは銘記しておかなければならない。例えば，鉛直荷重を受けた場合，両者の断面積が同じでないから，鉛直変位は同じとならないことは当然である。一般に，耐震壁は耐震要素としての役割が主と考えているので，この点は無視しているといえる。

【応用問題8.2.16（関連章・節：5.4 仮想仕事法，7.1 たわみ角法）】図8.2.45 のような，鉄筋コンクリート壁の分布係数を算定せよ。ただし壁脚の基礎回転は無視し，$E = 2 \times 10^{10}\,\mathrm{N/m^2}$，$G = \dfrac{2.0 \times 10^{10}}{2(1+0.16)} \fallingdotseq 0.86 \times 10^{10}\,\mathrm{N/m^2}$ とする。なお，壁の分布係数は，柱1本の分布係数との比とする。

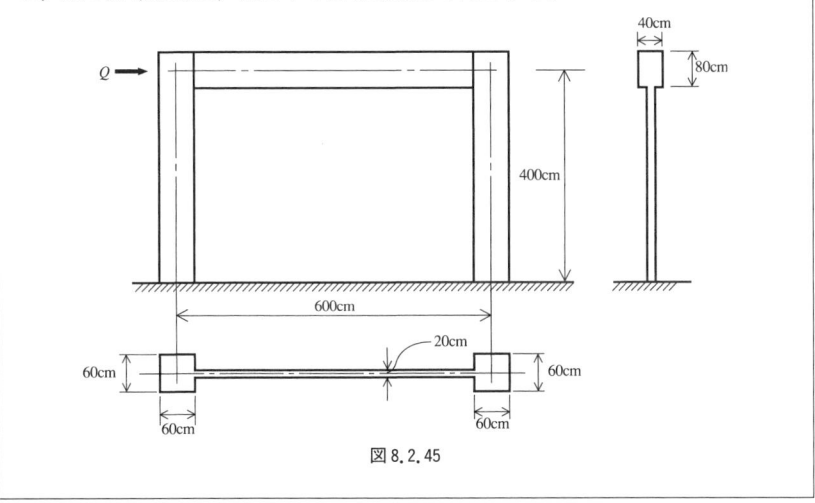

図8.2.45

〈解説〉

耐震壁の場合の変形 $\delta$ は，曲げ変形 $\delta_m$ だけでなく，せん断変形 $\delta_s$ も考慮しなければならない。ゆえに，

$$\delta = \delta_m + \delta_s \tag{a}$$

曲げモーメントとせん断力を同時に受ける場合の変形は，ひずみエネルギーを考慮した仮想仕事の原理より算定される。よって，

$$\Sigma \overline{P_n}\delta_n = \int \frac{\overline{M}M}{EI}dx + \int k\frac{\overline{Q}Q}{GA}dx \quad (b)$$

ここで，$M(\overline{M})$：荷重 $P$ による（仮想荷重 $\overline{P}=1$ による）曲げモーメント

$Q(\overline{Q})$：荷重 $P$ による（仮想荷重 $\overline{P}=1$ による）せん断力

$EI$：曲げ剛性

$GA$：せん断剛性

$k$：部材の平均せん断応力に対する図心位置でのせん断応力の比とする，形状係数

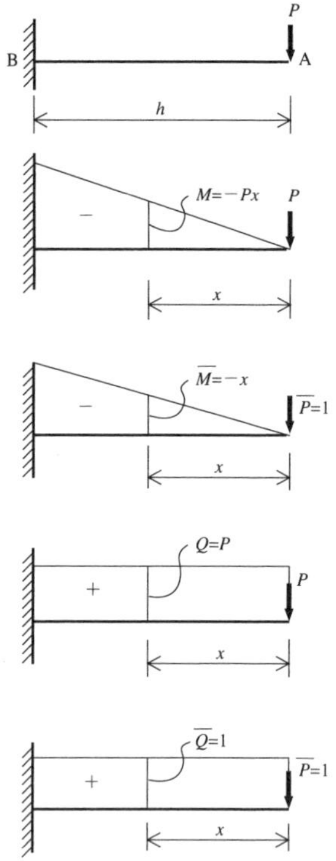

図 8.2.46 よりわかるように，

$M = -Px, \quad \overline{M} = -x$
$Q = P, \quad \overline{Q} = 1$

となる。上式を(b)式に代入すると，

$$\delta = \int_0^h \frac{1}{EI}(-Px)(-x)dx$$
$$+ \int_0^l \frac{k}{GA}(P)(-1)dx$$
$$= \frac{Ph^3}{3EI} + k\frac{Ph}{GA} \quad (c)$$

図 8.2.46

となる。(c)式は，曲げモーメントとせん断力を同時に受ける梁のたわみは，曲げモーメントによるたわみと，せん断力によるたわみとの累加としてよいことを表している。その場合，せん断力によるたわみ曲線の傾き $k\frac{P}{GA}$ は，$\frac{kP}{A}$ が中立軸でのせん断応力 $\tau_{neu}$ であるから，$k\frac{P}{GA} = \frac{\tau_{neu}}{G} = \gamma_{neu}$ となり，中立軸位置のせん断ひずみになる。

これは，図 8.2.47 よりわかるように，せん断応力は断面に等分布しないので，変形前平面であった断面は変形後そりを起こすが，中立軸位置の要素は，変形後も平面のまま鉛直に滑るから，せん断によるたわみ曲線の傾きが，中立軸でのせん断ひずみに等しいことによる。

図8.2.47

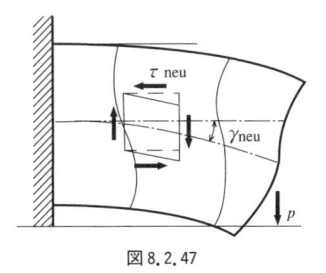

耐震壁の変形 $_w\delta$ の算定

曲げによる変形 $\delta_m$

$$\delta_m = \frac{P \times 4^3}{3 \times 2.0 \times 10^{10} \times 9.126} = 1.17 \times 10^{-10} P$$

ただし，$I = \frac{1}{12}(0.6 \times 6.6^3 - 0.4 \times 5.4^3) = 9.126$

せん断による変形 $\delta_s$

$$\delta_s = \frac{1.1 \times P \times 4}{0.86 \times 10^{10} \times 1.2} = 4.26 \times 10^{-10} P$$

ただし，$A = 0.2 \times 6 = 1.2$（壁厚と柱心間距離の積をとる），$k = 1.1$

よって，(a)式より，

$$_w\delta = \delta_m + \delta_s = 5.43 \times 10^{-10} P \tag{d}$$

耐震壁の分布係数 $_wD = \dfrac{P}{_w\delta}$ であるから，

$$_wD = \frac{P}{_w\delta} = \frac{P}{5.43 \times 10^{-10} P} = 0.184 \times 10^{10} \tag{e}$$

次に，架構の分布係数を算定する。架構の変位 $_R\delta$ は，基本問題7.1.5より，

$$\psi = -\frac{3k+2}{2(6k+1)} Ph$$

と表される。ここで，$\psi = -6EKR$，$k = \dfrac{I_b/l}{I_c/h}$，$R = \dfrac{\delta}{h}$，$K = \dfrac{I_c}{h}$ である。よって，

$$_R\delta = \frac{3\left(\dfrac{I_b h}{I_c l}\right) + 2}{6\left(\dfrac{I_b h}{I_c l}\right) + 1} \frac{Ph^3}{12EI_c}$$

と表される。

$$_R\delta = \frac{3 \times 1.06 + 2}{6 \times 1.06 + 1} \times \frac{P \times 4^3}{12 \times 2.0 \times 10^{10} \times 0.0108} = 1.7 \times 10^{-8} P$$

ただし，$I_b = \dfrac{0.4 \times 0.8^3}{12} = 0.0171$, $I_c = \dfrac{0.6 \times 0.6^3}{12} = 0.0108$

$$\dfrac{I_b h}{I_c l} = \dfrac{0.0171 \times 4}{0.0108 \times 6} = 1.06$$

架構の分布係数 $_RD = \dfrac{Q}{_R\delta}$ であるから，

$$R = \dfrac{P}{_R\delta} = \dfrac{P}{1.7 \times 10^{-8}P} = 0.588 \times 10^8 \tag{f}$$

よって，内柱1本との比の壁の分布係数は，$_wD/_RD$ が柱2本との比であるから，$\dfrac{2_wD}{_RD}$ となる。

$$\dfrac{2_wD}{_RD} = \dfrac{2 \times 0.184 \times 10^{10}}{0.588 \times 10^8} = 62.6$$

となる。壁1枚の負担せん断力は，柱の63本分である。これは弾性範囲での値である。一般に壁は早期にひび割れが入り，ひび割れ後は，壁のせん断剛性は弾性剛性の1/10程度に減少することが実験でわかっている。なお，(d)式の耐震壁の変形 $_w\delta$ に対する $\delta_s$ の比を見ると，$\delta_s/_w\delta = \dfrac{4.26 \times 10^{-10}Q}{5.43 \times 10^{-10}Q} = 0.78$ となり，78％がせん断による変形であることがわかる。

以上の問題では省略されているが，耐震壁の変形では，壁脚の回転による変形がある。これは耐震壁自体の変形でなく，支持地盤の性質によるものである。

【応用問題8.2.17（関連章・節：5.1弾性曲線法）】図8.2.48に示すような，土の中に埋められた杭が水平力を受ける場合の杭の応力を算定せよ。ただし，杭頭はフーチング中に固定され，杭長さは，杭変形を無視できる程度に十分長く，土の弾性係数は一様とする。

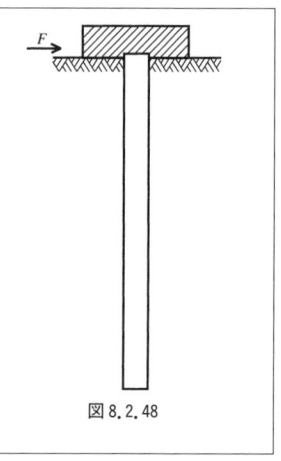

図8.2.48

〈解説〉

図8.2.49は，杭の抵抗をモデル化したものである。杭に対する土の反力 $q$ は，杭の水平変位 $y$ に比例するものとする。

$$q = -E_s \cdot y \tag{a}$$

ここで，$E_s$：土の弾性係数

一方，弾性曲線式を用いると，
$\dfrac{dM}{dx} = Q$, $\dfrac{dQ}{dx} = -q$ であるから，

$$EI\dfrac{d^4 y}{dx^4} = q = -E_s y \tag{b}$$

ここで，$E$：杭の弾性係数
　　　　$I$：杭の断面2次モーメント

(b)式は，

$$\dfrac{d^4 y}{dx^4} + 4\beta^4 y = 0 \tag{c}$$

ただし，$\beta = \sqrt[4]{\dfrac{E_s}{4EI}}$

図 8.2.49

(c)式の一般解として，(d)式が得られる。

$$y = e^{\beta x}(A\cos\beta x + B\sin\beta x) + e^{-\beta x}(C\cos\beta x + D\sin\beta x) \tag{d}$$

ここで，$A$, $B$, $C$, $D$ は積分定数である。仮定条件より，$x = \infty$ では，$y = 0$ である。(d)式の第1項の $e^{\beta x}$ は $x$ の増加に比例して増加するので，$x = \infty$ で $y = 0$ となるためには，$A = B = 0$ でなければならない。また，杭頭が固定の条件から，$x = 0$ で $\dfrac{dy}{dx} = 0$ である。

$$\dfrac{dy}{dx} = -\beta e^{-\beta x}\{(C-D)\cos\beta x + (C+D)\sin\beta x\}$$

$$\left(\dfrac{dy}{dx}\right)_{x=0} = -\beta(C-D) = 0 \quad \therefore\ C = D$$

したがって，

$$y = C \cdot e^{-\beta x}(\cos\beta x + \sin\beta x) \tag{e}$$

一方，杭のせん断力は水平外力 $F$ に等しいから，

$$EI\dfrac{d^3 y}{dx^3} = EI \cdot 4\beta^3 C \cdot e^{-\beta x}\cos\beta x$$

$$EIQ = EI\left(\dfrac{d^3 y}{dx^3}\right)_{x=0} = EI \cdot 4\beta^3 C = F$$

$$\therefore\ C = \dfrac{F}{4EI\beta^3} \tag{f}$$

(f)式を(e)式に代入すると，

$$y = \dfrac{F}{4EI\beta^3} e^{-\beta x}(\cos\beta x + \sin\beta x) \tag{g}$$

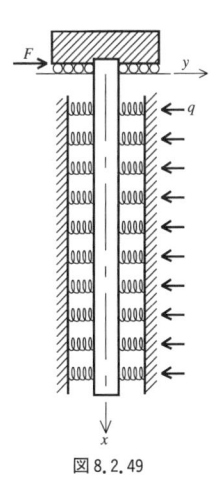

となる。(g)式から，各部の変位，曲げモーメントおよびせん断力の値は，次のようになる。

杭頭の変位： $y_{x=0} = \dfrac{F}{4EI\beta^3}$

せん断力分布： $Q = -EI\dfrac{d^3y}{dx^3} = -Fe^{-\beta x}\cos\beta x$

曲げモーメント分布： $M = -EI\dfrac{d^2y}{dx^2} = \dfrac{F}{2\beta}e^{-\beta x}(\cos\beta x - \sin\beta x)$

杭頭曲げモーメント： $M_{x=0} = \dfrac{F}{2\beta}$

地中部最大曲げモーメント： $M_{\max} = -\dfrac{F}{2\beta}e^{-\frac{\pi}{2}} = -0.2079(M)_{x=0}$

最大曲げモーメント深さ $L_m$ ： $x_{M_{\max}} = \dfrac{\pi}{2\beta}$

第1不動点深さ $L_0$ ： $x_{y=0} = \dfrac{3\pi}{4\beta}$

図8.2.50(a), (b)は，杭の変位曲線と曲げモーメント曲線を示したものである。

(g)式は Chang の式 (Y. L., Chang; Lateral Pile-Loading Tests by Feagin, Trans. A. S. C. E., 1937) として，基礎構造では広く認められている。この問題では杭頭固定の場合であるが，境界条件を変えれば，杭頭自由の場合も同様に求められる。一方，この問題は，土の反力は弾性で一定としているが，杭体が短くて十分大きいときは，杭周囲の地盤が破壊することが考えられる。

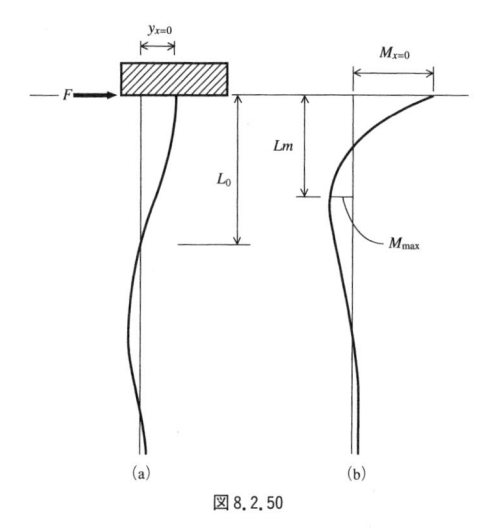

図8.2.50

第8章 応用問題　313

【応用問題 8.2.18（関連章・節：7.1 たわみ角法）】図 8.2.51 のように，つなぎ梁のある杭打ち基礎で，つなぎ梁と杭によるフーチング部との柱脚モーメントの負担する割合を求めよ。

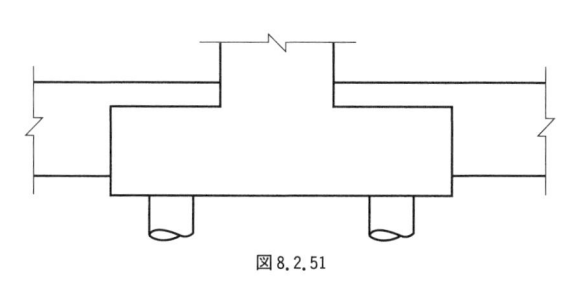

図 8.2.51

〈解説〉
問題を簡単にモデル化したのが，図 8.2.52 である。
　ここで，
　　$K_B = \dfrac{I_B}{l_B}$：つなぎ梁の剛度
　　$I_B$：つなぎ梁の断面2次モーメント
　　$l_B$：つなぎ梁の材長
　　$k_P$：杭のばね定数
　　$A_P$：杭の断面積
　　$l_P$：杭の長さ
　　$E$：コンクリートのヤング係数
　　$l_f$：杭間隔
図 8.2.53 の節点Oに関する節点方程式より，
$$\sum M_{(O)} = M_{OC} + M_{OA} + M_{OA'} + M_{OF} = 0 \tag{a}$$

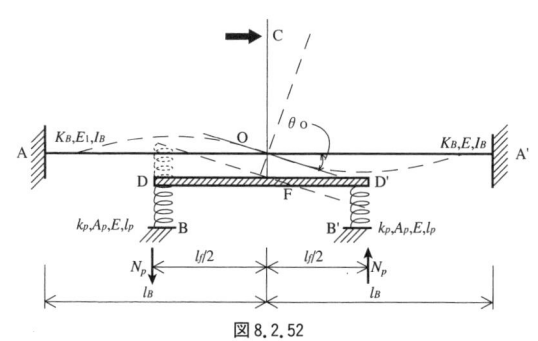

図 8.2.52

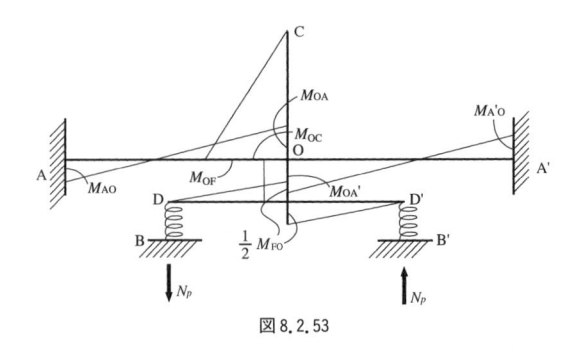

図 8.2.53

$$M_{OA} = 2EK_B(2\theta_0) \brace M_{OA'} = 2EK_B(2\theta_0)} \quad (b)$$

$$M_{FO} = N_p l_f \quad (c)$$

ここで，フーチングの回転角は，フーチングを剛と仮定すれば，つなぎ梁のたわみ角 $\theta_0$ と等しい．杭の軸方向変位を $\delta_p$ とすると，

$$\theta_0 = \frac{\delta_p}{l_f/2} = \frac{2N_p l_p}{A_p E l_f} = \frac{2N_p}{k_p l_f}$$

$$\delta_p = \frac{N_p l_p}{A_p E}, \quad k_p = \frac{N_p}{\delta_p} = \frac{A_p E}{l_p}$$

$$\therefore \quad M_{FO} = N_p l_f = \frac{k_p l_f^2 \cdot \theta_0}{2} \quad (d)$$

(d)式を考慮して，(b)式と(c)式を(a)式に代入して，$\theta_0$ を求めると，

$$8EK\theta_0 + k_p \cdot l_f^2 \theta_0 + M_{OC} = 0$$

$$\theta_0 = -\frac{2M_{OC}}{(16EK_B + k_p l_f^2)}$$

したがって，

$$M_B = M_{OA} + M_{OA'} = -\frac{16EK_B}{(16EK_B + k_p l_f^2)} M_{OC} \quad (e)$$

$$M_{FO} = -\frac{2k_p l_f^2}{(16EK_B + k_p l_f^2)} M_{OC} \quad (f)$$

今，構造諸元を次のように仮定する。

$$l_B = 6 \text{ m}, \quad I_B = \frac{0.4 \times 1^3}{12} = 0.033 \text{ m}^4, \quad K_B = \frac{0.033}{6} = 5.56 \times 10^{-3} \text{ m}^3$$

$$A_p = \left(\frac{0.4}{2}\right)^2 \pi = 0.126, \quad l_p = 10 \text{ m}$$

$$k_p = \frac{0.126 \times 2.0 \times 10^{10}}{10} = 2.52 \times 10^8 \text{ N/m}$$

$E = 2.0 \times 10^{10}$ N/m$^2$

$l_f = 1$ m

(e)式と(f)式の比を求めると,

$$\frac{8EK_B}{k_p l_f{}^2} = \frac{8 \times 2.0 \times 10^{10} \times 5.56 \times 10^{-3}}{2.52 \times 10^8 \times 1} = 3.53$$

となる。したがって,つなぎ梁の負担割合 $\alpha_B$ と杭によるフーチングの負担割合 $\alpha_F$ は,

$$\alpha_B = \frac{3.53}{1+3.53} = 0.78$$

$$\alpha_F = \frac{1}{1+3.53} = 0.22$$

となる。柱の曲げモーメントの 2/3 以上がつなぎ梁で負担されていることがわかる。

　本問題の例題の「柱の曲げモーメントの 2/3 以上がつなぎ梁で負担される」ということは,杭とつなぎ梁の剛性によるのであるから,一概に結論づけられない。しかしながら,一般的な設計では,およそこんな割合である。したがって,つなぎ梁が設けられている場合には,柱の曲げモーメントはつなぎ梁で負担させる設計が行われている。

〈著者略歴〉

**望月　重**（もちづき　しげる）
1931 年　生まれ
1954 年　早稲田大学理工学部建築学科卒業
1962 年　武蔵工業大学助教授
1967 年　工学博士
1969 年　コロンビア大学に客員研究員として留学
1971 年　武蔵工業大学教授
2001 年　武蔵工業大学名誉教授（2009 年　東京都市大学に校名変更）
2007 年　日本建築学会教育賞（教育業績）受賞
2015 年　没
主な著訳書
『建築の構造』（M.サルバドリー，他著）鹿島出版会，他

**濱本卓司**（はまもと　たくじ）
1952 年　生まれ
1975 年　早稲田大学理工学部建築学科卒業
1981 年　早稲田大学大学院理工学研究科博士課程修了
　　　　 工学博士
1986 年　イリノイ大学に客員研究員として留学
1990 年　武蔵工業大学助教授
1996 年　武蔵工業大学教授（2009 年　東京都市大学に校名変更）
1999 年　日本建築学会賞（論文）
2016 年　東京都市大学名誉教授
2017 年　日本海洋工学会中西賞
主な著書
『わかりやすい環境振動の知識』（共著）鹿島出版会など

---

〔改訂版〕建築構造のための力学演習

---

2003 年 9 月 30 日　第 1 刷発行Ⓒ
2019 年 11 月 30 日　第 4 刷発行

|  |  |  |
|---|---|---|
| 著　者 | 望　月　　重 |  |
|  | 濱　本　卓　司 |  |
| 発行者 | 鹿　島　光　一 |  |

発行所　104-0028 東京都中央区　鹿島出版会
　　　　八重洲 2 丁目 5 番 14 号
　　　　　　　Tel 03(6202)5200　振替 00160-2-180883
無断転載を禁じます。

落丁・乱丁本はお取替えいたします。　　創栄図書印刷
ISBN978-4-306-03327-6 C3052　　　　Printed in Japan

本書の内容に関するご意見・ご感想は下記までお寄せください。
URL: http://www.kajima-publishing.co.jp
E-mail: info@kajima-publishing.co.jp